郎绍君 著

大匠之门

齐白石的世界

浙江人民美术出版社

自序 / 我和齐白石研究

我读小学五年级的时候，听美术老师讲过大画家齐白石。我们的学校在北京宣武门顺城街，原是天主教会办的南堂小学。顺城街有个很大的地摊市场，经常摆满了各式各样的古董杂物。我们小孩子常光顾的，是出租小人书（连环画）的书摊。有一次放学后，我和同学正挑选武侠小人书，一辆黑汽车缓缓地停在书摊边上，从车上搀下一个穿黑袍、拄拐杖的白胡子老人。不知谁小声说了一句“这是齐白石！”，我很好奇，就跟在他们后面，见老人不言不语挑了两方砚台，让跟随的年轻人放在后车厢里——车里已经有好几方砚台了。那时我惊奇的是，大画家怎么用那么多砚台！

弹指50年过去，老人买砚台的情景，犹如发生在昨日。

我对齐白石的研究，始于1984年举办的齐白石诞辰120周年纪念画展。参观的时候，我脑子里不时浮现遥远的幼时记忆。我一连几天来美术馆，为每一幅作品做了著录。此后，就有意搜求与阅读有关图像与文献。我逐渐发现，当时还没有对齐白石的生平和艺术做深入研究的著作，人们对他的认知，也还受着意识形态的影响。所见最好的成果，还是20世纪40年代末胡适、黎锦熙、邓广铭合编的《齐白石年谱》，文字简洁，考证严谨，有大家风范。但薄薄40页的年谱毕竟内容有限。编此书时，国内战火正炽，三位学者受条件限制，不能收集更多材料，而且，他们都不熟悉齐白石的艺术。这一点，邓广铭在《齐白石年谱·跋》中也表示了遗憾。[1] 10年后，胡龙龚的《齐白石传略》出版。[2] 胡龙龚系白石的恩师胡沁园之孙，他本人曾“趋陪杖履”于老人之侧，又与白石三子齐良琨同在东北博物馆（今辽宁省博物馆）工作，对白石老人比较熟悉。可惜此书写作仓促，篇幅也不大（7万字），传记材料以听到的为多，除了所

〔1〕邓广铭在《齐白石年谱·跋》中说：“对于艺术部门当中的绘画和印章之学，我全然不懂。”又说“白石老人的朋友和门生，现时在北平的也还不少，如陈半丁、徐悲鸿、王雪涛诸人，也应当去向他们采访一些白石的事迹，无奈现时的北平，出门访人也大非易事。这事只有期待于将来了”。见胡适、黎锦熙、邓广铭：《齐白石年谱》，商务印书馆，1949年，第42—43页。

〔2〕龙龚：《齐白石传略》，人民美术出版社，1959年。

引诗句，概无出处。此书作于1957年反右斗争之后，语言、观念深受主流意识形态的局限，内容也不如《齐白石年谱》丰富。画家胡佩衡、胡橐父子合写的《齐白石画法与欣赏》[3]与胡龙龚的《齐白石传略》同一年出版，胡佩衡与齐白石相交近四十年，胡橐乃白石弟子。他们在书中按题材介绍了齐白石的画法，对了解齐白石的艺术特别是作画过程，很有价值。也是这一年，版画家力群把1950年至1958年间谈论齐白石的文章编为一集，名为《齐白石研究》[4]，实乃回忆与评论，集中反映了那个时期人们对齐白石的宣传认知状况，但学术含量不高。1963年出版的三卷本《齐白石作品集》（绘画、书法篆刻、诗歌各一卷），由一个专门的编辑委员会编选而成，在当时，只有齐白石享受了这样的规格与荣誉。[5]这是首次对齐白石的艺术做分门别类的总结性工作，但所选绘画作品太少，没有著录和基本的历史考究，无法反映齐白石艺术的基本面貌及其演变线索，印刷质量也不高。诗歌卷虽包括了刊印过的《借山吟馆诗草》《白石诗草二集》和白石逝世后儿辈搜集的《白石诗草续集》《白石诗草补编》，但黎锦熙还是小心翼翼地从中抽掉了一些可能"有损"齐白石形象的诗作，如《许放淑华》《袁世凯墓》等。[6]这是那个时代所特有的现象。

"文革"期间，逝世多年的齐白石也未能免于厄运，位于跨车胡同的齐白石旧宅被抄，许多重要画作被劫走（至今无下落），齐白石的自书墓碑被砸毁。江青公开骂齐白石"老地主""老财迷"，说20世纪50年代对齐白石的肯定是"文艺黑线的罪恶"。"造反派"成立了"批齐联络站"，"揭露批判"的小报满天飞，个别白石弟子，也搞起了什么"批齐战斗队"。甚至为老人辩护了几句的李可染、李苦禅也受到牵连。这段历史已成为过去，可是，那些参与劫掠讨伐齐白石及其艺术的人，有谁出来做过一番真诚的悔思呢？

中国文化是有强大民族心理根基和生命力的。改革开放后，齐白石和他的艺术重新得到了尊重，各地先后举办了各种形式的齐白石画展，出版了各种版本的齐白石画集、齐白石印集。齐白石的生平，也以"传记"的形式被演绎成离奇的文学故事印行。1987年，我和几个朋友策划编"二十世纪中国画家研究丛书"，想从美术史的角度，选择百年来最具代表性的国画家做个案研究。我自报两个选题：一是齐白石，一是林风眠。有的朋友担心齐白石的题目"太熟"，不好写。我想，学术研究题目的熟与生是相对的，做生题固然易收"补空白"之功，但只要

〔3〕胡佩衡、胡橐：《齐白石画法与欣赏》，人民美术出版社，1959年。

〔4〕力群：《齐白石研究》，上海人民美术出版社，1959年。

〔5〕齐白石作品编辑委员会：《齐白石作品集》（三卷本），人民美术出版社，1963年。

〔6〕参阅本书《何用高官为世豪》和《神仙不作作鸳鸯》两章。

有所深入和突破，做熟题同样有乐趣。而且，所谓的“熟”，往往掩盖着不熟。我为《齐白石》一书写的引言，曾谈到这样的体会：人们对齐白石的熟悉，同时也是一种“熟悉地遮蔽着”的现象，并以阐释学大师伽达默尔（Hans-Georg Gadamer）的一句话“一切熟悉的事务都是被遮盖着的”来做解释。[7] 事实上，齐白石作为一个人的方方面面，他的艺术的方方面面，我们既不是很清楚，也被许多观念、成见、习惯、情感蔽障了。[8] 白石老人凭着对人世的经验，似乎预感到了这一点。他在逝世前一年曾写道：

> 予少贫，为牧童及木工。一饱无时，而酷好文艺。为之八十余年，今将百岁矣。作画凡数千幅，诗数千首，治印亦千余。国内外竟言齐白石画。予不知其究何所取也。印与诗则知者稍希（稀）。予不知知之者之为真知否？不知者之有可知者否？将以问天下后世，然老且无力。[9]

我在搜寻有关文献与图片资料的同时，曾访问齐良迟、齐佛来以及与齐白石有过交往的老先生，又到湘潭考察白石铺、杏子坞白石老屋和茹家冲借山馆故宅，访问了白石老人的儿媳张紫环（子如夫人），老人之孙齐金平、齐燕来、齐西来、齐灵根，孙女齐走珠，齐白石弟子、知情者以及藏家如阳光、欧阳濂、李立、王启初、易元九等，查阅了湘潭县志、齐氏族谱，对齐白石纪念馆和私藏早年雕刻作品的来历做了调查。此外，还参观了湖南省博物馆、湖南图书馆的有关收藏。但湖南之行，只是对白石早期艺术活动和作品有了更多了解，就齐白石的艺术整体而言，晚期无疑更重要。但白石晚年画作多得不可胜数（估计在两万件左右），怎样才能接近于窥其“全豹”呢？我也请各地博物馆的朋友，相识的外国朋友帮忙，间接得到了一些珍贵的图片与复印资料，但仍感觉是九牛一毛，由此萌生了编辑《齐白石全集》的想法——当然，所谓“全集”，只能保证绘画、治印、书法、诗文这些门类之“全”，以及涵盖各时期、各类风格的较多作品，而不可能是齐白石作品数量的“全”。像齐白石这样勤奋一生、作品数以万计、题材多有重复的国画家，求数量的“全”没有太大的意义。1989 年，我把《齐白石全集》的选题计划报给天津美术出版社，他们未予通过。次年，我到湘潭、长沙考查，与湖南美术出版社谈及此事，意外得到了肯定回应。回到北京后，我重拟了一个方案寄过去。但直到 1994 年，我写完了《齐

[7] 伽达默尔：《美学与阐释学》，见周宪等：《当代西方文化艺术学》，北京大学出版社，1988年。

[8] 郎绍君：《二十世纪中国画家研究丛书：齐白石》，天津杨柳青画社，1995年，第1页。

[9] 黎锦熙、齐良已：《齐白石作品选集》自序，人民美术出版社，1959年。

白石》一书，《全集》之事才正式定下来，在北京成立了编委会。作为主编，我负责全集的学术工作（选定分卷主编、主持鉴别与选定作品、著录、写文章及注释等），湖南美术出版社副社长郭天民先生负责编务工作（主持购买作品底片，到博物馆初选、拍照，确定画作的版式，完成校对、出版印制工作等）。为了进一步弄清齐白石的早期作品，我再次到湘潭做了考察。为专心编书，我曾借住北京二炮招待所达一年之久。

《全集》是第一次大规模地集中展示齐白石的艺术。它收录的绝大多数作品都是各博物馆、美术馆、有关艺术院校和文物机关的藏品，曾经过多次鉴别审定。这些作品依年代排列，清晰地理出了齐白石艺术发展的脉络，著录详细而规范，对许多重要作品做了考证性注释。《全集》搜求整理了一批没有发表过的齐白石文章、诗歌、题跋、书信、日记等珍贵史料，但也有一些问题和遗憾。一是有些重要作品和海外收藏没征集到（如北京画院收藏的《借山图》，辽宁省博物馆收藏的《石门二十四景》等）。二是由于条件限制，大多数绘画作品的挑选、鉴别工作，只能根据并不十分清晰的照片进行，这给鉴别带来了难度。三是我个人能力有限，难免有把握不准的情况。四是在《全集》定稿后，郭天民先生又以“各册数量不平衡”为由，自行增加了少量原本未予收录的作品等。以我现在的眼光看，确有少数作品是有疑问的。[10]

我为《全集》所写的前言、论文、注释等近10万字，有一部分参照了我的《齐白石研究》一书，而编写《全集》所接触到的许多新材料，却没有机会再补充到《齐白石研究》一书中去了。虽然该书在1999年获得了中国文化部首届文化艺术科学优秀成果一等奖，自己还是感到很遗憾。做学术工作，再怎样努力也不免留下遗憾——不论这遗憾出现在写作过程中，还是出版以后；是源于个人能力，还是受环境牵制。

这本《大匠之门：齐白石的世界》，大体依照傅申先生《张大千的世界》的体例，也分为“综论”和“作品赏析”两大部分。综论由24篇内容组成，意在从各个方面讲述齐白石和他的艺术。各小标题的正题，全部选自齐白石的诗文。要说明的是，《齐白石传略》原是为《齐白石全集》写的，是完全的移植。综论中各节，参照了《齐白石研究》一书，但纲目、标题都重新构思设定。内容有改写、重写、新写的部分，其中，关于齐白石的亲子情、卖画、交友以及草虫、花鸟、山水、人物、书法、诗歌等内容，都是第一次作为专题而写的。我不可能完全在《齐白石研究》一书之外另写一部全面论述齐白石的书。但为了适应新的体例要求，也因为我对《齐白石研究》一书有诸多不满意之处，所以我还是很愿意写作这本书，并且在体例允许的范围内，做了最大的努力。遗憾仍然有，这就是我很想做的有关考证的内容，无法纳入进来。鉴于齐白

〔10〕关于这个问题，三言两语难以说清。我准备另作专文，对那几件作品加以考证。

石作品雅俗共赏、一目了然的特点,"作品赏析"的文字,取长话长说、短话短说、通脱简约、点到为止的原则。当然,必要的创作背景与心理背景,相关的诗文书画,作品的重要收藏者,适当的艺术阐释等都不能少,但也力求文字简洁。

本书的写作,是在繁忙、紧张的过程中进行的。窗外车声轰隆,斗室难以转身,加之耄耋老人、远行稚子的牵悬,南望北顾,如负闸门。不过,观白石画,读白石诗,想其人,思其境,总能把我带出水泥森林,带进花香鸟语,蛩鸣蝶飞,弥漫着泥土气息的山村,品味悲辛人生中的欢悦。

本书的编写,得到陈筱君女士、蔡宜芳小姐多方面的支持,徐改女士,郎天咏、杨萍同学等,也都给予我诸多帮助,在此一并表示感谢。

2002年2月18日,于南望北顾楼

目　录

齐白石传略

1864年1月1日，湖南省湘潭县杏子坞星斗塘的一个齐姓农民家里，他们的长子出生了，取名纯芝，这就是后来的齐白石。

村童、塾童、学徒

纯芝的“纯”字是齐家排辈排下来的，平时父母都叫他阿芝。他最早的号叫渭清，祖父给他取的号叫兰亭。现在人们所熟悉的名字齐璜，是他27岁时老师给取的；老师还给他取号“濒生”，别号“白石山人”。后来他自己简称“白石”，又称“白石翁”“白石山翁”。由于人们习惯叫他“齐白石”，久而久之，他也就自称“齐白石”了。他一生自起的别号很多，有“情奴”“无党”“木人”“木居士”“老木”“老木一”“星塘老屋后人”“杏子坞老农”“湘上老农”“江南布衣”“寄幻仙奴”“寄园”“寄萍”“老萍”“萍翁”“寄萍堂主人”“齐大”“齐伯子”“老齐郎”“老白”“白石老农”“借山翁”“借山吟馆主者”“借山老人”“三百石印富翁”“千石居士”“一粟翁”“饭老”“汗淋学士”等。这些别号，和他的生活经历和思想情感都密切地联系着。

齐白石祖上原居江苏砀山，明代永乐二年迁至湘潭，历代务农。他出生的时候，家里只有一亩水田，几间茅屋。为了吃饱饭，祖父和父亲除了在自己田里劳作，还要外出打零工。齐白石有一方印“星塘白屋不出公卿”，指的便是这种家史和家境。不过，这个贫穷的家庭，生活很和谐。祖父万秉公，性情刚直，在乡里敢于说公道话，打抱不平，乡亲们称赞他是“走阳面的好汉”。祖母温和谦让，又能吃苦耐劳，常常戴着十八圈的大草帽，背着孩子下地干活。父亲齐以德安分守己，老实怕事，受了冤枉也只是忍受，从不和人计较争辩。母亲和父亲正相反，她既能干又刚强，只要自己有理，就不肯受欺侮；平时处事得体，待人和善；家里各种劳作和杂务，如种麻织布，养猪养鸡，也都是她一手操持。

幼年的阿芝体弱多病。祖母和母亲四处求医问药，甚至烧香许愿，求仙拜神。直到4岁那年冬天，阿芝的身体才慢慢好起来。虽然债台高筑，全家人还是感到一块石头落了地，轻松了许多。在天气寒冷的日子，祖父用他那件脱了毛的老羊皮袄把孙子裹在胸前，用铁钳在柴灰

湘潭杏子坞星斗塘

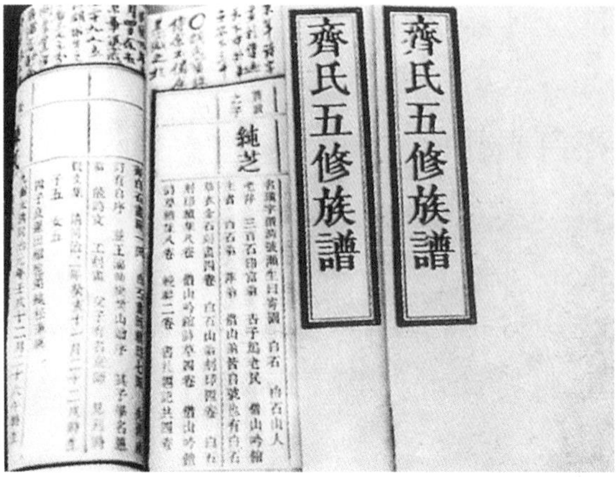

齐氏五修族谱

上写出一个“芝”字，并说：“这是你阿芝的芝字！”——齐白石由此开始了学字。齐白石晚年曾画过一幅《霜灯画荻图》，题诗道：

> 我亦儿时怜爱来，题诗述德愧无才。
> 雪风辜负先人意，柴火炉钳夜画灰。

到7岁时，祖父把所认识的三百来个字都教给了他，再也无法当他的老师了。恰好齐白石的外祖父要在临近的枫林亭蒙馆授课，母亲就把平日椎稻草积攒的几斗谷换了纸笔，于是他转年上了村塾。外公教的是《四言杂字》《三字经》《百家姓》和《千家诗》。有三百字的根底，再加上天性聪明，阿芝学得又快又好，特别是《千家诗》，读起来朗朗上口，很快就背得烂熟。除了背书，外公还教他们在描红纸上写字。写字写腻了，他就用描红纸偷偷画起画来。老渔翁、花草虫鱼和鸡鸭牛羊，都是他描绘的对象。他越画越有兴趣，新换的写字本，不几天就撕完了。外祖父发现他在描红纸上涂画，便呵斥他不干正事，并用朱柏庐治家格言“一粥一饭，当思来之不易；半丝半缕，恒念物力维艰”来教导他。但他抑制不住画画的兴趣，便找包皮纸来画。这在白石心中留下了深刻印象，直到晚年他还常把包东西的纸收起来，高兴时就在上面作画。他曾在《三省图》上题曰：“不弃家乡包物纸也。”[1]

当年秋，因为收成不好，他失学了。9岁的孩子，开始参加力所能及的劳动：打柴，牧牛，拣粪，照看两个小弟弟。上山打柴，他能和小朋友们玩耍，牵牛牧放，还可以得空念书。在蒙馆

〔1〕张次溪：《齐白石的一生》，人民美术出版社，1989年。

时，外祖父教了他半部《论语》，放牛时，他时常绕到枫林亭请教，居然把另半部学完了。有时在山上读书，竟忘记了砍柴、拣粪。一次，祖母对他说："三日风，四日雨，哪见文章锅里煮？明天要是没了米吃，阿芝，你看怎么办呢？……可惜你生下来的时候，走错了人家。"从这以后，他放牛、砍柴时，总是先把书挂在牛角上，把活做好了再读。他晚年有一方章"吾幼挂书牛角"，又有"牛角挂书牛背睡，八哥不欲唤侬醒"的诗句，便是回忆这段童年经历的。

13岁始，阿芝开始学习扶犁、插秧、耘稻。但他从小体弱，力气小，总是累得受不了，难胜其任。一家人商量要他学一门手艺。15岁上，他跟本家叔祖齐仙佑学"粗木作"，以盖房子立木架为本行。可阿芝哪里扛得动又高又大的木檩呢？齐师傅说"太不中用"，便把他送回家了。后来，又拜一位名叫齐长龄的木匠为师，这位师傅待他很好，让他慢慢练力气。有一次，他看见师傅对做细活的木匠很为恭敬，并说做粗活的人不能和他们平起平坐。阿芝听了很不服气，决心改学"小器作"。第二年，恰好有名的雕花木匠周之美要领个徒弟，一说成功，他就正式拜师学雕花手艺了。周之美以平刀法雕刻人物，在白石铺一带堪称绝技。他见这个徒弟又聪明、又肯钻研，十分高兴，就把全部技艺传授给他。1881年，阿芝19岁，学徒期满，家里择了一个好日子，请了几桌客，把出师和"圆房"合在一起庆贺。原来在阿芝12岁那年，家里就给他娶了一个童养媳，因为年龄小，两人不能一起生活，等长大后要举行"圆房"仪式，方能住到一块。妻子名陈春君，长他1岁，是个十分能干的女人，虽是包办婚姻，却能鱼水和谐。出师和成亲，意味着阿芝开始了人生的一个新阶段。

木匠、画匠、白石山人

刚出师的阿芝，还跟着师傅做活。湘潭一带树木多，各种木器家具流行。有钱人家的婚嫁喜事，雕花的床橱妆奁是少不了的。靠着周之美的大名和他的精湛技艺，"芝木匠"渐渐在百里之内出了名，主顾越来越多。忙的时候，他就自己承担活计，独立作业。雕花得来的工资，全数交给母亲，贴补家用，但家中弟兄多，他这点工资只能小补，家里还是经常闹饥荒。于是他又利用闲暇，用牛角等材料，雕刻既实用又好看的烟盒子之类的小东西，托杂货铺代卖，以解柴米之困。久之，这些小雕刻的制作提升了他的技艺，大雕刻也做得更出色了。《白石老人自传》谈到这段雕刻生涯时说：

那时雕花匠所雕的花样，差不多都是千篇一律。祖师传下来的一种花篮形式，更是陈陈相因，人家看得很熟。雕的人物，也无非是些麒麟送子、状元及第等一类东

工具箱

雕花屏（局部）

雕花石屏　1903年

西。我以为这些老一套的玩意儿，雕来雕去，雕个没完，终究人要看得腻烦的。我就想法换个样子，在花篮上面，加些葡萄石榴桃梅李杏等果子，或牡丹芍药梅兰竹菊等花木。人物从绣像小说的插图里，勾摹出来，都是些历史故事。……我运用脑子里所想到的，造出许多新的花样，雕成之后，果然人都夸奖说好。我高兴极了，益发的大胆创造起来。

20岁这年（1882），他偶然在一个主顾家里见到一部乾隆年间彩色套印的《芥子园画传》。他高兴极了，借来用半透明的薄竹纸一幅幅影勾，半年时间勾成16本。后来，又把这套画谱"翻来复去的临摹了好几遍"[2]。渐渐地，他在雕花之余，也作起画来了——主要是古装人物和神像，如八仙、美人、戏曲故事以及玉皇、老君、财神、火神、龙王、阎王等。这些画在乡里很受欢迎，画成一幅，可以得到一千来个钱。如今，他画的神像功对已难寻觅，但他所画的古装仕女人物——从中还可以看出芥子园的痕迹。

乡村雕花艺匠的社交圈，大体还是农民和工匠。20多岁的阿芝，最要好的朋友是一个名叫左满仁的篾匠。他们自童年相识，后来虽都已成家，还是十分要好。左满仁喜欢吹拉弹唱，齐阿芝能写写画画，两人常聚到一起，互教互学，自得其乐。齐白石一生喜欢看戏听曲，与年轻时的这段经历分不开。做木匠时的另一个朋友叫齐公甫，是本家一位士绅的儿子，因常在他家谷仓前做活而熟悉，成为知己。后来，他应公甫之请画过一幅《秋姜馆填词图》，并有诗曰：

〔2〕齐璜、张次溪：《白石老人自传》，人民美术出版社，1962年，第26页。

稻粱仓外见君小，草莽声中算我衰。

放下斧斤作知己，前身应作蠹鱼来。

1888年，阿芝26岁，经公甫和他的叔叔齐铁珊介绍，拜在湘潭著名画师萧芗陔门下。萧芗陔名传鑫，湘潭朱佃人，纸扎匠出身，能诗会画，画肖像号称湘潭第一。朱佃离白石铺百余里，在一个大雪纷飞的日子，阿芝打着雨伞，穿着木屐，提着礼物，步行到朱家拜师。萧芗陔是个热情的人，不仅把自己的拿手本领传授给他，还请另一画像名手文少可给予他指点。当时在各地流行的肖像画法有两种，一是传统的勾勒填色法，一是融合了西方素描的擦炭法或水彩法。从留存的齐白石早年画像作品可知，他学了擦炭法，也学了传统工笔方法。以略见明暗的炭条或炭粉画颜面五官（有时还罩以淡墨），以勾勒填色的方法刻画服饰，这两种方式的结合，是他惯用的。那时候，照相尚不盛行，乡里有钱的人喜欢画小照，死者则画遗容。画像比做木匠自由轻松，挣钱也多，他想渐渐丢开斧凿，以画像谋生。

第二年初春，他遇到一个使他改变了生活道路的人——胡沁园。胡沁园（1847—1914），又名自倬，字汉槎，号钝叟，人称寿三爷，是湘潭竹冲韶塘有文化的士绅，雅好助人，能书画，好收藏，结交朋友甚多。一次，阿芝在离韶塘不远的赖家垅做雕花活，休息时画了几张画，被胡沁

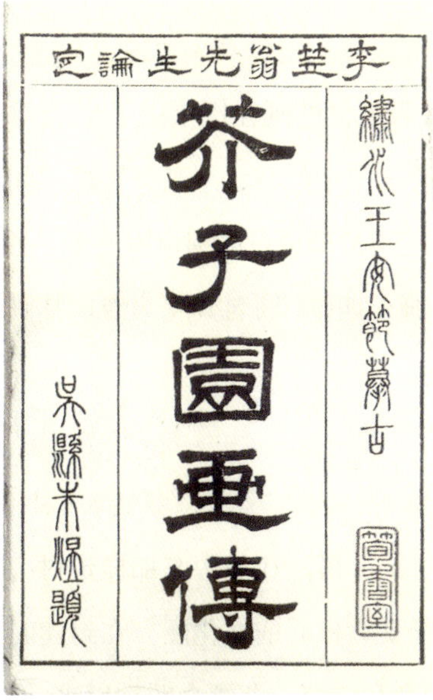

《芥子园画传》书影

西施（选临《芥子园画传》）
约1890—1900年

木兰从军（选临《芥子园画传》）
约1890—1900年

齐白石画胡沁园像（1896）

园看到，以为大可造就，收为弟子。胡沁园还让他拜了自己家延聘的老夫子陈作埙为师，读书学诗。两位老师为他取名曰“璜”，号“濒生”，别号“白石山人”。胡沁园教他画工笔花鸟草虫，陈作埙教他读《唐诗三百首》。仅仅两个多月，白石就背熟了三百首唐诗，使陈老夫子大为吃惊，便又教他读《孟子》和唐宋八大家散文。在两位老师的鼓励下，他又开始试着写诗。住在胡家，和老师的子侄亲戚十几人一起读书学画，白石的眼界得到了空前的开阔。胡沁园知道他家境困难，极力支持他以画养家。不久，真的放下了斧斤锯子，在杏子坞、韶塘周围一带为人画像，白天外出作画，晚间读书吟诗，买不起灯油，就燃松枝照明。直到晚年，他也不曾忘记松柴当烛、苦读诗书的情景。70岁作的《往事示儿辈》诗云：

甑屋

村书无角宿缘迟，廿七年华始有师。
灯盏无油何害事，自烧松火读唐诗。

大约30岁后，白石在乡里有了画画的名声。靠了作画的收入，他渐渐改变了困难的家境。祖母高兴地说：“阿芝，你倒没有亏了这支笔。从前我说过，哪见文章锅里煮？现在我看见你的画在锅里煮了！”祖母的话，使他感慨万千，就写了“甑屋”两个大字挂在家里。事隔30年，他在北京又布置过一间以“甑屋”为名的书斋，并在斋名匾额上题了一篇《甑屋记》，记述祖母说过的锅里煮文章、煮画的两段话，然后写道：“忽忽六十一矣，犹卖画京华，画屋悬画于四壁，因名其屋为甑。其画作为熟饭，以活余年，痛祖母不能同餐也。”

胡家黎家、龙山社长、湘绮门下

自拜师萧芗陔、胡沁园，用画画的收入维持家庭生活的齐白石，虽然还像木匠那样走村串户，却迅速改变了人际关系，进入了以当地儒士缙绅和他们的子女为核心的文化圈。在封建时代的中国，正是这样的文化圈，规范、维系着一个有序的民间社会和传统。湘潭自明季以来，便是湘南水运交通枢纽和商业中心。其盛时，“帆樯舣集连二十里”“街衢三重，长十五里，尽海内所同有”。而自唐宋以来，又以文藻胜。清代“县自嘉庆以前，科第甲于长沙，咸丰以后，六艺抗于九府”。自曾国藩出，湖南士子文人从政者、从军者、倡言改革者、革命者以及赴海外留学者几乎甲于九州，而湘潭则甲于湖湘。齐白石在湘潭从事艺匠活动的百余里内，与两个大家族发生了密切的联系，即胡家和黎家。黎锦熙《齐白石年谱》光绪四年事略按：“陈家垅及竹冲一带，胡姓聚族而居，大都巨富，为宋胡安国后，与黎姓通婚姻。白石少时，于两家因缘最深。”胡家，首先是胡沁园。其周围聚集了一批以亲友为主的乡村文化人。胡沁园的外甥王训在《白石诗草跋》中说：

> 胡君沁园，风雅士也，见君（指白石——引者注）所作，喜甚，招而致之，出所藏名人手迹，日与观摩。君之画遂由是孟晋，有一日千里之势。沁园好客，雅有孔北海风。同里黎君松安、雨民，罗君真吾、醒吾，陈君茯根，及训辈，常乐从之游。花月佳辰，必为诗会。……当是时，海宇升平，士喜文宴，同志诸子遂结社于龙山，酣嬉淋漓，颠倒不厌。其一时意气之盛，可谓壮哉！[3]

王训提及了黎家二人、罗家二人，陈家一人和他自己。其中，黎雨民和王训本人是胡沁园的外甥，罗醒吾则是沁园的侄婿。他没有提到的还有胡沁园的长子胡仙谱、侄胡立三、堂侄胡廉石，本家胡辅臣、胡石庵父子，这些人后来也都成了齐白石的朋友。血缘亲族之间的关联，以及具有亲族模式的同乡、同门关联，在中国农村总是得到更多地强调。齐白石一生都重视这种关联和情谊。诗社文宴，作为传统士大夫文人的一种特殊的文化生活方式和联谊方式，原本是与齐白石这类民间艺人无缘的。但由于与胡沁园的师生关系，他迈进了这个圈子，进入了诗社文宴者群，并从此一步步改变了生活情趣和道路。

与白石相关的湘潭黎家有两支，一支为长塘黎家，一支为皋山黎家。长塘黎家即白石好友黎松安家。松安的父亲黎葆堂，曾任四川学政、安徽盐运使。松安是家居的秀才，他的8个儿子均有成就，号称“黎氏八骏”——著名学者黎锦熙便是“八骏”之首。皋山黎家则是白石好友黎承礼（薇荪）、黎丹（雨民）、黎戬斋（泽泰）家。薇荪之父黎培敬曾任贵州巡抚，一家几代人都善诗书。齐白石最早学刻印，就是在黎松安和黎薇荪的影响和帮助下开始的。[4]

1894年，王训发起组织了龙山诗社，齐白石被推为社长。他在自传中说：“他们推举我做

〔3〕齐白石：《齐白石作品集·第三集·诗》，人民美术出版社，1963年。

〔4〕郎绍君：《二十世纪中国画家研究丛书：齐白石》，天津杨柳青画社，1995年。

社长，我怎么敢当呢？他们是世家子弟，学问又比我强……我是坚辞不干。王仲言对我说：‘濒生，你太固执了！我们是论齿，七人中，年纪是你最大，你不当，是谁当了好呢？我们都是熟人，社长不过应个名而已，你还客气什么？’……我无法推辞，只得答允了。”次年，黎松安在长塘也组织了一个诗社，取名“罗山诗社”。龙山诗社的人也都加入进去。龙山与罗山两地相隔五十余里，大家跑来跑去，兴致极高。后来，齐白石在写给黎松安的信中曾回忆过这段往事：

> 回忆二十年前，与公频相晤时，退园、云溪，多同在座。坐必为十日饮，或造花笺，或摹金石，兴之所至，则作画数十幅。日将夕，与二三子游于杉溪之上，仰观罗山苍翠，幽鸟归巢；俯瞰溪水澄清，见蟛蜞横行自若。少焉，月出于竹屿之外，归诵芬楼促坐清谈。璜不工于诗，颇能道诗中三昧。有时公弄笛，璜亦姑妄和之，月已西斜，尚不欲眠。当时，人窃笑其狂怪，璜不以为意焉！
>
> 璜本恨不读书，以友兼师事公。恒闻近朱者赤，近墨者黑；又闻圣人云：“朝闻道，夕死可矣。”窃以为物各有俦，得与有道君子游，安知其不造君子之域，故尝以得从公友为自幸焉。
>
> ——与黎大培銮书，约 1913 年

王闿运画像（佚名）

“得与有道君子游，安知其不造君子之域”——对白石来说，这与游的“有道君子”，即以胡、黎两家为中心的师友，他们正是湘潭民间社会文化圈里的精英人物。所谓“造君子之域”，就是进入士夫文人之林，或具有他们那样的学问、修养与情志。自进入这个圈子，齐白石开始学习何绍基的书法和钟鼎篆隶，继而学习篆刻，最初的老师，便是诗社内外的朋友王训、黎松安、黎薇荪、黎铁安等。约 35 岁即 1897 年，白石到湘潭县城为人画像，又认识了两个新朋友：郭人漳（？—1922，字葆生，一字葆荪，号憨庵）和夏寿田（？—1935，字午诒，号天畸）。郭是清代著名将领郭松林之子，湘潭人；夏是桂阳名士，晚清翰林。他们后来对齐白石出门远游及定居北京帮助很大。37 岁即 1899 年，齐白石由张登寿（仲阳）引见，拜在王闿运门下，从而使他的交游圈得到了一次决定性的扩大。王闿运(1832—1916),字壬秋,号湘绮,湘潭人,咸丰举人,曾入肃顺家教读,参曾国藩幕,后主讲尊经书院、主办南昌高等学堂,出任翰林院检讨,民国后一度出任国史馆馆长;近代著名经学家、诗人,多著述,门生遍天下,且多知名者。王作为一代名儒和德高望重的诗人,对齐白石这个木匠出身的弟子并无多少具体的指导,但他同意其入门这件事本身,却对齐白石产生了深远的影响,白石远游和立足北京,都得到了王氏同门的关照与支持。

1900年,38岁的齐白石已有两儿两女,三代同堂的星塘老屋有些拥挤了。恰好有个江西盐商请他画南岳全景,共6尺12条,意外地得到了320两银子。他拿这钱租典了离白石铺不远的梅公祠。在梅花正开的雪天,与妻子儿女搬入新居。附近多梅树,他就把梅公祠称作“百梅书屋”,还新盖了一间书房,取名“借山吟馆”。房前屋后,种了几株芭蕉,秋风夜雨,助添诗思。他曾有诗纪其事:

最关情是移旧家,屋角寒风香径斜。
二十里中三尺雪,余霞双屐到莲花。

廿年不到莲花洞,草木余情有梦通。
晨露替人垂泪别,百梅祠外木芙蓉。

百梅祠离星斗塘不远,白石夫妻经常回家去看望父母,一路水塘荷花。他也有诗咏赞道:“五里新荷田上路,百梅祠到杏花村。”对自己的新生活,他感到很满足。

家庭画师、代笔者、萍翁

1902年,刚有了第三个儿子(齐子如)的齐白石,在朋友夏午诒、郭葆生的督促和安排下,第一次走出湖南,远游西安。那年,夏午诒在陕西,要请白石去教他的如夫人姚无双学画,先给他寄来了束脩和旅费。同在西安的郭葆生特意写了一封长信,劝齐白石改变“株守家园,固步自封”的生活方式,以远游开阔眼界与心胸,促进画境。他动了心,便于10月初北上,12月中到西安。一路上虽辛苦,却画了不少写生。快到西安时作了《灞桥风雪图》,并题曰:“蹇驴背上长安道,雪冷风寒

曾经灞桥风雪

过灞桥。”

在西安教画之余，他同朋友们游历了大雁塔等名胜古迹，认识了陕西臬台、著名诗人樊增祥（1846—1931，字嘉父，号云门，又别号樊山）。樊山很欣赏齐白石的艺术才能，为他订了一张刻印的润例，还说进京时，要推荐他进宫当内廷供奉。他却说：“我没有别的打算，只想卖画刻印……积蓄得三二千两银子，带回家去，够我一生吃喝，也就心满意足了。”1903 年 3 月，他随夏午诒一家赴京，临行前再游大雁塔，并写了一首诗抒怀：

临八大画鸭小稿　1904年

长安城外柳丝丝，雁塔曾经春社时。

无意姓名题上塔，至今人不识阿芝。

从西安到北京的路上，齐白石画了《华山图》和《嵩山图》。进京后，除了教画、刻印之外，他常去逛琉璃厂，看古玩字画，或到大栅栏一带听戏。在夏午诒等的介绍下，他认识了湖南同乡曾熙（1861—1930，号农髯，清末民初书法家）、江西书家李瑞荃（号筠庵，著名书法家李瑞清之弟），会见了同门杨度（1874—1931，字晰子，民初政治活动家，湖南湘潭人）等。5 月，绕道天津、上海、汉口返湘。这是白石远游的一出一归。

1904 年春，白石随王湘绮游南昌——二出二归。在一个偶然的机会，见到了八大山人的画鸭真迹，他如获至宝，立刻临下来作为稿本[5]。同在一起的还有王门弟子张仲飏、曾招吉。张是铁匠出身，曾一度做过铜匠，加上木匠出身的齐白石，号称“王门三匠”。王湘绮名声大，慕名拜访的社会名流和达官贵人很多，张、曾喜与周旋，白石则避在一边。对此，王湘绮颇能理解，他这年写的《白石草衣金石刻画序》就描述道：

〔5〕郎绍君：《二十世纪中国画家研究丛书：齐白石》，天津杨柳青画社，1995年。

白石草衣，起于造士，画品名德，俱入名域，尤精刀笔，非知交不妄应。朋座密谈时，生客至，辄逡巡避去，有高世之志，而恂恂如不能言。

齐白石认为老师这段话写得很真实，他后来题画常写的“八哥解语偏饶舌，鹦鹉能言有是非”两句诗，则是对这种性格的自我解释。

1905年7月，广西提学使汪颂年（名诒书，长沙人，翰林出身）邀白石游桂林。白石早就向往桂林山水，欣然前往。“画山水，到了广西，才算开了眼界啦！”几十年后，他回忆这段游历时，还这样感慨地说。《忆桂林往事》诗写道：“广西时候不相侔，自打衣包备小游。一日扁舟过阳朔，南风轻葛北风裘。”在游历过程中，他作了许多写生画稿，特别画了一幅《独秀山图》，刻画峰独如碑，山顶灯树晰然可见，正所谓“一竿灯火乱星辰”。桂林景色对他的创作产生了深刻影响，孤峰独立成为白石画山的基本模式。20世纪20年代，当有人说他的山水画没有师承，是“野狐禅”时，他写诗回答道：

逢人耻听说荆关，宗派夸能却汗颜。
自有心胸甲天下，老夫看惯桂林山。

在桂林，齐白石挂出樊樊山为他订的润单，刻印收入居然很好。那年，恰好蔡锷（1882—1916，湖南邵阳人，字松坡，著名将领）从日本回来不久，在广西训练新军。从事反清革命、一度化装成和尚的黄兴（1874—1916，湖南长沙人，原名轸，字廑午，又字克强，号杞园，同盟会和辛亥革命的主要领导人之一）也在桂林。因同乡之谊，均与白石相交往，蔡锷曾想高薪聘他教部下学画，白石怕招惹是非，婉言拒绝了。自桂林分手后，彼此再无联系。

1906年初春，他的四弟纯培和长子良元偷偷从军到了广东钦州。家中来信要他速去追赶。他便从桂林取道梧州、广州到钦州，原来他的朋友郭葆生做了钦廉兵备道，把纯培他们叫了来。郭葆生素喜书画，也能画几笔花鸟，索画的人很多，他就以丰厚的润资，请白石代为捉刀，间教其如夫人学画。郭葆生所收藏八大山人、徐文长、金冬心等人的作品，尽都让白石临摹了一遍。到秋天，才返回湖南——这是白石的三出三归。

回家后，因梅公祠典期届满，他就在风景秀丽的余霞峰山脚下买了一所旧式三开间两头出横屋的有楼瓦房，20亩水田。他将房子翻盖一新，取名“寄萍堂”，书房命名“八砚楼”，除大堂屋、卧室、厨房外，还辟了画室、有隔扇的过道和可以养花种草的天井，亲自做了画案和家具。

茹家冲寄萍堂旧址

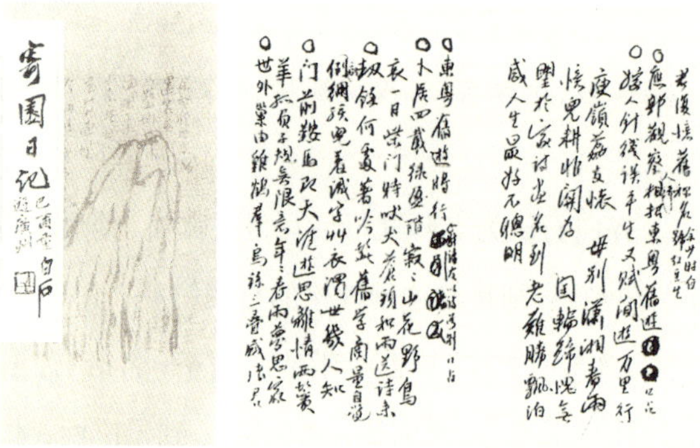

寄园日记　1909年

门前屋后栽了梅树、芙蓉和各种果木。年底，长孙秉灵出生，因移居新宅不久，取名移孙。邻居们见他修宅添孙，都祝贺说“人兴财旺”，他也感到十分的自足。

1907 年，他又按约赴钦州，继续在葆生处代笔、教画。这次，他随葆生游了肇庆、鼎湖、端溪、东兴，并过北仑河，游览越南山水。回到钦州，正值荔枝上市，有人拿着荔枝换他的画，还有一位歌女亲自剥皮给他吃。自此以后，白石就开始画荔枝了。这一年至冬天回家，是为四出四归。

1908 年，在广东同盟会做秘密工作的罗醒吾约白石到广州去玩。春往秋返，在广州住了约半年。他照例挂了润单刻印卖画。其间，醒吾托他为同盟会传递文件，他以卖画的名义行事，倒也从没有出过差错。是为五出五归。

1909 年 2 月，再应郭葆生招请赴钦州，乘江轮经长沙、汉口、上海转道海上赴香港，再经海口至北海、钦州、东兴。仅半年时间，就刊印 280 余石，作画 250 余纸[6]。7 月底，经梧州、广州再绕海路到上海，下榻上海新洋务总办汪颉荀公馆经月，游园观剧，寻书访画，至 9 月底方归湘。是为六出六归。[7]

从 1902 年到 1909 年，前后 8 年间，齐白石游历了西安、北京、天津、上海、苏州、桂林、汉口、广州、香港、钦州、北海、东兴，经过湖南、湖北、河南、陕西、河北、江苏、安徽、广西、广东、福建、浙江等省，浏览了名山大川，体味了各地的风土人情，结交了许多朋友，临摹了不少名人字画，开阔了眼界与心胸，这对他的艺术创作产生了深刻持久的影响。远游间所得较为丰厚的收入，也从根本上改变了家庭的贫困生活。但远游和远游中获得的晋升机会却没使齐白石动心。无论走到哪里，他总是眷恋着家乡、父母和妻子儿女，近 10 年“门前鞍马即天涯”

〔6〕齐白石：《寄园日记》，河北美术出版社，1985年。

〔7〕《白石老人自传》称“五出五归”，是把最后两次广东之游作一次算的。

的漂泊生活，已经使他感到身心俱倦。1909年最后一次远游临行时，他在日记里写下了这样的七律：

嫁人针线误平生，又赋闲游万里行。
庾岭荔枝怀母别，潇湘春雨忆儿耕。
非关为国轮蹄愧，无望于家诗画名。
到老难胜飘泊感，人生最好不聪明。

——《应郭观察人漳相招东粤旧游口占》[8]

人生总是悲喜相生，在两难境中前行。对白石来说，远游也是如此。他为自己取号“萍翁”，是喜，是悲，还是兼而有之呢?

寄萍堂、梨花小院、蠹鱼虫

茅屋雨声诗不恶，纸窗梅影画争妍。
深山客少关门坐，老矣求闲笑乐天。

——《萧斋闲坐》

1909年至1917年，齐白石居家，过着半农民半文人的乡居生活。他已无衣食之忧，不再东奔西跑刻印卖画。他自感虽然走了万里路，却没有读万卷书，于是闭门不出，“天天读些古文诗词，想从根基方面，用点苦功。有时和旧日诗友，分韵斗诗，刻烛联吟，往往一字未妥，删改再三”。[9]

乡间宁静，心境平和，诗作多，画作也多。他有时也参加植种果蔬的劳作，与儿孙共享田园与天伦之乐。他在《种菜》诗中写道：

白头一饱自经营，锄后山妻手不停。
何肉不妨老无份，满园蔬菜绕门青。

〔8〕齐白石：《寄园日记》，河北美术出版社，1985年。
〔9〕齐璜、张次溪：《白石老人自传》，人民美术出版社，1962年，第60页。

偶尔客至，他便“沾露挑新笋，和烟煮苦茶”，请他们“小住看梨花”。他满足于“落日呼牛见小村，稻粱熟后掩蓬门”的山村生活，而不理会小园之外的大事情。〔10〕黎锦熙说：“大约清末民初数年间是白石乡居清适，一生最乐的时期。他那时也实有‘终焉’之志。”〔11〕《自夸》诗曰：

诸君不若老夫家，寂寞平生敢自夸。
尽日柴门人不到，一株乌桕上啼鸦。

在这10年里，中国发生了秋瑾的起义与就义，广州黄花岗的战斗，帝制的崩溃与民国的诞生，宋教仁的被刺和袁世凯的称帝……他的师友、熟人如王湘绮、夏午诒、郭葆生、杨度、罗醒吾、谭组安、蔡锷、黎雨民等，或革命或保皇或弄权，都被卷入了整个中国变革的大潮，他却在潮涌之外，过着写诗作画、种菜浇果、自足自乐的清平日子。可以说，远游扩展了他的眼界与胸怀，却没有改变他“白头一饱自经营”的农民理想。

1910年，他把远游期间所得画稿整理重画，完成了50余幅《借山图》卷的创作。这套作品以写生为依据，但又并非真实景色的模拟；运用了传统的笔墨方法，但没有依靠过去所学的山水画程式。他自己题诗曰：“自夸足迹画图工，南北东西尺幅通。却怪笔端泄造化，被人题作夺山翁。”这一年，他还创作了组画《石门二十四景》。他的好友胡石庵请王训把石门一带景色拟为二十四题，请白石作画。他用了三个多月的时间，几易其稿，才得以完成。这套组画与《借山图》卷的不同处，是它并非来自写生，而是根据命题创作。在同样大小的幅面上构思24幅不同的景观，需要丰富的想象和构图能力。两部组画，是齐白石中年山水画的代表作，标志他远游之后在艺术上获得的成果。这一时期的人物画，以写意或半工写为特点，造型多由芥子园变化而来；花鸟画以写意方式为主，并开始摹学八大的简笔大写意和金农的墨梅。有时还应邀为朋友或友人的家人画像——如1911年春，谭组安请他去长沙，在荷花池为其先人和故去的四弟画像。

1913年，51岁的齐白石已是三个儿子的父亲。这年9月，他将历年积蓄分给儿子们，让他们分炊自立。次子良芾刚满20岁，以打猎为生，生活有些困顿，10月里病了几天，竟意外地去世了。白石伤痛之余，深悔不该急于分炊。他作了一篇祭文，记述良芾的品德、性格、父子情

〔10〕郎绍君：《二十世纪中国画家研究丛书：齐白石》，天津杨柳青画社，1995年。
〔11〕胡适、黎锦熙、邓广铭：《齐白石年谱》，商务印书馆，1949年。

深的关系和病逝经过，最后写道：

> 悲痛之极，任足所之，幽栖虚堂，不见儿坐；抚棺号呼，不闻儿应。儿未病，芙蓉花残；儿已死，残红犹在。痛哉心伤！膝下依依二十年，一药不良，至于如此……[12]

再一年夏，白石五弟纯楚病逝，不几天，恩师胡沁园也逝世了。他悲痛之余，画了20多幅胡氏生前喜欢的画，裱好装在亲自糊好的纸箱内，送到胡沁园灵前焚化，又作了14首悼念诗。诗中回顾了20多年里胡沁园对他的恩惠和教导，以及他们师生间深厚的情谊。最后两首是：

> 廿七读书年已中，愿余流亚蠹鱼虫。
> 先生去矣休欢喜，娴也无人管阿侬。

借山图册（二十二开之四、之二十） 1910年

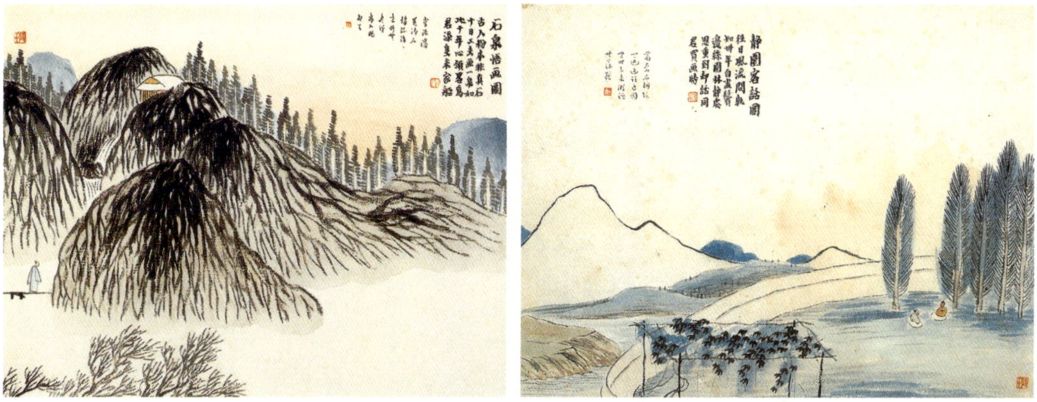

石门二十四景之三、之十七 1910年

〔12〕齐白石：《祭次男子仁文》，见齐白石：《齐白石自述》，安徽文艺出版社，2014年。

学书乖忌能精骂，作画新奇便誉词。
惟有暮年恩并厚，半为知己半为师。

他又作了一篇祭文，一副挽联。联道："衣钵信真传，三绝不愁知己少；功名应无份，一生常笑折腰卑。"他后来在自传中说，这挽联挽的虽是湘园师，实在也是他的"自况"。

1916年，85岁的王湘绮逝世。辛亥春（1911），王湘绮还在长沙招白石到瞿鸿机（字子玖，曾任清末军机大臣）家的超览楼，参加赏樱花、海棠的雅集，并命他画《超览楼褉集图》。图尚未成，命题人已逝。他非常难过，专程去哭奠了一场。[13]

丁巳劫灰、槐堂卧游、窜逃京华

大约在1916年，齐白石在乡间安居的生活被打乱了。湘潭地区常有军队交战，土匪乘机四起。"官逼税捐，匪逼钱谷，稍有违拒，巨祸立至。"[14]1917年春夏之交，又发生了兵乱，城乡有钱人纷纷外逃。"月黑龙鸣号夜乌，一时逃窜计都无"（《兵后杂感》），在进退两难之际，樊樊山来信劝他避居北京，卖画自给。他携着简单行李，抱着一试的心情，于5月中旬第二次来到北京。不料进京不到10天，便遇张勋复辟之变，他随郭葆生一家躲到天津租界避难。6月返回后，先住郭葆生家，后移居宣武门外法源寺，与同乡杨潜庵同住。他在琉璃厂挂起卖画刻印的笔单，但无人知道齐白石为何人，他模仿八大山人简笔画法的作品也与流行的风格相左，生意很是清淡。他有诗纪其事曰："大枝粗枝亦写生，老年一笔费经营。人谁替我担竿买，高卧京师听雨声。"（《杂感》之一）

享誉京师的著名画家陈师曾（1876—1923）在南纸店看到齐白石的刻印，十分赞赏，便到法源寺访他。他拿出自己的《借山图》卷请师曾鉴评，师曾即写了一首诗相赠：

昔于刻印知齐君，今复见画如篆文。
束纸丛蚕写行脚，脚底山川生乱云。
齐君印工而画拙，皆有妙处难区分。
但恐世人不识画，能似不能非所闻。

〔13〕齐璜、张次溪：《白石老人自传》，人民美术出版社，1962年。
〔14〕同上，第65页。

正如论书喜姿媚，无怪退之讥右军。
画吾自画自合古，何必低首求同群？

师曾肯定齐白石不同流俗的绘画，支持他走自己的路。这大合齐白石意，两人遂成莫逆。白石常到陈师曾的槐堂书屋，讨论艺术上的问题，请师曾给自己的画提意见。他虽年长 12 岁，但深感学问、见识不如师曾，便虚心向他请教。陈师曾本人的绘画，从沈石田的粗笔风格和石涛、吴昌硕等强调个性与生命表现的画家求借镜，纵横勾斫，气势强悍，理论上则主张“宁朴勿华，宁拙勿巧，宁丑怪勿妖好，宁荒率勿工整，纯任天真，不假修饰”。这些都使白石有一种志趣相投的亲切感。他离开北京时有诗道：

槐堂六月爽如秋，四壁嘉陵可卧游。
尘世几能逢此地，出京焉得不回头。

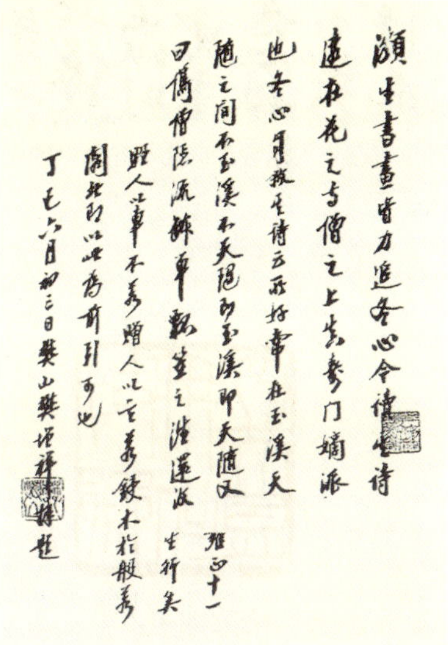
瀕生書畫皆力追冬心今讀其詩
遠在花之寺僧之上真壽門嫡派
也冬心自跋其詩云所好常在玉溪天

樊樊山手书白石诗草序文 1917年

在北京，白石常与樊樊山一同看戏、叙谈。他把自己写的诗拿给樊山评阅，樊山劝他结集，并写了一篇序文。序中说：“濒生书画，皆力追冬心。今读其诗，远在花之寺僧之上，真寿门嫡派也。”10 年后，《借山吟馆诗草》印行时，便以樊山文为序。

白石在北京还认识了法源寺道阶和尚、衍法寺瑞光和尚，画家凌直支、汪霭士、陈半丁、姚华、王梦白，诗人易实甫、罗瘿公、罗敷庵兄弟和名医萧龙友等。但也有一位自命清高的名士，看不起白石的出身和作品，骂他没有书底子，诗不通画也粗野，有时当着面就讥笑他。他心里气闷，却忍着不与之争。只在纪事诗中写了“作画半生刚易米，题诗万首不论钱。城南邻叟才情恶，科甲矜人众口喧”。他的印章“君子之量容人”亦由此而来。

丁巳劫灰之余

这一年的 10 月，白石返乡，茹家冲寄萍堂已被抢劫一空。他刻了一方印“丁巳劫灰之余”，盖在劫余的书画上。他写诗说：“衰老始知多事苦，乱离翻抱有家忧。相

齐白石在夫人胡宝珠与儿子齐良迟的合影照片上题字

故乡无此好天恩

怜只有芙蓉在，冷雨残花照小楼。”（《昔感》）

第二年2月，张敬尧部占领湘潭，兵匪之乱更甚。附近的歹徒也放出风说：“芝木匠发了财啦，去绑他的票！”惊恐之余，他悄悄带着家人，躲到紫荆山一个亲戚家，在几间茅屋里隐匿起来。后来他曾描写那时的情状：“遂吞声草莽之中，夜宿露草之上……绿蚁苍蝇共食，野狐穴鼠为邻。如是一年，骨与枯柴同瘦，所有甚于枯柴者，尚多两目而能四顾，目睛莹莹然而能动也。”[15]这年7月24日，始归家居住，寄萍堂更是满目疮痍。“借山虽好时多难，欲乞燕台葬画师。”1919年初春，只身出居北京，这就是他后来常说的“窜于京华”。

1919年至1922年间，齐白石在京先后租居法源寺、龙泉寺、石镫庵、观音寺诸寺庙。“法源寺徙龙泉寺，佛号钟声寄一龛。谁识画师成活佛，槐花风雨石镫庵。”而后，又租住过西四三道栅栏、太平桥高岔拉的私人房屋。直至1926年底，买了西城跨车胡同15号住宅，才算安定下来。其间，于1919年秋，在朋友胡南湖和妻子陈春君的关心支持下，纳胡宝珠为副室。[16] 1920年，白石携三子良昆、长孙秉灵来北京读书。是年识著名京剧演员梅兰芳、著名学者林琴南。1921年冬，胡宝珠生子良迟，是为白石第四子。1922年，陈师曾应

[15] 齐白石：《齐白石自述》，安徽文艺出版社，2014年，第156页。

[16] 白石1919年闰七月十八日记：“胡南湖见余画篱豆一幅，喜极。正色曰：‘君能送我，当报公以婢。’余即赠之，并作诗以纪其事。”此婢即胡宝珠。见齐佛来：《我的祖父白石老人》，西北大学出版社，1988年，第5页。另见齐璜、张次溪：《白石老人自传》记1919年事：“不久，春君来京，给我聘到副室胡宝珠。”人民美术出版社，1962年。齐良迟：《父亲齐白石和我的艺术生涯》记白石1933年刻“齐白石妇”印赠宝珠，边款刻“宝珠，胡以茂女，重庆酆都人，胡北胡鄂弓之母之义女也，年十八归余……”，海潮出版社，1993年。可与上述诸记相印证。

邀赴日本参加中日联合绘画展览会，将齐白石的画带去，他的画受到日本和国外收藏者的欢迎，卖价之丰厚，大出意料。从此白石的画在北京就卖得很多了。他写诗纪念说：“曾点胭脂作杏花，百金尺纸众争夸。平生羞杀传名姓，海国都知老画家。”1923年夏，好友陈师曾突然病逝，他极为震惊，很长时间陷在悲痛怅惘之中。直到晚年，还一再追忆和师曾的友谊，说“穷苦的日子里，朋辈对我帮助最大、对我友情最深挚的莫过于陈师曾，他是第一个劝我改造画风和帮助我开画展的人”[17]。

居北京的前几年，与白石交往较多且对他有所帮助的乡亲旧交，以夏午诒和郭葆生为最。他们与政界、军界有较多联系，经济条件好，有能力支持困境中的老友。1922年11月，白石得知郭葆生逝世的消息，在日记中写道：“朋友之恩，声名之始，余平生以郭五为最。”夏午诒曾是君主立宪的积极主张者，后又入曹锟幕。齐白石1920年至1924年间与曹的书画交往，正是夏午诒牵的线。[18]

居北京初期，齐白石每年都回湘看望父母妻儿。如他在诗里描述的“燕树衡云都识我，年年黄叶此翁归”（《十出京华二绝句》）。他心悬两地，时时惦念着家乡的一切，怀念曾经拥有的宁静的乡居生活。直到1926年他的父母病逝，又买了跨车胡同的房子以后，他才在北京稳定下来。其时，宝珠已生四子良迟、五子良已。三子良琨夫妇也已在北京定居。他思前想后，刻了一方印，曰“故乡无此好天恩”。

他知道，自己是不可能再回湘潭老家了。

铁栅屋、寒鸟哀蛩、煮画庖

> 你如果走到北平西城北沟沿一带的时候，那真是十足地表现着“无风三尺土”的特色。整天不断地轰隆轰隆走着载重的大车，尘埃蔽着天……
>
> 尤其是跨车胡同里，这种凸凹不平的狭窄的路径，使你连呼吸都得停止住，就在这条南巷口的路西第一个大门里，住着大名鼎鼎的齐白石先生。[19]

跨车胡同15号的大门坐西朝东，和大门洞连在一起的三间东屋是客房，里面挂着王湘绮

[17] 齐良迟：《白石老人艺术生涯片断》，见齐白石、张次溪：《白石老人自述》附录，岳麓书社，1986年。

[18] 参见本书《齐白石年表》。

[19] 王森然：《回忆齐白石先生》，见《美术论集》第一辑，人民美术出版社，1982年。

北京跨车胡同15号

跨车胡同15号铁栅屋

和齐白石自己的照片，以及与卖画有关的说明和润格。客房西边的小院种着葡萄、丝瓜，葡萄架北面便是正房——安有铁栅的卧室和画室。齐白石有诗描写他在这里的生活：

铁栅三间屋，笔如农器忙。
砚田牛未歇，落日照西厢。

他就像老农民一样，从早到晚在砚田里劳作。除了接待乡亲和要好的朋友，他不大和人交往。一般求画者，都由琉璃厂南纸店代理。大门经常锁着，小院里总是静无声息。北京是画会、画家社团集中的地方，但在任何画会里你都找不到齐白石的影子，他在一方印章里声明过"一切画会无能加入"。"先生孤僻傲放……好事者列先生为北京怪人。"[20]齐白石也以怪自居。早在1926年，他就称自己、瑞光、冯臼为"西城三怪"，并画了《西城三怪图》。但北京画坛和文化界有身份、有地位的人物如樊增祥、林纾、金城、周肇祥、凌直支、陈半丁等，都和他有书画往来或歌诗唱酬，并不视其为怪。齐白石不改变自己在农村养成的生活习惯，坚持自己的艺术追求，不愿随同流俗，何怪之有？目其怪者不过是习惯于世俗，少见多怪而已。

齐白石把定居北京后十余年的艺术探索称之为"衰年变法"。经过变法，他创造了以红花墨叶为主要特色的花鸟画新风格，林纾把他与民国以来画坛泰斗吴昌硕相比，称"南吴北齐"，逐渐得到许多人的认可。1927年春夏之间，国立北京艺术专门学校校长林风眠聘他担任中国画教席；第二年，北平艺专改为北平大学艺术学院，齐白石被继续聘任并改称教授；同年，胡

〔20〕王森然：《回忆齐白石先生》，见《美术论集》第一辑，人民美术出版社，1982年。

三千门客赵吴无

佩衡编《齐白石画册初集》出版。10月，徐悲鸿任北平大学艺术学院院长，继续聘他为教授。[21] 后来，齐白石又兼任私立京华美专教职。除学校学生外，先后拜他为师学习中国画和篆刻的个人有贺孔才、杨泊庐、梅兰芳、李苦禅、瑞光和尚、邱石冥、赵羡渔、方问溪、王雪涛、于非闇等。他有一方章曰“三千门客赵吴无”，对有众多门生感到自豪。他以“学我者生，似我者死”教导学生，支持他们大胆创造。某些看不惯他独树一帜画风、经常投以冷嘲热讽的人，动摇不了他在画坛的地位，白石老人也不大与他们计较，不过以“君子之量容人”“流俗之所轻也”之类题跋印语略加回敬而已。

1928年，齐白石自订、手抄、影印了第一本诗集《借山吟馆诗草》。1933年，又自订排印《白石诗草二集》八卷。在后者的“自序”中，他说自己定居北京以后“以卖画刻印为活计，朝则握笔把刀，日不暇给。惟夜不安眠，百感交集。谁使垂暮之年，父母妻子别离，戚友不得相见？枕上愁余，或作绝句数首，觉忧愤之气，一时都从舌端涌出”，因此诗作都是直抒胸臆，如同“寒鸟哀蛩”“鸣其所不容已云尔”。在白石诗草付印之际，许多老友、名流都题词题诗，如王训、赵元礼、吴北江、宗子威、杨圻、黎松庵、李释堪、张伯桢等。白石的印集，定居北京前曾自编过《寄园印存》(1899)、《白石草衣金石刻画》(1904年编本与1909年编本)。居北京后，又于

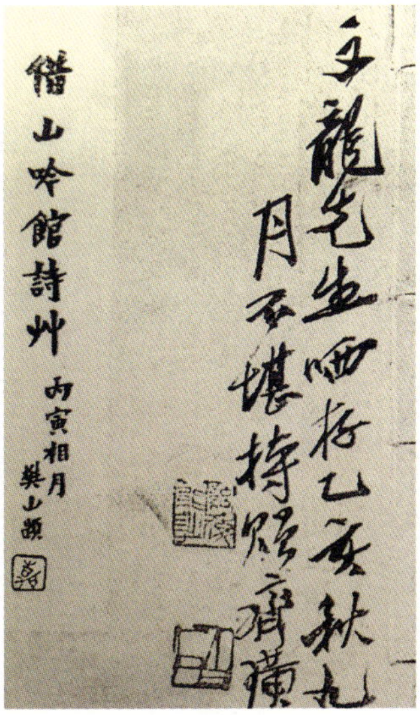

1926年樊樊山题签《借山吟馆诗草》

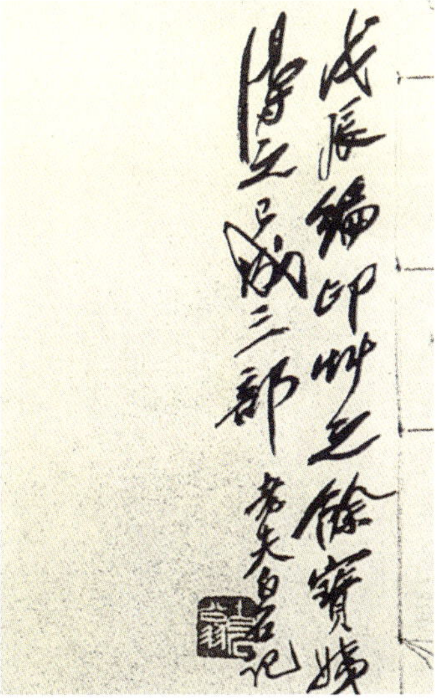

1928年所编《白石印草》

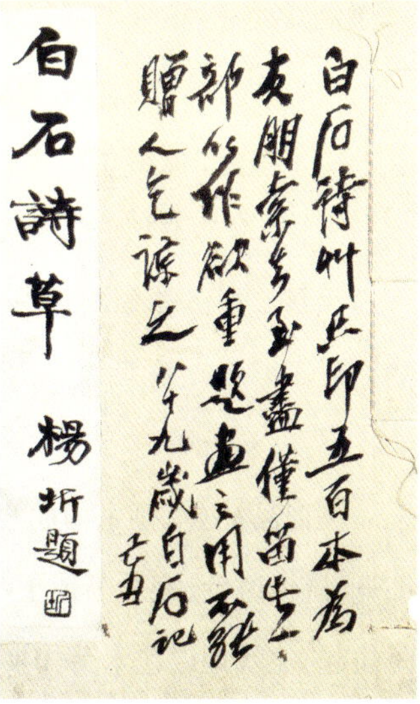

1933年所编《白石诗草》

〔21〕徐伯阳、金山：《徐悲鸿年谱》，艺术家出版社，1991年。

1928年、1933年三次自编了《白石印集》。他在最后一次拓编的印谱上写道："以上皆七十衰翁以朱砂泥亲自拓存。四年精力，人生几何！饿殍长安，不易斗米。如能带去，各捡一册，置之手侧，胜人入陵珠宝满棺。"诗歌与篆刻，也像绘画那样体现着白石的思想情感和创造力，他自己是极其珍视的。

齐白石的画雅俗共赏，深受广大收藏者和爱好者的欢迎。大约自20世纪20年代中期后，他的画一直卖得很好。他是完全以卖画刻印维持生活的人。为此，他把自己在北京的铁栅屋也称作"甑屋"或"煮画庖"。他在住所挂的一幅告白曰："卖画不论交情，君子有耻，请照润格出钱。庚申秋七月直白。"庚申即1920年，直到30年代，这幅告白还悬在客厅里。另有"卖画与篆刻规例"也悬在室中，曰：

> 余年七十有余矣，苦思休息而未能，因有恶触，心病大作，画刻目不暇给，病倦交加，故将润格增加。自必扣门人少，人若我弃，得其静养，庶保天年，是为大幸矣。白求及短减润金、赊欠退换诸君，从此谅之，不必见面，恐触病急。余不求人介绍，勿望酬谢。用棉料之纸半生宣纸，他纸板厚不画。山水、人物、工细草虫，写意虫鸟，皆不画。指名图绘，久已拒绝。花卉条幅：二尺十元，三尺十五元，四尺二十元（以上一尺宽）；五尺三十元，六尺四十五元，八尺七十二元（以上整纸对开）；中堂幅加倍，横幅不画。册页：八寸内每页六元，一尺内八元。扇面：宽二尺者十元，一尺五寸内八元，小者不画。如有先已写字者，画笔之墨水透污字迹，不赔偿。凡画不题跋，题上款加十元。刻印：每字四元，名印与号印，一白一朱，余印不刻。朱文，字以三分四分大为度，字小不刻，字大者加。一石刻一字者不刻。金属、玉属、牙属不刻。石侧刻题跋及年月，每十字加四元。刻上款加十元。石有裂纹，动刀破裂不赔偿。随润加工，无论何人，润金先收。

在商品社会，画家申明自己的润格，是天经地义的事。上述齐白石卖画润格与告白，精打细算，讲钱讨价，完全撕掉了一般知识分子耻于谈利的矫情与面纱。从20岁成为"芝木匠"的时候起，他就是以艺术劳作换取生存之需，向主顾们要价的。这和另有生活来源的画家有所不同，是不奇怪的。卖画不能说对齐白石的绘画没负面影响——如重复的画幅很多，不少作品画得并不是很认真——但这并没有在总体上影响他成为一个伟大的艺术家，没有影响他通过作品充分表现思想、情感、智慧和创造力。对能画而不能卖，或能卖画而不能保持艺术独立的人，齐白石的成功是可以深而思之的。

苦手、归梦、悔乌堂

1928年白石与徐悲鸿相识，很快成为忘年交。1929年1月徐因学潮辞去艺术学院院长职，仍回南方任教，齐白石绘《月下寻归图》以赠。1931年，徐悲鸿编《齐白石画册》，并作序称赞齐白石画“由正而变”，已臻“致广大、尽精微”之境。白石接到画册样书后题道：“从来画山水者惟大涤子能变，吾亦变，时人不加称许，正与大涤同。独悲鸿心折，此册乃悲鸿为办印，故山水特多。安得悲鸿化身亿万，吾之山水画传矣。普天下人不独只知石涛也。”此外，他还写了《答徐悲鸿并题画寄江南》诗：

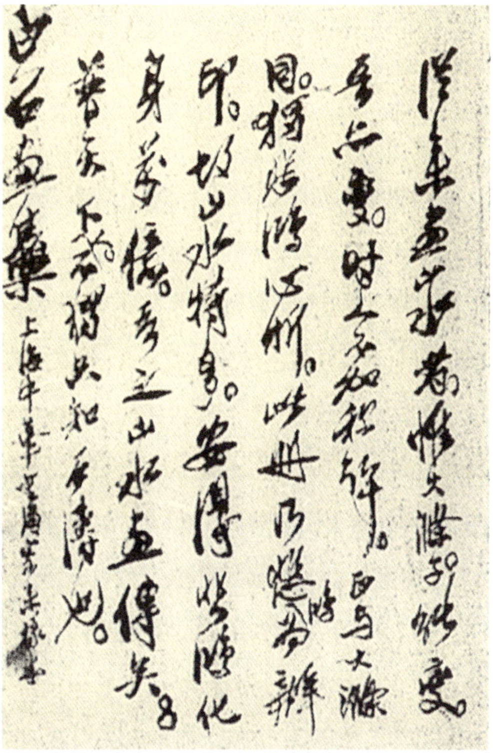

齐白石题徐悲鸿所编《齐白石画册》

> 少年为写山水照，自娱岂欲世人称。
> 我法何辞万口骂，江南倾胆独徐君。
> 谓我心手出异怪，神鬼使之非人能。
> 最怜一口反万众，使我衰颜满汗淋。

齐白石与徐悲鸿

1928年，白石五弟纯隽在家乡死于兵乱，仅50岁。1930年，二弟纯松又病逝。同胞兄弟六人，只剩他和三弟、四弟。1931年，诗人樊樊山逝世。白石痛悼知己，刻了“老年流涕哭樊山”印，并有诗曰：“似余孤僻独垂青，童仆都能辨足音。怕读赠言三百字，教人一字一伤心。”1932年，他的弟子瑞光和尚圆寂，他赶到莲花寺去哭了一场，归来后，心情郁郁，自想风烛残年，已不愁衣食，何必再这样辛苦劳顿呢？于是画了一幅《息肩图》，题诗道：

老年流涕哭樊山

老为儿曹做马牛

眼看朋侪归去拳，那曾把去一文钱。
先生自笑年七十，挑尽铜山应息肩。

他想结束卖画卖印的生涯，息肩养老。但绘画刻印已成为他生命不可或缺的部分，欲罢不能；加上儿孙众多，不能不为他们着想，而盛名之下，求画求印者接踵而来。他只能继续在砚田里耕作。“老为儿曹做马牛”“有衣饭之苦人”“苦手”诸印，正是在这种矛盾心情下镌刻的。

有时候，白石也外出休息一下。1931 年夏，同门张篁溪约他到张园居住。张园原是明末抗清名将袁崇焕故宅，后废为民居，民国初年，张篁溪不忍忠烈遗迹之荒弃，遂购置修葺，成一风景佳秀的名园。张篁溪及其子张次溪兄弟陪白石在张园游息垂钓，写诗作画。《篁溪归钓图》《多虾图》《葛园耕隐图》等，就是由此诞生的。他还和张篁溪父子一起游览了附近的万柳堂、夕照寺以及更远的卧佛寺和相传曹雪芹的故居，并作了一幅《红楼梦断图》。

但就在同一年，“九一八”事变爆发，国民政府采取不抵抗政策，眼看平津将成前线，白石忧心忡忡。有人劝他避地杭州任教，他说：“大好河山，万方一概，究竟哪里是乐土呢？”决心留居北平〔22〕。但骚扰也随之而至。齐白石的画在日本享有盛誉，一些日伪分子乘机骗买骗卖他的画作，甚至想利用他达到某种政治目的，于是送礼物，请吃饭，约照相，往来不绝。对此，齐白石极力回避拒绝。他刻了一方印“老岂作锣下猕猴”，以表示自己的心情。为了防止不速之客，他“在无法中想出一个办法”：终日反锁大门，来人敲叫时，他总要亲自从门缝观看，若不是熟人朋友，便由女仆回答“主人不在家”。他后来刻的一方“八十岁应门者”章，便是记述这件事的。

年纪越大，乡思越浓，这是白石老人晚年内心世界最突出的特点。自 1926 年父母去世，他就不怎么回湘潭了。但老妻和儿孙仍在家中，他总是惦念着。“妻子离去归去难，四千余里路漫漫”，思念和负疚感时时压在心头。虽然孩子们不断来京看他，书信也往来不绝，还是无

〔22〕齐璜、张次溪：《白石老人自传》，人民美术出版社，1962年。

望白云家山难舍

故里山花此时开也

归梦看池鱼

法填平不绝如缕的乡思。当他把笔作画，秉烛吟诗，思绪就飞到生活了50余年的湘水衡山，回到星斗塘、百梅祠、茹家冲借山馆，看见了家乡的田野景物、花草鱼虫，感到了他熟悉的风声雨意。他的印文“望白云家山难舍”“故里山花此时开也”“归梦看池鱼”“麓山红叶相思”等，都凝结着这种思念和回忆。在20世纪20年代前期，他频繁地返湘，与惦念年迈的父母、离舍不久的妻子家园分不开；父母谢世后，他的乡情乡思就更多地转向对少年往事和家乡大自然的回忆怀念。后者成为他长期的内心生活，对创作产生了巨大影响。我们称白石老人历经衰年变法（约1917年至1928年）进入艺术上的成熟期，是指风格技巧和内在表现两方面的成熟和创造性；融于作品中的炽热乡情，以及包含在这种乡情里的中国精神和普遍人性，应当是这种内在表现及其价值的主要体现。[23]

悔乌堂

1933年，白石祖母120岁冥诞，他在北京家里延僧诵经，设坛敬祭。他在焚烧的文启中说：“今长孙年七十一矣，避匪难，居燕京，有家不能归，将至死不能扫祖母之墓，伤心哉！”1935年，73岁的齐白石自感“衰败之象叠出”。不久，湘潭家中接连来信，告知长子良元患病。4月初，他携宝珠还湘。回到阔别十年的家乡，除了请医看病、安慰老妻之外，祭扫了先人墓，会见了老友王训、杨重子等。返京时，不忍与春君见面，悄然而别。他在日记中写道：“乌乌私情，未供一饱；哀哀父母，欲养不存。”归京后，始刻“悔乌堂”“客久子孙疏”“归计何迟”印。[24]

客久子孙疏

归计何迟

20世纪30年代初，四川一位军长王缵绪因喜白石绘画篆刻，常请

〔23〕郎绍君：《二十世纪中国画家研究丛书：齐白石》，天津杨柳青画社，1995年。

〔24〕此次在家留住时间，《白石老人自传》说共三日，齐佛来《我的祖父白石老人》说是“两个星期”，《三百石印斋纪事》说是“一日起行……十四日还北平”。

同乡在北平向齐白石购印，彼此由通信而成千里神交，王缵绪几次邀白石游蜀，说卖画可得厚资，还为他“予购一鬟，以给抻纸磨墨之役”。白石回信以年老辞。王氏送嬛女淑华至京，未久，该女不辞而去，白石不追问，只写诗以纪其事曰：“衣裳作嫁为君缝，青鸟殷勤蜀道通。向后从夫休忘记，罗敷曾许借山翁。”1936年，王氏再次相邀，恰好胡宝珠想回川探家，便欣然成行。4月27日出发，先乘车到汉口，再改船上行，抵嘉州登岸，再到酆都胡宝珠家，祭扫母茔。白石写了四首纪事诗，其中之一云：

为君骨肉暂收帆，三日乡村问社坛。
难得老夫情意合，携樽同上草堆寒。

在成都，齐白石住在王缵绪家，刻印作画。其间，会见了方旭（鹤叟）、金松岑（天翮）、陈石遗（衍）和他在艺专教过的学生，纵游了峨眉、青城诸名山。但他居川四月余，也有不快之事。王缵绪曾许诺以三千元酬谢，却只付四百，他颇有上当之感[25]。不过，他在成都还是留下了好作品和长远的影响。

瞒天过海、觅圹、何处清平

1937年，齐白石请居北平的长沙算命先生舒之鎏，为他批算八字。舒先生说他“丁丑年，脱丙运，交辰运”，“小康自有可期，惟丑辰戌相刑，美中不足”，还教给他免灾的办法：在交运时念佛、带金器，避见属狗、龙、羊的人等。农历三月十二日交辰运时，他都照此办理，把三间铁栅屋用黑布蒙起来，把自己关在里面，谁也不让进。过了交运时辰之后，便出来宣布他77岁了。[26] 他还在舒之鎏批的命书封面写了“十二日戌刻交运大吉”几个大字，又在里页写了“宜用瞒天过海法，今年七十五，可口称七十七，作为逃过七十五一关矣”。[27]

就在这一年，发生了“七七”事变，北平沦陷。他辞去北平艺专的教职，闭门不出。9月间，诗人陈散原逝世，他感念陈师曾的友谊，去送了挽联。联曰：“为大臣嗣，画家爷，一辈作诗人，消受清闲原有命；由南浦来，西山去，九天入仙境，乍经乱离岂无愁。”最后一句语义双关，暗示了他在当时环境中的心情。1938年，瞿兑之请他补画《超览楼禊集图》，这原是1911年王

[25] 齐佛来：《我的祖父白石老人》，西北大学出版社，1988年。
[26] 齐良迟、卢节：《父亲齐白石和我的艺术生涯》，海潮出版社，1993年。
[27] 张次溪：《齐白石的一生》，人民美术出版社，1989年。

与夫人胡宝珠合影

齐白石与家人，左起成人：齐白石、胡宝珠、家馗（齐次孙媳）

湘绮要他作的题目，一直没有践诺，这次画成，了却一桩心愿。

6月，宝珠生第四个孩子，取名良末。这是白石的第七个儿子，取号"耋根"，以表"年八十，尚留此根苗"之意。但半年后，白石特别喜欢的第六子良年（小翁子）却病逝了，这使老人极为伤心。在恶劣的心绪中，他的《三百石印斋纪事》无意续写，就此停笔了。

盛名之下，即使在沦陷的日子里，登门求见的人也非常之多。敌伪的大小头子也时时请饭、送礼，或拉他参加什么盛典。他总是婉辞拒绝。1939年，他贴出"白石老人心病复作，停止见客"的告白。但总要卖画养家，他又加上"若关作画刻印，请由南纸店接办"一行小字。第二年，他在门口加贴了一张"画不卖与官家，窃恐不祥"的告白："中外长官，要买白石画者，用代表人可矣，不必亲驾到门。从来官不入民家，官入民家，主人不利。谨此告白，恕不接见。"他还声明："绝止减画价，绝止吃饭馆，绝止照像。""与外人翻译者，恕不酬谢，求诸君莫介绍，吾亦难报答也。"

1940年初，齐白石的发妻，在湘潭茹家冲寄萍堂的陈春君逝世，终年79岁。白石感念妻子的贤德，作了一篇祭文，叙述春君一生的辛勤，"留备后世子孙，观鉴勿忘"。他又感慨地说："我在北平，住了二十多年，雕虫小技，天下知名，所教的门人弟子，遍布南北各省，论理，应该可以自慰的了，但因亲友故旧，在世的已无多人，贤妻又先我而去，有家也归不得，想起来，就不免黯然销魂了。我膝下男子六人，女子六人，儿媳五人，孙曾男女共四十多人，见面不相识的很

与家人聚在一起

多，人家都说我多寿多男……只是福薄，说来真觉惭愧。”[28]次年，白石扶胡宝珠为继室，并请了在北平的亲友20余人到场作证。他先把所积存的财产分为6股，春君所生3子，分得家乡田地房屋，宝珠所生3子，分得北平的房屋现款，并分立字据，各执一份。分产之后，随即举行扶正典礼。白石先郑重宣布：“胡氏宝珠立为正室！”到场的亲友都签名盖章。白石又当众在族谱上批明：“日后齐氏续谱，照称继室。”

暮年的白石老人，开始考虑自己的身后之事。先是在1936年春，想在香山附近觅置墓地。当年冬，名妓赛金花逝世，由张次溪提议葬于陶然亭畔，并请白石老人书写墓碑。白石写好后，便托张次溪代他在陶然亭觅圹。他在给次溪的信中说：“闻灵飞（赛金花别号）得葬陶然亭侧，乃弟等为办到，吾久欲营生圹，弟可为代办一穴否？如办到，则感甚！有友人说，死邻香冢，恐人笑骂。予曰：予愿只在此，惟恐办不到，说长论短，吾不闻也。”6年后，81岁的齐白石又托次溪办此事，陶然亭慈悲禅林主持慈安慨然割地以赠，白石极为高兴，带着宝珠、良已看了地形，并向慈安送了钱、画和字，归来还填了《重上陶然亭望西山》词。次溪请北京画家徐宗浩画了《陶然亭白石觅圹图》，有许多艺术家名人在上面题了词。后来陶然亭改建公园，他的生圹也就取消了。

对日伪人员的骚扰，白石大都采取置之不理的态度。但有时也在诗中曲折地加以讽喻：

钻木为巢转曲工，瓜花时候长儿虫。
工夫日久能倾栋，堪笑无能作贼蜂。

——题《钻木虫图》

老年画法没来由，别有西风笔底秋。
沧海扬尘洞庭湖，看君行到几时休。

——题《螃蟹》

〔28〕齐璜、张次溪：《白石老人自传》，人民美术出版社，1962年。

群鼠群鼠，何多如许！何闹如许！

既啮我果，又剥我黍。

烛灭灯残天欲曙，严冬已换五更鼓。

——题《群鼠图》

1943年2月，白石一刻不离的胡宝珠夫人因难产病逝，终年仅42岁。自定居北京，齐白石的生活起居、理纸磨墨，都是宝珠料理侍候，她渐渐熟悉了齐白石的画，有时还能辨认真假，偶尔把笔作画，竟能略得白石神意。[29] 白石曾有诗描述他们亲密和谐、濡沫相依的关系：

谁教老懒反寻常，磨墨山姬日日忙。

手指画中微笑道，闲鸥何事一双双。

分离骨肉余无补，怜惜衰颓汝有恩。

多病倦时劳洗砚，苦吟寒夜惯携灯。

宝珠竟先衰翁而去，对白石老人是个巨大的打击。他在《祭宝珠夫人文》中写道："夫人尝与璜戏言曰：'宝珠若死君后，不畏道路艰难，必携一家扶君榇还乡；若死君先，停棺不葬，君若生还，带宝珠之柩葬于齐氏祖山，倘九泉有知，亦涕泣感戴。'今朝事到眼前，岂食言于我夫人，故将我夫人之柩，暂寄宣武门法源寺，俟时乱稍平，决不负我夫人也。"由于世事变迁，齐白石还乡的愿望未能实现，宝珠最终葬于北京魏公村湖南公墓。他为宝珠写了两副挽联，其一是：

齐白石与家人

拈珠百零八粒，香细灯昏，佛即心，心即是佛；

〔29〕齐良迟：《父亲齐白石和我的艺术生涯》，海潮出版社，1993年。

举案二十四春，夫衰妻病，卿怜我，我更怜卿。

1945年3月11日凌晨，白石得一梦：在湘潭余霞峰茹家冲借山馆对面小路上，过来一队抬殡的人，殡后一口无盖的空棺，急急地抢到前面，直奔他家。他梦中想，这是自己的棺，为何走得这么快？莫非要不久于人世了？醒后，梦中场面仍记忆犹新。他感到很离奇，便作了一副自挽联：

有天下画名，何若忠臣孝子；
无人间恶相，不怕马面牛头。

对虚灵鬼神，白石在信与不信之间。他自己称这副挽联“不过无聊之极，聊以解嘲而已”，但实在也表现了他晚年对生死的坦然态度和思想智慧。

抗战胜利，白石高兴得一夜没有睡着。许多老友来看他，小酌之后，他作了一首诗：

柴门常闭院生苔，多谢诸君慰此怀。
高士虑危缘学佛，将官识子未为非。
受降旗上日无色，贺劳樽前鼓似雷。
莫道长年亦多难，太平看到眼中来。

他又挂出了润例，恢复了卖画生涯。操笔益勤，画名也更大。在1940年前后，他闭门画了许多工笔草虫，这时期大都添上写意花草，成为工细与写意两极的结合，使人耳目一新。1946年1月，齐白石画展在重庆举行。徐悲鸿与沈尹默在山城发表《齐白石画展启事》，说“白石先生以嵚崎磊落之才从事绘事，今年八十五岁矣，丹青岁寿，同其永年……胜利以还，画兴勃发，近以杰作数十帧送渝展出，邦人君子景慕先生绝诣，得此机缘，以资观赏，信乎所谓眼福不浅者……”同年10月，徐悲鸿就任国立北平艺专校长，继续聘白石为教授。

10月下旬，中华全国美术会邀齐白石、溥儒到南京、上海举办画展。他携子良迟、护士夏文珠等乘飞机前往。其间，主办者安排了蒋介石的接见。他送蒋一幅《鹰图》和名字印，蒋欲荐他当国大代表，他婉言拒绝。在南京，他会见了著名书法家、监察院院长于右任等。国民党中央文化运动委员会主任委员、中华全国美术会理事长张道藩，在徐悲鸿前夫人蒋

1945年的齐白石

20世纪40年代末的齐白石

碧微等的说合下，拜了齐白石为师，并在南京文化会堂举行了规模宏大的拜师礼。[30]张道藩并非要向齐白石学画，老人心里是明白的，但他无奈。刚拜完师，白石就在张道藩的画上题了“惟恐官气误人雅趣耳”的话，还题了一首诗：“门前池水清，未有羡鱼情。鱼亦能知我，悠然逝不惊。”[31]画展到上海后，齐白石亦到上海，会见了梅兰芳、汪亚尘和神交已久但未见面的朱屺瞻等。两地的展览，大受观众的欢迎，两百余张画全部卖出。但所得数以捆计的“法币”，到北平竟连十袋面粉也买不到。老人说“这玩笑开得多么大啊！我真悔此一行”。

南方之行后，国内战事日紧。白石虽感叹“何处清平著老夫”，但并没有放松自己的创作。早在 1933 年，齐白石就让张次溪笔录他的自述，以备金松岑为他写传之用。但自述未完，金松岑逝世。1946 年，齐白石又请胡适为他作传，胡适把他送交的材料按年加以编排，并于 1948 年邀请对白石深有了解的黎锦熙合作，黎锦熙对初稿进行了详尽的校改和补充，同年底，胡适又请历史学家邓广铭参与其事，最后编成《齐白石年谱》。

美协主席、和平奖金、人民艺术家

1948 年底，北平城风雨飘摇，有的友人劝白石出走台湾，也有的友人（如徐悲鸿）劝他留下来。他考虑再三，还是没有走。后来他对四子良迟说：“很多人都叫我走，我也想走，

〔30〕据马壁《张道藩师齐白石前前后后》一文介绍，张请了“五院院长、教育部长、中央大学、金陵大学等校教授，中央党部全体常务委员，中央文化运动委员会全体委员”及新闻界、美术界人士参加。

〔31〕齐佛来：《我的祖父白石老人》，西北大学出版社，1988年。

1957年夏拍摄，第一排（左起）齐秉淑、齐曾喜、齐淑和，第二排马凤英、齐来欢、温柳溪、齐晓溪、齐良已、齐白石、齐良迟、纪碧环、齐子贞夫人，第三排齐秉声、齐佛来、齐西来、齐曲环。

无奈何你妈妈死得太早了，你们这一堆孩子，连累了我，我走不了。”〔32〕齐白石想要离开北平，并不是出于政治选择，而只是从自己和家庭安危做出的考虑。他一生伤乱，对社会的唯一渴望是安康太平。他不止一次把陆游“已卜余年见太平”的句子书写成条幅，以寄托这种理想。但共产党来了将会如何，他不知道。

齐白石怀着忐忑不安的心情迎来了中国的巨变。1949年春，他因转一封乡亲的信给毛泽东（他们都是湘潭人），很快得到毛泽东向他问候的复信。他刻了两方毛泽东名章相赠。当年夏，他被邀出席了第一届文代会，并被选入大会主席团。继而又先后被选为“文联”全国委员会委员，中华全国美术工作者协会全国委员会委员（1949）、全国美协主席（1953）、全国人大代表（1954）、中国亚洲团结委员会委员（1956）、北京中国画院名誉院长（1957）。接受这些荣誉性的名位，表明他对官方的态度有了微妙变化。他感到了和平，受到了空前尊重，是这种变化的缘由。1950年4月，中央美术学院成立，徐悲鸿任院长，聘齐白石为名誉教授。同月，毛泽东派章士钊请齐白石到中南海丰泽园晤谈、赏花、吃饭，朱德作陪；席间，章士钊即席赋诗。毛泽东的湘潭口音，湖南风味的菜肴，领导人对他的敬重，使他感到亲切和兴奋。从那以后，毛泽东的表兄王季范常到家中看望他。10月，他将1941年画的《鹰》和1937年写的篆书联“海为

〔32〕齐良迟：《父亲齐白石和我的艺术生涯》，海潮出版社，1993年。

齐白石与徐悲鸿参加中国文学艺术工作者第二次代表大会

周恩来向齐白石祝贺九十三岁寿辰

齐白石与梅兰芳

1956年郭沫若和茅盾祝贺齐白石获得“国际和平奖”

龙世界，云是鹤家乡”赠送毛泽东，毛泽东以丰厚的润资相报。1953 年，他又送给毛泽东《祝融朝日图》等。

国务院总理周恩来，对齐白石老人的身体、生活亲自作了许多具体安排。他听说齐白石在跨车胡同的房子年久失修，便命人翻修粉刷；闻知白石长子齐良元病逝，即派秘书送花圈、赠款、安排人修墓立碑；1953 年，他指示在中南海怀仁堂为齐白石举行祝寿会，并在会上授予齐白石“人民艺术家”的荣誉称号；1955 年，鉴于跨车胡同地方较小，他指示文化部和全国美协买下雨儿胡同住宅，让白石老人迁入新居。后来，因管理不当，白石老人想回跨车胡同，并驱车到国务院找他，他亲自把老人送回家。这些，都使齐白石和家属深受感动[33]。白石有诗云：

〔33〕齐佛来：《回忆周总理对先祖父齐白石的关怀》，见《我的祖父白石老人》附录，西北大学出版社，1988年。

“暮年逢盛世，搭帮好总理，老骥珍伏枥，报国志千里。”

在20世纪50年代，和齐白石常相往来的人士有黎锦熙、徐悲鸿、老舍、新凤霞、吴祖光、艾青、叶浅予、黄琪翔等。弟子中李可染、李苦禅、曹克家、许麟庐、张次溪、郭秀仪等，多来看望与服侍。徐悲鸿是齐白石的老朋友了，对他在各方面都非常关照。1953年徐悲鸿逝世，家里人怕他过分难过，长时间不敢告诉他。3年后他得知消息，扶杖到徐悲鸿故居默默地站立了许久。[34] 著名作家老舍与齐白石是在1950年正式相识的，老舍夫人胡絜青是白石弟子。两人一见如故。老舍以前人名句“蛙声十里出山泉”“凄风苦雨更宜秋”“几度寒梅带雪红”“芭蕉叶卷抱秋花”和“手捧红樱拜美人”为题请白石老人作画，老人兴致勃勃地构思创作，一时传为艺坛佳话。齐白石喜看著名评剧演员新凤霞的戏，新凤霞喜爱白石老人的画。1952年，齐白石收新凤霞为干女儿，她和丈夫吴祖光常去看望老人并向他学画。诗人艾青毕业于国立杭州艺专，受教于林风眠，早就喜齐白石的画和诗。1949年，艾青作为军代表参与接管北平艺专，得识兼职教授齐白石，很快成为白石的忘年交。画家李可染于1947年由徐悲鸿介绍拜白石老人为师，相侍10年。李可染生于平民之家，对水墨画有独到的领会，他遵照白石“学我者生，似我者死”的教导，从做人、作画特别是笔墨方面研究学习齐白石，但不表面上蹈袭白石的画法程式，成为齐白石弟子中的佼佼者。

从1946年起，有较好文化修养、精明能干的夏文珠女士担任齐白石的看护，负责老人的生活起居、卖画和对外联系，“应付内外一切事务”，成为老人“一刻都不可或离”的得力助手。当初的介绍人本想促成她与齐白石结婚，但夏文珠在白石生活中的地位和“以白石老人的代表人自居”的作风，引起了白石家人对这桩亲事的极力反对，因此她始终只以看护的名义留在老人身边。胡宝珠给这个家庭留下了六个已经长大的子女，夏不可能取代胡氏在他们心中的地位。1951年，夏文珠和齐白石因为“一件小事发生纠葛”，“负气而去”。白石老人向徐悲鸿求助，徐夫人廖静文四处奔走，寻找夏文珠。夏文珠回答说，她要结婚了。白石老人无奈而又感伤，写诗曰：

眠食扶持百事精，颐年享受亦前因。
一朝别去无人管，始识文珠七载恩。

〔34〕郭味蕖：《向杰出的人民艺术家白石老人学习》，《中国画》第2期，1958年。

夏文珠去后，又聘了伍德萱女士任看护，到1955年，伍女士辞去，再请张学贤女士继之，直到老人逝世。

20世纪50年代，齐白石的三子齐子如（良琨）、胡沁园之孙胡文效都在沈阳东北博物馆（今辽宁省博物馆）工作，因为这层关系，白石在50年代为东北博物馆作了不少画，博物馆也通过子如与文效收集、收藏了白石老人许多作品，特别是早年作品。东北博物馆还收藏着齐白石的一张收条，上写："收到润金八十万，画犹未交也，父子何不客气，一笑。白石。一九五三年十一月十九日。"收条显然是写给子如的，子如则是代表博物馆来购画的。1954年，东北博物馆举办了齐白石画展，并先后在长春、哈尔滨、承德等地巡展。同年，中国美术家协会在故宫博物院也举办了齐白石绘画展览会。

1956年，世界和平理事会将1955年度国际和平奖金授予齐白石，以表彰他为人类和平做出的贡献。日本画家丸木位里、赤松俊子等国际朋友和有关艺术团体纷纷来电祝贺。9月1日，中国人民保卫世界和平委员会、中国人民对外文化协会和中国美术家协会联合为齐白石举行了授奖仪式。周恩来、郭沫若、茅盾等出席会议。国际和平奖金评议委员会在颁奖词中说：

> 把国际和平奖金授予齐白石先生的决定不仅是根据这位画家在艺术领域中获得的高度成就，更重要的是由于他毕生颂扬的美丽和平的境界，以及人类追求美好生活的善良愿望，在全世界得到了共鸣。……画家在作品中表达中国人民喜爱和平生活的优美感情，因之他的作品不仅为自己国土的人民所欣赏，也为世界各国人民所称道，他的作品有助于各国人民对中国人民的了解，亦有助于各国人民之间和平友谊的增进。

1956年齐白石获颁"国际和平奖"奖状

齐白石请郁风女士代读了他的答词，答词说：

> 世界和平理事会把国际和平奖金获得者的名义加在齐白石的名字上，这是我一生至高无上的光荣。我认为这也是中国人民的无上光荣。我以九十六

一九五七年九月二十二日上午在北京嘉兴寺举行齐白石的公祭

湘潭齐白石纪念馆

岁的高年，能借这个机会对国家社会，对文艺界有些小贡献以获得这样荣誉，这是我永远不能忘的一件事。正因为爱我的家乡，爱我的祖国美丽富饶的山河土地，爱大地上的一切活生生的生命，因而花费了我的毕生精力，把一个普通中国人的感情画在画里，写在诗里。直到近几年，我才体会到，原来我所追求的就是和平。

同年，齐白石为黎锦熙、齐良已合编的《齐白石作品选集》写了自序，序中说：

予少贫，为牧童及木工，一饱无时，而酷好文艺。为之八十余年，今将百岁矣。作画凡数千幅，诗数千首，治印亦千余。国内外竞言齐白石画，予不知其究何所取也。印与诗则知者稍稀。予不知知之者之为真知否？不知者之有可知者否？将以问之天下后世……

1957年春夏之际，齐白石开始体力不支，经常精神恍惚，稍好些仍把笔作画，所作最后一幅作品是《牡丹》[35]。9月15日齐白石卧病，16日送北京医院，经抢救无效，于当日6时40分离开人世。

依老人遗嘱，只有他常用的两方名印和一支使用了20余年的红漆手杖入殓。郭沫若任治丧委员会主任，委员有周恩来、老舍、周扬、于非闇、李济深、梅兰芳、黎锦熙、叶浅予、何香凝等25人。9月21日，各界人士络绎不绝前来祭奠。中国美术家协会的挽联是：

〔35〕齐良已：《父亲画的最后一幅画》，见《白石老人自述》，岳麓书社，1986年，第181页。

抱松乔习性，守金石行操，峥嵘九七春秋，不愧劳动人民本色；
抒稻黍风性，写虫鱼生趣，灼烁新群时代，凭添和平事业光辉。

9月22日，在嘉兴寺举行公祭，郭沫若主祭，周恩来等领导人、各国使节的代表和各界人士参加公祭。而后，移灵魏公村湖南公墓，与继室胡宝珠合葬。

1963年，齐白石入选世界十大文化名人。

综论

不管人间有是非

——齐白石和时代潮流

年年糊口久忘归，不管人间有是非。

——题画荷花兼蟹

这是齐白石定居北京后的题画诗句，表达了他的人生处境与态度。这和他的闲章“吾草木众人也”意思有些相关，说自己是一个普通百姓，离家谋生，挣钱吃饭，“不管”人间的是是非非。“不管”之意，是不愿管，也管不了，并不意味着对人间是非没有看法。这大体可以概括齐白石对时代环境及其变化的态度。

齐白石生活的近百年中，古老的中国历经激烈动荡与变革。洋务运动、中法战争、中日战争、维新变法、庚子事变、辛亥革命、五四运动、北伐战争、抗日战争、解放战争、中华人民共和国成立、抗美援朝、社会主义改造运动等，都发生在这期间。在文化上，则有西方人文思潮和科学技术的涌入，新文化运动，中学西学之争，激进主义与国粹主义之争，左翼文艺运动，新生活运动，国防文学与文艺大众化的论争，对胡适、胡风的批判等。这些社会变革与事件，与齐白石前后居住的湖南、北京多有密切关系，但齐白石始终在大潮的中心之外。

27岁以前，齐白石是个雕花木匠，走村串乡，为乡亲雕制婚床、奁盒、家具，靠一双巧手养家，过着个体手工艺劳动者的生活。27岁后，他先后拜胡沁园、陈少蕃、萧芗陔等为师，学画花鸟草虫、肖像，学作诗文，渐以卖画维生，并开始和县内的乡绅、士子交往。直到40岁，他从未出过远门。“来来往往，都在湘潭附近各地。而且到了一地，也不过稍稍勾留……得到一点润笔的钱，就拿回家去，奉养老亲抚育妻子”[1]。在这期间，发生了甲午中日海战（1894），湖南巡抚陈宝箴推行新政，梁启超主讲于时务学堂（1897），戊戌变法和以湖南籍改良思想家谭嗣同为首的戊戌六君子被杀（1898），湖南守旧派杀害维新人士近百人，庚子事变，八国联军攻入北京（1900）。这些大事，有些就发生在齐白石身边，却未与他的生活产生任何联系。

---

〔1〕齐白石、张次溪：《白石老人自述》，岳麓书社，1986年，第54页。

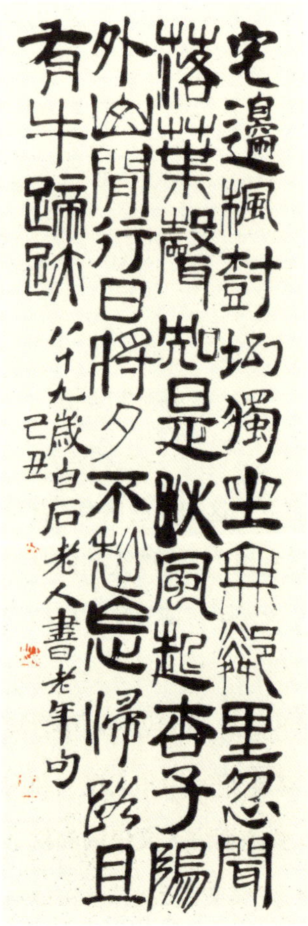

篆书立轴　1949年

1902 年至 1909 年，齐白石先后应友人夏午诒、郭葆生、汪颂年、罗醒吾邀请，六出六归[2]，游历了西安、北京、南昌、桂林、广州、钦州、肇庆、上海、苏州、南京等地。在游历过程中，他做家庭教师，为友人代笔，卖画卖印，寻访名迹，临摹写生。其间，结识了著名诗人樊樊山，书法家曾农髯、李筠庵，并与创办巡警学堂的蔡锷、化装成和尚做秘密工作的黄兴有过来往，甚至曾替罗醒吾传递过革命党的文件。但齐白石只是作为同乡、朋友与他们交往，并不理解他们各自的社会主张或参加他们所属的党派社团。社会革命和文化变迁的潮流始终在他的心身之外，偶尔溅上几朵浪花，也是无意和不觉然的。

远游之后，齐白石在家乡过了约 8 年自足的安宁日子。早在 1906 年，他就用当家教挣的钱在景色美丽的余霞峰茹家冲买了 20 亩水田，把房屋翻盖一新；迁入新居后不久，长孙秉灵出世，乡亲们都羡慕他“人兴财旺”。六出六归使他增长了见识，开拓了心胸，提高了画艺，也使他体会到浪迹生涯的漂泊无定感，因而决心“终老家乡，不再作远游之想”[3]。他在《寄宝觉禅林僧》诗中写道：

波水尘沙衣上色，海山万里送人还。
遍行世道难投足，既爱吾庐且息肩。

吾草木众人也

“遍行世道难投足，既爱吾庐且息肩”清楚地表明了齐白石感到世道艰险、要安居故乡的心境与想法。他全力投入对茹家冲新居的经营建设，在屋前屋后遍植花木，从原住的百梅祠移来不少木芙蓉，又亲自栽了三十余株梨树，还使出自己丢弃多年的木匠本领：凿竹成筑，引泉烧茶，而凡几案陈设，一律亲

〔2〕参见本书《齐白石年表》。
〔3〕齐白石、张次溪：《白石老人自述》，岳麓书社，1986年，第67页。

自加工制作[4]。他把一部分积蓄分给三个儿子，让他们自谋生计，自己过起吟诗作画、半耕半读的乡士生活。偶尔与新朋旧友相聚，联句刻印，欢欣异常。他有许多诗描述这几年的乐趣和心境。如：

不作扬尘海岛仙，结来人世寂寥缘。
苦思无事十年活，老耻虚名万口传。
茅屋雨声诗不恶，纸窗梅影画争妍。
深山客少关门坐，老矣求闲笑乐天。

——《萧斋闲坐，因留霞老人赠诗次其韵》

白头一饱自经营，锄后山妻手不停。
何肉不妨老无分，满园蔬菜绕门青。

——《蔬菜》

这真是怡然自得！在《小园客至》诗中，他记述自己“夜读百篇”，用功于诗文；记述友人来访，便“沾露挑新笋，和烟煮苦茶”，还要请他们“小住看梨花”。他已经知道了中国之大，世界之广，但他宁肯“自扫园中雪”，享受山村一隅的宁静时光：

落日呼牛见小村，稻粱熟后掩蓬门。
北窗无暑南檐暖，一粥毋忘雨露恩。

——《小村》

齐白石不理会，也不想理会同时期在他的小园之外发生的大事情——如秋瑾起义（1907）、黄花岗之役（1911）、武昌起义（1911）、帝制垮台和民国诞生（1912）、宋教仁被刺（1913）、袁世凯称帝（1915）……他虽已半士绅化，却未改变农民思想。他的理想是自给自足，融身自然，安居乐业，只要不危及这一点，他都无所谓。

后来的定居北京，完全是出于无奈。官逼税，匪逼谷，军阀之战，讨袁之战，把齐白石得到不久的安逸生活击碎了。乡里哄传着“要绑芝木匠的票”。他躲到紫荆山的亲戚家匿居数月，

〔4〕张次溪：《齐白石的一生》，人民美术出版社，1989年。

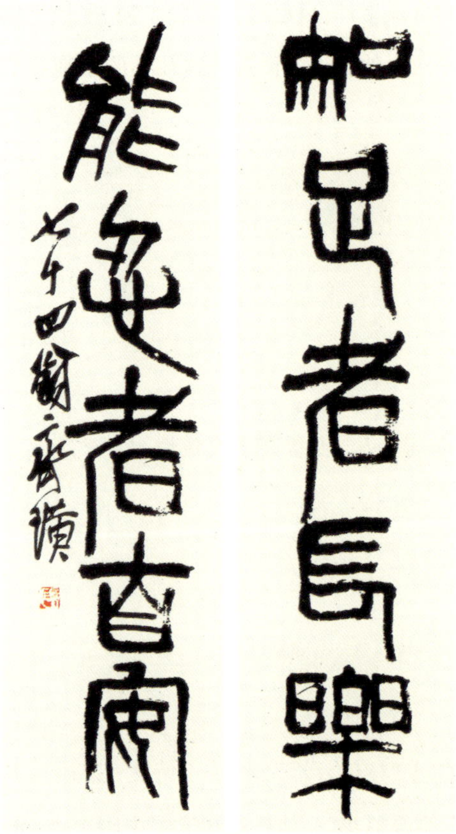

篆书联　1936年

吃尽苦头，终于决定避祸远离。但未曾想到，一去40年，终老他乡。在这40年中，他经历了所有在北京发生的重大政治、社会和文化事件。但他始终与这些事件擦身而过，专心于个人的艺术创作，以卖画卖印维系一家老小的生活，与“白头一饱自经营”的乡村生活没有本质区别。在北京，他结识了许多名人、艺术家，但始终没有参加过任何艺术社团——无论它们主张守旧、革新、洋化或国粹。面对着军阀的劫掠，民族的存亡，知识界总是做出激越的反应，齐白石却极少主动闻问。在整个五四时代，他所关心的只是自己艺术的“衰年变法”。到20世纪30至40年代的内外战争，50年代的政治改造，只要不危及他的生活，他也并不特别地关心。对齐白石而言，没有传统价值体系的认同危机，也不背负传统的沉重包袱，无义和团式的盲目排外心理，也没有国粹家击鼓卫道的自觉意识。一浪接一浪的运动与思潮，一轮接一轮的新桃换旧符，带给他的只是一种不安和“不清平”。他最怀念的，还是家乡，是那段“已酉还家做老农”的宁静日子。他写道：

> 新桃又换旧符焚，何日能干客泪痕。
>
> 谁寇谁王谁管得，庶民无难即君恩。
>
> ——《除日》

什么帝制、共和、革命、复辟，都不关紧要，紧要的是百姓安居，不再流离颠沛，不再受苦受难。他用一个平民百姓、一个富裕农民的眼光看世界和社会变革，与儒、道、佛和基督教对待世界的态度都有所不同。我们应该如何看待这种态度和它存在的意义呢？

在20世纪动荡背景上的许多风云人物，都曾和白石有所交往接触，如著名学者王闿运、林纾、胡适、黎锦熙、王森然，著名诗人樊增祥、罗瘿公、艾青，著名画家陈师曾、陈半丁、姚华、徐

两耳唯于世事聋

老眼平生空四海

悲鸿、林风眠，著名政治人物谭延闿、夏午诒、郭葆生、杨度、曹锟、蒋介石、李宗仁、张道藩、毛泽东、周恩来等。他们有不同乃至相反的政治文化立场，抱着不同的目的，却大都能善待齐白石。这是因为，齐白石独立于任何政治集团与文化学派之外，是一个纯粹的艺术家，而齐白石也始终保持着作为艺术家的自由与独立。王闿运[5]以提携后进、礼贤乡才的姿态收齐白石为弟子，称赏他的画与印，讥讽他的诗，仍把他视为木匠，而不引为同道[6]。齐白石毕生感激王氏的提携之恩，但与王氏的政治、学术主张无涉，跟他的诗歌创作也风马牛不相干。夏午诒是清末翰林，郭葆生为世袭武官，他们一生厚待白石，在经济上予以慷慨帮助，并不是因为白石与他们有共同的仕途观念，而是因为同窗与乡亲之谊（均为湘绮弟子），因为共同的爱好，也因为白石能为之代笔，或教他们的如夫人作画。林琴南以激烈反对白话文著称，他看重齐白石的艺术，却与齐白石没有任何思想上的瓜葛。徐悲鸿和林风眠推崇齐白石，欣赏齐白石的艺术，肯定他的大胆变革，在根本艺术主张方面，如徐氏提倡之写实主义，林氏提倡之调和中西，与齐白石并无共同语言。齐白石的交谊范围，从清末遗老遗少、君主立宪主义者到各类维新派、革命派，大多以乡亲旧谊为主，交游方式也多以诗酒唱和、优游风雅为基础——这种传统士大夫式的交游，与近百年变革大潮中结社、立党、集会、办学、编刊物诸种新型社会文化活动截然不同。近代中国的新知识分子，不论严复、康有为、章太炎一代人，陈独秀、胡适、鲁迅一代人，还是毛泽东、梁漱溟一代人，所舍身奋斗、孜孜以求的东西，齐白石都不甚了了；包括近百年中国画的改革，诸如高剑父、陈师曾、金城、徐悲鸿、林风眠的种种探索与论争，齐白石也不甚了了。他不是国粹派，不是激进派或折中派，“画师心是出家僧”——他只用自己的画笔、雕刀表达他的个人经验、思

〔5〕王闿运（1833—1916），湖南湘潭人，字纫秋，号湘绮。咸丰举人，曾做肃顺家教，曾国藩幕僚。主持过船山书院、思贤讲舍，后授翰林院检讨，民国初任清史馆馆长，富著述，为晚清拟古派诗文大家。有《王湘绮先生全集》行世。

〔6〕《湘绮楼日记》记述齐白石过往，只有“齐木匠来”数字。

想感情，从不问这个主义、那个是非。当然，对于社会现象他并非毫无反应，但这种反应也多是自言自说，通过诗歌绘画发些感慨，并无干预介入的意思。譬如，一次他看近代画册，对海派画家的作品有好感，便题诗道：

铁梅淡雅小又真，公寿平通任纵横。
青冢垒垒公道在，谁言海上不如人？

他显然知道某些以正统自居的北京画家对海派的蔑视与批评，并在诗中表示了不同意见。但这仍只是自言自语，并非要与谁争论。

清末民初以降，中国城市的社会风气、价值观念发生了巨大变化。城市知识阶层接受并促成了这种变化。各种团体应运而生，诸如救国会、文艺会、尚武会、妇女会、书画会……他们要传播自己的思想，要号召民众，经常集会演说，演出展览，出版刊物。一些画家如黄宾虹、李叔同、高剑父兄弟、陈师曾、金拱北、王一亭、刘海粟等，也都参入其中，宣申自己的主张[7]。最时髦的是“改良”二字，成为“一般人之口头禅”[8]，而新教育、新官制、新礼服、剪发、放足、爱国帽以及许许多多新名词、新气象，迅速改变着翎顶发辫、缠足跪拜之类的旧面貌、旧风俗。伴随着西方文化的引入，大城市里也出现了洋化风，所谓“洋帽洋衣洋式鞋，短胡两撇口边开”。达官贵人，必“铁床皮榻电灯风扇”，而外国戏、外国语、外国女人、外国货物，更是许多绅宦士人所渴求的。与去土求洋之风相共的，还有奢靡虚华之风。“官僚也，议员也，政客也，元勋伟人也，以及办学务办公益之绅董也……莫不以攫取金钱为首策，目的达，腰缠富，取精既多，用物斯宏，溺情于声色赌博者无论矣”[9]。齐白石游过桂林、广州、上海，又居北京，这些世风之变，也是亲历目睹的，但都不为之所动。无论是人格独立、平等博爱、集会结社的动员，或是“锐志科学，讲求实用”的倡导，还是崇洋与奢靡风气的鼎沸，他一概无所响应。对守旧者惊呼的“破家族，削亲权，乱男女，蔑尊卑长幼”的现象，他也没有旗帜鲜明地表态。他总是循守着自己的习惯生活，保持着与流行风潮的距离。他也有自己的态度，如20世纪30年代常用一方印章曰“一切画会无能加入”，如其《画葫芦》诗所写“万事不如依样好，九州多难在新奇”。在艺术

〔7〕如黄宾虹入南社，办国粹刊物；李叔同入同盟会，创办文美会；高氏兄弟创办《真相画报》，陈师曾与金城等组织中国画学研究会等。

〔8〕《改良》，见《申报》，1912年3月20日。

〔9〕《不生活之生活程度》，见《大公报》，1913年5月28日。

上追求独创新奇的齐白石，对社会生活的新变似乎不大欢迎。这或许是他远离潮流的缘由之一吧。

齐白石在家乡生活了50多年，他的思想性格主要是乡村环境塑造的。湖南是楚文化的故里，有数千年别具一格的人文传统。明清尤其鸦片战争以来，湖南这个“屈子贾谊伤心之地”出现了一大批影响中国历史与文化进程的人物，如王夫之、魏源、陶澍、曾国藩、左宗棠、王先谦、王闿运、叶德辉、谭嗣同、唐才常、陈天华、宋教仁、蔡锷、谭延闿、毛泽东、蔡和森、翦伯赞、刘少奇、彭德怀、沈从文、谭震林、胡耀邦等。比之江浙和闽粤，湖南相对封闭，更具“依自不依他”的农业社会特点，比之其他内陆省区，它又比较开放，而士人尤多。湘军镇压太平天国起义以后，“天下几成湖南人之天下”〔10〕，关心国事世事之人愈多。湖南又有“民风强悍，士人卓厉敢死”的传统〔11〕，文学艺术则浪漫奇丽，有瑰玮的湘楚遗风。齐白石家乡观念很强，与许多著名湖南同乡有来往。离家远游，定居北京，进入文化界，大多是靠了同乡的介绍与联络。但这些著名同乡对他的世界观和人生态度似无显著影响。家乡对白石的深层影响，不是救国济世的理想，而是不屈不挠的个人奋斗，以及“自给自足”的传统观念。后者对他远离社会潮流，只做乡情画家有决定性作用。

抗日战争期间蛰居北平的齐白石，虽然一如既往，并不参与任何社会组织，却表现了一个中国人应有的气骨。七七事变后，他迅速辞去艺专教授一职，锁门拒客，一度停止卖画，力避与日伪分子的往来，并时常用诗画表抒爱国情怀〔12〕。早在20世纪30年代初，他就针对亲日分子的索画和骚扰，刻过一方印章曰“老岂作锣下猕猴”，尖锐而幽默地表达了他的憎恶。北平沦陷后，他画过一幅《寒鸟》：一枯枝上立一鸟，仰首上视。题曰：“寒鸟，精神尚未寒。”意喻沦陷区人民精神不死〔13〕。在题画诗中，他把日本侵略者和汉奸比作“既啮我果，又剥我黍”的“群鼠”，比作泥脚愈陷愈深的螃蟹，比作不如禽兽的恶物。有人劝他不必如此露骨讽刺，他说：“残年遭乱，死何足惜，拼着一条老命，还有什么可怕的呢！”〔14〕身处社会大潮流之外的齐白石仍具有崇高的民族情感，并不奇怪，因为这情感不仅植根于荆湘士人，也植根于最深广的民族文化传统。

---

〔10〕王森然：《近代二十家评传》，书目文献出版社，1987年，第1页。

〔11〕罗福惠：《近代湖湘文化鸟瞰》，见《岳麓书字一千零一十周年纪念文集》第一辑，湖南人民出版社，1986年。

〔12〕齐白石、张次溪：《白石老人自述》，岳麓书社，1986年，第105页。

〔13〕王森然：《回忆齐白石先生》，《美术论集》第一辑，人民美术出版社，1982年。

〔14〕同上。

一切画会无能加入

老岂作锣下猕猴

当然，齐白石从远游到卖画北京，增长了识见，丰富了阅历，扩展了胸襟，使他在一定程度上摆脱了农民的狭隘。他成名之后，虽固守北京的四合院，却不可能与世隔绝，和大潮无涉。譬如，他坚持传统笔墨方法，与传统派画家陈师曾、陈半丁等相友好，不像康有为、陈独秀、蔡元培那样号召中西结合，以西洋画改造中国画，[15]但他“删去临摹手一双”“胆敢独造”的艺术思想与实践，又与这些人物的主张有不谋而合之处。他不理会徐悲鸿、林风眠等推行的新美术教育，但林、徐二人都邀请他到北平艺专任教，从而在一定程度上成为新美术潮流的同盟军。他通过诗画感叹战乱之苦，揭露旧官僚和兵匪的腐败，虽无明确的社会动机，却与中国人民艰苦卓绝的革命奋斗合拍。他不理解近百年的文化冲突，没有以画救国之志，亦无倡导美术运动的怀抱，然而他不介入派系，不随波逐流，专心创造，不懈探索，有力地填补了由派别对抗的极端性所造成的艺术虚空地带，为传统艺术的现代演化做出了独特贡献——这贡献又是与变革大潮一致或互为补充的。

〔15〕陈独秀、吕澂：《美术革命》，《新青年》，1918年6卷1号。

何用高官为世豪

——齐白石与官

作为著名艺术家，齐白石一生中不免与各式官僚打交道。但他在心理意识深处，并不喜欢官僚，甚至仇官。在他看来，做官吃俸，无非是刮吃民膏，而官僚们多半是欺压百姓、没有心肝的。他有一印曰“星塘白屋不出公卿”，意思说我齐家从来是老百姓，没出过做官的。齐白石确实以终生布衣为骄傲。他不像历代“达则兼济天下，穷则独善其身”的士人，只要仕途可行，就求建立功业，步入青云，而退居田园，做隐逸君子，冷眼看朝官，那是不遇明主、仕途坎坷、生活落魄之时才取的态度。齐白石生在贫苦农民家庭，幼时只跟着外公读过不到一年的村塾，所学也只是《百家姓》《三字经》《千家诗》一类启蒙课本，没有接受过系统的儒家经典教育。农民家庭和贫苦生活经历对他的影响最深刻——他的远官、厌官和一定意义上的仇官，主要来自童年家教和生活体验。他有诗曰：

星塘白屋不出公卿

何用高官为世豪，雕虫垂老不辞劳。
夜长镌印忘迟睡，晨起临池当早朝。
啮到齿摇非禄俸，力能自食非民膏。
眼昏未瞎手犹在，自笑长安作老饕。

——《自嘲》

这样的思想和生活态度，不是士大夫文人的，也不完全是农民的，而是一个有独立人格的自由职业者的，后两句，表达出齐白石对自己“力能自食”的倔强，对吃“禄俸”食“民膏”者的蔑视。而这，与他自小受到的家庭教育有密切关系。

齐白石的祖父万秉公，性情刚直，“心里有了不平之气，就要发泄出来”，在乡里被称作“走阳面的好汉”。但他对孙儿阿芝极为疼爱，对此齐白石有一段深情的回忆：

我祖父有了闲工夫，常常抱了我，逗着我玩。他老人家唯一的好衣服，是一件皮板挺硬、毛又掉了一半的黑山羊皮袄，他一辈子的积蓄，也许就是这件皮袄了。他怕我冷，就把皮袄的大襟敞开，把我裹在他胸前。有时我睡着了，他把皮袄紧紧围住，他常说：抱了孩子在怀里暖睡，是他生平第一乐事。他那年已五十九岁了，隆冬三九的天气，确也有些怕冷，常常拣拾些松枝在炉子里烧火取暖。他抱着我，蹲在炉边烤火，拿着通炉子的铁钳子，在松柴灰堆上，比画着写了个"芝"字，教我认识，说："这是你阿芝的芝字，你记准了笔画，别把它忘了！"……这个"芝"字，是我开始认字的头一个。[1]

中华良民也

齐白石8岁时，去三里外的邻村读蒙馆，每天早晚，都是爷爷接送。逢到雨季，爷爷"总是右手撑着雨伞，左手提着饭箩，一步一拐"在黄泥地上背着他走。为了要他学字，祖父把珍藏的一块断墨、一方裂了缝的砚台，郑重地送给他。祖父的慈爱和作为第一个启蒙老师的印象，铭刻在他心上。祖父也是他崇拜的对象，他的父亲胆小怕事，祖父却刚强独立。祖父最讨厌的人，是那些镇压了太平军、发财回家并横行乡里的湘勇（即曾国藩的"湘军"），在乡里，只有万秉公敢于数说他们的罪恶，齐白石对此极为敬佩。祖父对他们兄弟的遗训是"不偏党，不盗贼，不为官吏"。[2] 这对齐白石后来的做人，产生了深刻影响。

在白石记忆中，母亲也是个既能干又刚强的人，他6岁那年，当地来了个新上任的巡检，"排齐了旗锣伞扇，红黑帽拖着竹板，吆喝着开道，坐了轿子，耀武扬威地在白石铺一带打圈转"，隔壁三大娘要领他去看热闹，他说："不去！"母亲非常高兴，夸奖他："好孩子，有志气！黄茅堆子哪曾来过好样的官，去看他作甚！我们凭着一双手吃饭，官不官的有什么了不起！"直到晚年，齐白石还不忘这件事，说"我一辈子不喜欢跟官场接近，母亲的话，我是永远记得的"[3]。

精神分析学家认为，童年经验尤其是5岁前获得的经验对一生有决定性的影响。它们潜入意识深层，往往具有操纵生活态度、习惯和情感倾向的力量。齐白石整个的世界观与个性，虽不能说全是由童年经验决定的，但他的厌官仇官心理，与童年的家教似有极深的渊源。

〔1〕齐璜、张次溪：《白石老人自传》，人民美术出版社，1962年，第8页。
〔2〕齐白石：《祖父万秉公墓志》，见郎绍君：《齐白石全集》第10卷"白石文抄"，湖南美术出版社，1996年，第73页。
〔3〕齐璜、张次溪：《白石老人自传》，人民美术出版社，1962年，第10页。

齐白石成人之后，直接间接地接触到大小官僚，对他们有了更清楚的认识。他最厌恶那些用钱买个小官，在地方上作威作福的人，曾鄙夷地说：“芝麻绿豆般的起码官儿，又是花钱捐来的，算得了什么东西呢？可是‘天高皇帝远’，在外省也能端起了官架子，为所欲为的作威作虐。别看大官势力大，作恶多，外表倒是有个谱儿，坏就坏在他的骨子里。惟独这些鸡零狗碎的玩意儿，顶不是好惹的。”[4]白石铺那样边远的乡村，直接遭受杂流小吏的欺压与盘剥。齐白石的愤懑情感，是以家庭经验与亲身体会为根据的。

独耻事干谒

1902年，40岁的齐白石游西安，好友夏午诒介绍他认识了陕西臬台、著名诗人樊增祥，两人交了朋友。樊欣赏他的印章与绘画，亲笔为他写了一张刻印的润例[5]，使白石作品的身价大为提高。在西安的湖南朋友，见臬台这样看得起他，认为是大好的进身之阶，劝他去走樊增祥的门路，弄个好差事，他回绝了，后刻了一方“独耻事干谒”印以表心迹。不久，樊增祥主动说，他很快要进京，进京后可以推荐白石做内庭供奉，为慈禧太后代笔，吃六品俸，“也许能够弄个六七品的官衔”。他马上拒绝了，说：“凭着这一双劳苦的手，积蓄得三二千两银子，带回家去，够我一生吃喝，也就心满意足了。”夏午诒说：“当了内庭供奉，照常可以在外头挂了笔单，卖画刻印。有了供奉头衔，姓名就像贴了金，京城里准能轰动一时，还怕不够一生吃喝的吗？”白石“听他们都是官场口吻，不便接口，只好相对无言”。[6]后来，他画了两幅菊花，一幅《卧开菊》，题诗曰：“休笑因何卧地苗，大风吹不折花梢。寒香秋后人方觉，腐尽蓬蒿一丈高。”另一幅《小竿撑菊》，题句云“种花不必高三尺，高转多危撑亦难”。离开西安之前，他再游大雁塔，并咏诗云：“长安城外雨丝丝，雁塔曾经春社时，无意姓名题上塔，至今人不识阿芝。”意思与前诗大同小异。同年3月，齐白石随夏午诒到北京，5月，听说樊樊山也要来，很怕推荐他去做内廷供奉，便急着要回家。夏午诒考虑到他生活困难，想给他捐个官做，说：“给你捐个县丞，指省江西，你到南昌去候补，好不好呢？县丞虽是微缺，究属是朝廷的命官，慢慢地磨上了资格，将来署个县缺，是不难的。况且我是要到江西去的，替你打点打点，多少总有点照应。”齐白石说：“我哪里会做官，你的盛意，我只好心领而已。我如果真的到官场去混，那

〔4〕齐璜、张次溪：《白石老人自传》，人民美术出版社，1962年，第9页。

〔5〕润例，即润格，卖画卖印的价目表。通常都是请名人写定，以赢得买者信任。樊樊山为齐白石写的润例是：“常用名印，每字三金，石广以汉尺为度，石大照加。石小二分，字若黍粒，每字十金。”见齐璜、张次溪：《白石老人自传》，人民美术出版社，1962年，第49页。

〔6〕同上，人民美术出版社，1962年，第50页。

寻常百姓人家

我简直是受罪了。”[7]夏午诒见他执意不肯，就以捐县丞的钱相送，他高兴地接受了，回到湘潭，觉得自己有点像陶渊明，在《题画菊》中写道：

穷到无边犹自豪，清闲还比做官高。
归来尚有黄花在，幸喜生平未折腰。

在晚清，对没条件走科举道路的齐白石来说，樊樊山的推荐、夏午诒的捐官，确实是进入仕途的好机会。当时的齐白石，艺术上刚刚举步，在画界没任何影响，不过靠刻印、当家教挣些生活费而已。对前途，他既缺乏考虑也没有把握，但坚决放弃入宫和做官的机会，表明他的拒官发自内心深处，绝非偶然。

我们也许能从齐白石的诗作和画作中，寻到这种拒官态度的根由。试举数首：

朱门良肉在吾侧，口中伸手何能得？
是谁使我老民良，面皮变作青青色！

——《画菜》

禾田枫树尚增粮，离乱家家抱痛伤。
才过绿林官又到，岂知更有害于蝗。

——《叶上蝗虫》

家山田屋久荒芜，匪劫官灾无日无。
稚子也能知祸害，犹言得画胜分租。

——《余有弃画，次生拾藏之，余以诗纪其事》

桑干叶少得归迟，人并吞饥有所思。
贪把鸳鸯绣衣者，哪知五月卖新丝。

——《樊山老人后人学画采桑图，乞题句》

〔7〕齐璜、张次溪：《白石老人自传》，人民美术出版社，1962年，第51—52页。

把官和强盗联起来，称作“匪劫官灾”，说他们比蝗虫更有害。这是齐白石个性化的语言和比喻。在他看来，官一定会贪。在《题钱朴园遗像》（钱为清代嘉道间人）诗中写道：“将军行处金铺地，余吏还乡珠满车。不见昔贤为宦后，旧靴脚上底全无。”意思说，没见过当官不贪的。

白石诗集中，还能寻见“窃听中华数豪杰，九牛毛少吏官多”“不愁未有明朝米，窃恐空篮征税时”之类的句子，都直言对官害的愤怒，尖锐而入骨三分，在当时的诗坛上，像这样的愤世揭露作品也是少见的。他的绘画作品多颂美农村自然生命的美好，但也有一些抨击现实之作，如《得财图》《粟上蝗虫》等，最典型的是《不倒翁》及其题跋。1925年农历乙丑九月十九日画的《不倒翁》（王方宇藏），有一段长跋曰：

> 往余在南岳庙前，以三钱买得不倒翁与儿戏。大儿以为巧物，语余远游时携至长安作模样，供诸小儿之需。不知此物，天下无处不有也。

作为玩具的不倒翁天下皆有，作为“虽无肝胆有官阶”的贪官污吏，亦“天下无处不有”。这正是“九牛毛少吏官多”“匪劫官灾无日无”的同义语。他画的《不倒翁》的题诗“乌纱白扇俨然官，不倒原来泥半团，将汝忽然来打破，通身何处有心肝”，更是幽默地表达了对腐败官吏的厌恶。

在厌官、仇官的背后，可以看到齐白石的平民意识和平等意识，这时时在他的诗画里透露出来。如《画杏花》题：“春风过去地犹香，星斗塘前杏子塘。七品状元无此梦，杏花花下看鸳鸯。”——这是说七品状元与他的农村生活也有不可比之处；《倒枝梅花》题：“飞雪半空花不辨，好枝高极解回头。……年深自有低心日，不欲叫人仰首看。”——这是借梅枝倒挂称誉居高位而能平等待人的品质；《煨芋分食如儿移孙》题：“贫未十分书满架，家余三亩芋千头。儿孙识字知翁意，不必官高

不倒翁　1926年

江南布衣

宰相归田　1947年

慕邺侯。”——这是告诫儿孙要学文化，要安贫自足，不必羡慕居官封侯。但这种安贫自足的态度，又与士大夫的安贫乐道有所不同。“数亩香粳满院麻，老农身世未应嗟”（《钵中花》），“笑依尤胜林和靖，除却能棋粪可担”（《竹院围棋》）——诗句中表达的自食其力、靠劳动吃饭的观念，比士夫文人的隐逸思想简单清透得多。

作为下层民众的意识传统，中国人的“厌官、仇官”并非否定一切的官吏。齐白石也是如此。他最喜欢画的古代人物毕卓就是一个官吏——晋太兴末年的吏部郎。这个吏部郎爱饮酒，一次夜里盗饮邻居新酿酒被缚，第二天，主人发现是毕吏部，便与之在瓮侧共饮，卓大醉而归。嗜酒废职，不计礼法，这本是一种“魏晋风度”，齐白石强调的则是“宁肯为盗，不肯伤廉”，颂美做官的廉洁。对真的清官，他是有好感的。事实上，齐白石也并不一概拒绝与官宦来往。当他步入文化艺术界，完全不与官僚往来几乎是不可能的。他的厌官仇官，是一种强烈的下层民众意识，而非对每一个官吏采取的态度。人与人之间除官民关系，还有同乡、亲戚、师生、朋友、同学、买卖交易关系等。这些关系可能相互重叠，也会因人而异。在齐白石的好友中，郭人漳、夏午诒、黎薇荪、樊樊山（增祥）等，都是或曾经是清末的官僚。齐白石35岁认识郭人漳的时候，郭就已经是候补道台。20世纪20年代初，因为夏午诒的关系，他多次到保定，做过直系军阀曹锟的西席[8]。1916年至1923年间，曹锟由直隶督军连升至直系军阀首领，直鲁豫巡阅使，乃至贿选

〔8〕王方宇《看齐白石画》载，曹锟之子与孙曾持白石《草虫册页》见方宇，证实过此事，此册页即由曹氏子孙手中转为方宇所有。天津所藏《汉关壮缪像》《宋岳武穆像》上款亦可作旁证。见前注。

为大总统，权势炙手可热，齐白石为他画过多部花卉草虫册页，以及大幅人物、山水作品。其时，白石定居北京不久，熟人很少，画作在市场上不受欢迎，生活颇为困难，他为曹锟作画，一出于朋友斡旋绍介，二也是为了挣钱糊口。从已知的齐白石日记、自述、跋文，都找不见对这段交往的记述，这或许反映了他当时的内心矛盾：结交曹锟有违自己的志向，但又需要卖画，需要顾及朋友面子。在20世纪30年代初，齐白石还结交了四川军阀王缵绪。二人因为买、卖画印，“通过几回信，成了千里神交”。王氏几次约白石蜀游，说蜀中卖画“可得厚资”，又为他“预购一鬟”。白石感激他的盛情，曾有诗云：

曹锟之印

百回尺素倦红鳞，一诺应酬知己恩。

昨夜梦中偏识道，布衣长揖见将军。

1936年，白石蜀游约半年，除游山观水、陪继室胡宝珠回娘家之外，大部分时间住在王缵绪家里。白石与王氏的交往，介于交易与友谊之间，而与政治毫无关系。这类交往在中国古近社会都是极正常的事。白石既以卖画卖印为生，总要和购求者打交道，而有钱买画求章的，绝非三餐不饱的穷人。显贵、达官、军阀、名流、巨商及有一定经济能力的知识分子，才可能经常光顾画肆纸店，出入著名画家的宅第，或把画家接到家中长时间居住。齐白石和王一亭、张大千、刘海粟、徐悲鸿这些同时代的画家相比，与官僚政客的交际，真可称为少之又少。

晚年的齐白石稍有不同。他在文化界有了崇高的名声，接近高层政治人物的机会增多了。这种接近，对政治家来说，已非单纯附庸风雅，而带有了较多的政治功利色彩；对齐白石来说，仍不是主动的，也没有任何政治动机。1946年农历十月，张道藩以“中华全国美术会”的名义，请齐白石和溥心畬到南京、上海举办作品展览。其时，正值蒋介石60岁生日，南京报纸将展览称作“祝寿画展”。在南京，张道藩拜齐白石为师。据熟知此事经过的马璧记述，张道藩所以要拜白石为师，并大张旗鼓地举行拜师礼，有一个政治背景，即张道藩“有意逐鹿”南京市长之职，“但由于奔母丧的缘故，便失去了这次竞争的机会，因而出此拜师之举”。[9] 在南京陪侍爷爷的齐佛来，也有类似的记述，说张道藩这样做，是“对蒋介石有些不满，但又不敢发泄，于是想出一个‘尊师重道’、弃政治而从艺术的‘将军’办法”。[10] 齐白石本不愿接纳张道

〔9〕马璧：《张道藩师齐白石前前后后》，见《齐白石父子轶事·书画》，新文丰出版公司，1979年。

〔10〕齐佛来：《我的祖父白石老人》，西北大学出版社，1988年，第84页。

1946年齐白石南京、上海之行

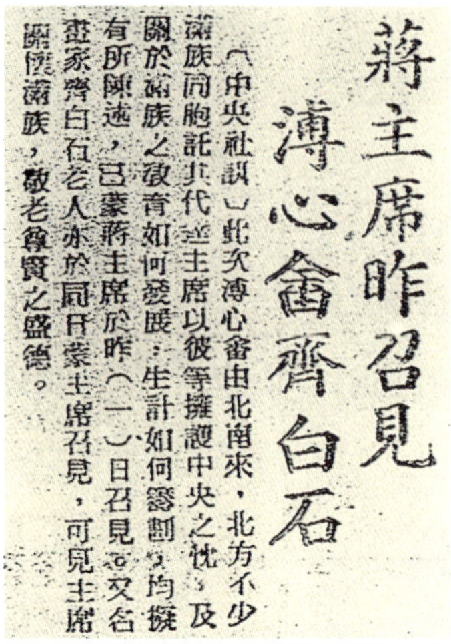

蔣主席昨召見 溥心畬齊白石

〔中央社訊〕此次溥心畬由北南來，北方不少滿族同胞託其代達主席以彼等擁護中央之忱，及關於滿族之教育如何發展，生計如何籌劃，均擬有所陳述，已蒙蔣主席於昨（一）日召見，又名畫家齊白石老人亦於同日蒙主席召見，可見主席關懷滿族，敬老尊賢之盛德。

1946年蒋介石召见齐白石的新闻

藩为弟子，张道藩托南京宪兵司令张镇（齐白石当时被安排在张镇家中居住）和徐悲鸿的前妻蒋碧薇（其时为张道藩情人，名义为中华全国美术会秘书）从中说合，齐白石说：“我是一个画画的，和搞政治的人拉上关系，不太好。”又说：“我有一个条件，张道藩一定不能接受，那就是：要做我的弟子，就得磕头。”要“磕头”也许是一种拒绝方法。张镇说：“只要你答应了他，拜师礼自然安排，那就好办了。”后经蒋碧薇等的劝说，齐白石又同意以鞠躬礼代替跪拜。在行拜师礼前后，张道藩除了通过媒体大肆宣传之外，还特地向蒋介石上了“签呈”，说这样做是为了“发扬尊师重道精神，开展本党文化工作”，拜师后，又和陈立夫等“向总裁当面报告拜师的经过和感想”[11]。这种文化形式的政治作秀，明眼人一望就知道是怎么回事。不久，齐白石知道了张氏的动机，很不高兴，于是给张道藩写了“门前池水清，未有羡鱼情。鱼亦能知我，悠然逝不惊”的绝句，和“惟恐官气误人雅趣”的题词。[12]

在南京，溥心畬和齐白石受到蒋介石的“召见”。时“国大”将开，蒋介石推荐他和溥心畬当“国大”代表[13]，他送给蒋介石一幅《松鹰图》和两方名章。有意思的是，4年后，齐白石送给毛泽东的礼物，也是一幅《鹰》和两方名印。在汉语里，“鹰”与“英”谐音，“雄鹰”总是“英

〔11〕马璧：《张道藩师齐白石前前后后》，见《齐白石父子轶事·书画》，新文丰出版公司，1979年，第5—6页。

〔12〕同上，第8—9页。

〔13〕白石“谢绝”了当“国大”代表的荐举，见齐佛来：《我的祖父白石老人》，西北大学出版社，1988年。

鹰 1941年

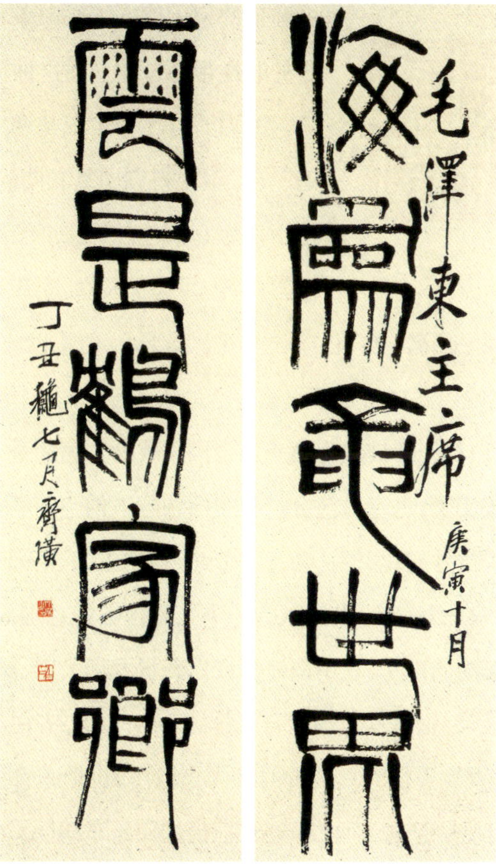

海为龙世界，云是鹤家乡 篆书联 1937年（1950年补题）

雄”的象征。在齐白石眼里，得天下者总是英雄人物，而不论他是谁和什么党派。

1947至1948年间，李宗仁买了许多齐白石画。李宗仁原为国民党桂系首领，时任北平行辕主任。据齐佛来记叙说，1947年冬，“祖父接待客人使我印象最深的，是李宗仁的夫人郭德洁。她为了帮李宗仁竞选总统争取选票，无论南北东西，国内国外，总是飞来飞去，到处奔波。因此，十天半月，必来一次跨车胡同，向祖父买画，以备送人”。当时金圆券疯狂贬值，有钱的人纷纷收购艺术品，齐白石的画一时供不应求。为了随时买到齐白石的画，郭德洁还特意送了一对金狮子给白石老人的看护。李还有个姓黄的秘书，是湘潭人，经常去看望齐白石，“过春节前，还派车送来几袋面粉，虽值钱不多，但在当时粮食供应紧张的情况下，在只顾争权夺利、升官发财的高级将领中，能想到还有个齐白石，却也难能可贵”[14]。齐白石常把喜欢并常买他画的人视为朋友，如胡鄂公、胡佩衡、朱屺瞻等，李宗仁是“长官”“贵人”，不是朋友，但给齐白

〔14〕齐佛来：《我的祖父白石老人》，西北大学出版社，1988年，第93—94页。

虎威上将军

石和他的家人留下了好印象，那原因极简单——买了他许多画，还在困难的时候帮助过他。在这种情况下，官不官就不那么重要了。

齐白石与毛泽东都是湖南湘潭人，1949年春，他托乡亲转一封信给毛泽东，很快得到回复和问候，白石送画与印，毛泽东付以丰厚润资，又在中南海宴请他。后来，江青和王季范（毛泽东表兄）曾代表毛泽东看望齐白石，并送了人参、鹿茸等。齐又以《祝融朝日图》等相赠——祝融是湘潭一山名，白石早画过《祝融朝日》，但重以此幅、此题赠毛泽东，显然有"湘潭出了红太阳"之喻。齐白石是个很重乡情的人，毛泽东这个同乡看得起他，他很高兴。此外，从1949年起，齐白石先后被选为第一届全国文代会主席团委员、中国美术家协会主席、全国人大代表等，他都接受了，也亲自与会。新中国领导人的空前礼遇使他感到世道有些不同，他对官方的态度也有了微妙变化，但社会主义革命、马列主义、毛泽东思想等，对他仍是未知之物。

齐白石晚年，最感激的一个人是国务院总理周恩来。为齐白石买雨儿胡同住宅，给他修葺跨车胡同旧房，在中南海为齐白石祝九十大寿，甚至西单曲园酒楼每天为齐白石送两餐湖南风味饭菜，都是周总理亲自安排的。1955年，齐白石不愿在雨儿胡同居住了，要回到跨车胡同旧居，受到美协管理人员的阻拦，他让司机把车直接开到国务院，周总理听取了他和家属的意见，请他一起吃了便饭，亲自把他送回跨车胡同家中，事后又批评美协"把好事办成了坏事"。齐白石及其后人始终对周恩来总理深怀感激之情。大约在同一时期，齐白石和陈毅、周小舟（原湖南省委书记）等也有些往来。陈毅喜欢白石的书画，周小舟则常以故乡领导人身份看望他。

齐白石以一介农民、平民的身份看官场，厌恶某些官僚的虚伪、腐败，反对他们对劳动者的欺压榨取，不愿与他们来往，不折腰，不曲迎，不做权钱交易；与此同时，又不免与某些愿意交往、可以交往、不得不交往的官僚打交道，根据他们对自己的态度而区别相待，以求得自己的生存空间和艺术空间，但即便这样的交往，齐白石也不是主动的。这才是齐白石与官的真实关系。

何处清平著老夫

——齐白石对太平生活的渴望

在古代汉语里，“清平”和“太平”的意思大抵相近，指世道平安，没有动乱和战争。“海内清平，朝廷无事”是古代中国对一个皇朝的最高评价，庄子甚至称“太平”为“治之极”。人类社会是在动乱与清平、战争与和平的两极之间走过来的，动乱与战争不断，人世就不得安宁，因而渴望清平就永远是人世的理想——人们把这种理想寄托在艺术中，成为艺术的永恒主题；寄托在宗教中，成为宗教慰藉不安灵魂的“福音”。

齐白石生活的 19 世纪中叶到 20 世纪中叶，是中国社会革命和社会动乱最频繁的百年。他的幼年和青少年时代，家境贫寒却相对平静，规模巨大的太平天国运动也没有直接波及他的家庭。这正如他在诗中说的：

少时哪里见持戈，意气诸君今若何。
吾辈自经庚子后，一齐不唱饭牛歌。

——《次韵丁德华女士避兵严光冲》

叹清平在中年过了

“庚子”是 1900 年，这一年发生了义和团运动、八国联军侵入北京，中国大乱。所以白石说“庚子”后就没有太平日子了。但事实上，庚子事件对湘潭地区和齐白石的个人生活没有影响，1902 年至 1909 年间，他六出六归远游各地，1909 年至 1916 年，他幽居茹家冲新居，过着平静惬意的日子。光绪皇帝支持、湖南巡抚陈宝箴积极响应的维新变法（1898），湖南贺金声在邵阳发动的“大汉佑民灭洋军”起义（1902），[1]黄兴从日本回到湖南，创办反清革命的华兴会（1904），湖南萍乡、浏阳等地革命党人发动的武装起义以及齐白石家乡

〔1〕贺金声原为湖南营务处提调，于1902年9月11日在湖南邵阳宣布起义，称“大汉佑民灭洋军”，自任大元帅，起义军数天内发展为20万人规模。9月27日，贺金声被湖南巡抚俞廉三诱杀于湘乡，起义失败。见中国人民政治协商会议湖南省委员会文史委员会编：《湖南近150年史事日志》，中国文史出版社，1993年，第45页。

净乐无恙

湘潭的民变（1906），[2]武昌起义及湖南新军起义（1911），二次革命，湖南成立讨袁军并宣布独立（1913）……所有这些在湖南发生的大事，与齐白石的个人生活没发生干系，他也就无所理会。换言之，这十几年，并非太平盛世，湖南更是多事之乡，他的朋友郭人漳是政治上的投机派，夏午诒、杨度是君主立宪派，罗醒吾是同盟会革命党人，在历史大变革中都扮演了一个角色。唯齐白石置身事外，也唯他觉得很太平，一心写诗作画。他晚年有一方印曰“叹清平在中年过了”，意思说，他在中年时过的是清平日子，晚年过的是劫难日子。而“清平”的“中年”，即从远游到定居北京前（1902—1916）大约 10 多年的时光。

社会改良与革命，难免引起动乱，出现战争。以武装方式把清王朝、军阀和侵略者打倒，对革命者而言是好事，所以有“革命是被压迫者的盛大节日”之说。齐白石不是革命者，是个过着小康生活的普通百姓，他不希望社会动荡，不欢迎任何原因的动乱和战争。只要不影响他的清平日子，变也好，守也好，新也好，旧也好，都无所谓。正因为此，对国家大事如维新变法、庚子事变、辛亥革命等，他无所反应；对发生在他周围的上述湖南大事，也无所反应——读读他创作的大量诗歌、题跋，可以清楚地发现这一点。各种战乱没触及他的生活，没诉诸他的直接经验，因而不作反应，这对于一个还没有脱开农民身份和意识的艺术家而言，是十分正常的。

1916 年，湖南成为袁世凯统领的直、奉北军与以黔、桂为主的反袁护国军激烈相争的主战场。其间，又有民义社的起义，湖南中华革命党人的起义，农民暴动和民军的出现，土匪的打劫，以及打着北洋政府旗号和护国军旗号的军阀争战，[3]搅乱了他的宁静生活，[4]如《白石老人自传》所说：“不料连年兵乱，常有军队过境，南北交哄，互相混战，附近土匪，乘机蜂起，官逼税捐，匪逼钱谷，稍有违拒，巨祸立至，弄得食不安席，寝不安枕，没有一天，不是提心吊胆的苟全

[2] 该起义以矿工为主，义军达三万余人，主要领导人刘道一，曾屡败清军。1906年12月31日，刘道一在长沙被杀害。湘潭民变也发生于该年底，湖广总督张之洞派鄂军协统张德胜镇压。1907年，清军集数万人进行“清乡”，杀起义者近万人，民众两万余人。见中国人民政治协商会议湖南省委员会文史委员会编：《湖南近150年史事日志》，中国文史出版社，1993年，第49—50页。

[3] 见中国人民政治协商会议湖南省委员会文史委员会编：《湖南近150年史事日志》，中国文史出版社，1993年，第64—67页。

[4] 1916年袁世凯死，“湘人驱走督军汤芗铭。但北洋驻军及本省部队多已独立，自相火并，无法收拾。白石为避兵匪侵扰，到北京小住。‘明年戊午’为1918年，张敬尧尚督湘。部下抢杀更甚。‘己未’为1919年，湘人驱张，南北军阀仍混战未已……”。

性命。”[5]他奋斗半辈子，好不容易摆脱了贫困，过上了小康日子，又忽然跌为有家不能归的难民，真是痛不可言。体会到了战乱的滋味，他就做出了强烈反应：

衰老始知多事苦，乱离翻抱有家忧。
相怜只有芙蓉在，冷花残雨傍小楼。

——《昔感》

五洲一笑国非亡，同室之中作战场。
稻槁邻犹关痛痒，城焚鱼亦及灾殃。

——《谢袁煦山》

萍翁叱犊课耕归，一粥关门未必非。
愁绝小楼居不得，长蛇绕榻大蜂飞。

——《题宾曙东硐楼》

“夜黑龙鸣号夜鸟，一时逃窜计都无”“四顾万方皆患难，诸君挥泪再思量”“天光黯黯雾漫漫，几处猖狂几处残”“近来征战遍人寰，刀枪不毁旧河山。满地黄沙城郭在，四围枫叶风雨还”——像这样的句子，在他兵乱年代的诗里比比皆是。直至居北京15年后，他编《白石诗草二集》，追述自己作诗缘由，作了这样的描写：

民国丁巳，湘中军乱，草木疑兵。复游京华，以避其乱。是冬兵退，乃复归来。明年戊午，民乱较兵尤甚，四围烟氛，无路逃窜……及至都门，重居法源寺僧舍，以卖画刻印为活计，朝则握笔把刀，日不暇给。惟夜不安眠，百感交集；谁使垂暮之年，父母妻子别离，戚友不得相见？枕上愁予，或则绝句数首，觉忧愤之气，一时都随舌端涌出矣。

在北京，他虽然有了安全感，而战事未停，家山遥远，牵挂故园，父母兄弟妻子儿女难得一见。在“愁似草生删又长，盗如山密铲难平”的情境里，他每年也要南回探亲。有诗记云：

〔5〕齐璜、张次溪：《白石老人自传》，人民美术出版社，1962年，第65页。

穷年奔走几时休，十出京华白尽头。
荒冢累累沿路有，昔人曾也好名不。

活余心事久成灰，儿女痴情愿尚违。
燕树衡云都识我，年年黄叶此翁归。

——《十出京华二绝句》

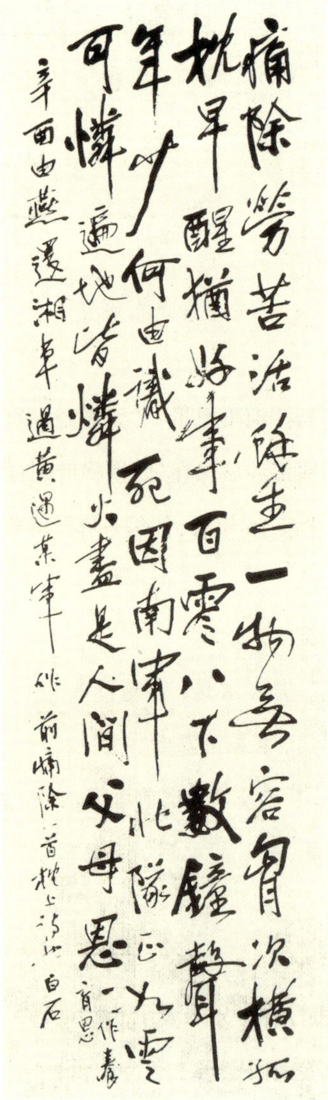
行书条幅　约1921年

“十出京华”是指1921年11月，白石因家人患病返乡，先到保定夏午诒处，后赴湘。他感慨地说，燕地的树、衡山的云都认识他了，因为每年到秋天，白石翁都要返还湘潭。在一首《自嘲》诗里，他不无幽默地写道：“青鬓离乡忽白毛，苦思无计绝烦劳。世途行尽堪夸耀，妻妾都能打被包。”但这种常常要“打被包”两地奔劳的日子带给他的是悲凉痛苦，如《枕上》诗所描述的：

卧听邻窗半夜鸡，入春离思太萋迷。
萍踪飘荡身何着，鬼道揶揄手敢携。
南地不容乌鸟哺，北方亦有杜鹃啼。
飞魂更怯还家梦，绕屋愁云旧种梨。

“南地不容乌鸟哺，北方亦有杜鹃啼”，是指在湖南有父母，战乱不容他像乌鸟反哺那样在家尽孝，而北方又有了家室拖累，无论到哪边，都会有“萋迷”的离思与矛盾。

“军声到处便凄凉”，这是1916年齐白石写下的诗句。在他看来，有兵就有战，有战就有灾祸和苦难，兵与官、匪没有多少区别。在他的心里，对官是“厌”，对兵、匪、战是“恐惧”。正是兵匪们毁了清平，使他失去了家园。

安居乐业、太平无事就是幸福。能让百姓享受太平日子的皇帝、政府，就是好皇帝、好政府。在他的经验里，中年时代没有战乱，因而那时的皇帝和政府比现在好。他甚至依据这个标准衡量历史人物。齐白石有两首《袁世凯墓》，对袁世凯表示了由衷的敬意：

项城北上木森森，高冢荒凉秋色新。
公在民安浑不识，伤心祸始是何人。

英雄从古人难用，成败关天事莫论，
五载山河尘不动，无情草木亦知恩。

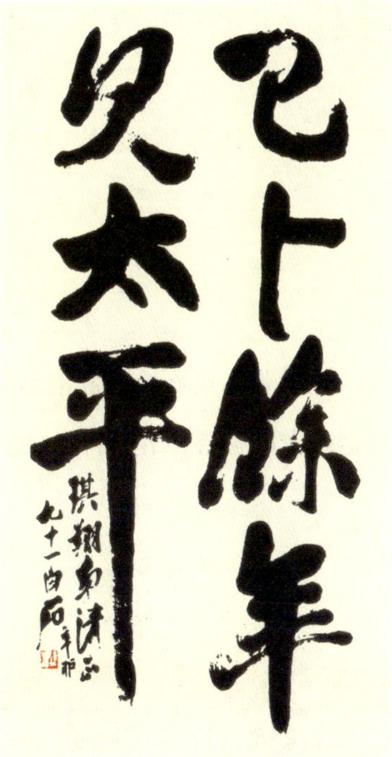

已卜余年见太平　1951年

1911年到1916年，是袁世凯从任大总统到复辟帝制的时段，亦即白石说的“五载山河”。那5年，他安居山村，不闻世事，民乱和战争未触及他的生活。在白石看来，袁世凯的成败乃天意，并非袁氏个人的原因，这显然与历史不符。如果袁氏顺应潮流与民意，支持共和而不是复辟帝制、屠杀革命党人，他也许不会败得那么惨、那么快。对此，齐白石“公在民安”的评价，是根据他个人经验的衡量，他没有看到、认识到袁世凯的倒行逆施给整个中国造成的灾难。齐白石对袁世凯的认识可能深受夏午诒和杨度的影响——夏午诒是“筹安会”的骨干之一，杨度则是“筹安会”的主要组织者，他们二人与白石有同门之谊，关系密切。狭窄的个人经验和周围的思想环境，应是齐白石对袁世凯看法的根源。当时如果不是袁世凯而是别人当政，齐白石的生活也相对安定，他会不会也有“无情草木亦知恩”的感激之情呢?我想会的。从某种程度说，他感激的不是一个人，而是能维持其清平生活的那个“好皇帝或好政府”。这是中国人尤其是封建时代中国人最普遍的思想观念之一。

太平无事不忘君恩

思安卜鬼神

齐白石常把他的伤乱思安心情刻在印章上，写在书法或诗歌里。如印文“思安卜鬼神”“太平无事不忘君恩”，书法“已卜余年见太平”等。20 世纪 30 年代初，他觉得家乡难得平安、自己难以回还了，决定在北京香山万国公墓置生圹，“买穴埋骨”。为此还给儿孙写了一首《示往孙裔孙》诗：

衡湘空费卜平安，生既难还死更难。
向后有人收白骨，荒烟孤冢问香山。

1933 年，门人张次溪为他编印《白石诗草二集》，他选的最后两首诗再次表达了他的绝望心情：

南还有梦愁泥雨，北客何心再徙迁。
骨外埋忧无净土，身能成佛隔西天。

偷活偷安老自怜，雕虫误我负龙泉。
太平时日思重见，虚卜灵龟二十年。

——《壬申冬复迁东郊民巷二绝句》

离乱带给白石一种漂泊不定、莫可名状的失落感，即使消闲无事也不安宁。一次游公园巧遇好友陈师曾，归家后得一绝句：

衡湘无地着黄花，老妇娇儿何处家？
强向人前夸静乐，故山兵斗滞京华。

——《九日游公园遇陈衡恪》

口里夸着说清静安乐，心中哀痛着流落异乡。虽说“经劫贫寒都是福”，虽然“画如官米饥堪煮，砚胜湘田乱可迁”，毕竟无法弥补“草里偷安”和“家园一掷”的悲苦。他甚至迷信起“乌夜啼云有兵乱”的传说，祷告乌鸦别再夜啼：

四野无人落日低，栖栖身世笑家鸡。
画师不合居离乱，愿汝无毋夜半啼。

20世纪20年代末30年代初，杭州艺专王代之曾动员他南下任教。他的朋友直心居士亦曾劝其出京。他一度犹豫不决，有《将出京华》诗：

余年离乱

更从何处暂羁栖，客恨乡愁泪满衣。
旧友心肠关患难，久居街道识东西。
南方未报乌鸦哺，北地非因杜鹃啼。
伴相亦无偷活计，白头犹有病山妻。

草间偷活

字里行间，都透着“余将何之”的茫然心绪。

伤乱的焦点是对家乡亲人的担忧和游子不得归的悲怆。只要听说湖南有战事，他就坐卧不安，痛心疾首。“又道湘军上战鞍，劫灰经惯渐心宽。料君一物难携去，数叠青青屋后山”。这其实说的是反话。“心宽”是假，“慨然”是真。他想不通“叱犊课耕，一粥关门”，何罪之有，偏要他背井离乡，栖居异地！有时候，这位善良、躲避、乞求着洗兵马的老人，也忽发英雄奇思，高唱“安得老萍能变化，化为长剑满湘南”，把兵乱匪扰扫荡干净。一次他画《白石老屋图》，幻想着回去的情景，也题了一首诗：

老屋无尘风有声，删除草木省疑兵。
画中大胆还家去，稚子雏孙出户迎。

删除了草木就没有草木皆兵的恐惧了，可以大胆地还家。这幻想真是令人悲哀啊！但从幻想回到现实，他又只能浩叹“四千里路还湘水，咫尺思亲无见期”了。

抗战前的几年，齐白石的生活相对安定，七七事变后，他再次跌入不太平的深渊。1951年，他把陆游“已卜余年见太平”写成条幅送给黄琪翔将军（黄琪翔的夫人即齐白石女弟子郭秀仪女士），1955年，他在《告全世界人民书上》上签字，并发表讲话说，他“看见国家开始太平”，但他没有想到，11年后，中国又发生了“文革”这场大动乱、大浩劫。佛家说，人总是要遭遇劫难的，这是宿命么？

“何处清平著老夫”——齐白石发出的感叹，也是人类的感叹。

大士由来不可知

——齐白石与佛道鬼神

齐白石画过不少佛像、罗汉、观音和鬼神诸像，与道士僧人也有交往，他和宗教鬼神有着怎样的关系，也是一个很有意思的话题。

明清以来的士大夫包括士大夫画家，极少不和禅道相瓜葛的，这出自“据于儒，依于老，逃于禅”“仕则儒，出则禅道”的一贯传统，是士大夫阶层的一种精神雅尚，也与某种特殊的历史状况有关系。[1] 有的因学术由儒入佛，学兼儒释，如方以智；有的借禅以逃生，即“逃儒归释乃其迹，非其心”，典型者如八大山人；更多的也许是求“禅悦”，借谈禅论道表抒人生的智慧，追求一种高雅的愉悦。《红楼梦》大观园里的小姐们都能以参禅为戏，正可见禅悦风之一斑。20世纪上半叶，西方科学与人文思想大举涌入，传统思想受到激烈反叛和否定，中国宗教进一步衰落，谈禅论道的人大大减少。尽管如此，还是有不少思想家、学者、艺术家保持着与传统宗教思想的密切关系。如谭嗣同、章太炎之论述儒道互补，李叔同、苏曼殊之出家，王一亭、丰子恺之信佛等。但他们的思想比明清之际的士夫更为复杂——在融化某些佛道思想的同时，仍抱着“士志于道”“先天下之忧而忧，后天下之乐而乐”的儒家精神，还兼容了视知识分子为人类基本价值（如理性、自由、公正等）维护者角色的西方人文思想。更多接受了西方科学思想的文化人和艺术家，也不同程度地具有这种兼容特质，他们在努力掌握某种专业知识技能的同时，又都有着超越个人与团体私利的人文关怀，[2] 如关心美术的蔡元培、鲁迅、陈独秀、宗白华，画家高剑父、徐悲鸿、林风眠、潘天寿、丰子恺、傅抱石等。另一些人，没有承担天下忧患的主动行动，但有思索天下大事、人生来去和道德伦理的自动意识，他们有时亦涉足宗教，使自己的思考带有超越碌碌世事的形而上色彩。当然，也有人只是继承了传统士大夫的雅尚，偶尔谈禅论道，“愉悦”而已，并不认真。

齐白石不属于上述任何一类。他没有接受过传统思想的系统教育，更没有出外留学经历，

---

〔1〕士人之谈禅、逃禅等，在社会动乱、改进换代之际如宋元之交、明清之交，尤为明显。见赵园：《明清之际士大夫研究》，北京大学出版社，1999年，第290页。

〔2〕余英时：《士与中国文化》自序，上海人民出版社，1987年。

湖南民间道场画

白衣大士　1928年

没有接受西方文化思想的熏陶，没有经世治国、以艺救国、以艺术代宗教或以发扬国粹抗衡西化思潮的宏大抱负；他只是个以艺谋生、不得已而来到北京的画家，他的思想意识、诗画创作很少有超世俗的形而上追求。他虽与文化艺术界有这样那样的联系，却算不上一个现代知识分子。他与佛道鬼神的关系，正是与这一基本状况相表里的。

晚清民初的湖南，仍有不少寺庙，他的弟弟纯藻就曾在附近的道观做杂活。年轻的齐白石与友人组织龙山诗社时，活动地点就设在龙山的大杰寺内，但没有与寺内僧人交往的记载。《借山吟馆诗草》有一首《还家寄宝觉禅林僧》，从“波水尘沙衣上色，海山万里送人还。遍行

罗汉 约1897—1902年

世道难投足，既爱吾庐且息肩”几句推测，此诗应是远游归来（1909）不久之作。宝觉禅林寺又称化城庵，在湘潭县城南约百里，与白石茹家冲新居邻近。这表明齐白石在中年时代，曾与僧人有过往还，但除此之外别无所知。与年轻的齐白石的思想有些关系的，是当地的鬼神信仰。湖南属古湘楚之地，有久远的巫祝传统，民间信仰既多又杂。直到近代，当地农民家中仍喜欢悬挂各式各样的“神像功对”，齐白石做木匠兼画匠时期（约1885—1895），一度主要画这些老百姓崇拜的偶像，如玉皇、老君、财神、火神、灶君、阎王、龙王、灵官、雷公、电母、牛头、马面、四大金刚、哼哈二将之类，他们杂合了佛道、神话、民间传说，并无严格的宗教意义。齐白石说：“这些位神仙圣佛，谁都没见过他们的本来面目，我原是不喜欢画的……我为了挣钱吃饭，又却不过乡亲们的面子，只好答应下来。”[3]“不喜欢画”并不等于不信，即便不信或不完全信，也还是十分地熟悉，不免对齐白石及后来的创作产生影响。齐白石早年的神像功对作品没有留存下来，现在能看到的，是他30多岁画的八仙和观音像等，但它们作为民间流行主题，并不能说明齐白石的宗教态度与信仰。

拈花佛 约20世纪20年代中期

齐白石初到北京的几年，先后借住法源寺、龙泉寺、石镫庵、观音寺，并有诗纪曰：“法源寺徙龙泉寺，佛号钟声寄一龛。谁识画师成活佛，槐花风雨石镫庵”，住寺庙非为求佛，乃为了避乱和方便，迁出僧寺的原因更简单：因为那里有佛号钟声，又养鸡养鸭，吵闹得他不能安宁。他居寺庙期间，结识了法源寺的道阶和尚和衍法寺的瑞光和尚，其中瑞光能画，喜石涛，后来拜白石为师，成为亲近知己。齐白石多次提到他和瑞光的诗画交往，

[3] 齐璜、张次溪：《白石老人自传》，人民美术出版社，1962年，第27页。

为瑞光的画题诗，但从未谈及他们在宗教方面是否有共同语言。

齐白石对宗教鬼神的看法，从他的诗歌、文章和绘画可以见出端倪。他一生画过的宗教鬼神题材，有佛像、罗汉、观音、达摩、八仙等，其中佛教人物最常见。但大多数是应顾主之请或为了迎合顾主需要而画的，个别是为自己画的——所谓"为自己画"，是表达一种尊敬，而非信仰，齐白石从来不供奉佛道鬼神，也不去寺庙烧香礼拜。诗《某生二月十九日祷于观世音菩萨》有句云："大士由来不可知，荒唐传说诞生期。""不可知"包涵着不可信的因素，与迷信有本质的区别，而"荒唐传说诞生期"一语，几近无神论者的批评了。他还有一首诗，原题《画芋》，后改为《家书谓小圃必荒，吾闻之恨不出家》，其诗云："年来小圃芋凋零，每到秋来草更深。我欲出家从佛去，不妨人笑第三乘。"原稿末句是"人间不见懒残僧"，并手注："余平生最厌和尚，厌其非真，故及之。"[4]后来出版时删改了。删改并不表明他改变了看法，不过是怕得罪人罢了。"厌其非真"四字，也正是以不信为认识基础的。一次他游北京卧佛寺，也留下一诗："欲掷秃毫携佛手，佛亦低眉笑开口。长安添个在家僧，一笑逃名即上乘。"[5]做"一笑逃名"的"在家僧"，不过是白石老人的一种戏谑。他喜欢画布袋和尚，但也不过是借以寄寓而已，如其题布袋和尚诗所云：

无穷烦恼上心来，自召冤家拨不开。
欲向此公求布袋，贪嗔痴爱一起埋。

此老此老，人誉也好，人骂也好，
哪管你开口笑倒，亦有无因寻扰。
这个小袋儿，未必能容得下很多烦恼。

第一首似含禅机，但表达的是人生感受，不是宗教觉悟，"欲向此公求布袋"一句，显然是外在于佛教的人间态度。第二首诙谐幽默，已经是跟和尚开玩笑了。他还有一首《自题山水》诗，副题为"兼寄东邻女子出家南岳"，对邻女出家深表难过[6]。另有一七绝《赠东邻子》，所指

〔4〕齐白石：《齐白石作品集·第三集·诗》，人民美术出版社，1963年。

〔5〕齐白石：《游卧佛寺》，见《齐白石作品集·第三集·诗》，人民美术出版社，1963年。

〔6〕其诗云："陈书可继是无能，已嫁罗敷恨不能。执臼阶前秋又尽，鸣鸡窗外月无恒。书成快意传青鸟，屋破应须补绿藤。鼠尾麝煤情太薄，为君实下泪三升。"

李铁拐　1897年

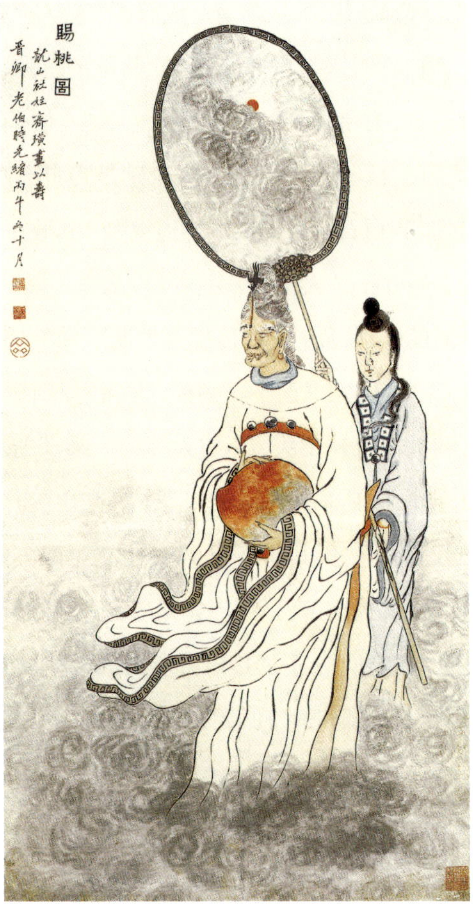

赐桃图　1906年

似系同一人，诗意含蓄凄婉。其诗曰：

三十年中感不胜，人情阅尽耻为僧。
故人知我当时意，五十三参老欲能。

尽管30年里齐白石为这段情缘感慨不已，但阅尽人情的他却仍视弃世出家为耻。齐白石是个实实在在安于世俗、热爱生活的人，他是不会因为某种感情原因去当和尚的。

对仙道亦如此。20多岁时，齐白石因三弟纯藻在道观里打杂，也曾到观中会友聊天，但他对道教没有多大兴趣。“不作扬尘海岛仙，结来人世寂寥缘”[7]，他清楚自己只能面对尘世。他喜欢画李铁拐，并不表明他真信神仙。他有一首《题画李铁拐》：

〔7〕齐白石：《齐白石作品集·第三集·诗》，人民美术出版社，1963年。

形骸真个能潇洒，我笑神仙尸未解。

天下从来多妄妖，葫芦有药人休买。[8]

“天下从来多妄妖”可以理解为双关语，既指世事，也指仙道。还有一首《题画鹊》绝句，也可见出他对神仙的看法：

神仙难免近荒唐，七夕银河事渺茫。

灵鹊果能桥可架，古今何仅厚牛郎。[9]

他在《怀人》一诗里，还有“门前枫树认荒庄，鬼怪神仙总杳茫”之句。“近荒唐”“总杳茫”六个字，也许可以概括他的神鬼观。尽管白石经常表现出亦是亦非、折中两可的态度，但总是更相信自己的眼睛和经验。这与他“为万虫写照，为百鸟传神，只有鳞虫中之龙，未曾见过，不能大胆敢为也”的艺术态度，是大体一致的。

齐白石有深刻的人生体会，并常把这体会表现在艺术中。但他不言道，不悟禅机，不思虑永恒，不追求神秘和超越感。他读古诗，看古文，观古画，但儒道庄禅的影响却微乎其微。他满脑子是实在的物（花、鸟、鱼、虫、山水、景物）和俗世的情，而极少超乎物与情之外。他有时也写“心静尤知天地宽”“好从井里悟云烟”一类诗句，[10]有似道家之“虚静”，其实不过是古诗中惯见、白石诗中最无特色的句子。当然，他的一些诗画也寄寓理念，如《古树归鸦》：

八哥解语偏饶舌，鹦鹉能言有是非。

省却人间烦恼事，斜阳古树看鸦归。[11]

与其说此诗近禅机，莫如说是人生经验的总结。这经验与道家的“无为”似相一致——老子的思想本来就与小国寡民式的农业文明分不开！人间总有苦恼事，道家教导“无争”“淡

[8] 齐白石：《齐白石作品集·第三集·诗》，人民美术出版社，1963年。

[9] 同上。

[10] 同上。

[11] 同上。

西域三怪图

泊”，白石遇到烦恼，有时也以此排遣。他的印文“蛩鸣无不平”“宁肯人负我”“知足胜不祥”等，均与这种思想有关。

扫除烦恼活余生，一物无容胸次横。
孤枕早醒偏好事，百零八下数钟声。
——《枕上》

欲以“心无物”扫除烦恼却不能。早醒不眠，只好在无聊之际数庙里的钟声，看来齐白石做不到心无一物，而只能以此作些自我安慰。在充满竞争的近现代世界，安于“无争”真太困难了。不争难以生存，争则招来对立与烦恼。定居北京且以卖画为生，就意味着跨进了竞争行列。竞争而想避免烦恼，不免陷于两难。齐白石采取的对策还是传统的：不强求，不“妄想”，少接触人。印文“寡交因是非”，公开表明这一心迹。他甚至用这个思想教育子女，《示儿辈》诗云：

扫除妄想丝毫事，省却人间分外愁。
画虎不成先画犬，呼龙不到再呼牛。
山中曲木犁堪就，城上残砖砚可谋。
村北老馋穷过我，一生只为强相求。

正因为自己“一生强相求”，不断奋争，才招来苦恼，他告诫儿辈要记取“教训”，做事差不多就行了。希望儿女做自己也无法做到的“无争”，实在是一种中国式的哲学。

还有件事可说明齐白石的矛盾心态。他在1915年曾丢过一束诗稿，多是断句残联，自认为“不求藻饰，自主性灵”，近于宋诗的“轻朗闲淡”。他认定是被人所盗，气得不得了，说“作诗原是雅事，到了偷袭掠美的地步，也就未免雅得太俗了”[12]。面对这桩扫兴事，他也用上述办

〔12〕齐白石、张次溪：《白石老人自述》，岳麓书社，1986年，第69页。

法求解脱，说："料汝他年得好句，老夫已死无是非。"可惜"老夫"在世，"是非"还是摆不脱。齐白石的这种解脱法，大约不是直接得自老庄，而来于他的性格和经验。其中，多少还能看到他父亲——那个老实、忍让、肯吃亏的"德螺头"齐以德的影子。[13]

生长在湘楚好巫之地的齐白石，虽不大信佛、道、幻术，却有些信梦和鬼狐。他曾拟画旨在避狐的《穴岩图》，并有序文记其事：

家乡传狐祟。一夜儿辈方卧，有近视眼之少妇立面前，谓曰："君家须助牛羊各一以作众食。妾奉山君之命而来；不然，君之屋前后倾生风，可惧也！"儿辈问"娘子从何而来？"曰："妾居山深水阔之岩穴也。"

儿辈的一个梦，从家乡传至北京，齐白石作诗作文又作画，可不是为了好玩。他将信将疑，既恨且惧，是认真对待的。另有一《峭壁丛林图》，创作因由是：

余曾游桂林，息峭壁下，有牧童自言此间多狐，常诱人入丛林中，数日不放，人亦忘归。问山名，牧童不答。

这段记录虽无"信否"的确言，但他显然是很有兴趣的。齐白石早年曾在陈少蕃指导下读《聊斋》，他对狐仙之类的兴味，或与此有关。

齐白石相信占卜，最典型的事莫过于自长两岁的"瞒天过海"之事了。星命术士舒贻上曾为他算八字，说他75岁（1937，丁丑）是一难关，还教他说：在交运时，要先念佛三遍，凡属龙、狗的小孩须避开，属牛、羊的也不可近，还要佩一金器。到这年生日，他都一一照办，并在命书封面，写了九个大字"十二日戌刻交运大吉"，又在里页写了"宜用瞒天过海法。今年七十五，可口称七十七，作为逃过七十五一关矣"[14]。后来，他对孙子齐佛来说："其实是不是这样瞒过来的，还是算命的故弄玄虚，就不好说了。"[15]另有一次，他梦见雪庵和尚自称"老昙"，醒后作《梦与雪庵共话》诗云：

---

〔13〕齐白石、张次溪：《白石老人自述》，岳麓书社，1986年。

〔14〕同上。

〔15〕齐佛来：《我的祖父白石老人》，西北大学出版社，1988年。

此身只合共僧流，万事从头早已休。
老境客稀私窃喜，故园兵久渐忘忧。
懒看芍药三春暮，已负芙蓉九月秋。
梦幻由人心意作，昙花常现座前头。

梦后5日，雪庵见到此诗，“自言削发时原名续昙”，白石大吃一惊，叹道：“幻境不可谓无凭也。”[16]

白石85岁时（1945），梦见一队抬棺者将一空棺抬至家。梦中想：看来我是不久人世了。醒后“愈想愈觉离奇”，就作了一副自挽联：

有天下画名，何若忠臣孝子。
无人间恶相，不怕马面牛头。

他虽自认为“这不过聊之极，聊以解嘲而已”[17]，毕竟还是似信不信，借自挽以壮胆气。类似的事还可寻见，不一而足。人都珍视生命，生死攸关而又无可奈何之际，最易相信宗教，对鬼神近而敬之。对于像齐白石这样一位不曾接受过近代科学教育、大半生在乡间度过的艺术家，这是极自然的事。当他觉得不敬鬼神的行为可能危及生命时，就立刻表示虔诚的尊敬，即便不能奏效，也可自我安慰。某年过生日，门生们都来祝贺，与他合影留念。他很高兴，即题了一首律诗，首句为“斯世何容身外身”。后来直心居士说此诗首句与佛意不合，不吉祥[18]。他又去问另一友人陈仲恂，仲恂也如此看。他说：“只要诗好，生死何关？只是此生有未为事……”于是又把诸门生约来，他穿上僧衣再照合影，表示“以了佛缘”，并重新写了两首诗：

前世打钟僧

〔16〕齐白石：《梦与雪庵共话》，见郎绍君：《齐白石全集》第10卷，湖南美术出版社，1996年，第125页。

〔17〕齐白石、张次溪：《白石老人自述》，岳麓书社，1986年。

〔18〕《齐白石作品集·第三集·诗》85页有律诗一首，题《余生期，诸门人进酒，饮后照影纪事》，其诗云：“斯世何容身外身，相从寂寞惜诸君。衰年眼底无余子，小技尊前有替人。鬼道（余居西城鬼门关外）柴门天又雪，星塘（余父母居星塘）茅屋日边云。明年此时吾还在，对镜能知老几分。”按《重聚留影》小序云：前十一月某日余生期，诸生为余合影小影……”时间上与此诗“鬼道柴门天又雪”合。首名“斯世何容身外身”与佛意不合。“非祥”之诗，应是此首。

浴浴残躯沐沐颜，在家可与佛同龛。
天花乱坠吾曾着，记得前身是阿难。
（余游南岳庙，见大钟恍然旧物也。）

袈裟遮体俗全无，尘土堆胸愧有余。
还是阿吾还是佛，却非活佛却非吾。

——《重聚留影》

齐白石对鬼神宗教的矛盾态度，在这件事上真是袒示无遗！但它和“瞒天过海法”一样充分表现出老人对生命的留恋热爱，以及行为的天真有趣。他竟没想到，如果世上真有那大慈大悲、法力无边的佛陀，哪能看不穿他这种孩子般的小把戏？

总体来看，齐白石没有宗教信仰，无论儒、道、释或各类民间信仰，均不刻意涉足；对一切想象虚幻之物，都抱着模棱两可的态度，或敬而远之，或若即若离，如遇涉及自身安危的说法，便宁可信其有而不信其无。一般情况下，他更相信自己的经验，相信、关心眼见的真实，只珍视此岸的一切，而疏远虚无、遥远和一切彼岸之物。这一特质，既与传统思想有密切关系，又与农民出身有密切关系。

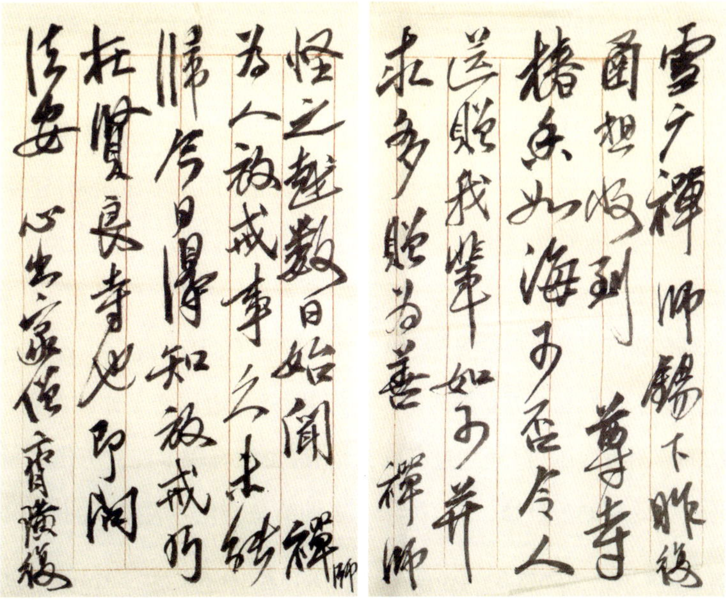

行书手札

异香俱从苦寒来

——齐白石的个人奋斗与处世态度

> 夫画者，本寂寞之道，其人要心境清逸，不慕官禄，方可从事于画。见古今人之所长，摹而肖之，能不夸，师法有所短，舍之而不诽，然后再观天地之造化，来腕底之鬼神，对人方无羞愧，不求人知而天下自知。犹不矜狂，此画界有人品之真君子也。[1]

这是齐白石对学生讲作画做人的道理，可以理解为他的自况。从一个小木匠成长为一代艺术宗师，他正是这样做的。

在古代中国，以画谋生并获得画名，多半要依靠皇室、官僚和著名士夫文人的提携：或为宫廷画师，或为官僚宾客，或受贵族赏识。一辈子画壁画、画肖像的民间画师，是不能出大名的。明清以降，商业与文化繁荣的都市如南京、苏州、扬州、杭州、上海等地，每每聚集许多以卖画求生的画家，出现了吴门派、松江派、金陵派、扬州派、京江派、海派等。但这些人的立身扬名并不全靠卖画。他们中，有的原本就是官吏或与上层颇有联系的士大夫，有的是巨商或官宦大户的门客，有的寄身寺观，还有的家有土地，不以画易米。全靠卖画为生并称誉画坛的艺术家并不太多。晚清民初以来，科举废除，帝制结束，士大夫阶级衰亡，社会转型，出现了新式工商、文化、教育、出版诸业，画家的谋生方式也随之发生了变化：即不单靠卖画，还要谋求职业。像黄宾虹、萧俊贤、王一亭、陈师曾、刘海粟、徐悲鸿、林风眠、陈之佛、丰子恺、潘天寿这样的名家，莫不如此。画家各有自己的条件，有的家境殷实，受过良好教育；有的出国留学，返国后被委以重任；有的得遇名师指点，名人提携，很快进入上层圈子，诸如此类。齐白石缺乏这样的条件。幼即失学，青少年做木匠，27 岁拜胡沁园为师时，才靠着同音字作注读完《唐诗三百首》。40 岁前，他只在湘潭附近卖画，没遇到过名画家指点，也没有较多观赏历代名画的机会。在当地获得一定声誉，主要靠刻苦自修、独自摸索。王湘绮是文化界大名家，但他不懂画；诗人樊

---

〔1〕齐白石：《三友合集》序，见郎绍君：《齐白石全集》第10卷“白石文抄”，湖南美术出版社，1996年，第81页。

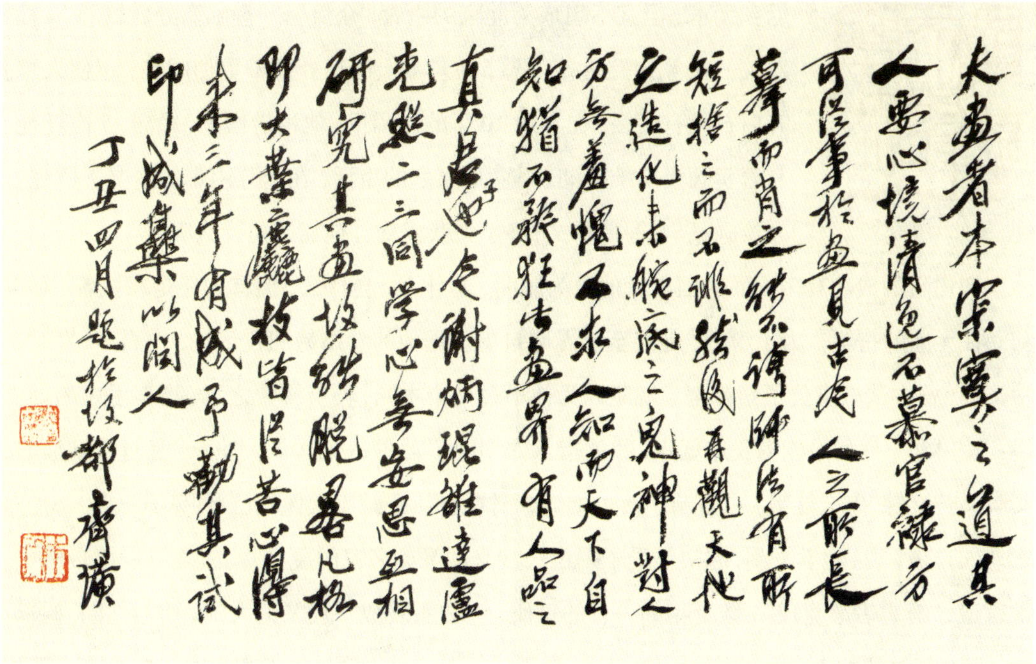

行书横幅　1937年

樊山是齐白石 40 岁后遇到的大名流，但他是个诗人，不是画家。[2] 白石生平遇到的第一个具有高度文化修养并给他以重大影响的画家是陈师曾，但那已是 1917 年，他 55 岁时的事了。直到定居北京后，他才有了追求新变、自创一格的自觉意识。经过衰年变法，大器晚成。

约 20 世纪 20 年代，即初到北京不久，他写过这样一首诗：

布衣人识胜封侯，款段何来旧帝都。

技绝盲人能相马，相轻骚客亦呼牛。

飞还岳麓无仙术，吊死煤山是众流。

窃望天南云一角，登临高处转增愁。

——《登煤山思还湖南岳麓山》

布衣人识，身怀绝技，他很自信，但立足于“旧帝都”并不容易，一些人对他还是瞧不起。

〔2〕樊樊山在1917年回报齐白石的赠画扇诗中，称誉为慈禧代笔的缪素筠（名嘉蕙，光绪中时入宫，为福昌殿供奉）是“前朝”“巨手”。其实缪氏乃一般女画家，其画不过精致清秀而已。这说明樊樊山对绘画没有很高的眼界。

要知天道酬勤

返乡无术，但又不想成为北京的庸庸“众流”。“登临高处转增愁”一语双关——家山路远使人愁，在艺术上向高处登攀更加困难，也使人愁。齐白石没有气馁，在大约10年的光阴里，他租借僧舍、民居，7次迁徙，靠着卖画卖印维持湘、燕两地家庭的生活，在十分困难的情况下研究古今绘画篆刻，写诗作文，终于大获成功。他靠的是什么呢？

齐白石的成功有多方面的因素。他极为聪明，学什么，会什么，但首先还是靠执着、勤奋和一往无前的奋斗。为了学习，他甚至能忍辱自虐。据他的女婿易恕孜记述，白石34岁时初学篆刻，曾去请教贵公子黎鲸庵。鲸庵以为他不过是个木匠，便有鄙薄之意，指着手中的烟壶说：“芝木匠，你如果能喝我这烟水，我就指点你刻印。”当时人抽水烟，烟壶水是过滤烟油的，又脏又苦又辣，怎么能喝？白石顺手接过烟壶，一饮而尽，令鲸庵敬佩不已，便认真教他〔3〕。《白石老人自传》说，他学篆刻，起初是受了一位长沙来的篆刻名家的蔑视，一气之下发愤自修〔4〕。常言道，“有志者事竟成”，数十年如一日的钻研，齐白石终成一代篆刻大师，而与他同时习篆刻，甚至教过他的人，大都半途而废，后者缺乏的不是聪明，而是志气和毅力。在绘画上亦如此。齐白石从20岁临摹《芥子园画传》开始，直到终老，只有三次短时期搁笔，一次是母亲病逝，另两次是患重病。不论春夏秋冬，刮风下雨，他总是天明即起，以作画为日课，休息时便吟诗。如白石自己所描述的“铁栅三间屋，笔如农器忙”。他把自己比喻成一个“日出而作，日落而息”、把笔作为“农器”的老农，是很贴切的。

食叶蚕肥丝自足，采花蜂苦蜜方甜。
书生余习终难舍，人笑愚翁老更颠。

白石居北京数十年，家中的大门是常锁的。“寂静平生敢自夸”，是与“笔如农器忙”相表里的。他的印章“天道酬勤”“有衣饭之苦人”“平生辛苦”“老苹辛苦”，都记述了他的勤奋，他所守的寂寞之道。有一印文曰“痴思长绳系日”——竟想用长绳把太阳系住！这六个字，画出一个多么生动的勤劳老人形象！古人曰“君子以自强不息”“自强者胜”，齐白石正是这样的胜者。

齐白石对自己独立奋斗是很自豪的，他写道：

〔3〕易恕孜：《白石老人生平记略》，见齐白石、张次溪：《白石老人自述》附录，岳麓书社，1986年。

〔4〕齐璜、张次溪：《白石老人自传》，人民美术出版社，1962年，第40页。

四月清和始着根，轻重亲手种蓬门。
秋来颜色胜蓬草，未受春风一点恩。

这是隐喻他起步虽迟，却靠了自强成就大器。他题画老来少（雁来红）也有同样的喻义："欲工变化岂天功，满院青青百草同。待到残秋方出色，众中分出老来红。"这"残秋方出色"的"老来红"，显然有自喻之意。他有时还把自己喻为卧地秋菊，"不借撑持卧地开"；喻为红梅，"异香俱从苦寒来"；喻为秋荷，比"收场还不到秋风"的牡丹有"厚福"。

自立自强，是不是相对封闭的农业文明易于生成的性格，不敢确说，但这种精神从中国古代就受到尊崇，是千真万确的。自立自强并不意味着拒绝帮助，而是强调一种发愤图强的精神。自强而又能充分利用条件，成功的可能性最大。齐白石一生得到了许多人的帮助，如胡沁园、陈少蕃、黎雨民、王仲言帮助他学习诗文书画，把他拉进湘潭士绅的文化圈子；夏午诒、郭人漳、罗醒吾等帮助他走出家门，行万里路，开阔了心胸与眼界；樊樊山等帮助他定居北京，极大地改变了他的文化艺术环境，陈师曾帮助他实行"衰年变法"，使他的艺术探索发生了质的飞跃……没有这些帮助，他不可能获得如此辉煌的成功。帮助也是机遇，不是每个人都能遇到，但机遇人人有，却并非每人都能抓住，以促成自己更成功的奋斗。机遇与自强是相辅相成的。

痴思长绳系日

艺术需要灵感、想象、才能，还要技巧训练，而技巧训练最需顽强与持久。齐白石技术技巧上的熟练与高超，靠的正是刻苦训练。热忱、着迷，有时甚至到"如痴如狂"的地步。"苦吟一似寒蛩号"（印文），"褦襶痴"（印文）[5]，"年年行路足如茧，日日书房至卧房"（《院中垂柳》），"世人休骂我，我是画中颠"（《题画山水》），"诗书寂寞友，草莽患难友，笔砚生死友"（《平生三友》）……这些苦吟、苦学、苦练，主要源于情感和意志，源于至诚、超脱和耐得孤独的品质——这也正是天才和大师生成的条件和基础。

齐白石的刻苦自励，自强不息，除了天性、品格因素外，还有一点特别重要，就是外在环境的激发、挤迫，包括师友的鼓励批评，他人的蔑视嘲笑等。白石是一个很要面子、自尊心很强的人，凡事他都想争个高低。白石老人曾讲过他当木匠时的一个故事：

[5] 褦襶（nàidài）：不懂事。"褦襶痴"意为又傻又呆。白石这里用以表示对艺术的痴情。

离白石铺不远的地方，有个名叫上宝山的道士观，要做一条约五寸长、宽五分、雕有二龙戏珠的插香板，用以上香。很多木工承揽此活，均未雕成。我听说后，打算前去试试，师傅再三劝阻，并说："真正好做的活，人家不早就做了，还等你去？"我没听，毅然包了下来。由于小巧精细，要求很严，头几次都失败了。但我并不灰心，反复改变图样，整理工具，细心雕刻，终于获得了圆满成功。

这种好强的性格，或许与他祖父和母亲的影响有关。后来他学画画、学刻印、学作诗，这种好强与认真得到更充分的发挥。《白石老人自传》说，他在家乡初与士绅文化人交往，总是不大言语，看似腼腆，实是自尊。他觉得人家都是富家子弟，满肚子诗文经典，自己只上过半年村塾，言多难免招人耻笑，只是暗地里使劲，力求上进。那时有些人请他作画，却不要他题款，嫌他不够斯文，不配题名。这很伤他的自尊，但为了挣钱吃饭，只好忍受。到30多岁，齐白石的画名渐为湘潭人所知，但势利者依然呼他"芝木匠"。茶陵谭延闿兄弟曾请他刻10多方印，后来听别人说"刀法太赖"，就把印磨去，另请人刻。齐白石听了，心中十分难受，却只能"付之一笑"，这些遭遇，都成了他更加努力的动力。王湘绮听到齐白石的事迹后，曾多次表示愿意收他为弟子，白石却一再犹豫，怕人说他"借势标榜"，以至王湘绮感到他"高傲不像高傲，趋附又不肯趋附"[6]，这也是出于自尊，以及某种程度的自卑。笃诚好学，很想拜师，却又怕人瞧不起。别人把难听的话掷过来，他又只好报以沉默——对齐白石而言，这是十分痛苦的，欲摆脱这种困境，唯有发奋自强。

有衣饭之苦人

一息尚存书要读

〔6〕齐璜、张次溪：《白石老人自传》，人民美术出版社，1962年，第44页。

定居北京后，他的出身、风度、生活习惯，他的画、印、诗和字，常受到一些出身高贵、以正统自居或趣味不同者的嘲笑。这些人觉得齐白石太像个“乡巴佬”，他的画“太粗野”，印章“太犷悍”。《白石老人自传》说：“有一位自命科榜的名士，能诗能画，以为我是木匠出身，好像生来就比他低下一等，常在朋友家遇到，表面虽也虚与我周旋，眉目之间，终不免流露出倨傲的样子。他不仅看不起我的出身，尤其看不起我的作品，背地里骂我画得粗野，诗也不通，简直一无可取，一钱不值。”[7]白石自尊、敏感而多疑，又容易轻信别人传言，这里面很可能有些误会。但事情无论怎样，白石心里不痛快是真实的。他的印文“流俗之所轻也”以及诗“任君无厌千回剥，转觉临风遍体轻”“老子面寒心似铁，行无偏向害无惊。飞谗说尽全非我，只有梅花辨得清”等，都是一种愤愤然的回答。挤迫、打击和歧视，带来了烦恼，也带来激发。胡沁园、王湘绮、樊樊山、陈师曾、林琴南、林风眠、徐悲鸿的支持与肯定从正面激发了他的自信，一些歧视嘲讽则从相反的方向激发了他的自强。

如果说立身是如何选择、确立自己的人生目标与位置，处世就是为达到目标所采取的处理人际关系的方法。在这里，目的和方法统一又不同一，相对区别又拆不开。仇官、重友情、自强自励，是立身的选择，也不妨视为处世方式。后者具有更多的方法性质，它们和齐白石的个性、家庭教养和社会经验有密切的关系。要言之，它们主要表现为如下诸点：

一、安分自足、闭门独处

齐白石虽有艺术上独辟蹊径的大志，对世人和社会却没有过多的要求，只希望少是非，有时间做自己的事，经营自己的小天地。他的印文“寻常百姓人家”“知足胜不祥”“寡交因是非”说出了这种态度。躲避人间是非，守法安分，自产自销，贫不觉耻，富不骄纵，不愿求人，也不轻易馈赠。“老着安闲想，泥堂洞里天。水源人不到，鸡犬亦神仙”。身居闹市，犹如置身山乡。80岁前后，他一度停止卖画，谢绝一般交往。友人写信问他生活怎样，他写诗回答说：“晚学糊涂郑板桥，哪曾清福及吾曹……名大却防人欲杀，年衰常梦鬼相招。寿高不死羞为贼，不丑长安作饿饕。”郑板桥说“难得糊涂”是因为他对恶浊世事太清楚，齐白石称“晚学糊涂”，亦不过是对所取处世态度的自嘲而已，名大防杀，年老怕死，这是真实心理，也是险恶环境下的正常心态。

晚年的齐白石不喜见外客是有名的。为此，他得罪了不少人。他的学生张次溪记述，老人不分昼夜紧关大门，门里加一把大锁，且总是锁着。“有人去访他，在门口拍他的门环，先由女仆问明了来人的姓名，进去告知，他亲自出来，在门缝中看清是谁，愿意接见的，才亲自开锁

〔7〕齐璜、张次溪：《白石老人自传》，人民美术出版社，1962年，第68页。

八十岁应门者

请进，不愿见的，就由女仆回答说‘主人不在家’，不去开门，丝毫不能通融。说‘这是不拒而拒的妙法，在这般人没有见着我之时，先给他们一个闭门羹，否则见了面，不便下逐客令，那就脱不掉许多麻烦了’”。有一次，张次溪去访，女仆说不在家，他的小儿子跑出来说在家。张次溪心里不高兴，写信质问他。齐白石回信解释，说次溪“猜疑之心长存，直谅之心不足”，告诉他下次来时，“隔了大门，高声通名”即可[8]。锁门拒客，是齐白石名声大噪之后的事，本意是躲避勒索、敲诈者的纠缠，拒绝求书画的不速之客和骗子，防止盗贼等。对此不理解的人说齐白石“怪癖”。事实上，在战乱时期，单门独户都是要锁门的。慕名拜访的人多而杂，耄耋老人也经不住络绎不绝的应酬。有趣的是，老人每每亲自应门察看，这是有身份的人不屑为的。齐白石却以此自诩，还刻了一方“八十岁应门者”章。这不独表现了他待人的谨慎，也活现出他的平民特质和天真性格。在一幅鹌鹑图中，他曾题道：“好鸟好鸟，不识骚扰。不耻百结衣，不羡饱鹰爪。能知不越前横草。”这好鸟的形象，是不是有点像安分自足、守道乐贫的齐白石自己？

二、慎于言行、克制怨怒、不骄不鸣

齐白石本是个直率的人，但人生阅历教育他，慎言慎行，才能与世相处。他不喜欢巧言舌簧的虚伪，深恶势力钻营的小人，也讨厌骄狂好斗的“不祥”之徒。他有一印文：“无道人之短。”有诗句曰：“君子从来扬人善。”早在1909年（47岁）写的《寄园日记》中，他就要求自己不要“言人所短”，并记述了自己对“三缄”二字的体会：

> 中餐于席上失口言人所短，使少辱之。即书“三缄”二字于座右，并记云：往余见人篆刻“闲谈勿论人是非”，笑之以为迂。今日始知六字工夫未易做得到也。行将五十矣，书此以座右，用以自鉴耳。

后来他一再书写“三缄”，一再告诫自己慎言，以免伤人。这固然是一种能保护自己却未能免俗的处世道德，他幼年读村塾时，外公常以《朱柏庐治家格言》教育他，朱氏“处世戒多言，言多必失”的话想必很熟，加上后来的处世体会，逐渐形成了这样的观念。定居北京后，他屡遭人辱，对此就更有铭心之感。他画八哥总喜欢题“世事无须要汝闻”“八哥能言有是非”，不只是自警，也是警人了。他给留霞老人的诗中有句：“饱餐世味思餐菊，深省交情慎寄书。”

〔8〕张次溪：《齐白石的一生》，人民美术出版社，1989年，第164页。

连写信也十分谨慎了。大凡艺术界争论，不论人事纠纷或学术辩论，他一概不参与、不理会。1935 年夏，张大千和徐燕孙为一点小事，在晨报画刊笔战，一时乌云满天。曾任教育部长的著名学者傅增湘以聚餐的形式在致美斋语请客调解，委托王森然去请齐白石出面。白石断然拒绝，回答说：“不喜欢多管闲事。”[9]

君子之量容人

不管闲事也不会太平无事。遇到怨愤之事，齐白石力求克己忍受。篆书轴“人和见太平”就包含着以退为和的精神。他有一方印章：“君子能容小人”，强调了要做大度君子，而不与小人一般见识的态度。他的篆书联“丈夫能吐气，君子肯让人”，把两种态度合而为一。白石有时也会发怒“吐气”，或者写诗“吐气”，有时就“以退为和”，以“让人”为上。天津人民美术出版社藏齐白石与王梦白合作扇面，梦白画鸽，白石画鹰并跋曰：“鹰以小鸟为饱，此鸽反有捕鹰之状。鹰似欲飞，有畏惧之形。君子能容小人，谁谓鸟雀不如人也。”这表达了他类似的道德观念，也可以说是对攻击者的回答。1930 年前后，齐白石与王梦白同在北平艺专教书，王梦白年龄比齐白石小，但成名早，性刻薄急烈，自号“骂斋”，姚华在《王梦白小传》中说他“善面擿人非”，比为性格乖戾的徐文长，“使少敛抑，以谐媚自适，所遇必不如今日之穷，然而画人之树风骨，尚意气甘穷困不悔者，世亦必数梦白，于人与画且以其气传也”[10]。王梦白有时也嘲笑齐白石，白石不与之计较，但这段题跋似语义双关，有曲折回敬之意。齐白石有时也通过作品发泄胸中不平之气，如多次自写小像，题：“人骂我我也骂人。”他更多的时候是用印文、诗

丈夫能吐气，君子肯让人
篆书联　1951年

〔9〕王森然：《回忆齐白石先生》，见《美术论集》，人民美术出版社，1982年。
〔10〕邓见宽：《姚茫父画论》，贵州人民出版社，1996年，第263页。

歌和题跋加以宣泄，如“白眼看它世上人”（印文），“吾画不为宗派拘束，无心沽名，自娱而已。人欲骂之，我未听也”。题《群雏图》：“雏子雏子，今非昔是。唤人早起作事，谁有天良羞耻？”落款：“恨贼老儿郎画并题。”这种题款有似孩子骂街，令人忍俊不禁。他有两首题画鸡的诗，指鸡说人，喻义辛辣。一首曰《斗鸡》：

伤贫甘作盗，得霸尚嫌雌。
鸣胜吾侪耻，非良视者知。
生来轻一斗，看汝首低垂。

另一首曰《群鸡》：

成群无数，谁霸谁王。猖獗非智，奸险非良。骄鸣轻斗终非祥。

显然，齐白石对骄横好斗、奸险猖獗的行为是极为反感的。他以“横行”的蟹喻人，针对贪吏、侵略者，也泛指那些霸道行为。

安分守己，不骄不鸣，远避是非，只是齐白石思想性格的一方面。他还有另外许多方面，其中就有对成就艺术最重要的——自信——对自己的才能和力量的认定与信念。从“粗木作”改“细木作”，从细木作改画师，从肖像改花鸟山水，从工笔变工写两兼，直到“衰年变法”，他从未犹豫退缩过，而总是充满自信。他在《题循环图》中说：“贵贱从来天不管，循环两字在人为”“但愿人世都悟觉，无私公道胜天功”——这是自信力赖以产生的认识根基。一个听天由命的人，不会拥有足够的自信。

白眼看它世上人

何要浮名

衣上黄沙万斛，家中破笔千枝。

牡丹不施黄紫，空劳洗砚浑池。

——《题画墨牡丹》

此诗作于1919年，是对自己形象和当时处境的自写。画不入时，没人购买。但他相信自己的奋斗，不为画坛的流行风气所动。他的印文“我自作我家画”“夺得天工”“神鬼无功”“漏泄造化秘，夺取鬼神工”等，都表明了他的自信。在《李铁拐》中题道：

尽了工夫烧炼，方成一粒丹砂。

人世凡夫眼界，犹看作饿殍身家。

他以铁拐李自喻，对不识真仙的“凡夫眼界”投以鄙视。这不是出于狂妄，而是出于自信。用现代话说，就是“高扬主体精神”。衰年变法以后，他更加深信自己的价值。但仍然恪守着传统处世哲学，仍然自励自强，奋斗不已。他对自己的声名感到高兴，但决不要虚假的荣誉。这时期的印文“何要浮名”“叹浮名堪一笑”“有衣饭之苦人”就表明了这种态度。崇高的声名并没有改变他的生命价值标准。这在近代史上是罕见的。

画到慈乌汗满颜

——齐白石的孝亲敬师

生长在中国宗法制乡村的齐白石，首重孝行，敬老、养老、敬师，但在充满动荡的 20 世纪，传统社会秩序分崩离析，为了生活和事业，他在后半生不得不违背“父母在，不远游”的古训，远走他乡，常常身置有孝心而难尽孝行的困境，内心感到十分的矛盾和痛苦。这是他晚年艺术创作的心理背景之一，并对他的诸多作品产生了影响。

齐白石在故乡湘潭的 50 余年中，不论是做木匠、画师、家教、代笔，所挣的钱都拿回家去赡养老人和孩子。他视此为人生的目的和幸福。70 岁以后，他怀着自豪的心情回忆年轻时卖画养家的往事：

> 家里靠我这门手艺，光景就有了转机。母亲紧皱了半辈子的眉毛，到这时才慢慢的放开了。祖母也笑着对我说：“阿芝！你倒没有亏负了这支笔，从前我说过，哪见文章锅里煮，现在我看见你的画，却在锅里煮了！”[1]

齐白石 90 岁以后，还把这段往事写成条幅。这表明老人对自己的劳动价值感到欣慰，对祖母和母亲的爱，也透露出他意识到自己的孝亲而洋溢出幸福感。白石对祖父母和父母都极为敬爱，12 岁那年，因为祖父逝世，曾“哭了三天三宵”，直到晚年还记述说：

> 想起了祖父用炉钳子划着炉灰教我识字，用黑羊皮袄围抱了我在他怀里暖睡，早送晚接的陪我去上学，这一切情景，都在眼前晃漾。心里头的难过，到了极点，几乎把这颗心，在胸膛子里，要往外蹦出来了。[2]

---

〔1〕齐璜、张次溪：《白石老人自传》，人民美术出版社，1962年，第30页。

〔2〕同上，第18页。

白石 39 岁那年，祖母去世，[3]他作了一篇《祖母墓志》，记述祖母对他的疼爱：

璜童时善病，尝累母亦病。大母（即祖母）抱之经月，终日夜不离怀，至忘寝食，有时病危，则泣祷于神，以头叩地至有声。秋日播谷，常戴破笠背璜而行，刻不可离，如影之于身……晚岁家益贫，日食苦不给，常私自忍饥，留其食以待孙子。[4]

直到晚年，齐白石谈及与祖母相关的“种种情景”，心里还“痛如刀割”。[5] 1933 年冬，祖母 120 冥诞，已过七旬的齐白石觉得，她生前自己“没有多大力量好好的侍奉”，这次冥诞要“稍尽寸心”，便在北京家里延僧诵经，敬谨设祭。夜里在焚化冥镪时，又写了一张文启同焚。文启说：

祖母齐母马太君，今一百二十岁，冥中受用，外神不得强得。今长孙年七十一矣，避匪难，居燕京，有家不能归，将至死不能扫祖母之墓，伤心哉！[6]

他想起远别故庐，来日苦短，不禁黯然落泪。直至年近八十，还在日记中写道：“马孺人爱孙甚笃，孙纯芝，年将八十，思之泪流伤心。”[7]

避居北京后，齐白石总是每年探家一次，后因年高体衰，停止南还，但思亲之情有增无减。“旧梦难成寒夜永，黄茅堆子两亲遥”，常常暗自神伤。他月月汇钱，天天盼信。一次家书晚到，得知母亲患病，顿时泪如雨下。有诗记其事云：

草木未必无情

夕阳乌鸟正归林，南望乡云泪满襟。
家报乍传慈母病，可猜疑处更伤心。

——《得家书，挥泪记书到之迟》[8]

吾家衡岳山下

[3] 齐璜、张次溪：《白石老人自传》，人民美术出版社，1962年，第47页。

[4] 郎绍君：《齐白石全集》第10卷，湖南美术出版社，1996年。

[5] 齐璜、张次溪：《白石老人自传》，人民美术出版社，1962年，第47页。

[6] 同上，第88页。

[7] 郎绍君：《三百石印斋纪事》，见郎绍君：《齐白石全集》第10卷“白石文抄”，湖南美术出版社，1996年，第118页。

[8] 齐白石：《齐白石作品集·第三集·诗》，人民美术出版社，1963年。

1926年初，他南返省亲，到了长沙因湘潭战事，道路阻隔，只好折回。至3月中旬，家书告母病重，而湘鄂战火更烈，插翅难去。白石“心乱如麻，不耐伏案，任何事都停顿下来了”。他在日记中记：

> 三月十五日得子贞书，知吾母病重……至二十四日不见子贞再函，未知母亲愈否，尚有猜疑。来北京十年，十日未作画第一度，心殊不乐，兵匪作乱，铁道不通，奈何！
>
> 四月十九日得贞儿家书，知吾母前三月二十三日巳时逝世。即令人打探，火车不能通，兵匪更炽，即刻设灵位，此大痛心事，非能言尽，总之一言，不成人子至极！[9]

《白石老人自传》谈到，因为自己不能奔丧，“眼睛都要哭瞎了”。心稍安，作《齐璜母亲周太君身世》一文，在记述母亲身世、品德之后，发誓说：“愿兵匪稍息，纯芝匍匐还乡，买山下穴，扶榇安葬。”那年夏，齐白石88岁的父亲亦病逝。他在日记中记：“八月初三日夜得快捷家书，未开函，知吾父必去，血泪先下，拭泪看家书，吾父七月初五日申时亦逝……余亲往樊樊山老人处，求为父母各书墓碑一纸，各作象赞一纸。共付润金一百二十余元。”[10]他仍然无路返乡，只好在京成服守孝，并根据从家乡寄来的小照片，为父母画了像，供奉在灵位上。他说：“在这一年之内，连遭父母两次大难，孤儿哀子的滋味，真觉得活着也无甚兴趣……我这为子的，对于父母，只尽了这么一点心力，还算得个人吗？”[11]此后多少年，每忆双亲，便悲从中来。1935年，73岁的齐白石携宝珠回湘省亲，祭扫了先人坟墓。归来在日记上写道：“乌乌私情，未供一饱，哀哀父母，欲养不存。”并题《画乌》诗曰：

> 不独长松忆故山，星塘春水正潺潺。
>
> 姬人磨墨浓如漆，画到慈乌汗满颜。

诗后注：“家山百劫，庐墓久违，愧不如乌。”并刻了一方印章“悔乌堂”——白石晚年作

---

〔9〕郎绍君：《三百石印斋纪事》，见郎绍君：《齐白石全集》第10卷“白石文抄”，湖南美术出版社，1996年，第118页。

〔10〕同上，第117页。

〔11〕齐璜、张次溪：《白石老人自传》，人民美术出版社，1962年，第78页。

齐白石父母亲像

悔乌堂

画，多用这方印作闲章，以表示自己对双亲的歉疚心情。刻此印的第二天应人征题，他又写出“黄泉碧落总茫茫，反哺追思泣两行”的诗句。《说文解字》：“乌，孝鸟也。”《禽经》：“慈乌曰孝鸟，长则反哺其母。”《初学记》有晋成公绥《乌赋》：“雏既壮而能飞兮，乃衔食而反哺。”以比喻子女后答亲恩，亦谓“乌鸟情”“乌私”。唐代诗人白居易有《慈乌夜啼》诗：“慈乌失其母，哑哑吐哀音。昼夜不飞去，经年守故林。夜夜夜半啼，闻者为沾襟。声中如告诉，未尽反哺心。应是母慈重，使尔悲不住。昔有吴起者，母殁丧不临。嗟哉斯徒辈，其心不如禽。慈乌复慈乌，鸟中之曾参。”白石在家乡时曾向好友王训借过白氏《长庆集》诵读，对此诗应是熟悉的。他刻“悔乌堂”印是悔恨自己不能像慈乌那样孝顺父母。

齐白石的孝亲与传统孝悌教育分不开。定居北京后，他总感心中不安，自责不孝，正出自“父母在，不远游”的传统意识。但孔孟的“孝悌”学说，以对长者的服从作为根本，且由“孝道”扩展为“孝治”，从“治家”而言“治国”。齐白石的孝亲，主要出自对长者深挚的爱。从某种程度说，这种爱又是由其父母、祖父母对他的爱所塑造的。齐白石的文章、诗歌、绘画和印语，凡涉及祖父母、父母的，都是对具体亲情的回忆。如《牧牛图》描述小时佩铃牧牛，题“祖母闻铃心始欢”，自注曰：“余幼年常牧牛，祖母令佩铃，谓曰：‘日夕未归，则吾倚门；闻铃声，

牧牛图（册页） 1952年

则吾为炊，知已归矣。’”并作诗云：

> 星塘一带杏花风，黄犊出栏西复东。
> 身上铃声慈母意，如今亦作听铃翁。

母慈子孝的亲切感情，真是跃于纸素文字之间。1952 年，92 岁的齐白石还为胡橐书写“祖母闻铃心始欢，也曾总角牧牛还，儿孙照样耕春雨，老对犁锄汗满颜”的行书横批，可见其情之笃。白石的印语“煮画山庖”“佩铃人”，诗句“我亦爷娘年八百，朝朝犹作倚闾人”“我亦爷娘千载逝，因君图画更伤心”，都是具体的思亲描述。其文章记述慈亲的段落，也都质朴恳切，真挚动人。如《齐璜母亲周太君身世》，记述自己“小时多病，每累母忌食膻腥……尝过新年不知肉味”。记述母亲年三十后，“家境奇穷，恨不见纯芝兄弟一日长成，身长七尺，立能反哺。生六男三女，提携保抱，就湿移干，补破缝新，寸纱寸线未假人手，劳苦伤神，故中年已成残疾”。又记述母亲五十岁后，“第六子纯俊及长女先后夭亡，太君连年泣之，丧明，两眶见血，心神恍惚，语言无绪（序）”，母亲的慈爱与儿子的感念，直可催人泪下。齐白石 83 岁时，作《忆先父》文，仅 80 余字，描绘有趣，感叹深长：

> 予少时随父耕于星塘老屋前之田，向晚濯足星塘，足痛如小钳乱铗，见血。先父曰：此草虾欺我儿也。忽忽七十余年矣。碧落黄泉，吾父何在？吾将不能归我星塘老屋也。癸未五月十一日。

和睦相亲的农民家庭培育了齐白石的人伦观念和诚爱心灵，齐白石质朴的孝亲感情，和以行孝之名行假道学之实的人完全不同。

齐白石的绘画，也有与孝亲相关的内容。1934年，门人罗祥止对齐白石说，幼时母亲对他要求很严，他不以为然，如今长大成人，才理解慈母深意，然母亲已逝，因求“画忆母图以纪母恩”。白石欣然应允，创作了《教子图》，并在题诗中道出自己的感怀：“我亦爷娘千载逝，因君图画更伤心。”——由画别人的亲情而联想到自己的父母，这正是一个有真孝心的人感情的自然流露。

在传统中国社会，孝敬父母与敬重师长是紧密联系在一起的，杨雄《法言》曰：“呱呱之子，各识其亲；譊譊之学，各习其师。”民间更有“师生如父子”的俗语，都反映了中国人尊师如尽孝的观念。齐白石早年得益于几位师长的教育、提携和帮助，他一生都对他们充满尊敬、感激之情。除了传统观念之外，他还有十分单纯的报恩思想：你待我厚，我就不能忘恩——他有一方印章曰“受恩慎勿忘”。他题《牵牛花》曰：“夏秋开花，东风长藤，可怨西风，莫忘春恩。”讲的是牵牛花，隐喻的是一种品质——不能忘记播种者、耕耘者和春风雨露的恩惠。

齐白石先后拜过7位老师：齐仙佑、齐长龄、周之美、萧传鑫、胡沁园、陈少蕃、王湘绮。前三位是木匠师傅，萧传鑫是肖像画师，胡沁园是花鸟画家，陈少蕃是湘潭文士，王湘绮是学者、诗人。3位木匠师傅中，齐仙佑、齐长龄教他时间不长，他最感念的，是雕花师傅周之美。他16岁随周之美学雕花手艺，19岁出师，出师一年余，仍随之走村串户去做活，感情很深。1906年，齐白石游广西回来不久，周之美病逝，他哭奠之后，作了一篇《大匠墓志》，云：

> 君于工为最著，雕琢尤精。余事师时，君年三十有八。尝语人曰：此子他日必为班门之巧匠，吾将来垂光有所依矣。君无子，故视余犹子也。越十年，余改业于画，遂弃斧斤。余已哀君势失。又越十四年，余身行万八千里，三出三返，余又哀君之憔悴。又越五年，君年益老，无有活日，哀哉，君死矣。余哀痛之。回忆自余从事以来，忽忽二十有九年，与余绝无间言，对人言必扬余之善。余竟未能报君之情爱。且负君之言望，是可愧也。〔12〕

这一年，白石44岁，还不是很会写文章，但师徒情感之真挚，扑面而来。齐白石一生不忘

---

〔12〕郎绍君：《三百石印斋纪事》，见郎绍君：《齐白石全集》第10卷“白石文抄”，湖南美术出版社，1996年，第118页。

煮画山庖

佩铃人

大匠之门

这位师傅，把纪念周氏的“大匠之门”印，作为最常用的闲章。直到80多岁谈及周之美，还说：“师傅又没有后嗣，身后凄凉，令人酸鼻。”[13]

胡沁园　1910—1914年间

对书画老师，齐白石最敬爱的是胡沁园。他从一个木匠转为画师，从民间艺匠的圈子进入地方文化人的圈子，主要靠了胡沁园的鼓励和扶持。从1889年拜师到1914年胡沁园逝世，前后25年间，胡沁园一直关注着齐白石的成长，齐白石也经常去看望他，拿画给他看。胡沁园逝世那年，白石52岁，刚办好六弟纯楚的丧事，又得知老师故去的消息，他“心里头顿时像小刀子乱扎似的，说不出有多大痛苦”[14]。他根据老师生前的爱好，作了20余幅画，亲自裱好，装在自己糊扎的纸箱里，在灵前焚化；又作了《哭沁园师》绝句十四首。这样隆重的祭奠与追念，在白石生平中是绝无仅有的。《自传》中谈及胡沁园时说：“他老人家不但是我的恩师，也可以说是我生平第一知己。我今日略有成就，饮水思源，都是出于他老人家的栽培。”[15]这是实情，如果不是胡沁园发现了齐白石，使他在27岁开始拜师学诗学画，如果没有胡沁园的热忱鼓励和支持，也许就没有作为一代大师的齐白石了。齐、胡的相识是历史偶然，但“世有伯乐”的传统源远流长。胡沁园逝世后，齐白石与其后人保持着良好的关系。1950年，胡沁园之孙胡龙龚来北京，求师于白石老

〔13〕齐璜、张次溪：《白石老人自传》，人民美术出版社，1962年，第57页。

〔14〕同上，第63—64页。

〔15〕同上，第64页。

人，90 岁的齐白石作了《沁园忆旧图》《岑楼课子图》相赠。[16]《沁园忆旧图》描绘河塘、松柳围绕的数幢瓦屋，从窗间隐约可见一老者。题曰：“沁园师仙去三十七年矣，今年春，公孙阿龙世侄万里来师，予喜其能诵先芬，为制此图，以永两家之好。庚寅，九十岁齐璜。”《岑楼课子图》画山中一楼——岑楼，楼中妇人，正面对二学童。这描绘的是胡龙龚的母亲教子的情景。画中题：“熙甫十三弟英年早世（逝），其妻罗夫人师古贤母意，居贫守节，教子有成，画此以重其行，并为阿强、阿龙两侄勤修德业之勖。九十老人齐璜画又记。”齐白石晚年极少画山水，他连着为龙龚作两幅山水，属于特例，所表示的，还是对胡沁园及其一家的感情。白石年轻时，与胡沁园的儿子胡仙谱（白石称“九弟”）、胡熙甫（白石称“十三弟”）亲如兄弟。胡龙龚是熙甫次子，有很好的文学与艺术素养，他通过齐白石的关系，与白石第三子齐良琨同到东北博物馆（今辽宁省博物馆）工作，辽宁省博物馆能购藏数百件齐白石作品，与二人有密切关系。齐白石逝世后两年，龙龚就出版了《齐白石传略》[17]。两家世代的交好，由此也可见一斑。

王闿运（湘绮）以清末学术泰斗的声名地位，收白石为弟子，对齐白石后来的生活道路产生了深刻影响：齐白石在湘潭、长沙、北京等地都受到王氏同门如夏午诒、杨度、张篁溪、瞿兑之等的帮助和支持。王闿运欣赏齐白石的才能，为齐白石的第一本篆刻集写过序，但并没有教他学诗或做学问——他和齐白石在身份、学问、志趣、交游各

沁园忆旧图　1950年

〔16〕二图均藏辽宁省博物馆，见田立坤、刘焯：《寄萍堂画录》，吉林美术出版社，2000年，第205—206图。

〔17〕龙龚著《齐白石传略》系人民美术出版社1959年出版，7万字，是第一部齐白石传略，多出自第一手材料，有很珍贵的价值。

方面的差异太大，齐白石也学不了他的经学和旨在追踪汉魏的诗歌。《湘绮楼日记》称白石为“齐木匠”，骨子里并不很瞧得起他，但在社会上，他又以收三个匠人弟子（所谓“王门三匠”）为标榜。[18] 他和白石的师生关系，在相当程度上是名义上的，除了 1904 年携白石等“三匠”游南昌，1911 年召白石一起到长沙瞿鸿机家看海棠之外，几乎再没有实质性的往来。比较起来，王湘绮待白石远不如胡沁园那么亲近和真诚。但对王湘绮的提携之恩，齐白石终生铭记，北京跨车胡同家客厅里，亦挂着王湘绮和胡沁园的像。[19]

孝慈尊师，是传统的美德。对齐白石而言，这不仅是敬守一种美德，更是感情的自然流露。人们称传统社会是一个“温情脉脉”的社会，并不是说它没有冷酷或者杀戮，而是指以血缘家庭为中心的社会伦理结构，以及相应的感情纽带、人伦关系。齐白石孝慈尊师的内在基础是善和爱，而善与爱又是他进行艺术创造的基础，是他艺术作品的主调。道德伦理和艺术创作是两回事，硬把它们拉在一起是危险的。但它们在最深的层面上又联系着。通过对齐白石及艺术的解析，也许对我们理解这层关系有所启示。

〔18〕“王湘绮门下，有铜匠出身的曾招吉、铁匠出身的张仲飏和木匠出身的齐白石，人称‘王门三匠’。这‘王门三匠’的名声，跟着王湘绮的交游遍天下，远近皆知。”见张次溪：《齐白石的一生》，人民美术出版社，1989年，第80页。

〔19〕王森然：《回忆齐白石先生》，《美术论集》第一辑，人民美术出版社，1982年，第5页。

老为儿曹作马牛

——齐白石的亲子情

老为儿曹作马牛

“老为儿曹作马牛”是齐白石一方印的印文，在诗中，他也写作“宁为儿孙作马牛”。

爱自己的孩子，源乎天性。但“老为儿曹作马牛”的观念，更具中国传统精神的特点。正常的人都爱自己的儿孙，因为爱，才甘愿“作马牛”。社会学家可以做出更复杂深刻的解释，如它与繁衍后代的需要，与重视血缘关系的中国社会结构和农业文明有关等。单论天性，大凡中国人外国人、城市人乡村人，都有爱孩子、为孩子做奉献的共性，如果联及不同的文化传统，则可以看到在中国，尤其中国农村，这种观念表现得特别典型与浓厚。齐白石在宗法制农村生活了50多年，他的家庭是一个充满温暖的家庭，他充分享受过祖父母、父母的爱，他承继这个传统，也爱孩子，愿“为儿曹作马牛”是很自然的。但像他这样，把亲子之情浓浓地倾注于诗歌、文章、绘画、篆刻作品中的，中国美术史上的先例并不多。这不但令人感动，也使我们对他的内在世界有了更多了解。

1913年，白石第二子齐子仁病逝，年仅20岁。事后，他写了一篇《祭次男子仁文》，追怀子仁由幼到大的历程，描述失子的悲痛、悔恨之情，读来催人泪下。其文曰：

> 吾居星塘老屋，灶内生蛙，始事于画，为家口忙于乡里。仁儿兄弟虽有父，实若孤儿。前清光绪廿六年春，借山狮子口居焉，仁儿年六岁，其兄十二岁，相携砍柴于洞口，柴把末大如碗，贫人愿子能勤，心窃喜之。夏，命以稻草棚于塘头守莲，一日吾入自外，于窗外独立，不见吾儿，往视之，棚小不及身，薄且筛日，吾儿仰卧地上，身着短破衣，汗透欲流，四旁野草为日灼枯，余呼之曰：“子仁！睡耶？”儿惊坐起，抹眼视我，泪盈盈，气喘且咳，似恐加责。是时吾之不慈尚未自觉也。卅二年冬，买山于此处，至民国二年秋，八阅寒暑。八年之间，吾尝游桂林及广州，吾出，则有吾儿省祖理家，竹木无害。吾归，造寄萍堂，修八砚楼，春耕小园，冬暖围炉，牧豕呼牛，以及饭豆芋魁，摘蔬挑笋，种树养鱼，庋书理印，琢石磨刀，无事不呼吾儿。此吾

生平乐事也。……年来吾归，尝得侍侧，故能刻印。……世变日亟，无奈何，九月初六日忍令儿辈分爨。十一月初一日，吾儿病作，初八日死矣……初三日尚坐吾厨下，手携火笼，足曳破布鞋，松柴小火，与母语尚愁其贫，不意人随烟散！悲痛之极，任足所之，幽栖虚堂，不见儿坐；抚棺号哭，不见儿应。儿未病，芙蓉花残，儿已死，残红犹在。痛哉心伤！膝下依依二十年，一药不良，至于如此！……[1]

白石想起让6岁孩子守莲棚的情景，自责自己“不慈”，说“为家口忙于乡里，仁儿兄弟虽有父，实若孤儿”，是很痛悔的话。但他外出奔波，也都是为了养家，为了孩子。这真是人生的两难！直到晚年，老人在口述《自传》时，谈到子仁之死，还说“深悔不该急于分炊，致他忧愁而死”。[2] 子仁并不是“忧愁”而死，但白石老人一生都觉得是自己的过失，致使孩子早夭。这种自责和悔恨，全出自刻骨铭心的爱，出自一个有家庭责任感的父亲朴实而崇高的自省。

胡适在《齐白石年谱》序文中，称赞齐白石纪念亲人的文章都是“朴素真实的传记文字”，“最能感动人”。还说所以如此，是“他没有受过中国文人学做文章的训练，他没有做过八股文，也没有做过古文骈文，所以他的散文记事，用的字，造的句，往往是旧式古文骈文的作者不

白石长女

齐白石与齐良已

〔1〕胡适、黎锦熙、邓广铭：《齐白石年谱》，商务印书馆，1949年，第22页。
〔2〕齐璜、张次溪：《白石老人自传》，人民美术出版社，1962年，第63页。

敢做或不能做的”[3]。这说法不免过分,因为齐白石还是跟着老师朋友学过一些古文的。他能写出这样动人的文字,主要不是“没有受过中国文人学做文章的训练”,而是他的文章发于内心,情感朴素真挚的缘故。

齐白石定居北京的第二年(1920)春,就把第三个儿子齐良琨(子如)、长孙齐秉灵(又名移孙,子贞之子)从家乡带至北京就学。子如很聪明,是最早跟他学画的孩子;移孙是他的掌上明珠,从小就跟着他种花移木,到北京后,入政法学校,成绩优异,齐白石对他更是疼爱有加。1921年秋,白石回家探亲,子如从北京打来电报,说移孙病危,白石心急如焚,同妻子星夜回赶,到长沙又接电报,说病有转机;到了汉口,三接电报,说病已大减。白石释然,寄了一首诗给子如:

电机三报阿移病,沿路鸿鳞慰老亲。
汉口释疑真未死,开缄一笑不成声。

卖画买书非下谋,读书须识有巢由。
吾儿不负乃翁意,宁为儿孙作马牛。

不想第二年5月,移孙又病重,无奈之下,同妻子一起把秉灵送回湘潭,当年11月,移孙死在家乡。白石闻讯悲痛之极,在日记中写道:

十一月初十日,为移孙设灵位,并冒寒自出,求林畏庐为移孙作墓志。昨初九夜当看到贞儿书,言移孙已死,余大呼如儿曰:“我移孙死矣!”如儿大哭,余亦大哭数声,却无泪出,即睡去,亦不忧。初十日始有眼泪。

此后很长一段时间,白石总为失去爱孙痛苦。一年后作《梦家园梨花》诗,序曰:“余种梨于借山馆前后。每移花接木,必呼移孙携刀凿随行,此数年常事。去年冬十一月初一日,移孙死矣。”其诗云:“远梦回家雨里春,土墙茅屋霭红云。梨花若是多情种,应忆相随种树人。”一次,白石游西山,过玉泉,闻泉声呜咽,不由又想起移孙,竟独自一人痛哭起来[4]。

---

[3] 胡适:《齐白石年谱·序》,见胡适、黎锦熙、邓广铭:《齐白石年谱》,商务印书馆,1949年,第2页。
[4] 齐白石:《过玉泉并序》,见齐白石:《齐白石作品集·第三集·诗》,人民美术出版社,1963年。

父子合作

老萍有子

子如诗书画记

齐白石的次女阿梅，嫁与湘潭宾家，丈夫待她苛虐，经常躲回娘家和亲戚家。1922年春白石回乡，在长沙一个同族家里遇到相离4年的阿梅，见她“憔悴得不成样子”，心里“说不出有许多愁闷”。他作了两首诗安慰她。其一曰：“四载长离膝，相逢更可怜。婚姻惟打骂，骨肉隔云天。……犹余伤苦泪，罗帕为儿沾。”另一首则婉转劝她“另谋出路”[5]，说“赤绳勿太坚，休误此华年”。在那个年代的农村，像这样直率劝女儿离婚的父亲是不多见的。1925年夏，白石专为阿梅的事回到湘潭，要与宾家离婚，但因为宾家不同意，竟未果。

《白石诗草》中还有一首《慰梅儿》，诗中说阿梅“性气刚时爷可谏（白石按：余有友劝游日本，梅儿以父年将七十，痛谏阻），聪明极处自能书。牛衣卧体原天命，鸡肋容拳岂丈夫。难得顾全能食力，鸣机残卷夜镫孤。”友人劝白石游日本是1925年事，阿梅的劝阻，大慰老人心。“性气刚时爷可谏，聪明极处自能书”两句，道出了阿梅的性格与天资，也写出了他的称许与怜爱。“难得顾全能食力，鸣机残卷夜镫孤”两句，直抒对能读能织、聪明自强的女儿不幸命运的悲叹。

白石诸子中，三子齐良琨（1902—1955年，号子如，别署渔村、渔父）文化基础好，画的也好，是白石子嗣中最得其真传的人，堪称老人的骄傲。1920年，他把19岁的子如带到北京，入中央政法专门学校学习，兼跟他习画，还要子如拜陈半丁为师，到上海向吴昌硕请教。[6]几年后，子如在北京有了画名，也挂单卖画。1924年，子如夫妻租了房子，白石给了他100元的分居费，并作诗云：

---

〔5〕齐璜、张次溪：《白石老人自传》，人民美术出版社，1962年，第74页。

〔6〕“他在少年时代，曾拜过陈半丁的门，又曾拜过吴昌硕的门，他在吴门作客时，亲见缶老画荷，深得缶老用笔用墨之趣。因此，他的画，有时不全是家法。”见马壁：《齐白石父子轶事·书画》，新文丰出版公司，1979年，第40页。

吾儿能不贱家鸡，北地声名父子齐。

已胜郑虔无子弟，诗名莫比乃翁低。

这是鼓励他还要好好学诗。一次子如画红蜻蜓，白石补画碧荷，并题曰：

款款轻云风日和，写生狗子笔无讹。

胭脂自入诸君眼，化作蜻蜓下碧荷。

20世纪30至40年代，齐子如大部分时间在湘潭家里，其好友马璧说他“性情恬淡，襟怀阔达而潇洒，生平喜欢乡居”。抗战后期，家乡沦陷于日寇，子如曾一度进山打游击。土地改革后，他不能吃地租了，经介绍到东北博物馆工作，直到逝世。子如能画人物、山水、花鸟，亦擅篆刻，尤以写生草虫名世，他的好友马璧说：“他的草虫样本有三百几十种，奇花异草的样本，也多得很。”[7]还记述说：“白石老人为了鼓励子如画草虫，在民国十八九年前后，曾和子如约定，如果子如用写生的笔法，写一只工细的草虫，就可得银圆一枚的润金。不管子如画多少，他父亲就收买多少。因此子如曾发动邻居的孩子们捕捉蜻蜓、蚱蜢之类的小虫，作写生时的活标

齐白石与齐子贞、齐子如

以农器谱传吾子孙

〔7〕马璧：《齐白石父子轶事·书画》，新文丰出版公司，1979年，第40页。

本。”[8]1946年，齐白石对齐子如说：“子如，你的画笔，很进步了，快要成功了。不过要少走海派的路子，刻印也比我愈出新奇，好罢，做下去吧！我还怕你好过我吗？”[9]1955年，子如患病，95岁的白石老人画了一幅极为鲜艳的《桃实灵芝图》，并题“愿如儿健步加餐长寿”，老人的千言万语，都寄托其中了。可是不久，齐子如还是先于父亲谢世，年仅53岁。

在诸孙中，齐佛来跟随老人时间最久。佛来乃子贞第三子，移孙的弟弟，因子仁早夭无嗣，依传统习俗过继给守寡的婶娘。白石老人怀念子仁，体恤儿媳，对佛来特别地关爱。对此，佛来在《我的祖父白石老人》一书中有生动具体的记述。1928年，11岁的佛来第一次随生父到北京看望祖父，住了近三个月——白石在湘潭的子女乃至兄弟姐妹，只要没有战乱，经常来京小住，有时是他们主动来，有时是白石把他们叫来。每次从京返乡时，老人或者给画，或者给钱。这次临走前，白石把子贞、佛来父子叫到跟前，说：“子贞，我要手扳手背都是肉，上次你们每房分了二千四百元，独佛来这一房只分一千元，这次我要再分给他一千四百元，和你们平均一样。”[10]“手扳手背都是肉”也称作“手心手背都是肉”，意思是儿孙弟女们都是亲骨肉，分钱分物同样对待，都摆平。白石的兄弟6个，湘潭发妻陈氏、北京姬人胡氏都有不少子女。他挣的钱，总是在一定时候平均分给“各房”，关键时刻大分，平时则小分。大分如1941年，因妻子春君在家乡逝世，胡宝珠扶为继室，白石郑重地邀请了在京亲友20余人，到场作证。他把自己“一生劳苦省俭，积存下来的一点薄产，分为六股，春君所生三子，分得湖南家乡的田地房屋，宝珠所生三子，分得北京的房屋现款，春君所生次子良黼，已不在人世，由次儿媳同其子继承。立有分关产业字据，六人各执一份，以资信守”[11]。又如1947年，子贞、阿梅、佛来妻女一行7人，到北京看望白石，一年后离京返湘时，白石为他们画了十几张三尺条幅，都题上款，其中几张是送与佛来的。白石特地对佛来说：“以前我没有分过画给你，这次要补给你一点，但不一定有他们那么多。”又说：“前年你在南京求我画一幅《白下省亲》图，以作纪念，因行色匆匆，又是山水，没有给你画。现在有工夫画，又考虑当时来南京看我的人太多，都要的话，我又画不过来。给你写副对联，把情况说明，行吗？”于是写了两副对联，其中篆书联为“兴家必勤俭，高寿宜子孙”，边题：

[8]马璧：《齐白石父子轶事·书画》，新文丰出版公司，1979年，第45页。

[9]同上，第38页。

[10]齐佛来：《我的祖父白石老人》，西北大学出版社，1988年，第59—60页。

[11]齐璜、张次溪：《白石老人自传》，人民美术出版社，1962年，第97页。

花卉草虫册（兰花）

齐白石与齐良末、齐良已、齐良迟

余年八十六矣，尚飞艇来海上，喜孙子佛来由家山万里视余，越明日言归，书此为别，余仍旧作香山卖画翁也。丙戌冬，十又一月八日。乃祖白石老人。

写此联时已是戊子年（1948），但仍落“丙戌”（1946）款，以表明“补给”之意，白石的心细近于儿童的心态，跃然其间！另一副行书联为“坐艇飞来诚快意，省亲归去有欢容”，边题曰：

佛来明日还湘，求余补画丙戌《白下省亲》图，予难之曰：“来白下视余者，有子贞、子如、次生、绮霞及汝也。父子兄弟叔侄凡五人，欲画图，工夫不易。”书此小联，以纪其事可矣。戊子，八十八岁王父。[12]

这些话，是纪事，也是说给子贞、子如等人听，表示没有特别给佛来画省亲图，不过给了一副字而已。同年，白石又把30年前的几部草虫册页分给诸子女，并题道：

白石五十岁初来京华时作册子数部，今儿辈分炊，各给一部，当作良田五亩。

〔12〕齐佛来：《我的祖父白石老人》，西北大学出版社，1988年，第102页。

丁亥分给时又记。[13]

当时齐白石的草虫册页售价不低，“当作良田五亩”之言有诙谐之意，但也是白石老人的心里话，他给孩子们分画，如同给他们分地分钱一样，是心甘情愿的，但也十分谨慎，努力做到公平合理。尽管如此，还是因为子女多、牵挂广，时时感到负重。而且即使像他说的“挑尽铜山”，当牛做马，儿女们还是不免为所得多寡而发生不愉快。白石的湘潭弟子马璧曾回忆一件事说：

他（指白石老人）南方一笔田产，在白石铺的李家屋场，是准备留给如夫人生的良迟兄弟的，由于南方的子孙太多，对老先生的产业总不免希望多分享一点，这一笔九十多亩的田租，每年都由他的大公子子贞和孙子佛来等收用，老先生很不高兴，曾写信来托我代为管理。这件事曾引起他的大公子子贞误会，实际上我并不曾代管，齐先生很能谅解我的苦衷。[14]

“老为儿曹作马牛”的齐白石，所面对的是一个小康的多子女家庭常常遇到的矛盾，何况在京在湘的子女并非一母所生。但这矛盾并不能改变老人对子孙的慈爱和继续为他们“作马牛”的态度。就在让马璧“代管”南方房屋的那年（1935），子贞生病，70多岁的齐白石听说后，就赶回湘潭，为儿子找医生诊治，并终于使他的病情好转。他在日记中还特别称赞“果木如故，山林益丛，子贞子如兄弟父子叔侄可谓好子孙也”。

20世纪50年代初，佛来到北京协助理家，为了使佛来“精神有所寄托”，白石不顾年过90的高龄，一次次亲自去找熟人，帮他安排工作。1953年，佛来又没了工作，后联系到北京佛教协会属管的印刷社当校对，却“迟迟未能落实”。隆冬的一个早晨，白石老人由看护陪着到广济寺，给佛教协会秘书长巨赞法师送画。他对巨赞说：“我早就听说您是一位有名的佛教徒，特画一张佛像相赠，我也是个皈依弟子，早年曾梦见南岳祝圣寺一方丈对我说，你前生是这里的一个撞钟的和尚。”像这样不辞苦辛为儿孙奔忙的事例，不胜枚举。

翁子

白石对儿孙的爱心，出于人性，并由人及物，投射到一切生命对象

〔13〕齐白石：题《兰花册页》，见郎绍君：《齐白石全集》第6卷，湖南美术出版社，1996年，第203图。
〔14〕马璧：《齐白石父子轶事·书画》，新文丰出版公司，1979年，第19页。

齐白石与齐晓溪

米勒 小鸟

之中。他笔下的雏鸡、小鼠、小鸟、飞蛾、小鱼及各类草虫，都可以感到一种人性的温暖，一种真的爱心。中国艺术研究院藏一幅《松鸟图》，画一鸟饲食，二雏鸟正张口待喂，有如婴儿受哺，令人想起法国画家米勒（Jean-Francois Millet，1814—1875）的名作《小鸟》：刻画年轻农妇人正喂一个小男孩吃东西。一个画人，一个画鸟，但他们所表现的普遍人性，是完全一致的。

齐白石对儿孙的教育，也许不都是成功的，但他对他们朴素真挚的爱，确实令人感动。慈爱而非溺爱，亲和而不严厉，奉献多而要求少，期望子孙有出息，却无望子成龙的奢望；喜欢儿孙们读书写字，学本事，但不要他们走"学而优则仕"之路。如《示儿辈》诗所说"山中曲木梨堪就，城上残砖砚可谋"，当农夫或当画师都可以，不必"妄想"和"强相求"。[15]这和一般士夫家庭的教育有所不同。齐白石多次画的《迟迟夜读图》（"迟迟"即他的五子齐良已），不是责怪读书打瞌睡的孩子，相反是把伏案而眠的孩子画得十分可爱。这种豁达是不多见的。父母都爱孩子，但如果被过于功利化的教育所异化，那爱也会异化为非人性的残酷，变成对孩子的"逼"和"恨"。对人而言，究竟什么更重要、更该珍惜呢？

"老为儿曹作马牛"的传统，也许与强调培养独立性格、独立能力的现代教育观念不尽合。

〔15〕齐白石：《示儿辈》，见郎绍君：《齐白石全集》第10卷"诗词联语"，湖南美术出版社，1996年，第13页。

松鸟图（局部） 约20世纪30年代

作为中国的观念传统，为儿孙奉献一切的人，往往又把儿孙视为私有，要求孩子都要听命于家长。齐白石不是这样，他对孩子们没有严格的精神限制，也不很讲究长幼有序的那一套规矩，孩子们比较自由。他把精力投注于艺术创造，为儿孙们挣钱求存，对于子女教育，反倒不特别用心——只要他们有一技之长，能劳动，长大自食其力，也就满意了。这是他的特殊之处，也反映了个体手工劳动者的子女教育观。

寸心如诉故人知

——齐白石的交友与知己

齐白石是个不爱交往，也不善于交往的人，和张大千、刘海粟这样的艺术家相比，他比较孤僻，喜欢独处，如他的老师王湘绮所形容的“有高世之志，而恂恂如不能言”，是一个“非知交不妄应”的人。他的家中，平时很少有客人，更少有高朋满座的热闹景象。他也很少参加文人雅集、朋友聚会，也极少外出访友，过着近于乡居式的清静生活。但这并不意味齐白石没有要好的朋友，只是不轻率交友，不善也不愿表面应酬、虚与周旋而已。在他一生的各个阶段，都有一些十分要好的朋友。对这些朋友，他都以诚、义相待，不巴结也不恃傲，对帮助过他的人，总是抱着一颗感激之心，永不忘怀——如他的印文、对联所表述的“肝胆照人”“患难见交情”“一别故人生百忧”“一饱难忘友，平生独负亲”。

齐白石的朋友可分为两部分，一是青年、中年时期的，一是晚年即居京后的。青年时代的朋友，以龙山诗社的社友及诗友为主，如黎松安、黎雨民、王仲言、胡立三、罗真吾、罗醒吾、陈茯根、张登寿、胡仙谱，以及在湘潭认识的夏午诒、郭人漳及杨度、杨重子兄弟等。彼此出身虽不同，却相处得很好。白石说：“他们大部分是财主人家的子弟，至不济的也是小康之家，比我的家景，总要强上十倍，他们并不嫌我出身寒微，一点没有看不起我的意思，后来都成了我的好朋友。”[1]王仲言、张登寿还成了他的儿女亲家；[2]罗醒吾参加了同盟会，在1908年曾邀齐白石游

寡交因是非

患难见交情

〔1〕齐璜、张次溪：《白石老人自传》，人民美术出版社，1962年，第33页。

〔2〕齐白石的次子良芾娶王仲言的女儿，三子良琨娶张登寿的女儿。

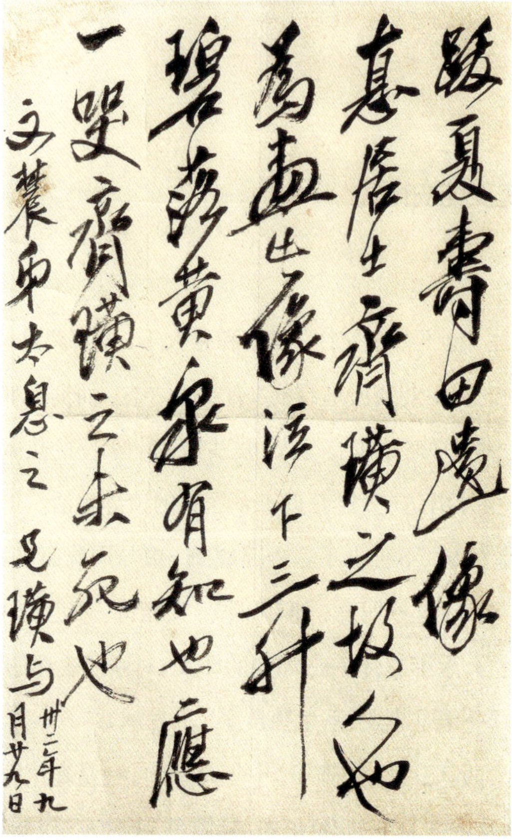

行书题跋　1943年

居广州一年，并多次请他以卖画的名义为革命党传递文件。[3] 黎松安长期在家乡办教育，其子黎锦熙幼即熟悉白石，后成为著名语言学家，又同居北京，他的夫人贺澹江从白石习画，他为白石编过年谱、画集、诗集，白石有些难以向外人启齿的事（如为孙儿找工作），可以径直找黎锦熙。不过，这些朋友中，与白石最为要好的，当属王仲言。

王仲言，名训，号蜕园，胡沁园的外甥，小白石三四岁，熟读经史，长于诗文，但屡试不第，以做家馆教书为生。白石 27 岁拜胡沁园为师时，王训正在胡家从陈少蕃读书，二人一见如故。齐白石初学诗文，多得益于王仲言的帮助。齐白石回忆说："一次诗社要印诗笺和信笺，由于我做过工匠，能刻板，仲言提议把这个任务交给我，并约法三章，工作室的门要锁上，所需的材料用具，以及午餐饮用供用等物，均须用书信从窗户传达，不许口头索取。"[4]为什么呢？原来

〔3〕齐璜、张次溪：《白石老人自传》，人民美术出版社，1962年，第59页。

〔4〕齐佛来：《齐白石与王仲言》，见刘振涛、禹尚良、舒俊杰：《齐白石研究大全》，湖南师范大学出版社，1994年，第159—160页。

齐白石初识大家时，还不擅作文，王仲言这么做，是妙巧逼他练习写书信作文，其良苦用心，让白石深为感动。后来，二人结为儿女亲家——白石的二子子仁娶仲言之大女儿为妻。子仁早丧，王仲言“坚持女儿守节，不另适人”，与看重两人的友谊颇有关。白石《往事示儿诗》自注云：“余少苦贫，廿七岁始得胡沁园、陈少蕃二师。王仲言社弟，友兼师也。”又在日记中写道：“仲言社弟，友兼师也，往后凡关于他的片言只字，是吾子孙，都要好好保存，视为珍宝。”[5]“友兼师”三字，道出了白石与仲言的真实关系，也道出了白石的感激之情。王仲言曾在黎松安家任塾师，黎锦熙就是他的学生之一。[6] 齐白石的子孙多人，也都在他门下读过书。《白石诗草》(1933)是由王仲言删选修订的，白石诗曰：“廿年绝句三千首，却被樊王选在兹。”王即王训。1934年，湖南大旱，本来清贫的王仲言，面临断炊绝粒之危。白石闻知，立刻寄钱相助，并再三请求他到茹家冲教孙子佛来读书，以助其生计。王仲言深感老友厚意，有《白石闻余今岁旱饥，寄金相救。感赋二绝句》。其一曰：“一纸飞来慰我思，故人分惠自京师。雏孙喜报私相语，明日吾家可续炊。”[7]年底齐白石又寄羊裘给王仲言，仲言亦有诗记其事：“年荒时难两相侵，故友燕京独系心。昨日有书遥寄我，一裘远惠抵千金。”[8]王仲言《退园诗草》与齐白石唱酬、过从、送别之作就有60余首。[9]

樊增祥(1846—1931)，原名嘉，字嘉父，一字天琴，号云门，别号樊山，湖北恩施人，光绪三年进士，历任渭南知县、陕西布政使、护理两江总督等。是晚清民初著名诗人，诗风绮丽，亦能书。1902年，白石第一次远游至西安，经好友夏午诒介绍认识时任陕西布政使的樊增祥。白石赠以印章，樊报以50两润银，并为白石订了刻印润例。这是齐白石第一次得到名人为他写的润格，远游期间每到一地，就挂此例，招来不少顾主。在西安，白石常到樊府谈艺论诗，二人成为忘年交。樊樊山诗文得慈禧赏识，他想荐白石做内廷供奉，为慈禧代笔，白石婉言谢绝。此后15年间，白石或远游或居家，与樊山时有书信往还。辛亥革命后，樊山以遗老身份闲居北京。1916年湖南兵乱，樊山写信劝白石到北京以画谋生，于是白石有1917年的北京之行和一年后的定居北京之举。在1917年来京期间，他常去看樊樊山，樊樊山还介绍他认识了著名诗

[5] 齐佛来：《齐白石与王仲言》，见刘振涛、禹尚良、舒俊杰：《齐白石研究大全》，湖南师范大学出版社，1994年，第160页。

[6] 黎锦熙按：“王仲言先生名训，号蜕园，是我的蒙师，著有《蜕园诗文集》。”见胡适、黎锦熙、邓广铭：《齐白石年谱》，商务印书馆，1949年，第8页。

[7] 齐佛来：《白石老人的友兼师——王仲言》，《中国画》，1985年第2期。

[8] 齐佛来：《我的祖父白石老人》，西北大学出版社，1988年，第65页。

[9] 齐佛来：《白石老人的友兼师——王仲言》，《中国画》，1985年第2期。

老年流涕哭樊山

流涕哭樊嘉

王樊先去天留齐大作晨星

人易实甫（顺鼎），他们都喜欢一起去听戏（白石出京后，有“堂上歌声可断肠，燕京暗淡战烟昏”句记其事）。白石还把自己的两本诗稿交给樊山删定，樊很欣赏白石的诗，写了一序一诗，并劝他出版。其序文称白石“书画皆力追冬心，今读其诗，远在花之寺僧之上，真寿门嫡派也”。又说“凡此等诗，皆从刿心钵肝而出，意中有意，味外有味”，称赞有加。次年，齐白石在家乡，作《闭门听雨图》，画樊樊山在张勋复辟兵乱时“闭门听雨”（樊氏序白石诗集，有“今吾幸于昆明劫灰之余，闭门听雨”句），并赋长诗《题画寄樊樊山先生京师》，诗的最后云：“可怜身世寒蛩似，号向人前听者稀；何若老樊闭门居，春风不得入罗帏……我欲借公门下住，秋雨打门红叶飞。”表示了要北上的意愿，第二年（1919）春，他果然定居北京。到北京后，二人时有往来，在一起谈诗论画。1926 年，白石父母逝世，他请樊樊山写墓碑与像赞，可见樊山老人在他心里的分量。1928 年，白石编第二册《白石诗草》，仍请樊山选定，樊山将“其句有牢骚者，或未平正者，痛删之”。[10] 1931 年 3 月，樊樊山在北平逝世，齐白石亲往樊府吊唁。一次齐白石与宗子威谈樊山诗，是夜做梦，与樊山相见，醒后怅然，即作两首绝句，其中一首是：

> 似余孤僻独垂青，童仆都能辨足音。
> 怕读赠言三百字，教人一字一伤心。

他的印章“老年流涕哭樊山”“流涕哭樊嘉”“王樊先去天留齐大作晨星”等，都是纪念樊山的（“王樊”指王训及樊山）。

陈师曾（1876—1923）是人们熟悉的著名画家、诗人、篆刻家，论年龄他比白石小 10 多岁。但他出身名门，文化修养深厚，见识卓绝，在民初北京画坛的地位比齐白石高得多。1917 年白

---

〔10〕齐白石：《自题诗五首以补自序之不足》，见张江裁：《白石诗草二集》，北平袁督师图书馆，1933 年，第1页。

石赴京期间，因在琉璃厂南纸店挂单卖印卖画，被陈师曾发现，到法源寺去访他，二人一见如故，遂成莫逆。齐白石拿出自己画的《借山图册》请师曾看，师曾极为称赞，后又借回家去观赏。不久，师曾为白石所画墨梅题诗，称“齐君印工而画拙，皆有妙处难区分”，并劝他走自己的路，画出自己的个性，不要管别人怎么说。师曾的欣赏与支持，使白石极为兴奋，于是两人开始了频繁地交往。那时，白石住在宣武门外的法源寺，师曾住宣武门内，距离不远。“他每天晚上，总是挟了他画的卷轴条幅之类，进宣武门，到陈师曾家去，很谦逊地请求指教。”〔11〕北京画家很多，陈师曾何以对齐白石特别青睐？这原因，一是齐白石强悍拙朴的画风与师曾的画风有所接近；二是他很喜欢齐白石画的那股清新的山野之气，这种气息在当时北京画坛流行的摹古画作中是没有的；三是师曾年轻时曾随任职于湖南的父亲在长沙生活，也曾得到过胡沁园的指教，彼此在感情上能够较快接近；四是师曾推崇文人画，齐白石虽有农民气质，却兼能诗书画印，与师曾的气质爱好相近。这年秋，白石南返，作《京师杂感》十首，其中之一是感念陈师曾的：

槐堂六月爽如秋，四壁嘉陵可卧游。
尘世几能逢此地，出京焉得不回头。

“槐堂”为陈师曾的斋号，齐白石出京的时候，最感留恋的是陈师曾。

从1919年白石定居北京到1923年间陈师曾逝世，两人的交往非常频繁，友谊也更加深厚。那时候，齐白石的写意画多模仿八大山人，北京人不喜欢，定价很低，也很少有人买。他的诗句“诗名未播画名低”“画到如今不值钱”“冷逸如雪个，游燕不值钱”，都是记述这种窘况的。在陈师曾的劝说下，他吸收了吴昌硕、赵之谦等人的粗笔画法，进行了长达10年的“衰年变法”，终于大获成功。在齐白石决定变法和选择变法方向的过程中，陈师曾起到了决定性的作用。陈师曾本人的画，对白石也有影响。陈师曾对他的帮助，白石毕生都抱着感激心情。1922年，陈师曾与金城等到日本举办“第二回中日绘画联展”，携带了白石的杏花与山水等作。白石的作品在东京大受欢迎，全部以高价售出——花卉每幅卖100元银币，山水每二尺就卖250元银币（在北京，他的一幅扇面的润格仅2元银币）。“这样的价码，在国内连听也没有听到过，更不要说卖得上卖不上了。”〔12〕白石兴奋之余，作了一首诗：

〔11〕张次溪：《齐白石的一生》，人民美术出版社，1989年，第114页。

〔12〕同上，第134页。

曾点胭脂作杏花，百金尺纸众争夸。
平生羞杀传姓名，海国都知老画家。

日本卖画产生了连锁反应，齐白石的画名逐渐远播，外国人、画商和国内求画者逐渐登门。卖画状况改变了齐白石的生活和地位，也更坚定了他继续变法的信心，与陈师曾的友谊也更深厚了。1923年，陈师曾奔继母丧，急返南京，竟患疾而死，年仅47岁。白石痛失良友，悲悼不已。以后多年，每见师曾画作，都不免难过。从以下题画诗可知其大概：

哭君归去太匆忙，朋友寥寥心益伤。
安得故人今日在，尊前拔剑杀齐璜。

——《见师曾画，题句哭之》

人人夸誉妙徐黄，画出花枝满纸香。
造物有才天欲忌，翻教老泪哭槐堂[13]。

——《松安席上见壁间陈师曾遗画》

槐堂风雨忆相逢，岂料怜公又哭公。
此后苦心谁识得，黄泥岭上数株松。

——《题陈师曾画》

君我两个人，结交重相畏。
胸中俱能事，不以皮毛贵。
牛鬼与蛇神，常从腕底会。
君无我不进，我无君则退。
我言君自知，九原毋相昧。

——《题陈师曾画》

在与陈师曾交往的几年中，两个人在画风上确实相互影响。1999年北京故宫博物院举

[13] 槐堂，陈师曾别号。

知己有恩

惜君肠欲断

受恩慎勿忘

办“陈师曾画展”，不少作品让人想到齐白石20世纪20年代初的画。“君无我不进，我无君则退”之说，应非虚言。但比较而言，两人谁影响谁更多些呢？当然是陈师曾对齐白石的影响更大。但这种影响，只限于20年代前期，衰年变法后，齐白石戛戛独造，自成一体。除了部分花卉还有吴昌硕的影子外，再也看不出陈师曾以及诸多明清画家的痕迹了。

齐白石终生感激陈师曾的帮助，晚年曾对齐良迟说，他的成功与成名，“都是搭帮陈师曾喽”。——湖南话“搭帮”即“靠了”之意。这真实地表达了齐白石的心情。

徐悲鸿（1895—1953），是继陈师曾后齐白石的又一位知音。20世纪20至30年代，白石强悍的画风与北京国画界流行的画风相左，他常受到一些人的讥讽。林风眠1927年请他到艺专教书，曾受到艺专一些教员的抵制。〔14〕当年秋，林风眠离京南下；1928年，国立北平艺专改制为北平大学艺术学院，齐白石任教授。这年底，徐悲鸿任院长，曾三访齐白石，请他继任中国画教授〔15〕，二人相谈投机，成忘年交。三个月后，徐悲鸿辞职南返。未久，齐白石作《杖藜扶梦

〔14〕李树声：《访问林风眠的笔记》，见郑朝：《林风眠研究文集》，中国美术学院出版社，1995年，第167页。

〔15〕“1927年……校长林风眠，请我去教中国画……学生们逢到上课，都是很专心的听我讲，看我画，一点没有洋学堂的学生动不动说闹脾气的怪事，我也就很高兴的教下去了。”1928年，“艺术专科学校改称艺术学院，我的名义，也改称教授”。这些记述表明白石在1928年后没有被辞退。但查1928年的北平艺专教职员名单，却没有齐白石的名字，1929年的教职员名单上则有“齐白石，教授”的记载（见鹤田武良：《民国时期美术学校毕业同学录·美术团体会员录集成》）。那么，齐白石是否一度辞职或被辞？据白石1931年送徐悲鸿画的题跋说，徐曾三次请他到艺术学院任教，如果是这样，他一度不在学校，就是真的了。齐良迟《白石老人艺术生涯片断》一文记述齐白石回忆这段经历，可证实这一点：“教了一段时间，我觉得体子不行了，就不去了。回到家后，我画了一幅《息肩图》，还题了一首诗。后来，徐悲鸿做了艺术学院的院长……徐院长一定要聘我再去任教，咳！我是实在累不得了，很想息息肩，以后他又来过多次，一再的请，很希望我能去，徐院长既心诚如此，我就顾不得这大年纪，被他请了去，好在教大学，也不是第一次了。”（见齐白石、张次溪：《白石老人自述》附录，岳麓书社，1986年，第166—167页）

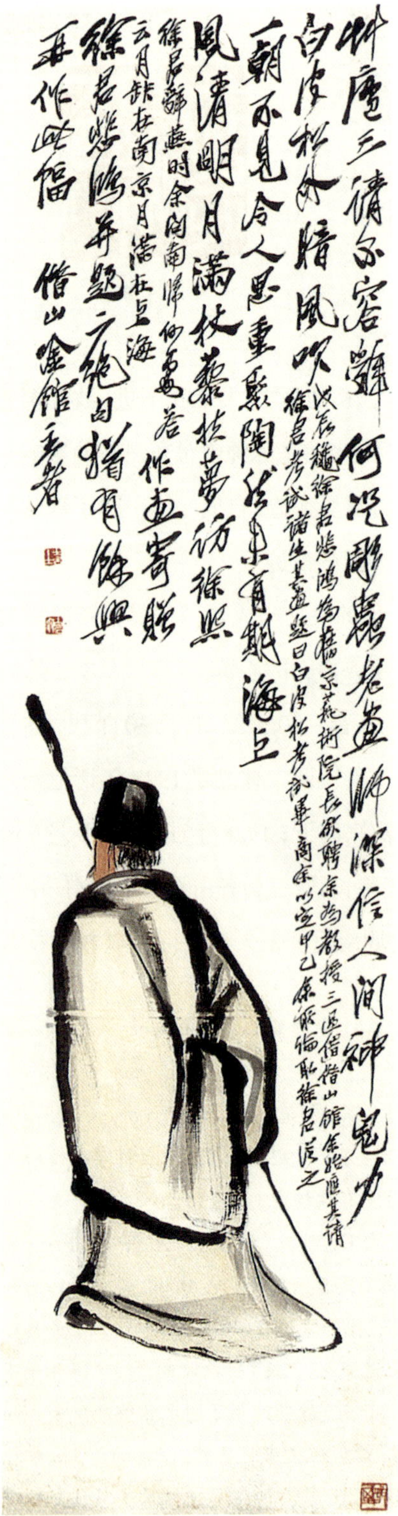
杖黎扶梦访徐熙图　约1931年

访徐熙图》，寄赠悲鸿，并题诗两首。曰：

草庐三请不容辞，何况雕虫老画师。
深信人间神鬼力，白皮松外暗风吹。
（戊辰秋，徐君悲鸿为旧京艺术院长，欲聘余为教授，三过借山馆，余始应其请。徐君考试诸生，其画题曰“白皮松”。考试毕，商余以定甲乙，余所论取，徐君从之。）

一朝不见令人思，重聚陶然未有期。
海上风清明月满，杖藜扶梦访徐熙。
（徐君辞燕时，余问南归何处，答云：月缺在南京，月满在上海。作画寄赠徐君悲鸿，并题二绝句，犹有余兴，再作此幅。借山吟馆主者。）

徐悲鸿与齐白石保持着书信来往，并不断购买白石画。1932年，徐悲鸿编的《齐白石画集》由中华书局制玻璃板印行。所收作品，以北京画坛所鄙视的白石山水画为主。悲鸿作序称齐白石艺术“由正而变”，“至广大尽精微”。白石在样书封面题：“从来画山水者惟大涤子能变，吾亦变，时人不加称许，正与大涤同。独悲鸿心折，此册乃悲鸿为办印，故山水特多。安得悲鸿化身万亿，吾之山水画传矣。”他以画谢赠悲鸿，并作《答徐悲鸿并题画寄江南》诗：

少年为写山水照，自娱岂欲世人称。
我法何辞万口骂，江南倾胆独徐君。
谓我心手出异怪，鬼神使之非人能。
最怜一口反万众，使我衰颜满汗淋。

白石一向看重自己的山水画，但自陈师曾后，很少再有人肯定他的山水。徐悲鸿恰恰选编他的山水之作，真使他高兴，白石在诗中毫不隐讳对这种“倾胆”称誉的感激。1935年初，徐悲鸿到北京为傅增湘画像并办小型个展，白石抱病前往看望、参观，并题词：“余画友之最可钦佩者，惟我悲鸿……今日所展尤胜当年，故外人不惜数千金购求一幅老柏树合矣。”1936年，徐悲鸿在《中国今日之名画家》一文中，称“齐白石之长处在有色彩……写昆虫突过古人。其虾、蟹、雏鸡、芭蕉，以墨写者，俱体物精微，纯然独创”。后二人不断有书信与画作相往来。1945年，徐悲鸿与沈尹默发表“齐白石画展启事”，称“白石先生以嵚崎磊落之才，从事绘事，今年八十五矣。丹青岁寿，同其永年，北平陷敌八载，未尝作一画，治一印，力拒敌伪教授之聘，高风亮节，诚足为儒林生光”。[16] 1946年徐悲鸿主持北平艺专，再次延请齐白石为教授，二人往来更勤，交情益深。齐白石的看护夏文珠离他而去后，徐悲鸿夫人廖静文到处为之打听，后又登报为之招聘看护……1953年，徐悲鸿不幸病逝，家人和朋友怕他过于伤心，就一直瞒着他，直到1956年他才获知消息，那是他逝世前一年的初秋，白石仍拖着衰老之躯到悲鸿故居，默默地站立了许久。[17]

徐悲鸿与齐白石的友谊，首先是他推崇齐白石的创新精神，这种创新精神与他对中国画的改革有某种相近之处。在他主持北平大学艺术学院的时候，受到了“保守画家”的“攻击”，而齐白石同在受“攻击”之列，他视白石为知音，把齐白石最受攻击的山水画编成画册，正与这一背景有关。就艺术而言，徐悲鸿真正喜欢的，是齐白石“体物精微”的花鸟画，尤其是昆虫、水族、雏鸡之类，而非白石老人大写意的山水人物。齐白石所看重徐悲鸿的，主要不是徐悲鸿的画及其革新中国画的主张，而是他的知遇和支持，如他在给悲鸿的信中说的“生我者父母，知我者君也”。

白石的好友，还应特别介绍的，前后有夏午诒、郭人漳、黎丹、黎松安、罗醒吾、罗真吾、杨度、杨钧（重子）兄弟、梅兰芳、张次溪、朱屺瞻、王森然、胡佩衡等。限于篇幅，只好删略。

总的来说，齐白石喜静不喜动，不轻易交友，即便好友也并不经常来往。“诸君不若老夫家，寂静平生敢自夸。尽日柴门人不到，一株乌臼上啼鸦”[18]。“青门经岁不常开，小院无人长

---

〔16〕称齐白石在抗战期间辞去北平艺专教职是真，“未作一画，未治一印”则纯为徐悲鸿的夸张之词，这八年中，白石画了大量作品，也治了许多印，包括为日本购求者治印作画。

〔17〕郭味蕖：《向杰出的人民艺术家白石老人学习》，见力群：《齐白石研究》，上海人民美术出版社，1959年，第132页。

〔18〕齐白石：《自夸》，见齐白石：《齐白石作品集·第三集·诗》，人民美术出版社，1963年。

后排左起：廖静文、徐悲鸿、齐白石、伍德萱。
后排右立者：王森然。20世纪50年代初拍摄

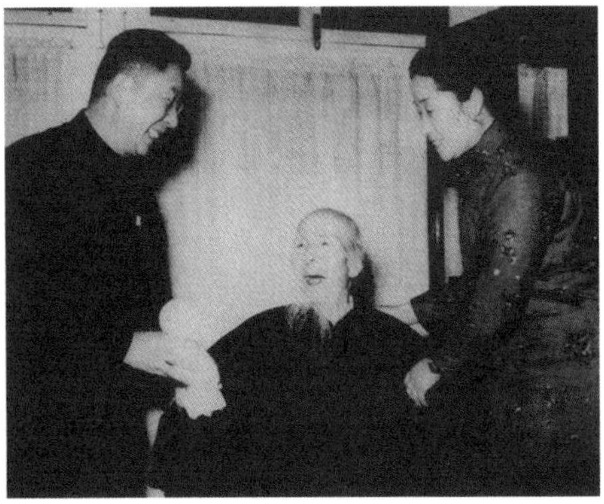

齐白石与老舍、胡絜青夫妇

齐白石、梅兰芳

绿苔。蝼蚁不知欺寂寞，也拖花瓣过墙来”[19]。这是一种幽寂、甘于自守的日子。细察一下白石的友人便知，他们大多是同乡、同门，他的儿女结亲也多从同乡、同窗的后代中择选，如儿媳张紫环乃好友张仲飏之女[20]，女婿易恕孜，是幼时好友易光远之孙。与白石相交甚厚的黎锦熙、张次溪等，他们的父辈都是白石的同乡或同门好友，这就是说，白石的交际，宗亲（包括师门同宗）和乡亲占重要位置。可以说，他的孝亲、慈爱、重友种种感情行为，并不出自以“普遍人性”观念为本的西方博爱精神，乃源于宗法制乡村中国和儒家观念的陶育。在中国的乡村社会里，每人都有一个以血缘亲属关系为经线的人情网；其次，乡村生活具有很强的地方性，地方圈内的人彼此熟悉亲近，在相当程度上，“地域上的靠近是血缘上亲疏的一种反映”[21]。从小长在都市（尤其近代商业都会）或长期生活在变动环境中的人，一般不会像齐白石这样看重宗亲性、地方性的人情联系。如徐悲鸿，他的结交名单与白石不大相同，他所重的，首先不是宗亲（甚至不是自己的亲属）、乡亲和“世交”，而是事业和情感的需要。他的游学日、法、德，访问东欧、南亚，他的职业与职务选择，包括几次爱情婚姻纠葛，都显示着与乡村人际关系的距离。徐悲鸿生在相对开放的江南，从小跟随父亲徐达章四处画像卖艺，不到20岁就离家外出教书，继而独自到

[19] 齐白石：《檐前》，见齐白石：《齐白石作品集·第三集·诗》，人民美术出版社，1963年。

[20] 张仲飏，白石同乡，“龙山诗社”社友，同为王闿运弟子，原为铁匠，后发愤读书，擅经学和诗，他和齐白石、铁匠出身的曾招吉被称作“王门三匠”。

[21] 费孝通：《乡村中国》，三联书店，1988年，第72页。

上海谋生,这一切,加上西方文化的教育,造就他的人生观、亲疏观和交际原则。这些观念更贴近于现代社会,而非古老的乡村社会。齐白石和徐悲鸿的这种不同,典型地反映着20世纪中国复杂多样的人际关系原则,以及对文化生存方式的不同选择。

草间一粥苦经营

——齐白石的节俭生活

齐白石的生活十分节俭，在北京画界有“吝啬”之名，一些熟悉他家庭的人，都有过相似的叙述。这涉及齐白石个人生活与品质的一个方面，有必要略作考察。

他的女婿易恕孜，20 世纪 40 年代曾在跨车胡同住过。他回忆说：

> 白石老人早年过着贫苦的日子，养成一种节俭勤劳的美德，到老不衰。他晚年虽已富有积蓄，也总是不肯轻易动用。他当年卖画刻印所得的收入，多换成黄金、银元，埋入地下，口头常向别人说他没有钱。又日常家用的柴米油盐，和他自己的书画印，也唯恐被偷窃，谨慎的收藏起来，还要锁上加锁，贴上“请君莫再偷”的封条。这些锁的钥匙，不下斤许，都用小绳贯串起来，紧系在他的裤腰带上，行动时叮当有声。
>
> 还有他家平时款待客人的茶叶，就是普通的食品，也从不假手旁人，都须由他亲自取给。我在民国三十四年九月，第一次去拜访他时，便觉得摆在我面前的一碟饼干，有异味而不可食，这些饼干不知已收藏有多久了。[1]

饿叟

我生无田食破砚

甑屋

〔1〕易恕孜：《白石老人生平记略》，见齐白石、张次溪：《白石老人自述》附录，岳麓书社，1986年，第149页。

白石老人的女儿齐良怜（易恕孜妻子，宝珠所生长女）回忆说：

照说父亲每天的收入，很是可观，可是他总是和我们说他没有钱，但是我们都知道他一有整数的银洋和钞票，便默默地藏起来的秘密。有时候我们向他要点零钱花，他便会说："常将有日思无日，莫把无时作有时。"父亲一生节俭，所恪守的正是这两句格言。

不仅如此，父亲对于家里任何吃的、用的，都一概爱惜备至，诸如米、面、油、盐、茶，也都是由他亲自经管，连同他最心爱的画和印，都锁起来。有时候父亲起身迎送来访的客人或出门上街，便有叮哨的响声，不知者还以为他是佩了铃铛，又怎知他会经常把一大串大小不同的铜钥匙系在身边呢？

父亲是如此的节俭，我知道他是忘不了幼年的穷困，更想到我们一家二十多口人，都依靠他一人养活，尤其象他那样大的年岁，所以后来我不太随便向他伸手要钱，即使我急想添置什么东西，也得看他老人家在高兴的时候才开口。[2]

据齐佛来回忆，在20世纪50年代初，年届90高龄的齐白石，每天吃菜用钱才5角（当时为5000元），来客添菜时再加。到去世，他也未曾睡沙发床，家中的一套旧沙发还是公家配给的。[3] 王森然在1935年所写的一篇文章中，曾介绍说："他的家务，无论大事小事，全由他一人安排处理，买几块引火的劈柴，都是他自己讲价过秤。"王森然还记述说，齐白石不喜欢照相，有一次摄影师郑某到他家去拍照，照了12张，还放大了一张三尺半的。齐白石送他一张《虾》。一位姓周的画家去给他画了一张像，他送周一张《东方朔偷桃》。但是"过了几天，在他的客厅里又写了一个牌子，意思是说双方不合算，以后再有人照相画像一概不应酬"[4]。

据娄师白回忆，直到1936年，白石老人还铺着他在世纪初远游时携带的那条褥子。一次，他帮着齐白石拔院里种的苋菜，把几根老点的丢在一边。齐白石说："像这样老的苋菜，不要把它丢掉，因为它还折得断，只要把皮撕掉，还可以吃。"说着就把那几根老苋菜撕了根皮，而

〔2〕齐良怜：《我的父亲齐白石》，见齐白石、张次溪：《白石老人自述》附录，岳麓书社，1986年，第170页。

〔3〕齐佛来：《我对爷爷生活片断的回忆》，见湖南湘潭政协文史资料研究委员会：《湘潭文史资料》第三辑，1984年，第195页。

〔4〕王森然：《回忆齐白石先生》，见《美术论集》，人民美术出版社，1982年。

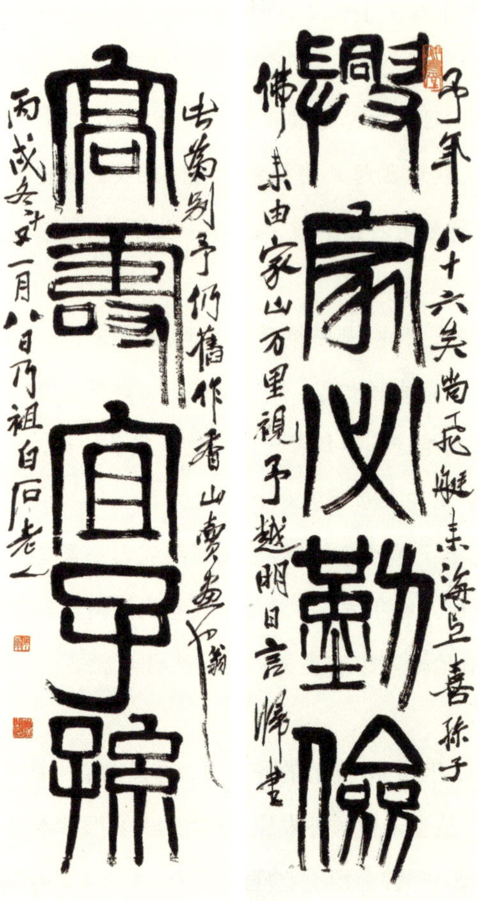

兴家必勤俭，高寿宜子孙篆书联　1946年

一家多事

平生辛苦

吾狐也

未舍得丢弃。[5] 张次溪在《齐白石的一生》中作了更具体的记述："他五十岁以后，因为劳动了半辈子，省吃俭用，历年有了点积蓄，成了小康之家。到此时（指 1937 年——引者注）又经历了二十多个年头，名声大了，收入也多了，处境优裕，更是大非昔比。但他俭朴的素性，始终不曾改变，境况虽是好了，仍和从前贫寒时一样，吃的、穿的、用的，都是不求精美，只图温饱。七十岁以前，尚能咀嚼花生，常用盐水煮了来吃，还时常买些'半空儿'的，用来待客。七十岁以后，牙齿一天坏似一天，喜欢吃面食或稻米粥，荤腥更是不常用，专吃些蔬菜。虽因年事已高，冬天身体怕冷，也不过鹅绒被、火炉子，是他的必需之品，别的东西，并不需要。他一生简单朴素的生活，数十年如一日，处处不忘掉自己是在贫农家庭生长大的。他平日居家过日子，件件事情，都由他亲自经手。门户箱柜，都加上了锁，大小钥匙，一连串挂在自己的裤腰带上。家

〔5〕娄师白：《白石老师的生活片断》，见力群：《齐白石研究》，上海人民美术出版社，1959年。

里人买点东西，无论用钱多少，必须临时向他去要，他认为需要买的，才亲手去开锁取钱，从来不叫别人代劳。前人所说‘事必躬亲’，他真是当之无愧。他深深地体会到物力维艰，非但不随便浪费钱财，对于任何东西，也是十分爱惜，决不轻易毁弃。他作画所用的画笔，有时笔头掉落，或笔杆裂开，只要还能对付着用，他总亲手用生漆涂上，阴干后坚牢如常，拿来再用，从不肯信手扔掉。”〔6〕

我们不必回避齐白石节俭持家的作风，也不必强为颂美——如一些文章所说的“不忘劳动人民本色”云云，齐白石就是齐白石，他的生活态度和作风总是他真实个性的一部分，真实本身往往比主观评价更有价值。一些人看作节俭，另一些人则视为吝啬，或“节俭得有些吝啬”，都是正常的。齐白石是个具体丰富的人，不是个观念符号，不是理想家们幻想出来的“典型”。齐良怜说他“一生从不奢求，不苟取也不苟予”。他喜欢钱，但都是凭着自己的劳动去挣，夏午诒给他捐县丞，樊增祥荐他当内庭供奉，这些都是可弄大钱的肥差，他都断然拒绝，一生不悔。20世纪20年代中期，他的画在日本走红，同乡宾恺南曾劝他赴日卖画，他回答说：“饥则有米，寒则有煤，无须多金，反为忧虑也。”他卖画的润例，不断升高，却一向是照价收款，从不巧立名目，多收多取。他用以教育子女的格言“常将有日思无日，莫把无时作有时”，是农业社会的经验结晶。千百年中国农民都是这样对待生活的。57岁后的齐白石虽已成为北京居民，却还维护着“日出而作，日入而息”的习惯，以及连灯油也要节省的农民家风。这在一般城市人眼里，不免太过土气；在破落户子弟看来，就“小气”得“令人喷饭”了。不待说，用保存良久的霉点心招待客人，未免与齐白石的身份不相称，但对于一个守着农民习惯的老人，这也许并非有意——他觉得那仍是可以吃的。

齐白石怕说有钱，家中钱物都独自掌管，其心理背景，是多方面的。如：子女多，又非一母所生，常因钱物发生矛盾；怕抢、偷和突然灾祸等。他吃尽丧乱贫困之苦，饱尝兵匪劫掠的滋味，20世纪20年代中期后虽颇有收入，往日的贫苦仍像梦魇般萦绕心头。晚岁的齐白石，不免有老年性心理问题：如多疑，情感脆弱，固执任性等。他有一方印：“吾狐也。”边款刻：“吾生性多疑，是吾所短。刊此自嘲。丙子五月将客成都之治园，白石。”丙子为1936年，齐白石74岁，这方印，表现了他的坦诚，也透露出老年人的心理异常。把钥匙全系一人腰带，一盒点心也要亲自加锁封存之类，显然有些病态了。对一生伤贫惧乱的老人的行为，我们应当从善良的角度，从人的多面性去理解。

白石老人尚节俭的心态，在诗画中时有流露。他常以“老鼠偷油”为题作画作诗，如《题

〔6〕张次溪：《齐白石的一生》，人民美术出版社，1989年，第197—198页。

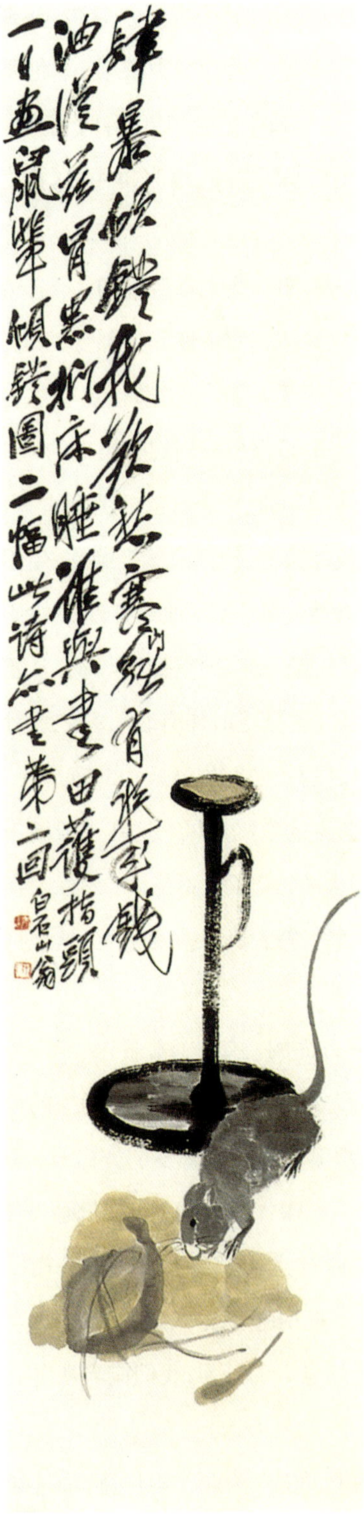

小鼠倾灯图　约1929年

小鼠倾灯图》：

汝辈倾灯我欲愁，寒门能有几钱油？

从今冒黑扪床睡，谁与书田护指头。

——《白石诗草补编》第二编

此诗约写于齐白石脱离贫困窘况之后，不是对自己生活的写实之作。70岁后，齐白石的家境更宽裕了，仍喜作这类诗画。如《白石诗草续集》的《灯灭小鼠偷油》：

灯枯黑暗使人愁，昨夜来偷今夜偷。

枕上新吟书不得，画钱难打许多油。

这当然更非写实之作。也许是有所喻，也许是在声明自己“贫穷”，但流露着怕穷、怕偷的心态，是无疑的。近于吝啬的节俭，在相当程度上都是以这种心理为背景的。年轻时曾借松火读书的齐白石，对老鼠偷油这般敏感而有兴趣，是与深刻的穷苦记忆相勾连的。

此外，齐白石从青年时代起就凭着手艺养家，上至祖母下至儿孙，主要靠他的劳动过活。这无形中确立了他在家庭中的重要位置。定居北京后，家里唯他年长，又是唯一的经济支柱。其尊严的集中体现就是掌管财权。腰系全家的钥匙，不只表明了他的节俭，也证实着他的家长地位——这种行为显然也是农民式的。

齐白石的节俭行为与心理，还与他儿时的经验联系着。这经验就是：钱物来之不易，唯俭朴才能度贫困。他毕生没有忘记母亲用捣衣椎椎稻草积攒粮食的情形。这样一年才能积三斗六升。他8岁去读村馆，买纸笔和书本的钱，就是母亲用所积的四斗稻谷换来的——她原本把这些稻谷存在一个银匠家里，准备换副银钗（那时她才20

多岁),最后还是换钱给儿子用了。齐白石还记得幼时在描红纸上画画,屡受外祖父呵责,并以《朱子家训》“一粥一饭,当思来处不易;半丝半缕,恒念物力维艰”教诲他的情形。他不敢再用珍贵的描红纸,到处找包皮纸代替。就这样的日子也没过多久,他就无力上学,去放牛拾柴了。齐白石晚年喜欢画芋头和野菜,也和这些童年记忆有关——家里经常没粮吃,用以充饥的只有芋头、野菜。13岁那年的春夏之交,雨多不能上山砍柴,家里又没了米,全家只好用干牛粪烘煨野菜吃。柴灶灌入雨水,竟成了青蛙聚生之地。直到他学木匠出师,家境仍不好,“挣到的钱,一个都不敢用掉。完工回了家,就全部交给母亲”[7]。如果把这些经历和经验,与白石的节俭作风联系起来,他的“吝啬”就不奇怪了。他题画菜说“充肚者胜半年粮,得志者勿忘其香”,又说“穷人家的苦滋味,只有穷人自己明白,不是豪门贵族能知道的”[8]。这些话,不了解中国农村和中国农民的人是难以深刻体味的。

齐白石有一首《题家鸡瓦雀》诗:

谚云:斗米长斤鸡,斤鸡难买斗米。
斗米斤鸡话不讹,卖鸡还米复如何?
老妪把米常愁怅,满目檐前瓦雀多。

以米换鸡或以鸡易米,还算公平交易。但瓦雀们不管公平交换,只知啄食你的米,农家老妪就只有愁怅了。也许齐白石觉得自己有点像“老妪把米”:他以辛勤劳动换得了钱财,但总是战战兢兢担心“瓦雀们”把它抢走。他埋藏钱币,并不是件愉快的事。当他作画时,就忘记了功利,超然物表,是一个真艺术家。当他用艺术品换来银圆钞票时,就负担沉重,为物所累,又成了十足守财的老农民,失去了艺术家的潇洒超脱。这两种境界和两难境遇,人们是经常体验到的,在白石老人身上,大约更尖锐些。有趣的是,齐白石自己似乎并不特别感到这种矛盾的痛苦,他不断地转换着角色,直至终老。

钱究竟是什么,齐白石也思考过。他有一首《钱铭》,说钱“广之通神”“贪之不祥”。这种认识规范了他的行动——不贪,不损,但尽力挣之,节俭用之,小心侍候之。

节俭与勤劳分不开。前面介绍过,齐白石毕生勤奋——不独作画镌印,就是日常的劳动如养花、种菜之类,也从不懈怠。这和北京艺术界的一些落魄子弟恰成鲜明对比:他们虽然可

〔7〕齐白石、张次溪:《白石老人自述》,岳麓书社,1986年,第27页。

〔8〕同上,第17页。

能很聪明，也有些文化底子，但游手好闲，好吃懒做，讲究排场，绝不节俭。齐白石与他们彼此看不上，是再正常不过的事。

齐白石待人，并不都是“吝啬的”。齐良怜记述说：“父亲待人很有分寸……一般客人，都以茶招待。比较亲热一点的戚友，就飨以饼干、瓜子、落花生等食品；他自己也很喜欢吃一种‘半空’的落花生，这种‘半空’，在北平买起来很便宜，吃起来特别有一种香味。再密切一层的朋友，他更会请到馆子里去吃便饭，北平西长安街一家四川馆庆林春，是他常去的地方。这家馆子知道我父亲节俭的性格，饭前饭后吃的瓜子和水果，都由我父亲自备，吃不了的菜，也会自动送到我们家里去。”有一次，易恕孜把一位李将军带到家里，并对白石老人介绍说：“他是个很有操守的将军，父亲听了，便默默地画了一幅画，问李将军有别号没有，李将军连忙说没有带钱，不好意思，父亲说：‘你是个清官，我钦服你，这幅画是送你的。’”〔9〕胡絜青也有类似记述，她1939年第一次识白石老人，白石老人请她介绍“一位补习诗词的女老师”，辅导他的儿子读书。事情办好后，“齐先生派了他的继室带了他的小女儿登门致谢，给我送来了两幅拿手之作——一幅虾米，一幅螃蟹，可谓重酬”！〔10〕从这样的例子，又可见出齐白石慷慨大方的一面。

勤与俭，是中国最古老的文化传统和道德准则之一。“克勤于邦，克俭于家”之说在先秦就出现了。李商隐《读史》诗云：“历览前贤国与家，成由勤俭破由奢。”宋儒、禅宗、道教，也倡导“人生在勤”“不作不食”的道理。清代学者提出了士大夫唯获经济上的独立，才可能维持个人尊严的观点，而所示独立自足的办法就是“勤俭治生”〔11〕。《朱子家训》更是对家庭的节俭作了详尽说明：“关锁门户，必亲自检点。一粥一饭，当思来处不易；半丝半缕，恒念物力维艰。宜未雨而绸缪，毋临渴而掘井。自奉必须俭约，宴客切勿留连。”但人们并不都作如此想，尤其北京的晚清遗老遗少，奢靡者多，勤俭者罕，他们不嘲笑克勤克俭的齐白石反而是怪事。就地区而论，某些商业都会如上海、徽州、扬州等，勤俭之风反倒胜过京城。商人们薄靡盐虀、欣然一饱的风气，与贵胄子弟的挥霍好闲之风相去甚远。齐白石由农民到艺匠，靠出卖手艺过活，原本近商。他入北京后，与交际场中人和遗老遗少格格不入是很自然的。他操守着自己的作

〔9〕齐良怜：《我的父亲齐白石》，见齐白石、张次溪：《白石老人自述》附录，岳麓书社，1986年，第172—173页。

〔10〕胡絜青：《记齐白石大师》，见湖南湘潭政协文史资料研究委员会：《湘潭文史资料》第三辑，1984年，第50页。

〔11〕余英时：《士与中国文化》，上海人民出版社，1987年。

风和习惯，不介入任何社团组织与活动，不受旧帝都奢靡懒散之风的影响，原因之一是他能以卖画自立。在这个意义上，他的坚持节俭也是勤劳自立的结果。

由节俭的苛刻反映出的封闭自足，是属于过去时代的；而节俭、勤劳自励和远士近商，则是面向新时代的。齐白石身上交织着昨天与今天，这或许应被视为近代知识分子的一种文化特质。他有一首《画黄白菊》诗，语义双关：

黄金从来有价，白玉自喜无瑕。
多谢秋风得力，一齐吹到吾家。

黄菊（金）白菊（白玉）——金钱和清白人品他都要，一个也不丢。这观念是近代的，商的；亦是传统的，士的。还可注意的是齐白石表达得直言不讳。这种坦率和他的节俭作风一样，在一些人看来“太露骨”，不够雅。但非此不是齐白石。

神仙不作作鸳鸯

——齐白石的爱情生活

齐白石的家庭，是典型的旧时中国式的恩爱类型。一妻一妾（妾胡宝珠后扶为继室），7子5女，彼此和睦。晚年五世同堂。照传统标准，真可谓“多子多福”了。

白石的发妻陈春君，12岁作为童养媳嫁到齐家。她聪明，能干，孝敬老人，吃苦耐劳，对丈夫忠心体贴，生三儿二女，在家乡操劳一世，可以说是齐白石毕生事业的支柱。齐白石和她的结合完全由父母安排，是被选择而非自己选择，幸好他们和谐恩爱。依照一位社会学家的说法，中国的乡村家庭是一种“男女有别”的“绵续性事业社群”，他们的关系由生育和“事业效率”的需要而定。因此，夫妻间感情的淡漠是日常可见的、难免的现象。他们有“亲密感觉”，但不同于铿然有声的“激动性感情”，唯其如此，乡土社会才“是个安稳的社会”[1]。齐白石和妻子春君，亦大略属此。

《白石老人自传》曾简略描述了他和妻子“圆房”前的情景：

> 别看她年纪还小，只有十三岁，倒是料理家务的一把好手。祖父祖母和父亲母亲，都夸她能干，非常喜欢她。我也觉得她好得很，心里乐滋滋的。只因那时候不比现在开通，心里的事，不肯露在脸上，万一给人家闲话闲语，说是“疼媳妇”，那就怪难为情的了。所以我和她，常常我看看她，她看看我，嘴里不说，心里明白而已。

这大致相当于现在青年人的恋爱阶段——法定意义上比现在的恋人亲密，实际却疏远得多。费孝通说，乡村穷人家孩子的择妻标准，首先是“事业效率”而非自然情感。齐白石对妻子的评价，一是能干，二是贤惠。如在《祭陈夫人文》中所记：“事祖母翁姑之余，执炊灶，和小姑小叔，家虽贫苦，能得重堂生欢。”其文记述春君第一次怀孕临产前，“手把厨刀，于星斗塘老屋后山右自砍松枝，时孕将产生，身重难以上山，兼以手行。以及提桶汲井，携锄种蔬，辛酸历尽，饥时饮水，不使娘家得闻”。远游十年，避乱北京，“重堂顾奉，儿女养负，家务撑持……概

〔1〕费孝通：《乡村中国》，三联书店，1988年。

系吾妻担负”。文中特别提到春君支持他娶副室，“求宝珠以执箕帚”，在宝珠生第一个孩子后，又亲自照料，“夜则抱之慎睡，饥则送与母室乳之，寒夜往返，已经数月，能够劬劳”[2]。“这样的费尽心力，爱如己出，真是世间少有，不但宝珠知恩，我也感激不尽”[3]。不妨说，白石对妻子的感念，有恩有爱，而恩尤重。他有数首《寄内》诗，都是遥寄春君的。其中七律一首云：

白石之妻

七三老妇八千里

客中归思感春残，咫尺天遥雨不干。
旅馆鸡鸣惊梦断，人家花好带愁看。
登楼莫悔封侯劝，识字应知课子难。
堂上年来双白发，凭君洗手劝加餐。

此诗寄自何地，不详，为早年之作。思念与劝慰兼有之。另有四首绝句，是居京时所写：

闺房有福或无才，不识之无老命乖。
天假糟糠残梦永，有儿为母寄诗来。

七千余里路漫漫，乱世巢居咬定难。
知汝能怜心最苦，半思南岳半西山。

井泉浮底净无沙，檐角蜂窠闹似衙。
知得病随春暖起，自开窗户看梨花。

叹卿十日头全白，患难生还幸甚时。
忘却恩仇了无事，分甘膝下女羲之。

〔2〕齐白石：《祭陈夫人文》，见郎绍君：《齐白石全集》第10卷“白石文抄”，湖南美术出版社，1996年，第76页。

〔3〕齐璜、张次溪：《白石老人自传》，人民美术出版社，1962年，第73页。

齐白石与胡宝珠、齐良芷1936年或1937年摄

山姬带病相扶持

齐白石妇

春君命子为她寄诗白石，白石亦以诗作答。伤离之情溢于字句，但中心是劝慰她自爱自护，享膝下天伦之乐，理解他难以终还的苦衷。印章“七三老妇八千里”，也是怀妻之作。但久居两地的老夫妻，理智更多于情感。20世纪20年代前期，齐白石几乎每年冬去春来，返家探亲。1926年，父母逝世，他就较少回乡了。1935年，73岁时，曾携宝珠同归，只在茹家冲家里住了不多时间[4]，走时，“不忍和春君相见”，悄悄离家。“不忍相见”，大概是怕春君太难过。1940年春君病逝，白石很悲痛，作了一副挽联：“怪赤绳老人，系人夫妻，何必使人离别；问黑面阎王，主我生死，胡不管我团圆。”又作一篇祭文，叙说她“一生贤德，留备后世子孙，观览勿忘”[5]，也就心安了。

胡宝珠18岁被聘为齐白石的副室，春君逝世后扶为继室，1943年死于难产[6]，先白石翁而去，年仅42岁。她生于四川酆都县农村，父亲胡以茂是个篾匠，一个妹妹嫁给姓朱的，一个胞弟名海生，不知下落。她18岁前的遭遇，鲜有人知。她原是白石友人胡鄂公家小婢，胡得齐画以之相报。白石有诗《友人见余画篱豆一幅，喜极，索去。后报我以婢。诗以纪其事。》曰：

---

〔4〕《白石老人自述》说，此次还家在茹家冲住了三日；齐佛来《我的祖父白石老人》说，此行共两个星期，主要是回家看大儿齐良元（子贞）的病。

〔5〕齐璜、张次溪：《白石老人自传》，人民美术出版社，1962年，第96—97页。

〔6〕齐良怜：《我的父亲齐白石》，见齐白石、张次溪：《白石老人自述》附录，岳麓书社，1986年。

菟丝情短此情长，万事何如为口忙。

采撷不思红豆子，加餐尝坐紫丁香。（南湖有紫丁香馆）

良朋如此皆为累，爱我虽衰未减狂。

蟋蟀声中归万里，老馋亲口教厨娘。

胡宝珠进齐家是1919年，同年白石携其还乡，得妻子支持而纳为副室。对宝珠来说，这是不由己却也知足的归宿。白发红颜，一个需要生活和情感上的照料，一个需要生存的条件与依靠。在相伴白石老人的25年中，胡宝珠生下4男3女，平均每三年要生育一胎，她的体弱多病，应与哺儿育女的重负有关。齐白石生命力的旺盛，传统"多子多福"观念的浓厚，宝珠的柔顺侍候，由此也略见一二。宝珠在照看子女的同时，从不离白石左右，饮食起居，殷勤以待。1933年，白石曾为宝珠刻"齐白石妇"印，边款曰："宝珠，胡以茂女，重庆酆都人，胡北胡鄂弓之母之义女也。年十八归余，事余周密，余甚感之，因刊石以记其贤。"[7]1935年，白石逐犬摔裂腿骨，卧病数月，宝珠极力照料，"着衣纳履，能尽殷勤"。可以说，她是齐白石晚年艺术创造中最贴近有力的支持者，并为此贡献了自己的全部青春和生命。20世纪30年代中期，经常出入齐家的王森然在《实报》半月刊介绍齐白石，有一段提到宝珠夫人：

他的太太宝珠，人很慈祥，时常有病，但是齐先生却一时一刻不能离开她。无论宴会出席，听戏，看展览会，哪一次都是在一起的。画画的时候，她磨墨，她拉纸，凡是得意的作品，都叫她藏在衣箱的底下。

——《回忆齐白石先生》

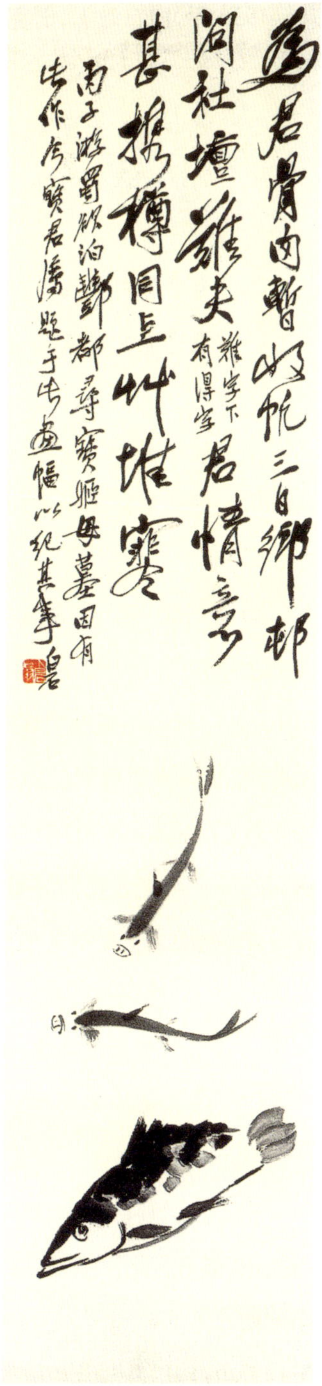

鱼图　1936年

〔7〕齐良迟、卢节：《父亲齐白石和我的艺术生涯》，海潮出版社，1993年，第20页。

1936年，白石赴川，偕宝珠回酆都探亲，并为她的母亲扫墓。白石有《过酆都》诗记其事：

看山访友买扁舟，载得姬人万里游。
闻道宝珠生此地，愁人风雨过酆都。

为君骨肉暂收帆，三日乡村问社坛。
难得老夫情意合，携樽同上草堆寒。

从来生女胜从男，卅载何须泪不干。
好写墓碑胡母字，千秋名迹借王三。

30年泪流不干，宝珠背井离乡、思念亲人之苦是可想而知的。齐白石请四川名士方旭（即诗中之“方三”）为胡母书写墓碑，也算为宝珠了结一片孝心。白石还留下了慰宝珠数首诗、几幅画，从中可以了解到宝珠的性情以及他们夫妻间的和顺关系。其中七律有句：“分离骨肉余无补，怜惜衰颓汝有恩。多病倦时劳洗砚，苦吟寒夜惯携镫。”这是安慰思念骨肉亲人的宝珠。另一首《慰姬人》绝句：“笑嘻患难总相同，万里孤舟一老翁。病后清癯怯风露，夜深窗隙纸亲封。”——白石老人在蜀游船上身体不适，宝珠怕他着凉，夜里为其糊窗隙，白石深为感动。还有一首《赠姬人》，是描述他们欢愉玩笑情景的：

谁教老懒反寻常，磨墨山姬日日忙。
手指画中微笑道，闲鸥何事一双双。

白石在题画诗注中，还几次提到宝珠相随年深，也渐懂画，能识别市上伪作，而其“画中之巧拙，必能直言之”[8]。宝珠亦能画，“她对于白石老人运笔作画，看的太多太久，所以她也能画出浓淡几笔的虾和蟹”[9]。1941年春，即在陈夫人逝世一年后，白石立宝珠为继室，宝珠所生之子均分得产业，并写入《齐氏五修族谱》，两年后，宝珠因难产逝世，年仅42岁。

一年后的1944年农历九月，经介绍年过八旬的白石老人请了夏文珠女士给自己做看护，

〔8〕《题画》诗自注：“宝姬为余理纸十年，画中之巧拙，必能直言之。”

〔9〕易恕孜：《白石老人生平记略》，见齐白石、张次溪：《白石老人自述》附录，岳麓书社，1986年，第147页。

宝君

桂子

相思

齐白石与胡宝珠

共同起居生活。齐白石的女儿齐良怜回忆说："介绍人曾经劝过我父亲续弦和夏正式结婚，我们看得出夏的为人不善，便坚决反对，结果就以看护的名义留在父亲身边。"[10]夏文珠填补了胡宝珠殁后白石子女们所无法弥充的空缺。女婿易恕孜说："夏女士每为理纸、磨墨，伺应殷勤，时日渐久，白石老人几乎一刻都不可或离，尤其是晚后的几年，夏女士更为白石老人所倚重；白石老人并将他的润例提高一成酬庸她，她也以白石老人的代表人自居，应付内外一切事务，因而引起白石老人家人的不满，导致许多家庭间的不愉快，白石老人似乎不暇顾及。这是一个老年人心情特别的地方。"[11]夏文珠年轻，有一定文化素养，她曾愿意嫁给 80 多岁的白石老人，是因为热爱齐白石的艺术，还是为了其他，不得而知。1946 年，白石老人在南京开画展时对孙子齐佛来谈到夏文珠："你姨祖母（指宝珠）死后，我的生活起居，没有一个真心实意的人照顾，使我感到非常痛苦。老夏对我很好，可是她不愿长久帮我，她是一个有知识的人，要去参加工作，要是她走了，那我就不得了。"直到 1951 年，伴随白石老人 7 年的夏文珠因"一件小事"发生纠葛，负气而去，徐悲鸿夫人廖静文帮助寻找，白石每天清早就到徐家等候。但夏文

〔10〕齐良怜：《我的父亲齐白石》，见齐白石、张次溪：《白石老人自述》附录，岳麓书社，1986年，第170页。
〔11〕易恕孜：《白石老人生平记略》，同上，第148页。

珠终未请回，理由是她“要结婚了”[12]。白石老人很感伤，写诗怀念说：“眠食扶持百事精，颐年享受亦前因。一朝别去无人管，始识文珠七载恩。”精明能干的夏文珠虽然像宝珠一样侍奉白石，甚至比宝珠更能干，却不可能取代宝珠在白石家庭中的位置，她愈能干，侍奉老人的时间愈久，也就愈难以和白石老人的后人相处，她和白石老人的分手，也就在所难免了。在齐白石这七年的生活和艺术劳作中，她的一份贡献是不应被忘记的。

齐白石的婚姻是旧式的，两个夫人都很贤惠，但作为一个生命力旺盛、情感丰富、一生爱美的艺术家，齐白石是否获得了感情上的充分满足呢？或言之，他是否也有悄然动情，别有所寄的时候？或者曾有所钟，却由理智所抑而自沉于心的情况呢？在他的家乡熟人中，流传着齐白石的“浪漫”逸闻，其诗集也透露着蛛丝马迹。了解这一点，对理解这位艺术大师的人生，他的情感生活和艺术内涵，无疑是有益的。

1903 年，白石首次远游西安、北京。曾作《枕上得怀人诗一首》，被怀念者显然亦系一女子。其诗云：

梅花积雪桃花雨，老马春寒万里行。
扶病寄书能念我，怀人无日不怜卿。
太真石畔三升泪，西子图中无限情。
消瘦沈郎知薄命，寄言知己到倾城。

诗中用典颇多，情意缠绵。那么这是怀念妻子春君的吗？似不是。他寄给春君的诗一般书“寄内”二字，此诗只写“怀人”，而且从“知薄命”“到倾城”的词意，是寄给虽相爱、却未得爱之归宿的“知己”，而非自己的发妻。那么，她是谁？白石还有《月菊有感》二首，是追思与相爱者的往事，诗亦感伤，其一云：

瘦菊秋深佳色温，追思往事月黄昏。
偷香蝶舞三更梦，冒雨情牵十载根。
人太清高难载福，花如雅淡总消魂。
荒鸡五唱归心切，各自无言湿泪痕。

〔12〕廖静文：《徐悲鸿一生》，中国青年出版社，1982年。

另一首有句："一天愁思怜同病，晚节风清老更亲。会不多时难遽别，再来迟约更伤神。"情牵年久，约见伤神，这不似白日梦式的诗歌想象，应是实有其人其情的。

白石有《家山杂句》数首，其中一首追述少年事：

少时戏语总难忘，欲构凉窗坐板塘。
难得那人含笑约，来年消息听荷香。

这"含笑约"的"那人"，是想象出来的吗？有一首《追思》：

少年乐事怕追寻，一刻秋光值万金。
记得那人同看菊，一双蟋蟀出花阴。

又是"那人"！另有《三月五日寄旧邻》绝句：

人生相见几多时，今夕明朝事岂知。
玉漏不寒银烛永，云笺书尽寄相思。

"相思"二字，一般指男女之情。此外，白石有题画秋海棠诗多首，几乎都与相思有关，兹录四首：

玉阶满地是相思，化作胭脂君不知。
愁绝杜兰香去后，背人终日泪丝丝。

碧苔朱草小亭幽，曾见红衫忆昔游。
隔得栏杆红卍字，相思飞上玉阶秋。

人生欢聚几多时，相见无言别后思。
万里云罗书断绝，水晶帘外雨丝丝。

天涯海角复天涯，镫影鸡窗两鬓华。

过去相思灰万寸，阶前犹发旧时花。

海棠花一向被古人誉为“花中神仙”。“其花甚丰，其叶甚茂，其枝甚柔，望之绰绰如处女”。诗人们一向把海棠喻为妖艳、脱俗、令人心醉的美女，乃至称其为“断肠花”。但这几首诗把海棠和相思联系起来，一再吟咏，却出于齐白石的独特体验。诗意真切而感伤，似是对年轻时一段恋情的反复回顾。前述关于有感东邻女子出家诗，曾有“三十年中感不胜”“故人知我当时意”句，两相对照，或许可猜一二。白石诗中尚有其他言及相思者，如“两个命乖比翼鸟，一双心苦并头莲”“神仙亦有高唐梦，朝暮劳君到枕边”“乖鸾跨虎此生休，梦醒无言但泪流”“憔悴此生何所似，秋风红豆死相思”，皆造意哀婉，与写其他内容的诗不同，即使不是写实事，也是抒发内在的情感体验。

1947年冬，弟子马璧谈起老人早年为“春姑娘的母亲去世”所作挽联。联曰：“世人何必重生男，有女事亲，床上药汤襟上泪。逆旅最难逢此母，抚今追昔，寒时炉火热时茶。”马璧记述说，这个春姑娘和白石“有过恋情”，白石是她开的“聚英旅馆”的“常客”。87岁的齐白石听马璧“念完这首挽联，似乎有无限的感慨，他站了起来，在画室踱步”[13]。这个“春姑娘”，名杨韨春。1909年，远游广东钦州的白石曾有《复杨韨春书》：“钦州万里，闻杜宇已伤情，是时四月中矣。忽辱手书，喜极生恨。湘城白石，咫尺天涯，况复迢迢边地也。羡君红粉，嫁得其人；愧我青衫，老犹作客。十年毛发，对镜全衰，孤夜梦魂，还乡无计。未知何日，可使韨君见而怜之也。”[14]韨春嫁人，寄信告诉远在钦州的齐白石，白石心情的复杂与伤感，都曲折地倾诉在这封信中了。这年正月，白石在赴钦州之前，在日记中录下了他给友人的“答诗”，其中一首题为《红豆有所寄》，却未说答谁。诗云：

独怜红豆最多情，用意天工处处生。

曾着白衣庵外雨，乍开元武庙边晴。

佳人低唱痴俱绝，故我相思灰未成。

欲寄离愁多采撷，教君复忆旧称名。（余少时自号红豆生）

---

〔13〕马璧：《齐白石父子轶事·书画》，新文丰出版公司，1979年，第28页。

〔14〕齐佛来：《我的祖父白石老人》，西北大学出版社，1988年，第43页。

秋海棠

荷花鸳鸯 1948年

黎锦熙说此诗是为追思少年事而作，其实是一首答诗，对方显然是一个曾经和他相好，如今在感情上仍藕断丝连的女子。白石在另一诗的序中，说杨韨春能诗。那么，这个赠他诗的女子，是不是杨韨春呢？

齐白石喜欢年轻貌美的女子，在收徒、赠画、赠诗、题画、卖画乃至素昧平生的偶遇中，对她们不免更加热情而慷慨。对此，有的论者便以“好色”二字冠之。在中国语言中，“好色”是贬义词，大有非“正人君子”之嫌。但不“好色”的“正人君子”未必不是假道学。像精神分析学家那样夸大人的生物本能固然不妥，像假道学那样无视人的爱欲情感与要求，则是一种虚伪。在齐白石身上，“男女有别”之类传统的影响并不深，他表示爱欲，有时略带几分农民式的

齐白石与新凤霞

粗率，有时又似文人般的情词委婉，有时又近于市民式的重感官实惠。[15] 对妻妾以外的女性，他多是意欲的、情思的。

20 世纪 50 年代初，被老舍誉为“共和国美女”的评剧演员新凤霞，在北京乃至全国红极一时。白石老人喜欢看她的戏，第一次见面，老人被新凤霞的美丽所震撼，情不自禁地凝视着她。新凤霞遂认白石为义父，常和丈夫吴祖光（著名戏剧家）一起去看望他。每次见到新凤霞，老人的作画兴致都很高，送画也干脆痛快。齐白石喜欢新凤霞，固然因为她是名演员、干女儿，但最根本的一点，是她的美和诗一般的青春魅力。这使人想起晚年罗丹见到舞蹈家邓肯，激动地去抚摸她身体的故事。这是对异性美的一种忘我的爱悦，它本身就是人生的音乐和诗。

有时候，齐白石似乎想要甩掉痴思烦恼，在《题布袋和尚画幅》中透出这一消息：“无穷烦恼上心来，自召冤家拨不开。欲向此公求布袋，贪嗔痴爱一齐埋。”可是人要埋掉这“贪嗔痴爱”并不容易。有人出了家，也仍然排除不掉呢！这又令人想起齐白石的一首小诗《鸳鸯》：

老年心肠，不厌荷香。
最怕牛羊，最喜鸳鸯。

〔15〕齐白石曾记述北海妓女：“此地之娼颇多，绝无可观者。余于旁观，其待客颇殷，不谈歌舞。有欲挟邪者，与语即诺。虽甚无味，有为者想必痛快。”见齐白石：《寄园日记》，河北美术出版社，1985年，第75页。

刻画论钱为惜生

——齐白石的润格和卖画生涯

草间一粥尚经营，刻画论钱为惜生。

安得化身千万亿，家家堂上挂丹青。

——《客有买画求减值者，作此诗书于寄萍堂上》

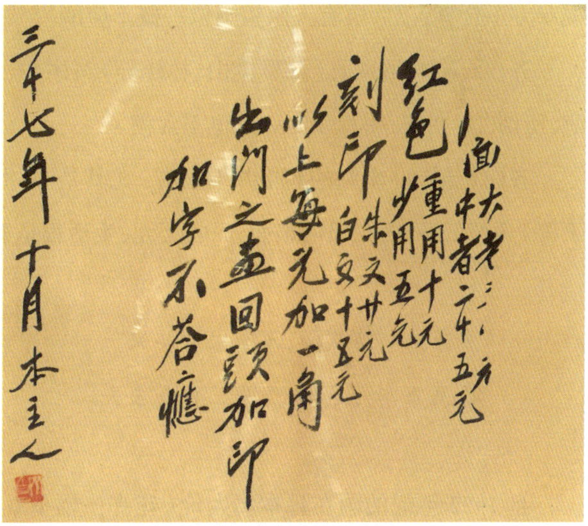

行书手札　1948年

齐白石是以卖画为生的艺术家，特别在定居北京后，家乡的田产留给了老妻春君和她生的孩子，他在北京的生活——他和副室宝珠及宝珠生的孩子，只能靠卖画卖印维持。白石不经商，也不倒卖字画，初到北京的10年也不兼职教书，一切开支只能求助于卖印卖画。1926年前，他的父母在世，经济上仍要奉养老亲。在齐白石眼里，北京和湘潭的两房妻子儿女是一个家，他必须兼顾两地，供应两地孩子的衣食、读书、工作、治病和行旅之用，负担是很重的。

从做木匠的时候起，齐白石就靠手艺吃饭，所以他卖画卖印从不耻于要钱。迄今所知，白石最早的润格是1902年樊樊山给他定的篆刻润例：

常用名印，每字三金，石广以汉尺为度，石大照加。石小二分，字若黍粒，每字十金。

这张润格在远游10年中一直使用。再往后是吴昌硕为他定的润格：

四尺12元，五尺18元，六尺24元，八尺30元，册页折扇每件6元。[1]

定居北京后，齐白石多自定润格。在他客厅里，长期挂着1920年写的一张告白："卖画不论交情，君子有耻，请照润格出钱。"同年还有一张告白："花卉加虫鸟，每一只加10元，藤萝加蜜蜂，每只加20元。减价者，亏人利己，余不乐见。庚申正月初十日。"齐白石卖画卖印，从不讲情面，除极个别亲友外，不论是谁，都要照价付酬，不能赊，不能减。他托人办事，或受人以惠，大多以送画为报，他把这视为人情与物值的交换，如果他感觉不合算，下次就不进行这类交换了。如1935年夏，周维善通过王森然赠白石画像，白石以一画相报；后王森然又领郑景康为齐白石拍照，并将所拍12张照片相赠，白石又报以画。但不久，白石在客厅挂了一张告白，说双方不合算，以后再有人照相画像一概不应酬。[2]

齐白石有时请别人（如樊樊山、林纾等）写序文、题词或纪念文章，也都依照对方的润例付酬，所谓"好朋友，明算账"，一点也不含糊。[3]

齐白石刻印、卖画的润格并不很高，尤其是20世纪20年代初，比一般北京画家（如陈半丁等）还要低一些，二尺的扇面，只收2元，生活很是窘迫。他在《题菊鸟图》诗写道：

老萍对菊愧银须，不会求官斗米无。
此画京华人不要，先生三代是农夫。

自1922年他的画在日本卖大价（花卉一幅100元，山水一幅250元）以后，情况逐渐改善。1926年买跨车胡同的套院，是这种好转的标志。他刻了一方茶碗大的印"故乡无此好天恩"[4]，意思是北京比家乡有更好的卖画环境。到1931年，他自写了《齐白石卖画及篆刻规例》，明示"画刻日不暇给，病倦交加，故将润格增加"。增加后的润格是：

---

〔1〕吴昌硕为白石定润格一事，渺之在《白石老人逸话》中说是1910年，不知何据。笔者在有关齐白石的文献中，尚未见到他在定居北京前提到吴昌硕的文字。此事存疑待查。

〔2〕王森然：《回忆齐白石先生》，见《美术论集》第一辑，人民美术出版社，1982年，第7页。

〔3〕齐璜、张次溪：《白石老人自传》，人民美术出版社，1962年，第78页。

〔4〕王森然：《回忆齐白石先生》，见《美术论集》第一辑，人民美术出版社，1982年，第4页。

花卉：条幅二尺 10 元，三尺 15 元，四尺 20 元（以上一尺宽），五尺 30 元，六尺 45 元，八尺 72 元（以上整纸对开）。中堂幅加倍，横幅不画。

册页：八寸内页 6 元，一尺内 8 元。

扇面：宽二尺者 10 元，一尺五寸内 8 元……凡画不题跋，题上款者加 10 元。

刻印：每字 4 元，名印与号印一白一朱，余印不刻。朱文字以三分、四分大为度，字小不刻……石侧刻题跋及年月，每十字加 4 元，刻上款加 10 元。

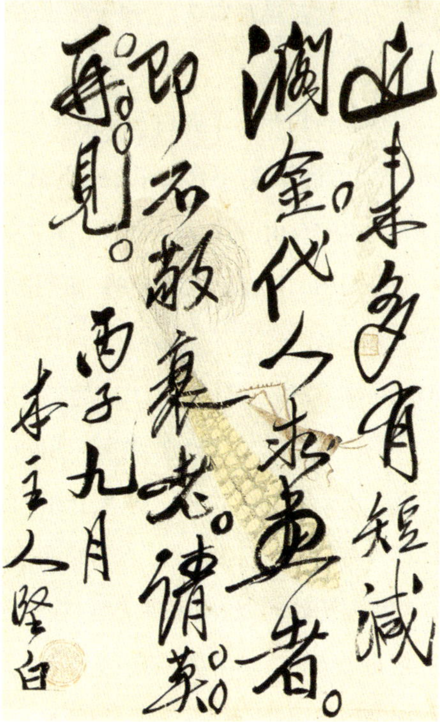

行书信札　1936年

1931 年，齐白石的艺术已经进入盛期，作品水准有了质的飞跃，提高润格理所当然。但提高了的画价，并不比相应的北京画家高。同是 1931 年的润格，萧谦中屏堂每方尺 12 元（比白石高 1 倍），扇面每件 14 元（高出齐白石约 4 元）。周养庵三尺以内条幅 16 元，四尺以内 20 元（略高出白石），扇面、册面每件 6 元（与白石相同或略低）。秦仲文堂幅八尺 56 元（低白石 16 元），六尺 40 元（低白石 5 元），四尺 16 元（低白石 4 元）。[5] 萧、周年龄比白石小，在当时名声略相近，秦是小辈。而白石只比秦高，而低于萧、周。当时齐白石的画几乎供不应求，他把收入看得很重，对钱画交换的规矩把得很严，但在画价上却持低姿态，不知是什么原因，但至少可以知道，他绝非唯利是图的人。

更值得注意的是，他绝不为了钱而放弃自己的艺术追求。初到北京、还租住在法源寺时候，就写过这样一个告白：

余年来神倦，目力尤衰。作画刻印，只可任意所之，不敢应人示……

作画不为者：像不画，工细不画，着色不画，非其人不画，促迫不画。

刻印不为者：水晶、玉石、牙骨不刻，字小不刻，石小字多不刻，印语俗不刻，不合用印之人不刻，石丑不刻，偶然戏索者不刻。

[5]《艺术月刊》第20期，1931年9月封二、三及封底广告页。

贪画者不归纸，贪印者不归石，明语奉闻。濒生启。[6]

这段告白袒示了齐白石孤傲不同流俗的一面，像“作画刻印只可任意为之”“非其人不画”“印语俗不刻，不合用印之人不刻”等，有点像郑板桥一类很有个性的画家。要卖钱，但不丧失基本的自由，不能被人驱使；顾主选择他，他也要选择顾主。在前述1931年《齐白石卖画及篆刻规例》中，也有类似声明，如“用绵料之料半生宣纸，他纸板厚不画”“指名图绘，久已拒绝”“一石刻一字者不刻，金属玉属牙属不刻”等。诚然，为了挣钱，他有时也不得不迁就顾主，但正是靠了对艺术自由、个人志趣和独立人格的追求，才成就了他的杰出艺术。

《齐白石卖画及篆刻规例》声明说：“白求及短减润金，赊欠，退换，交换，诸君从此谅之，不必见面，恐触病急。余不求人介绍，有必欲介绍者，勿望酬谢……无论何人，润金先收。”把这样严苛的字句写入润格，在历来润格文字中是少见的。拒绝“人介绍”是为了拒绝酬谢，而介绍者必为熟人，这样不讲情面，在画界也不多见。这同时也表明，至迟在20世纪30年代初齐白石已不愁卖不了画，而愁求画者太多，他要加以控制了。好友王森然为人祝寿而求画，先付20元，按照“每二尺10元，加题上款10元”的规例，老人只画了一张二尺多的，并不因王森然是朋友而增加尺寸。王森然感叹说：“论交若余者，其规例尚不能破，其严格可知。然海内慕先生书画篆刻，辇金以求踵相接，日不暇给。”[7]

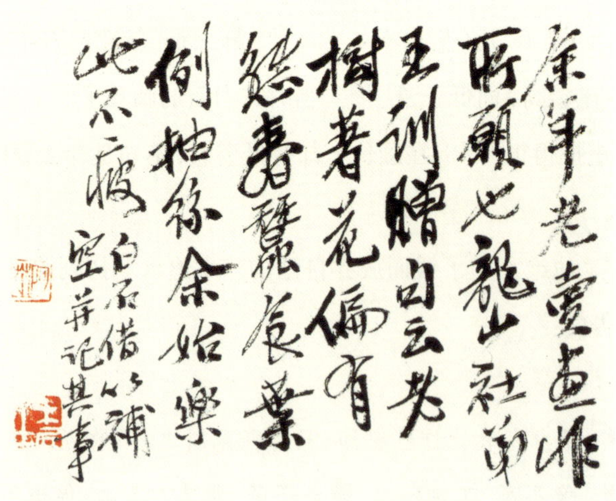

行书题款

〔6〕此告白现藏辽宁省博物馆，见龙龚：《齐白石传略》附图24。作者注曰“第二次来北京的1917年作”。

〔7〕王森然：《齐白石先生评传》，见《中国公论》第3卷第6期，1940年，第84页。

卖画不论交情，卖画也能交朋友。齐白石因卖画卖印而交的朋友也不少，有时还引出一些令人感叹的故事来。初到北京时，齐白石因卖画而交的一个著名朋友是胡鄂公。胡鄂公（1874—1951），湖北江陵人，号南湖，早年肄业于直隶高等农学堂，辛亥革命期间，曾先后任湖北军政府要职及鄂军水陆总指挥。后辞职北上，在天津组织北方革命学会，1913年任国会议员，又先后出任广东潮循道尹、湖北省政务厅长、北洋政府教育次长，20世纪20年代，创办过《今日》杂志，发起组织“反对帝国主义大同盟”。胡氏喜收藏，常光顾古玩店，因买画识齐白石并成为好友。白石《己未杂记》记：当年七月一日为胡南湖画《南湖庄屋图》，七月十五日为画《不倒翁》扇面。闰七月十八日，画篱豆赠胡南湖，引出胡南湖“报公以婢”的故事，极大地改变了齐白石在北京的生活〔8〕。8月17日，胡南湖在琉璃厂清秘阁以10元买白石所画六小屏，并大为称赏，白石“感南湖知画”而补作了郑重的题记。〔9〕

除胡南湖之外，由卖画卖印而交的著名朋友，还有王森然、胡佩衡、王缵绪、须磨（日本驻华使节）、朱屺瞻、李宗仁等。王森然认识齐白石，是在1920年，那时他作为直隶高等师范的学生来京办事，在宣武门外东骡马市大街的一个地摊上看到一个老者卖画，用很低的价钱买了几张。那老者便是齐白石。后来王森然受重于蔡元培等，进入文化界，成为最早写文章介绍齐白石，并为他写评传的人，相交30多年。胡佩衡是金北楼的弟子，北京画家，并曾在琉璃厂开“豹文斋”画店。齐白石定居北京后，他就不断购买白石作品，齐白石生平第一本画集《齐白石画册初集》（1928）也是胡佩衡编的。胡佩衡本人的画与齐白石很不相同，但他对白石其人与画极为推崇，让其子胡橐师事齐白石，又与胡橐合写了《齐白石画法与欣赏》一书。早在编《齐白石画册初集》时，胡佩衡就写道：

先生性爽直，喜任侠，有古烈士风，故见有不平之事，即义形于色。噫！世之衰也，人唯利之是图，假艺术之名为自肥计者比比然也。先生心洁面傲，借挽颓风，求

---

〔8〕南湖说“报公以婢”，是1919年农历七月十八日，南湖把胡宝珠送与白石，是在当年农历九月。《己未杂记》记：“九月十三日八点钟，买车南返，至车站，胡南湖送宝珠来。”白石收宝珠为副室，是在从湘潭再次回北京之后。见齐璜、张次溪：《白石老人自传》，人民美术出版社，1962年，第70页。

〔9〕此六屏现藏天津人民美术出版社，白石在《秋声》一画上加边题曰：“庐江吕大赠余陈年高丽纸，裁下破烂六小条，灯下一挥成六屏，倩厂肆清秘阁主人裱褙，裱褙成，南湖见之喜，清秘主人以十金代余售之。余自以为不值一钱，南湖以为一幅百金，时流谁何能画？余感南湖知画，补记之。”此跋在张次溪《齐白石的一生》、禹尚良《齐白石年谱长编》中都曾引述，但文字都小有差错。此条屏52厘米×16.8厘米，正白石所谓“六小条”者。见郎绍君：《齐白石全集》第2卷，湖南美术出版社，1996年，第12页。

诸今人岂易多得哉！[10]

胡佩衡的评价使我们知道这样一个事实：齐白石卖画讲市场规则，但市场规则并不左右他的思想、个性和艺术。胡氏能画、懂画，又熟知艺术市场和收藏，齐白石与他的友谊，与买卖画有关，却又在艺术上真诚相知。这与不顾画只认钱、只管收入不顾友谊的画家，是不能同日而语的。

朱屺瞻与齐白石的友谊始于1929年冬。朱在画展上看到齐白石画与印，又经徐悲鸿介绍而知齐白石，但他不愿借助于徐氏与白石的私交求取齐氏刻印，而是通过上海荣宝斋按白石润例代办。自此而后，他不断寄款求印，到1938年已有40石，1944年增至60余石，遂自称“六十白石印富翁”，继而作《六十白石印轩图卷》，并请白石题跋。白石跋曰：

人生于世不能主德立功，即雕虫小技亦可为。然欲为则易，工则难，识者尤难得也。予刻印六十年，幸浮名扬于世，誉之者故多，未有如朱子屺瞻既以六十白石印自呼为号，又以六十白石印名其轩，自画其轩为图。良工心苦，竟成长卷，索予题记，欲使白石附此卷而传耶？白石虽天下多知人，何若朱君之厚我也？

齐白石引朱屺瞻为“知己第五人”[11]全由购求印石的“厚我”“知我”而来，却十数年“暌隔千里而未尝一面”。[12]直至1946年齐白石到上海开画展，才有缘面叙。二人的友谊，以买卖印和共同的艺术趣味为基，缺一而不可得。

齐白石与王缵绪的交往，也始于王氏的求印购画。王缵绪（1887—1950），四川西充人，字治园，早年就学于四川陆军速成学堂，先后任国民革命军师长、军长、集团军司令、四川省政府主席等。约1931年，他托在京的友人请齐白石刻印，彼此通信，王氏一再邀白石蜀游，说入蜀可挣丰厚润资，并赠他一侍女，以为他“磨墨理纸”。白石作《梦游重庆》诗，序曰：“王君治园与余不相识，以书招游重庆，余诺之。忽因时变未往。遂为万里神交。强自食言前约，故梦里犹见荆州。”

---

〔10〕胡佩衡：《齐白石画册》初集序言，1928年。

〔11〕被齐白石视为“知己”的，还有胡沁园、郭人漳、夏午诒、陈师曾、徐悲鸿。

〔12〕上海博物馆：《梅花草堂白石印存》，上海书店出版社，2001年。

“百尺红素倦红鳞，一诺应酬知己恩。昨夜梦中偏识道，布衣长揖见将军。”1932 年 7 月，齐白石作《山水十二屏》赠王缵绪。这十二屏精妙绝伦，堪称白石山水画的极品。在其中《梦中蜀景》一屏中，题了《梦游重庆》诗。王治园所赠侍女名淑华，侍白石近一年。[13] 淑华走后，白石作《许放淑华并序》记其事：

淑华，蜀人王治园君赠来磨墨者，侍余未及年。吾女爱其娴静，自婢入门，多吉祥（小儿女辈常弄火，火将上屋，两遇淑华扑灭）。欲求为儿媳，余许之。淑华不求妆奁，但求画一幅。余画鹦鹉与之，题一绝句：

湘上青山好景光，能言鹦鹉莫思乡。

太平桥外槐花下，亲手开笼欲断肠。[14]

1933 年，白石蜀游未成行，但让他的三子齐良琨到四川走了一趟，给王缵绪带去手拓印谱四册。[15] 1936 年，白石终于带着宝珠和两个最小的孩子到四川游玩，在成都等地为王缵绪刻印又作画。但这次蜀游，白石并不高兴，因为王缵绪原答应给他 3000 元酬金，只给了 400 元。白石《蜀游杂记》写道：“半年光阴，曾许赠之三千元不与，可谓不成君子矣！”5 年后，81 岁的齐白石又在《蜀游杂记》末页题了两句话：“翻阅此日记簿，始愧虚走四川一回，无诗无画，恐

---

〔13〕张次溪在《齐白石的一生》记其事，说齐白石没有接受王缵绪所送侍女：“他回信以年老辞，寄去二百元钱，嘱速遣嫁，写了两首诗道：

衣裳作嫁为君缝，青鸟殷勤蜀道通。向后从夫休忘记，罗敷曾许借山翁。

桃根一诺即为恩，旧恨新愁总断魂。又把红绳甘割断，永丰园里属何人。

这两首诗应没有疑问，但说白石“以年老辞”，没有接纳此女却是假话。张次溪写此书应在白石逝世以后，因为时代环境的原因，他对事实真相有意作了掩饰，在当时是可以理解的。从白石这些诗及序可知，王治园送侍女，原本是给白石做妾的，因此白石才有“罗敷曾许借山翁”一类的话，但淑华没有与白石成亲，又让她还乡了，所谓“许放淑华”包含着许她嫁他人之意，亦即诗中说的“又把红绳甘割断”。笔者在上世纪90年代前期在湘潭访问白石后人，知白石放淑华，是因为她与宝珠关系难处，在白发红颜与家庭“安定团结”两者之间，白石最后选择了后者。

〔14〕此诗后改题为《别淑华》。这时按《白石诗草二集》（1933）原题改回。

〔15〕《齐白石印汇》有白石题跋云：“此四本乃璜与姬人手拓，不欲赠人。今儿辈游蜀，璜无所寄赠治园将军，捡此令子如代呈，癸酉春齐璜。”见重庆市博物馆：《齐白石印汇》，巴蜀书社，1988年。

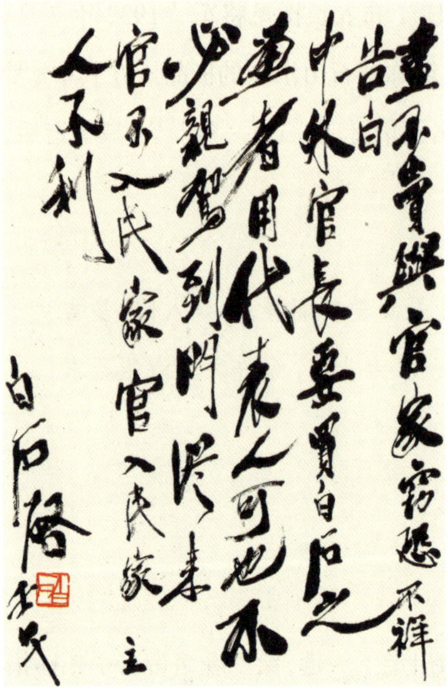

行书手札　1942年

后人见之笑倒也。故记数字，后知翁者，翁必有不乐之事，兴趣毫无以至此。”[16]蜀游使白石老人对王缵绪这个“神交”有了认识，后来就不再往来了。白石口述自传谈及蜀游时，只说“四川有个姓王的军人”云云，连王氏的名字也没指明。不妨说，他和王缵绪的关系，由卖印卖画始，亦由卖画卖印终，在卖画卖印的背后，可以看到齐白石对伦理人格的价值要求。

抗战期间，齐白石厌于日伪人员的纠缠，对卖画卖印有所控制。1940年，曾在大门上贴出一张告白：“画不卖与官家，窃恐不祥告白：中外长官要买白石之画，用代表人可矣，不必亲驾到门。从来官不入民家，官入民家，主人不利。谨此告知，恕不接待。庚辰正月八十老人白石拜白。”不是不卖画，而是明言不愿意和日伪人员打交道。这样的告白，表现了白石老人的勇气和胆量。

齐白石卖画靠琉璃厂画店做中介，他和这些画店的关系很好，这种关系的标志是讲信义，保持作品的质量，画价的合理与稳定。荣宝斋为齐白石售画最久也最多。他与荣宝斋等画店的交情非常好。长期在荣宝斋工作的白石孙女婿萨本介说：“荣宝斋和齐白石的联系有诸多因素，但决定性的因素是相互的质。”这个“质”是什么呢？他解释道：“每天清晨，白石老人起床洗漱之后，照例吃他的那碗普普通通的挂面（天天如此，常年不变）。吃完稍事休息，养养精神，就走到画案前，带上套袖，第一句话就要问，有没有荣宝斋的笔单？如果有，那么每天清晨老人的第一张画就是给荣宝斋画的。”[17]

1946年，齐白石应中华全国美术会之邀到南京、上海办画展，“带去的二百多张画，全部卖出，回到北平，带回来的‘法币’，一捆一捆的数目倒也大有可观，等到拿出去买东西，连十袋

〔16〕渺之曾看过齐白石的《蜀游杂记》，说：“在这本日记中，邀他游蜀的人名字都已涂去，但细看还是可以看出是当时鼎鼎大名的四川军阀王缵绪。老人的‘不乐之事’，原来是上了军阀的当。”又记曰：“老人还有同一年的‘丙子账册’一本，记的都是画店送款收件的事，其中一页有横书‘补遗失’三个大字。下面写‘寄成都二尺二幅，四尺二幅。王缵绪收到隐瞒，已现实之，事情勿论，今补还荣宝，已免事。”可见王缵绪还白收过他的画，没有付账。见渺之：《白石老人逸话》，上海书局，1973年，第17页。

〔17〕萨本介：《齐白石图话（三）》，见《荣宝斋》总第6期，2001年11月，第232页。

左起：王雪涛、胡佩衡、齐白石、贺澹江

面粉都买不到”[18]。通货膨胀以至如此，书画篆刻真是不值一钱了。但白石老人总还要卖画卖印。1947年5月，白石老人自书了一张润格：“一尺十万（册页作一尺，不足一尺作一尺），扇面中者十五万，大者二十万。粗虫小鸟一只六万，红色少用五千，多用一万。刻印：石小如指不刻，一字白文六万，朱文十万，每元加一角。丁亥五月十八日。”[19]这“一尺十万”“一字六万”，可真够吓人了！但“一个烧饼，卖十万元，一个最次的小面包，卖二十万元，吃一顿饭馆，总千万元以上”，这样一比，还算贵吗？白石老人感叹说：

> 人们纷纷抢购实物，票子到手，立即就去换上东西……他们异想天开，把我的画，也当作货物一样，囤积起来。拿着一堆废纸似的“金圆券”，订我的画件，一订就是几十张几百张。我案头积纸如山，看着不免心惊肉跳。朋友跟我开玩笑，说：“看样子，真是‘生意兴隆通四海，财源茂盛达三江’了。”实则我耗了不少心血，费了不少腕力，换得的票子，有时一张画还买不到几个烧饼，望九之年，哪有许多精神，弄来许多废纸，欺骗自己呢？只得叹一口气，挂出“暂停收件”的告白了。[20]

在20世纪画家中，齐白石不像王一亭、陈师曾、金城、吴湖帆那样有生活来源，可以一心一意追求自己的艺术目标或自由的游戏笔墨，也不像某些以赚钱、逐名为唯一目的，趋时迎合、卖掉才华、丧失艺术追求的“明星”。他兼取两者，获得了两方面的成功。相似的成功者还有吴昌硕、张大千等。齐白石的成功原因是多方面的，其中两条最重要：一是他没有膨胀的物质欲望，生活节俭，自足于温饱小康，有充分的精力与闲暇进行艺术探索；二是他始终保持着人格与创造的自由，用自己的艺术创造市场，而不是被市场牵着鼻子走。当然，卖画卖印对齐白石的艺术也有负面作用，这主要是卖画数量过多，为了卖画之需，即便没有兴致也画，不想画的也画，不免出现气力疲乏、技巧不精和大量重复之作。在历代中国画家中，这种现象是很难避免的。

〔18〕齐璜、张次溪：《白石老人自传》，人民美术出版社，1962年，第102页。
〔19〕澍之：《白石老人逸话》，上海书局，1973年，插图六。
〔20〕齐璜、张次溪：《白石老人自传》，人民美术出版社，1962年，第103页。

食叶蚕肥丝自足

——齐白石绘画艺术的渊源

中国画有悠久的历史，是一种讲传承、重积累的艺术。齐白石从一个普通木匠成长为一代大师，是因为他有很好的传承也有出色的创造。就传承而言，他学习过哪些人？学习的态度与方法如何？

我们知道，齐白石学画从《芥子园画传》入门，而后从萧芗陔学画肖像，从胡沁园学画工笔花鸟，从谭溥学画山水，又得到过尹和伯画梅和沈姓画家草虫的画稿。这些老师前辈，都是民间画师或地方画家，艺术水准并不很高。齐白石从他们那里学到的，还是初步的画理、画法与画史知识。远游近10年，他接触到了更多的古代画迹，学习传统的范围进一步扩大了。

从白石自述、题跋和遗留画稿可知，他学过的画家有倪云林、沈石田、唐六如、徐文长、八大山人、石涛、金冬心、黄瘿瓢、李复堂、高凤翰、罗两峰、赵之谦、孟丽堂、张叔平、周少白、钱慧安、吴昌硕等。但学与学是不同的。与黄宾虹、萧俊贤、陈师曾、金城等同代画家相比，齐白石所见到、熟悉和临摹的古代名迹，要少得多。他曾用功于石涛、八大，但他看到了多少他们的真迹，实在很难说，至少在60岁前，他没有条件接近大收藏家，没有钱买古代名作（齐白石一生不作收藏）。定居北京后，他有条件看到古物陈列所和故宫的名画陈列，但迄今未见到这方面的任何记载。北京也有许多收藏家或兼能收藏的画家，如颜世清、金城、张伯驹、徐石雪等，但齐白石与他们几乎没有交往。他所能见的，一是他的好友郭人漳的收藏，但郭人漳不是真正的藏家，其藏品有多少或可靠性如何，也已很难考查；二是琉璃厂古董店的作品，这些作品真伪混杂，而齐白石不长于鉴定。北京画家观摩作画的雅集活动，如宣南画社、中国画学研究会、湖社等组织的类似活动，他极少参加。一次王森然问他的《和岩上老人诗》中“食叶蚕肥丝自足，采花蜂苦蜜方甜”的大意，他回答说：

> 我六十年来的成就，无论在刻、画、诗文各方面说来，不都是从古书中得来的。有的是从现在的朋友和学生中得来的。我像是吃了千千万万人的桑叶，才会吐出丝来；又似采了百花的蜜汁，才酿造出甜蜜。我虽然是辛苦了一生，这一点成绩，

正是很多很多古往今来的师友们给我的。[1]

这番话很真实，白石一生从身旁师友获得的，比得自古人的多。他还说过一段话："画家不要(以)能诵古人姓名多为学识，不要(以)善道今人短处为己长。"[2]也包含着这样的意思。白石的画，以大写意花鸟为主，而大写意花鸟的传统始于明中期以后，他学古人的着重点，是徐渭以来的大写意传统即明清近代传统。他很少谈宋元画，与这一点颇有关。

齐白石对古今画家有所选择，但无宗派门户之见，他从不理会南宗北宗，也不管海派京派、行家隶家、有名无名，只要认为值得一学，就临学、汲取，即便是学生的画，他只要觉得好，也加以临学，并不觉得丢面子。这是那些有身份、讲来历的画家所不屑为的。

在古代画家中，对齐白石影响较大的是徐渭、八大山人、石涛、金冬心、李复堂和黄瘿瓢。

黛玉葬花（选临《芥子园画传》）
约1890—1900年

齐白石见过徐渭什么作品，尚无具体材料。《白石老人自传》说在郭人漳府中临摹过青藤画。他至少见过一些有徐渭款子的作品或摹作，对其奔放恣肆的画风有所了解，所以才对徐渭生出无限崇拜之情，写出了"我欲九原为走狗"的诗句。白石 70 岁前所画各种藤科花卉，如藤萝、葡萄、丝瓜等，确有颇似青藤恣纵风格的。青藤愤世嫉俗、舞秃毫如丈八蛇矛的性情，与齐白石宁静自足、刚直质朴的情性相去甚远，他晚年在艺术上远离青藤，是顺理成章的事。

迄今所见白石最早摹八大的作品，是 1901 年的《墨荷》扇面(藏湖南省博物馆)。有题曰："辛丑五月客郭武壮祠堂，获观八大山人真本。一时高兴，仿于仙谱世九弟之箑上。兄璜。""郭武壮祠堂"即晚清名将郭松林祠堂，郭人漳即郭松林之子。"仙谱"为胡沁园之子，亦为白石好友。齐白石有《与胡仙谱信》，提及在箑上"用八大山人真本墨荷摹应大命"之事，与此事相

〔1〕王森然：《回忆齐白石先生》，见《美术论集》第一辑，人民美术出版社，1982年，第24页。

〔2〕齐白石：《遇邛生石冥画会》，1943年，见郎绍君：《齐白石全集》第10卷"白石文抄"，湖南美术出版社，1996年，第89页。

墨荷　1901年

合[3]。从此画的跋文可以推断，齐白石对八大已很熟悉，所观《墨荷》应不是首次接触八大作品了。1904年，齐白石随王湘绮游南昌，看到并临摹了八大的多幅作品。他在《仿八大花鸟》一画上题道：

予癸卯侍湘绮师游南昌，于某世家得见朱雪个先生真本，至今三十余年，未能忘也。偶然记之，丙子璜。

在《群鱼图》中说得更具体：

予游南昌，于丁姓家得见八尺纸之大幅四幅，乃朱雪个真本。予临摹再三，得似之五六。有大小鱼一幅，笔情减少，能得神似。惜丁巳已成劫灰，可太息也。今画此幅，因忆及之，白石。

南昌是八大生活最久的地方，遗留较多八大作品。当地世家大族藏其作品，乃情理中事。王湘绮作为晚清大学者，携"王门三匠"游南昌，在当地曾传为佳话。[4] 作为"三匠"之一的齐白石在南昌侍师半年之久，应有机会观赏临摹当地一些藏品，但给他留下最深印象的唯八大一人而已。后来，他在上海、北京等地也搜求过八大作品，包括八大作品的石印小画册。迄今所

〔3〕龙龚：《齐白石传略》，人民美术出版社，1959年，附图12。

〔4〕齐璜、张次溪：《白石老人自传》，人民美术出版社，1962年，第53页。

见齐白石模仿或形似八大的作品，较为典型者有：

《墨荷扇面》(1901年，藏湖南省博物馆)

《画鸭小稿》(1904年，藏辽宁省博物馆)

《月下幽禽》(约1913年，藏辽宁省博物馆)

《荷鱼图》(约1910—1912年)

《芙蓉小虾图》(1913年)

《墨荷轴》(约1912—1917年，藏中国艺术研究院)

《秋虫》(约1916年，藏辽宁省博物馆)

《戏拟八大山人》(1917年，霍宗杰藏)

《芙蓉八哥》(1917年，藏辽宁省博物馆)

《松树鹌鹑》(1919年，日本·须磨藏)

《菊石小鸟》(1918年，藏湖南省博物馆)

《枯枝八哥》(约1917年)

《花鸟草虫册》(1917年，藏首都博物馆)

《竹鸡图》(1917年，藏北京画院)

《白石老人小册》(1920年，私人藏)

《花鸟册》(1921年，日本·须磨藏)

《花卉册》(1922年，日本·须磨藏)

古代画家，齐白石最钟情于八大。1918年，他题《菊石小鸟》说，自从在南昌见八大作品，“匆匆存其粉本。每为人作画不离乎此。十五年来所摹作真可谓不少也”。直到20世纪20年代前期，齐白石仍有不少临仿八大之作。

白石学于八大的，一是冷逸画风，二是减笔画法，三是鱼、鸭、八哥、鹰、鹤等的造型。其背景是：约40岁前后，他由民间画师向文人艺术家转变，摹习八大对促成这一转变起到了举足轻重的作用。衰年变法以后，他抛弃了八大式的冷逸，突出了个人风格，但并没丢弃八大的减笔大写意模式。在1945年的一则题跋中，他曾对丢弃八大画风表示“殊堪自悔”，[5]但这种自悔只能看作成功者回首往事时的一种情感歉疚，而不是对变法革新的否定。1951年，他题早

〔5〕齐白石题1920年所画花果小册，曰：“冷逸如雪个，游燕不值钱。此翁无肝胆，轻弃一千年。予五十岁后之画，冷逸如雪个，避乡乱，窜于京师，识者寡。友人陈师曾劝其改造，信之，即一弃。今见此册，殊堪自悔。年已八十五矣。乙酉，白石。”

荷花 约1915年

戏拟八大山人 1917年

芙蓉鸭子图 1905年

年所画《秋梨与细腰蜂》云：

> 此白石四十岁后作，白石与雪个同肝胆，不学而似。此天地鬼神能洞鉴者，后世有聪明人，必谓白石非妄语。九十一岁为橐也记。

“不学而似”是不能真信的。他学而似，但也仅是似而已。“同肝胆”就更谈不上。他和八大的身世、气质、教养、艺术传承、笔墨风韵，几乎没有共同处。但他借助于八大脱出民间艺术的工艺性特质，蜕其躯壳，留其内核，走向文人画式的自由，得了大益处。另一方面，白石一生喜爱八大，又突出地表明了他与一般民间艺人在趣味与追求上的区别。这正是齐白石特殊的地方。

齐白石最早接触金冬心作品是在何时，无确切记载。《白石老人自传》说1906年在钦州临过郭人漳收藏的冬心画。他从远游期间（1902—1909）开始摹金冬心书。1917年，樊樊山为齐白石的诗集作序，说：“濒生书画皆力追冬心，今读其诗，远在花之寺僧之上，真寿门嫡派也。”但齐白石并不承认自己“力追冬心”，在《书冬心先生诗集后》诗中说：“与公真是风马牛，人道萍翁正学公。始识随园非伪语，小仓长庆偶相同。”意思说他的诗画与冬心偶然相同而已。但白石喜欢金冬心诗书画，是没有疑问的。有诗为证：

> 岂独人间怪绝伦，头头笔墨创奇新。
> 常忧不称读公句，衣上梅花画满身。

胡佩衡说齐白石50岁后，“画梅学金冬心的水墨技法”，并举其58岁所画墨梅为证[6]。在齐白石画稿中，有一件1917年摹金冬心《看梅图》，白描，把金氏题诗也勾摹下来了。同年7月，白石为好友夏午诒画《独树庵图》，房屋、树木画法皆酷似冬心。[7]白石60岁后所画诸多远景荷花，以花青点叶，洋红点花，意境清新，其源也与冬心有关。王方宇《看齐白石画》一书，曾把白石《莲蓬蜻蜓图》与冬心《荷香消暑图》进行比较，认为白石的远景荷花出自冬心，并指出画中题词亦从金冬心词套改而来。[8]这样的例子还可以举出一些，如1925年所画《山水十二屏》之一的《荷塘》，其远荷画法亦与冬心相近，画中所题“少时戏语总难忘，欲构凉窗坐板塘，难得那人含笑约，隔年消息听荷香”，与冬心“记得那人同坐，纤手剥莲蓬”句意也相似。

勾摹金农看梅图　1917年

独树庵图　1917年

〔6〕胡佩衡、胡橐：《齐白石画法与欣赏》，人民美术出版社，1959年，第77页。
〔7〕《看梅图》《独树庵图》均见郎绍君：《齐白石》，天津杨柳青画社，1997年，第123—124页。
〔8〕王方宇、许芥昱：《看齐白石画》，艺术图书公司，1979年。

齐白石《荷塘游鱼》与冬心《荷塘图》更是惊人的相似。实际上，齐白石与金冬心的气质、修养很不同，一个是艺术化的农民，一个是艺术化的士大夫文人。他们的相近处是都重视个性，都不同于流俗；都倾向于艺术上的平朴与天趣，但细究起来，他们的平朴与天趣也各不相同：白石平朴雄健，寓刚健于天趣；冬心平朴而淡逸，天趣中见稚拙。

齐白石与黄瘿瓢有相近的身世——来自民间，也都曾以画肖像谋生，并靠独立奋斗跻身文人艺术家行列。清人对黄氏的非议与近人对齐白石的非议也相似：俱以“俗”“野”相贬抑。但二人的作品与风格大不同，白石学习黄慎的，只有大写意人物，他笔下某些形象（如刘海、东方朔等），笔意之疏狂纵放，有黄氏的影子。但白石写意人物的诙谐特色，黄瘿瓢是没有的；黄氏用笔繁而狂纵，多侧锋与转折，白石用笔简而方直，转折少，粗拙凝重。瘿瓢近狂草，白石近篆隶。

另一扬州名家李鱓（复堂）对白石也有影响，但他见过、临过多少李氏原作，尚不清楚。辽宁省博物馆藏白石《菖蒲蟾蜍图》（1912），是据“李复堂小册”摹写的。白石有一白描画稿，临写李复堂画树，只是一个局部，亦不似对原作的临摹。在《荷花翠鸟》（约1917）一画的题跋中，白石说“懊道人画荷花于草率，八大山人亦画此，过于太真，余能得其中否？自尚未信”。[9]齐白石模仿李复堂大致是在60岁前，在“不拘绳墨，纵横驰骋”，而非温文尔雅的正统派这点上，他与李复堂是相近的；60岁后借鉴吴昌硕，融金石笔法于画，变得沉厚凝重。吴昌硕也曾得益于对李复堂的借鉴，他们在笔路和气势上，确有相近之处，但各自形成的风貌又不相同。

白石誉词最多的画家是石涛。“下笔谁教泣鬼神，二千余载只斯僧。焚香愿下师生拜，昨夜挥毫梦见君。”（《题大涤子画像》）“绝后空前释阿长，一生得力隐清湘。胸中山水奇天下，删去临摹手一双。”（《题大涤子画像》）“当时众意如能合，此日大名何独尊。即论墨光天莫测，忽然轻雾忽乌云。”（《题大涤子画像》）……还有一些题跋，不具述。齐白石如此推崇石涛，出于何因？按我的理解，一是喜爱石涛的山水画；二是激赏石涛反摹古重独创的主张；三是有感于石涛当时不为人重，后世却享大名的迹历，而引为千古知音。白石何时始见石涛作品，尚不得知，但从1910年（48岁）所作《石门二十四景》中的某些作品如《石泉悟画》等，可看出对石涛笔意的模仿。中国嘉德'94秋季拍卖会所拍《仿石涛山水册》（1922年，8开），是迄今所见唯一的临仿之作。《悟说山舍》（1925）、《万竹山居》二图中竹林的画法，略似石涛画竹。中央美术学院藏白石《竹图》有跋曰：“尝见清湘道人于山水中画以竹林，其枝叶甚稠，雪个先生制小幅，其枝叶太简，此在二公所作之间。”这表明，白石画竹可能参照过石涛。齐白石喜画

〔9〕胡佩衡、胡橐：《齐白石画法与欣赏》，人民美术出版社，1959年，附图64。

临石涛山水册 1922年

“米点”山水，但其水墨淋漓的气象，更接近于石涛。贺天健说白石“水晕墨法是从石涛、金冬心的传统上来的”[10]，有一定道理。但白石20世纪30年代的山水画，就看不到石涛的影子了。他在1931年（69岁）《题山水册》云：

> 吾画山水，时流诽之，故余几绝笔。今有寅斋弟强余画此，寅斋曰：此册远胜死于石涛画册堆中一流也。即乞余记之。

他在这里借寅斋的话，表示自己不同于“死于石涛画册堆中一流”。20世纪20至40年代，许多画家追摹石涛，但模仿有余，创造不足。对此，白石是很蔑视的，喜爱石涛但绝不以模仿代替创造，这正是齐白石高出时人之处。

齐白石对同时代画家的学习借鉴，很难做出具体的统计与描述。借鉴最多的两个人是吴昌硕和陈师曾，对凌直支、陈半丁、王梦白等，他也有所汲取。对学习吴昌硕，我们将在“衰年

〔10〕贺天健：《看齐白石画展后的感想》，见力群：《齐白石研究》，上海人民美术出版社，1959年，第114页。

变法”一章中介绍。限于篇幅，其他从略。

纵观齐白石对古今画家的学习借鉴，可见出很强的选择性。早年从谭溥学画山水的时候，他曾间接接受过“四王”的影响。从远游开始，他就转向写生，不再学“四王”了。衰年变法期间，他一再声明不喜欢“王姓画”，并直斥为“匠家作”。从各种材料看，齐白石似乎没有看过多少“四王”原作，他对“四王”的坏印象，应主要来自晚清以来以“正统”相标榜的“四王派”末流。此外，北京一些与“正统派”关系较深的画家排斥他，也从另一方面使他反感“四王”画，而陈师曾崇尚石涛、八大等个性派画家、不喜欢“四王”的观点，对他也应有一定影响。当然，最主要的原因应是趣味相异，齐白石喜阳刚而远阴柔，近民间的率直而远文人的曲折——他爱石涛而远“四王”，近“扬州八怪”、吴昌硕而远常州派，都出自同一源渊。他的启蒙老师胡沁园画恽派工细花鸟，齐白石中年后逐渐放弃了胡氏画风，亦根乎此。齐白石与黄宾虹同在北京西城居住达10年之久，却没有来往（相互拜访、书信或在某种场合的会面等），除了抗战环境的原因，应与他们艺术趣味不同有关。黄氏推重清初遗民画家尤其新安派，如程穆倩、渐江、查士标、戴本孝等，齐白石却从不提及这些人，或不熟悉或没兴趣。趣味固然不是唯一的，白石追求八大冷逸画风的时候，就不完全是趣味选择，而更多出于对文人艺术尤其是大写意的真诚向往，以及改变自己民间画师身份、由俗入雅的真诚愿望。一旦目标达到、艺术成熟，他还是放弃了与自己内在气质与趣味相差太远的八大。艺术家对传统的选择，主要不是一种形式风格，更是与自己生命个性接近、合拍的语言方式，只有这样，才有大成功的希望。

对明清以前的传统，齐白石似乎没有很高的热情。不待说，他声言“逢人耻听说荆关”，是针对那些言必称宋元的批评者，并不代表他对宋元绘画传统的态度。但他很少见到宋元真迹，对宋元缺乏了解，也是事实。他从一个民间画师起步，没有名师指点，全靠了有限条件中的自学，养成了不拘一格广收博取的习惯，凡可学可用的画迹，从《芥子园画传》到有名无名的前人画本，他都认真研究，而从不专于某代某家某派。古玩店有时送来一些古画请他选购，他总是以虔诚的态度，把认为有用的勾临下来，有时竟日不辍。〔11〕瓷瓶上的装饰图画，他有时也不放过，而并不顾忌别人说他什么。〔12〕这种勾摹，大抵采取边学习边扬弃的方式，是结不了“壳”的。齐白石对传统的学习，是抱着一种很实际的学用态度，而不是像黄宾虹那样抱着一种学术

〔11〕齐白石曾对史怡公说：“这两天已没有好好画画，尽临古玩铺送来的画了。”见王振德、李天庥：《齐白石谈艺录》，河南人民出版社，1984年，第29页。

〔12〕《齐白石画法与欣赏》记白石画稿：“丁巳客汉上，有瓷瓶卖者，余见其雕瓷甚骨天趣，因戏勾其稿。将付儿辈他日为有用本也。”见胡佩衡、胡橐：《齐白石画法与欣赏》，人民美术出版社，1992年，第19页。

的、考证评判的态度，更不像金城那样用力于虔诚的近乎复制的临摹。在近代，一些画家精心研摹传统，但有时慑于传统的丰富和精美，就亦步亦趋、谨小慎微，辗转于名家笔下讨生活。齐白石对传统谈不上研究，但他的悟性很高，消化力很强，能根据自己的个性吸收、扬弃。他在一幅《岱庙图》中题道：

> 余每作画，意欲自立门户，以似古人深为耻。无奈尝游四方，见有名迹真本，喜观之，不觉藏之于胸中。若遇其人求画，纸墨亦佳，则古人从余十指间而出，世有似余者，当不以余为狂妄也。[13]

临沈周岱庙图　1926年

这话不免有些夸口。但说“以似古人深为耻”，学而能化，是确实的。以《岱庙图》为例，初仿自沈周，屡画屡变。张安治见白石64岁所画《临石田岱庙图》“用色强烈鲜艳，和沈周不同。想虽为临摹，已加入自己的东西”[14]。王方宇藏《岱庙图》画四株古柏，近景以色彩画庙门、围墙，远景泼墨画山。须磨藏《岱庙图》只在右下角画两株古松，庙门及墙用勾勒法，近于白描，远景之山则粗笔勾皴，与王方宇藏《岱庙图》大不相同。重庆博物馆藏1936年作《岱庙图》，与须磨所藏构图略近，但远山全用没骨法，白墙也变成了红墙。北京市文物公司也藏一《岱庙图》（约20世纪40年代作），近景画了松树、河流、小桥，把岱庙处理成中景，又是一番景象。出自同一母式的《岱庙图》，每画每异，不断以己意增删，到后来，与沈周已没有什么相似处了。这与近代许多学传统的人是大不相同的。

---

〔13〕Ch'i pai-shih. *Collection of Yakichiro Suma*. Tokyo: sansai-sha, 1960.

〔14〕张安治：《齐白石先生的山水画》，见力群：《齐白石研究》，上海人民美术出版社，1959年，第120页。

对前人与古代绘画的临习，目的在认识与把握传统，进而推陈出新。古人在作品中流露的精神气象是无法学来的，摹古者只能摹其形肖其技，不能得其神肖其心。既如此，何必要拘于对古人的肖似？齐白石以李北海“学我者生，似我者死”的话告诫学生，正是这个意思。他可以学八大、金农、吴昌硕，却学不来他们的内在特质，自己根深蒂固的精神个性也丢不掉。对历代文人绘画的学习，帮助他丢弃了民间绘画的某些因素，但始终未丢弃自己的乡村气质，未丢弃对真似形象的特殊兴趣，以及对自然生命的一往情深。换言之，齐白石的杰出，在于他用高超的文人艺术形式表现了充满乡野气息的质朴心灵，又把民间艺术的活力融入文人艺术，赋予它以健康的精神内涵和新鲜的形式因素。齐白石的特殊经历、特殊的学画历程赋予了这种机遇与可能性，他的才能和努力使他做到了这一点。

大致说来，民间美术和人类早期对自然、生殖、祖宗、鬼神的崇拜和历久不衰的习俗有较多联系，文人艺术和晚期中国社会形成的士人生活与思想密切相关。文人画家不大耽于幻想、宗教与鬼神。民间美术多实用功能，文人美术更强调精神功能。民间美术多表达群体观念，文人美术多表达个人情绪。民间美术相对粗犷，文人美术相对精致。民间美术表现情感的方式较为率直，情感本身也相对简单、淳朴，颇少悲哀和缠绵；文人美术则较多以曲折方式表现心理世界，如幽怨、孤独、怀古等。民间美术喜描绘物质世界的形色，有时还赋予它们以生命的灵性；文人美术对物本身有些淡漠，而对借物存身的精神因素有更大兴趣。民间美术的作者是劳动者自身，多集体创作，较少创造者的个性因素；文人美术都是个体创作，自我意识强，作品较多个性色彩。齐白石生活的时代，民间美术与文人美术都呈衰落之势，而他的崛起，在很大程度上是文人美术与民间美术互渗、互借、互融的结果，他的经验虽是个人的，却也带有一定的普遍意义：把民间艺术的质朴、亲切、清新、刚健与文人美术的简约、含蓄、精致、丰富结合起来，使雅与俗、文与野在现代意义上融为一体，给古老的传统艺术带来新的可能性，使它焕发出新生命。

十载关门始变更

——齐白石的“衰年变法”

“衰年变法”是齐白石对自己定居北京后艺术变革的称谓。经过变法，齐白石的艺术脱胎换骨，跻身于大家之列。

“衰年变法”起止于何时，研究界只有大略的判断。白石自己在一首诗中说“十载关门始变更”，这“十载”指定居北京后的10年，即1919年至1928年。变法肇因于北京人不买他的画和陈师曾的劝告。陈师曾1917年为白石《借山图》和《墨梅》题诗，劝他不要步趋别人，走自己的路。齐白石这时期正追摹八大，师曾的劝告对他很有震动。当年秋白石返湘，直至1919年农历三月才再次北上，正式定居北京。就是说，1917年到1918年，白石未曾安定下来作画。所谓“十载关门”实际上始于1919年。胡佩衡回忆说：

> 陈师曾最崇拜吴昌硕，曾得吴昌硕的亲传。当时吴昌硕的大写意画派很受社会的欢迎，而白石老人学八大山人所创造的简笔大写意画，一般人却不怎么喜欢，因为八大的画虽然超脱古拙，并无昌硕作品的丰富艳丽有金石趣味。在这种情况下，白石老人就听信了师曾的劝告，改学吴昌硕。
>
> 我记得，白石老人定居北京不久，常常有人请他刻印，很少有人找他画画。老人只靠刻印还不能维持生活，而当时已经有了很多享盛名的大写意画家，如吴昌硕、王一亭、陈师曾、凌直支、陈半丁、姚华、王梦白等。所以，初来北京的白石老人，就更不受欢迎了。在这种环境里，老人感到自己的艺术不突出，非另立门户才有出路，便立志独创画派，也即他后来自称的“衰年变法”。[1]

这段记述，与《白石老人自传》所述大致相似，但自传没说陈师曾劝他改学吴昌硕一事，只说“我的画，虽是追步八大山人，自谓颇得神似，但在北京，确是不很值钱的哩。师曾劝我自出新意，变通画法，我听了他的话，自创红花墨叶的一派”。白石回避变法期间所学颇多的吴昌

〔1〕胡佩衡、胡橐：《齐白石画法与欣赏》，人民美术出版社，1992年第2版，第21页。

硕，或许有微妙的心理因素。

1919年农历八月，白石于同乡黄镜人处得观黄瘿瓢《桃园图》及花卉册，记云："此老笔墨放纵，近荒唐。较之，余画太工致板刻耳。""获观黄瘿瓢画册，始知余画犹过于形似，无超凡之趣，决定大变。人欲骂之，余勿听也；人俗誉之，余勿喜也。"同年又在为方叔章作画记中写道："余作画数十年，未称己意。从此决定大变，不欲人知，即饿死京华，君等勿怜，乃余或可自问快心时也。"[2]

此年还留下一段自记："余尝见之工作，目前观之大似，置之壁间相距数武观之，即不似矣。故东坡论画不以形似也。即前朝之画家，不下数百人之多，瘿瓢、青藤、大涤子外，皆形似也。"

由上述言论可知，白石变法，首要的追求是摆脱形似，求"超凡"之趣。他学八大山人，笔墨已经很简，但仍保持着相当的形似，这是他自当雕花木匠以来就追求的。但"超凡之趣"不是单纯摆脱形似能获得的，对此，白石似无深入的思考。

胡佩衡《齐白石画法与欣赏》记述齐白石变法，主要是学习吴昌硕：

> 衰年变法是吸取当代各家的优点，特别是吴昌硕的优点。经过不断钻研，创造出自己的风格。记得当时我常看到他对着吴昌硕的作品，仔细玩味，之后，想了画，画了想，一稿可画几张。画后并且征求朋友们的意见，有时要陈师曾和我说，究竟哪张好，好在哪里；哪张坏，坏在什么地方，甚至要讲出哪笔好，哪笔坏的道理来。……老人这个时期学习吴昌硕的作品与以前的临摹大有不同，对着原作临摹的时候很少，一般都是仔细玩味他的笔墨、构图、色彩等，吸取他的概括力强、重点突出、大胆删减、力求精练的方法。[3]

"衰年变法"主要在花鸟画领域。由八大而至吴昌硕，正是以花鸟为中心的。我们不妨按年代对他的花鸟变革作一粗略追踪。

1919年，作《纺绩娘》《鹌鹑》册页（辽宁省博物馆藏），画法简逸。《纺绩娘》题："己未十月，于借山馆后得此虫，世人呼为纺绩娘，或呼为纺纱婆，对虫写照，庚申正月白石翁并记。""己

〔2〕郎绍君：《齐白石全集》第十卷"齐白石题跋"，湖南美术出版社，1996年，第20页。

〔3〕胡佩衡、胡橐：《齐白石画法与欣赏》，人民美术出版社，1992年，第22页。

鹌鹑 1919年

未”即 1919 年，时在湘潭家中[4]。此图有两点值得注意，一是由写生画草虫；二是颇重形似，尚无吴昌硕痕迹。另一幅《鹌鹑》也作于湘潭家中，是画给齐子如的。子如时年 18 岁，正从父学画。《鹌鹑》全以枯笔画，笔力苍劲，造型完全由八大山人的册页中脱出。

中国美术馆藏《墨牡丹》，写意，亦以疏简为特色，略近青藤、复堂、八大而远吴昌硕。白石在题跋中说，他自来北京“画法大变”，指的是向纵放、简括变化，就整个“衰年变法”而言，还只是初变的一方面。

1920 年，一部分作品延续着疏简纵放，另一部分作品转向稠密。

初春 3 月，为马吉皆画册页 12 开。内容有藤、竹、兰、荷、鸟、枇杷、杯中花、松针、松子、萝卜、梨、梅等。水墨写意，风格极简，仍是追仿八大。册中题跋说“凡作画，须先脱尽画家习气”。这里说的“画家习气”，指不拘形似的文人艺术画风。

5 月，为胡鄂公作《花卉四屏》——分别为《芙蓉菊花》《蚕豆雁来红》《桑葚牡丹》《枇杷荔枝》。每幅高 180 厘米，横 48 厘米，白石共画 4 天，作为写意作品，算是很认真的了。在《蚕豆雁来红》上题：“余生平所作之画，最稠密以此四幅为最。”稠密，着色鲜艳（每幅都有洋红或朱红），笔势略见宽博，是此屏的特点，与八大山人疏简、空灵、冷逸风格截然不同，与吴昌硕的

〔4〕齐佛来记曰：“1919年夏历九月秋凉，祖父离京南归……1920年春，携三子良琨，孙移生，万里迢迢，四度来京。”见齐佛来：《我的祖父白石老人》，西北大学出版社，1988年，第47页。

花卉四屏　1920年

阔大、精练而浑圆亦不一样。这显然是尝试探索之作。

5月25日，作粗笔《墨竹》（藏中国美术馆），三竿两枝，以弯曲、紧张为特色，陈师曾在画上题："非芦非柳从人说，与可东坡亦咋舌。持此南唐铁钩锁，齐翁力可窥生铁。"6月，作《墨梅》，题"如儿、移孙共玩"[5]。仍延续着冬心画法，枝干粗放，与上述《墨竹》相若。[6]

9月，应陈师曾之请，为赈灾而作《菊鸟图》，画中小鸟的姿势神态，仍似八大。自题曰："老萍对菊愧银须，不会求官斗米无。此画京师人不要，先生三代是农夫。"反映出受冷落但又很倔强的心情。变法正是在这种压力下开始的。

10月，画《藤雀图》，画藤叶翻飞，鸟雀搏风。笔势飞动，奔放而零散，气足而韵弱。"满"

[5] 齐白石：《齐白石绘画精品集》，人民美术出版社，1991年。

[6] 胡佩衡、胡橐：《齐白石画法与欣赏》，人民美术出版社，1959年，附图75。

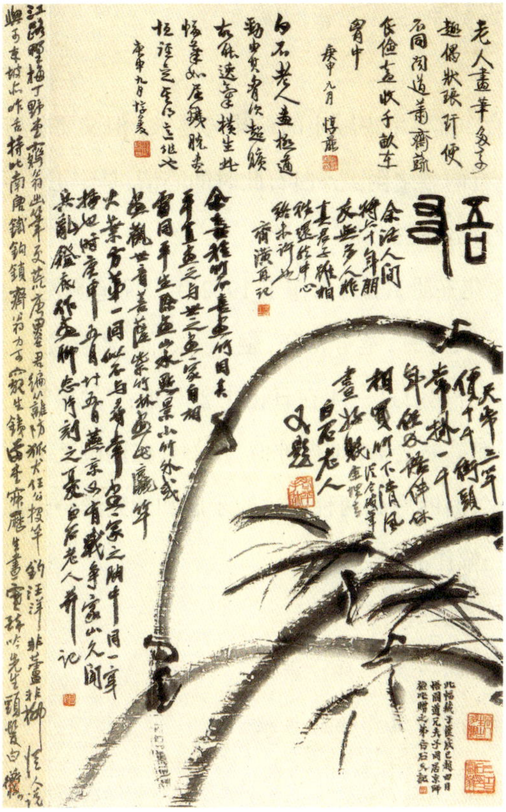

墨竹（局部）　1920年

竖石小鸟（局部）　1920年

的布局承 5 月所画四条屏。同年夏所作《菊花雁来红》（藏北京市文物公司），12 月所画《螃蟹》（藏湖南省博物馆）画面也很满，表明他在有意改变八大式冷逸画风。

1921 年至 1922 年，齐白石曾三次回湘潭，居家及长沙等地 9 个多月，其间还在保定夏午诒处小住，作应酬画较多[7]。这两年中，移孙病死，好友郭葆生逝世[8]，家乡匪盗猖獗，齐白石心不宁静，画作却不少，仍在矛盾中追求着。北京市文物公司藏《葫芦》《荷花》（1921），中国美术馆藏《宝缸荷花》（1921）等，都是奔放的大写意，笔势迅疾而宽博，略见吴昌硕形迹，但刚健有余，浑拙不足，构图亦略散。白石在《荷花》上题：

大涤子尝云：此道有彼时不合众意，而后世鉴赏不已者；有彼时轰雷震耳，而后世绝不闻问者。余此幅，当时不求合众意，后世不欲人闻问，人奈我何之？辛酉

〔7〕齐佛来：《我的祖父白石老人》，西北大学出版社，1988年，第48—50页。

〔8〕移孙、郭葆生均病逝于1922年冬。同上，第50页。

藤雀图 1920年

六月六日白石老人制并记。

以卖画求生存，就要考虑顾主的趣味与要求，但又要坚持自己的探索，不免有两难之困。齐白石此时的心情，是宁可“不合众意”，也要进行创造性探索。

日本须磨藏《花卉册》（8开），作于1922年。简笔画莲蓬、松子、虾、葡萄等。大写意，笔势粗狂，融八大之简、青藤之狂、吴昌硕之厚为一。齐白石这一年在日记中曾写道：“大墨笔之画，难得形似；纤细笔墨之画，难得神似。”[9]处在向阔笔大写意转化时期的画家，时时感到两种画法的矛盾和达到形神俱似的困难。他在另一幅作品中题诗云：

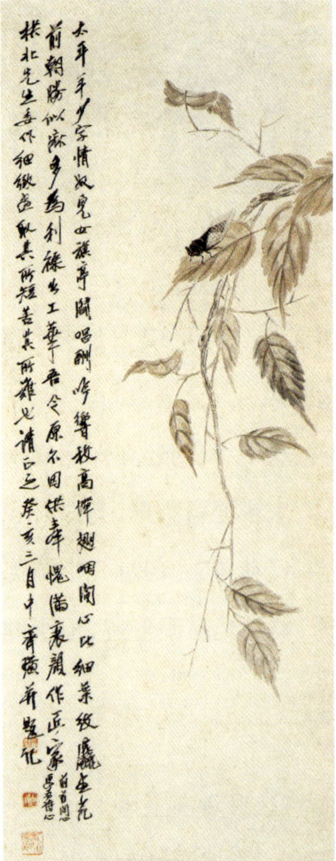

贝叶秋蝉图 1923年

点灯照壁再三看，岁岁无奇汗满颜。
几欲变更终缩手，舍真作怪此生难。

“真”和“似”曾是他追求的，变法则要超越形似——这不仅是画法与风格的矛盾，也是思想与趣味的矛盾。但超越形似是否要“舍真作怪”？他没有回答。事实上，他的变法并不抛弃形似，而是力求形神兼备，这在他变法后的水族作品中得到最好的体现。1926年他在一幅画上题：“善写意者，专言其神；工写生者，只重其形，要写生而后写意，写意而后复写生，自能形神俱见，非偶然可得也。”这就是说，达到形神兼具的途径是交替进行写生与写意。这已是获得成功后的经验之谈了。

北京市文物公司还藏有1922年画的《荷花》《秋海棠》《石榴海棠》等作，画法都是没骨兼勾点，冷逸之气已无，但不够含蓄和精练，墨的变化亦显单调。《齐白石作品集·第一集·绘画》第23图《双鸭》，亦作于1922年，上部画剪刀草，下部画双鸭。剪刀草全用泼墨，浑厚浓重而有深浅变化，

〔9〕胡佩衡、胡橐：《齐白石画法与欣赏》，人民美术出版社，1959年，第48页。

和吴昌硕已有异曲同工之妙。另有些作品，仍以密取胜，或者将疏与密、精细描绘与大笔挥写结合起来。

变法期间，特别是1920至1924年间，齐白石作草虫册甚多。藏中国美术馆的《草虫册》(1920)，与1906年的册子在画法上有相似处，有可能出于同一画稿。册中题："此虫须对物写生，不仅形似，无论名家画匠不得大骂。"又题云："余自小至老，不喜画工致，以为匠家作，非大叶粗枝糊涂乱抹不足快意。学画50年，惟40岁时戏捉活虫写照，共得7虫。年将60，宝辰先生见之欲余临，只可供知者一骂。弟璜记。"此册皆工笔，是根据早年写生再画的，画法欠统一，笔法柔弱。北京市文物公司藏一《草虫册》有两段题跋：

> 辛酉春二月，忽一日家如山兄来寄萍堂，出此纸，自言索画兼工小画册以赠浣华，浣华弟一笑，如山兄一笑。夏六月，白石翁并记。

> 余素不能作细笔画，至老五入都门，忽一时皆以为老萍能画草虫，求者皆以草虫苦我。所求者，十之八九为吾友也。后之人见笑，笑其求者何如？白石惭愧。

苍松图 1927年

旅居美国的王方宇从曹锟的儿子手中购得一草虫册，题名《广豳风图》。其中《蚂蚱贝叶》一幅款："仲珊使帅钧正，辛酉五月布衣齐璜写呈。"[10]是画给曹锟的。16开，以色彩为主，极少用墨，纯为工笔，多数作品笔力纤秀，个别则强悍，风格不尽统一。

1923至1924两年，探索仍继续着，没有大起大落的变化。总的趋势，是由荒率转向平稳厚重，以简约的大写意为主，也仍有一些繁密之作和工细之作。他在为金城所作

〔10〕王方宇、许芥昱：《看齐白石画》，艺术图书公司，1979年，第50页。

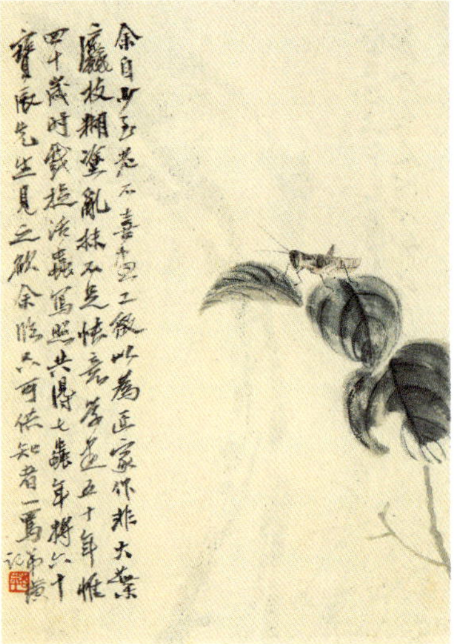

草虫册页之一

蚂蚱贝叶

《贝叶工虫》中题道：“画苑前朝胜似麻，多为利禄出工华。吾今原不因供奉，愧满衰颜作匠家。……拱北先生委作细致画，取其所短，苦其所难也。”齐白石是画工笔的能手，但他心里并不特别喜欢工笔画法，除了草虫外，不画工笔花鸟。视工笔为“匠家”，是谦辞，也是心里话。1924 年画草虫最多，笔者所见就有 5 册之多。其中香港霍宗杰藏《花鸟虫鱼册》（12 开）纯为水墨粗笔写意，运笔沉实，空灵简约但无冷逸之气，不足处是墨色少变化，韵味不够。北京画院藏小册页基本为工笔，间用泼墨，两种画法和谐统一。中央美术学院藏 12 开册页构图较为饱满，工笔画虫，花草间用大写意与小写意，其中大写意花卉与工笔虫之结合最具特色，后来被简称为“工虫花卉”。中国美术馆藏 8 开草虫册另具风貌：全以工笔出之，描画松秀淡雅，较少用墨。色彩沉静和谐，在齐白石草虫册中是较为少见、极见功力之作。上述册页表明，至 1924 年，齐白石的衰年变法开始出现质的飞跃：工、写结合的经典性花鸟画模式形成，构图与造型风格有了较大变化，吴昌硕式凝重宽厚笔法逐渐占据画面。

1925 年、1926 年，大幅作品增多，笔墨趋于老辣苍厚，色彩也鲜艳强烈了。这可以从辽宁省博物馆藏《老少年》、湖南省博物馆藏《老少青白图》《兰石图》、中国美术馆藏《栗树》《齐白石作品集·第一集·绘画》中的《松》、北京荣宝斋藏《松鹰》、天津人民美术出版社藏《茶花天牛》等作得到证实。《松》有“居京华第九年”款，画一苍松穿画面而过，松枝下伸复斜上，笔墨之凝重，气势之强悍，前所未见。《松鹰》以淡墨花青画松干，焦墨画细枝与松针，以层次显出空间，笔力苍劲。尤其细长的松针，刚柔相济，如绵里裹针，最见功力。苍鹰用赭墨没骨法画成，仍显示出力量。可以说，齐白石在成功吸取了吴昌硕浑厚朴重画法的同时，又保留了自己的刚健挺拔特色。

1927 年前后，新风格进一步成熟，已能自由地大笔挥洒，墨色强烈而单纯，苍拙斜欹的题款书法也自然成体，典型作品如《柴筢》《发财图》等。

山水册之一　1921年

变法期间的山水画数量仅次于花鸟画，变化也十分明显。齐白石初到北京时，其山水画比花鸟画更受冷遇，流传较少。1919 年所作《洞庭君山》（天津人民美术出版社藏）、《山水四屏》（清华大学美术学院藏），1920 年《山水四屏》（私人藏）等作，大体延续着中年形成的风格，构图多自创，多勾少皴，笔墨粗犷，敢于着色。约同时所作《晴波图》题跋说，他的山水画“从冷逸觅天趣”“即此时居于此地之画家陈师曾外，不识其中之三昧”。齐白石 1921 年作《山水册》（12 开，私人藏）是一大突破，境界平中见奇，空间极富变化，笔墨强悍而简练，比同时期之花鸟画还要成熟。1922 年齐白石作山水颇多，大体有两种类型，一是条屏，一是“雨余山”。条屏大都以勾染为主，窄长构图，近树远山，竹林瓦屋，空间高远。远山多重墨色，山头均呈圆形，有大结构而无细节刻画。其勾勒多弧线，无一波三折的变化。这些，已构成齐白石大写意山水画的特色，与古今山水画拉开了距离。他自己也很自信，题曰：

> 此画山水法，前不见古人，虽大涤子似我，未必有此奇拙，如有来者，当不笑余言为狂妄也。[11]

---

〔11〕齐白石题《山水四屏》，见齐白石：《齐白石绘画精品集》，人民美术出版社，1988年，第6页。

山水十二屏之一　1925年

“雨余山”从米点山水变化而来，以泼墨式的横笔卧点画山与树，再勾勒远近房屋。典型者如北京市文物公司藏《红杏烟雨》、邹佩珠藏《山堂烟雨》。平朴的构图，淋漓的泼墨与平直的笔线，造成有形与无形、线与块、力与韵的强烈对比，堪称独具个性的齐氏云山。

除上述两种面貌外，尚见两件出自同一母题、风格奇特的作品。其中一件有“仲珊使帅命画”上款。两张作品在构图、笔法上几乎完全一样，都画重峦叠嶂，以匀细的线勾出形如“亚”字的山石，有很浓的装饰趣味。山间云雾掩映着楼阁，山下有村落、河滩和木桥。在齐白石一生的山水画中，这种装饰风格颇少见，这是齐白石变法期间的一种探索，还是对特定顾主的一种适应呢？

1922年齐白石之《仿石涛山水册》，是一个友人要他临仿的。其题跋说：“前代画山水者董玄宰、释道济二公无匠家习气，余犹以为工细，衷心倾佩，至老未愿师也。”喜欢石涛，却觉得他还“工细”，不愿师法。这是真心话。他的山水，确比石涛、董其昌要粗简得多，可谓之山水大写意，在画史上极少见，当时人不喜欢是不奇怪的。这套《仿石涛山水册》前后有黄宾虹、陈半丁、张大千、溥儒、吴熙曾等山水名家的题词。他们称赞齐白石的这件临作，却只字不提他的山水创作。齐白石在20世纪30年代后很少再画山水，与这一背景有关系。

1923至1925年间，齐白石的山水更加成熟。20年前远游时的印象，如湖海扬帆、芭蕉书屋、桂林山水等，被重新收入画面，但并非照摹原来画稿，而是用新的笔墨和趣味加以变化。1925年农历八月，齐白石为收藏家子林画了有名的《山水十二屏》，把远游印象、写生画稿、前人模式和居北京后的创作经验熔为一炉，构图简洁，境界新奇，着色大胆，笔墨纵放，有生活气息，大体标志

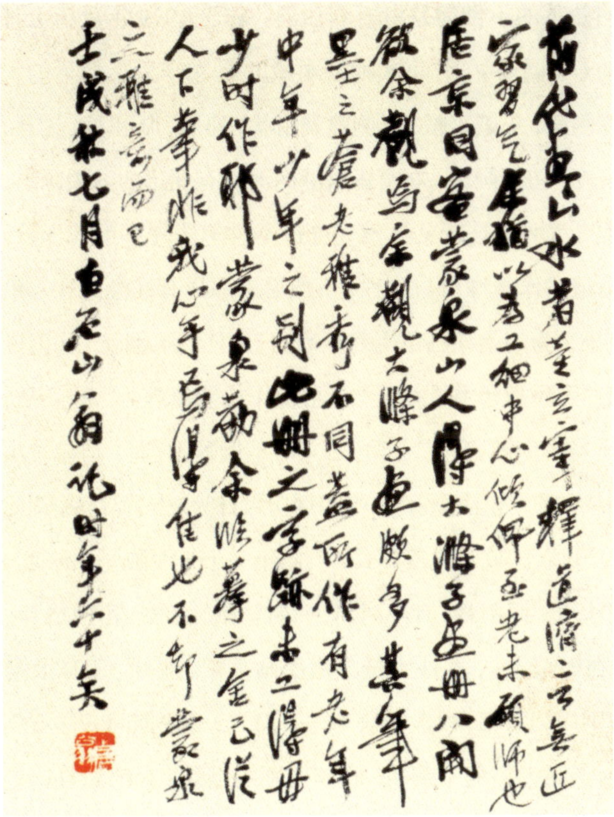

仿石涛山水册题记　1922年

桂林山　1924年

了齐白石山水画的成熟。

同年还有《好山依屋图》《绿天野屋图》《雨后山光图》《孤帆图》《松树青山图》等。至1927至1928年，他的山水完全成熟，代表作有《寄斯庵制竹图》《白蕉书屋》《雪山策杖》《自临借山图册》等。其中《寄斯庵制竹图》是描绘生活场景的典型作品，《白蕉书屋》是工、写结合的典型作品，《雪山策杖》代表了以勾染为主的大写意山水，《自临借山图册》则代表了以勾泼为主的大写意山水。这些作品，最能表明齐白石在衰年变法后期的山水画成就。

变法期间，齐白石的仕女画减少，佛道人物画增多，出现了风趣的不倒翁和抒写情怀的现实人物画，形成了简练、风趣、雄健的粗笔大写意人物画风格。

仕女画的减少与佛道人物的增加，与卖画对象的改变有相当关系。其中佛像作品（白石笔下的“佛”，其实更近于罗汉），有的从前人画本演化而来，有的则是自出手眼。背着葫芦或捏着一粒丹砂的李铁拐，源自民间绘画而又历经老人改造，大多阔笔勾勒，姿态生动，神气十足，耐人寻味。

不倒翁　约20世纪20年代初期

人们熟悉的不倒翁是白石的独创。作于1919年夏历七月十四日的《不倒翁》（北京文物公司藏），是迄今所见最早的一件。画背侧面，头戴官帽，作侧脸看扇状，勾眉、眼和鼻，无耳，花青染头皮，白描画扇，衣帽皆以湿润而没有变化的浓墨画出，造型有似儿童画，是所见最稚气也最不讲笔法的不倒翁形象。题词只是记述作画缘由与过程，不像后来那样有社会寓意。第二天，白石又为胡南湖画不倒翁于扇面，题词借不倒翁“胸内皆空”称赞“无争权争利之心”“无意造作技能以愚人”的品质，显然有颂美胡南湖之意。〔12〕1922年《不倒翁画稿》，画在一小纸上，白描勾勒，正面题：“壬戌四月初六日为友人画存稿。”此稿后来曾再画，已成一规范样式〔13〕，同年又于长沙画《不倒翁》，为正侧面持扇，眼斜视，有小胡须，一副恶相。1923至1925年，白石多次作不倒翁，画法大抵是焦墨画官帽、胡须、眼珠及扇子，身体则用轻重墨，以泼墨法为之。总之，变法期间齐白石创造了各种不同类型的不倒翁，晚年所画不倒翁，大都源自这些模式。十年“衰年变法”，是齐白石创造力最旺盛的时期，不倒翁即典型一例。

天津艺术博物馆藏巨幅《汉关壮缪像》《宋岳武穆像》，上款为“虎威上将军命齐璜敬摹”。这个“虎威上将军”即曹锟。曹氏要齐白石画关羽和岳飞，大约有自喻之意。两幅作品尺幅巨大，工笔着色，衣纹粗壮，面部用传统勾勒填色法，已无早期擦炭法痕迹，人物衣帽着色凝重单纯，无复花纹描绘。其粗悍风格与染色方式，仍有民间意味。

同一形象反复画，试用不同的画法，是白石钻研人物画的方式之一。1924年的《目送飞鸿》，全用没骨法——除那张弓

〔12〕齐白石《己未杂记》：“七月十五日，南湖出清道人所书之扇面索画，道人之书，其墨凸若钱厚，余以浓墨画《不倒翁》并题记，之记云：余喜此翁，虽有眼、耳、鼻、身，却胸内皆空。既无争夺权利之心，又无意造作技能以愚人，故清空之气，上养其身，泥渣下重其体上轻下重，虽摇动，是不可倒也。”

〔13〕王方宇、许芥昱：《看齐白石画》，艺术图书公司，1979年。

之外，一条线也不画。第二年春，为胡佩衡画同一人物形象（存稿），则几乎全用焦墨勾擦，两件作品给人的感受（力度、趣味等）是大不同的。

《钟馗搔背图》、《西城三怪图》(1926)、《渔翁》、《得财图》等，是相对贴近现实生活的人物画，大都源乎己意，与齐白石的生活与性格有更多内在联系，画风也相对自然，拙而有趣。这一类型和风格，后来成为齐白石人物画的主体和主要形式。1927年的《铁拐李》，白描，是在包书皮纸上随手勾存的稿子。主人公回首一瞥的神态，大笔挥扫出的背影，既精练又酣畅的笔墨，都达到了完美的境界。到此时，大写意人物不仅已臻成熟，且升华到一个新境界了。

汉关壮缪像 约1921年

总之，齐白石的“衰年变法”，以创造新风格的大写意花卉为中心，带动山水、人物的变革，最后形成整个艺术风格意趣的升华。由冷逸、疏简、奇俏和单薄变为热烈、厚重、凝练而平朴。变法过程中有对明清及近代画家的借鉴，这些借鉴以综合改造为特点。

变法的成功，是以前40年的不懈奋求为根基的。没有前面的艺术生涯，不可能产生衰年变法，没有衰年变法，不会有齐白石的大器晚成。变法动机与目标的确立，与陈师曾的点拨分不开，但过分夸大陈师曾的作用不符合事实。整个北京的文化环境对齐白石的变革有更根本的意义。变法借鉴了吴昌硕的大写意画法，但过分强调吴昌硕的作用，甚至把齐白石的艺术全纳入吴昌硕系统，同样不符合事实。吴氏亲传弟子不少，何以不能获得齐白石这样大的成功？原因很简单：齐白石所具有的，他们不具有。齐白石的画路远比吴昌硕宽，塑造形象和构图能力远比吴昌硕强。他得益吴画的，主要是浑厚的金石笔法，但这种笔法到齐白石手里又有了变化：变得浑厚而平直，不同于吴氏的浑厚而圆劲，须知齐白石也是一位独领风骚的篆刻大家。齐白石在衰年变法中表现出的过人处，是他不论学谁，都不丢掉自己的生活经验和气质个性，这是那些杰出的模仿家们无法比拟的。法有形质，可学，气质个性无形，学不来。能将两者完美结合的艺术家，才可能获得大成功。

听惯空山纺绩声

——齐白石的草虫

乞取银河洗甲兵，余霞峰下老归耕。

此生强半居朝市，听惯空山纺绩声。

——《题画纺绩娘》

纺绩娘又名纺织娘、纺织婆，属螽斯科，鸣声“轧织，轧织”，是白石常画的草虫之一。这首《题画纺绩娘》，透露出白石老人画草虫的内在动机——怀念乡村大自然。白石画草虫，既多又好，画史上几无可比肩者。这一章，对他画草虫的历史和相关方面略作考察。

《白石老人自传》说，他幼时读蒙馆，偷着在写字本上画画，就画过“蝴蝶、蜻蜓这一类眼前常见的东西”。27 岁拜师胡沁园，“学的是工笔花鸟草虫”。[1] 黎锦熙《齐白石年谱》1902 年

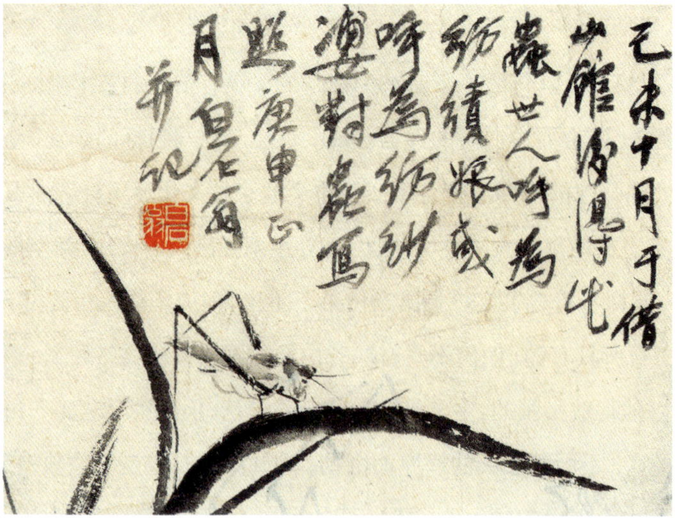

纺绩娘　1920年

〔1〕齐璜、张次溪：《白石老人自传》，人民美术出版社，1962年，第13、32页。

"按"云:"辛丑(1901)以前,白石的画以工笔为主,草虫早就传神。他在家一直地养草虫——纺绩娘、蚱蜢、蝗虫之类,还有其他生物,他时常注视其特点,做直接写生的练习,历时既久,自然传神。"[2]黎锦熙对齐白石早年生活比较熟悉,这些话应有根据。但对"养草虫"一事,齐白石自己却从没有谈及过。

张次溪《齐白石的一生》专门谈到白石画草虫的师承来历,但说法与黎锦熙很不同:

> 至于他的草虫,据别人说,是从长沙一位姓沈的老画师处学来的。这位老画师画草虫是特有的专长,生平绝艺,只传女儿,不传旁人。他结识了老画师的女儿,才得到了老画师画草虫的底本,他的草虫,后来就画出了名。这大概是光绪二十五年(1899·己亥)的事。他在六十岁时(1922年·壬戌),从家乡回京,带来了早年画的草虫稿本,人家就纷纷请他画草虫了。[3]

从沈姓画师得草虫稿本的事,只是"据别人说",至今尚无旁证材料,但张次溪与齐白石相熟几十年,著文说话一向严谨,他既郑重其事地把此事写在书中,应不是随便传言。可惜次溪已作古,无法进一步追问查对了。不过,把齐白石画草虫归之于得到沈姓老画家稿本,至少忽视了白石对草虫写生下的功夫。辽宁省博物馆藏的《纺绩娘》,就是1919年10月在家乡"借山馆"后"对虫写照"而成的。至于说齐白石在1922年从家乡带来早年草虫稿本,"人家就纷纷请他画草虫了",也不很确切——在"衰年变法"一章,我们就介绍过他在1922年前画的数本草虫册页。1920年,齐白石题《草虫册》(中国美术馆藏)曰:"余自少至老,不喜画工致,以为匠家作,非大叶粗枝胡涂乱抹不足快意,学画五十年,惟四十岁时戏捉活虫写照,共得七虫。"1921年,白石为梅兰芳作《草虫册》(北京市文物公司藏)并题:"余素不能作细笔画,至老五入都门,忽一时皆以为老萍能画草虫,求者皆以草虫苦我,所求者,十之八九为吾友也。"1922年《壬戌杂记》又曰:"余十八年前为虫写照,得七八只,今年带来京师,请樊樊山先生题记,由此人皆见之,所求者,无不求画此虫。"白石说"惟四十岁时戏捉活虫写照,共得七虫"与"十八年前为虫写照,得七八只"似指同一事,即他在家乡时曾对"活虫写照"。1922年前后,齐白石正探索由工笔、半工写转向大写意,他一再声明"不能作工细画""不喜画工致"有真实的一面,也有搪塞求画者的意思,即他情感上更喜欢大写意,但也能画工细且画得很好。

---

〔2〕胡适、黎锦熙、邓广铭:《齐白石年谱》,商务印书馆,1949年,第14页。

〔3〕张次溪:《齐白石的一生》,人民美术出版社,1989年,第140—141页。

花卉蟋蟀　1909年

草虫册之一（叶下蚱蜢）
1908—1909年间

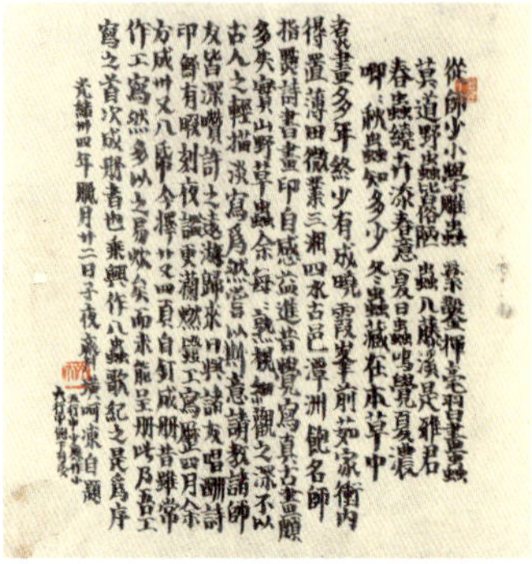

草虫册题记　1909年

《壬戌杂记》还有一诗："折扇三千纸一屋，求者苦余虫一只。后人笑我肝胆苦，除却写生一笔无。"[4]总之，这些记述告诉我们，工细草虫源自"捉活虫写照"，但是写照次数并不太多。

迄今所见白石最早的草虫作品是《花卉蟋蟀》（1906年，藏辽宁省博物馆），稍晚的是一套22开《草虫册》（1908至1909年之间，私人藏）。后者是在编《齐白石全集》期间获知的，已收入该全集第1卷。册后有画家的诗题和自序，从书、款、题跋内容和绘画风格各方面考查，可初步判为真迹。[5] 其题曰：

> 从师少小学雕虫，弃凿挥毫习画虫。
> 莫道野虫皆俗陋，虫入藤溪是雅君。
> 春虫绕卉添春意，夏日虫鸣觉夏浓。
> 唧唧秋虫知多少，冬虫藏在本草中。
>
> 煮画多年终小有成，晓霞峰前茹家冲内得置薄田微业，三湘四水古邑潭州饱受名师指点，诗书画印自感益进。昔觉写真古画颇多失实，山野草虫余每每熟视细观之，深不以古人之轻描淡写为然。尝以斯意请教诸师友，皆深赞许之。远游归来，日与诸友唱酬诗印，鲜有暇刻，夜谧更阑，燃灯工写，历四月余方成卅又八纸，今择廿又四页自钉成册，昔虽常作工写，然多以之易炊矣，而未能成册。此乃吾工写之首次成册也。乘兴作八虫歌记之，是为序。光绪卅四年腊月廿二日子夜，齐璜呵冻自题。（五行中"少"应作"小"，六行中"饱"下有"受"）

[4] 刘振涛、禹尚良、舒俊杰：《齐白石研究大全》，湖南师范大学出版社，1994年，第83页。
[5] 参见作者在《齐白石全集》第1卷"著录·注释"第16—17页对此册作的有关分析考证。

草虫册　1924年

这段跋告诉我们，齐白石早年“常作工写”（即工笔），而不是像他后来说的“不喜”或很少作工细画。那时多作工细画，一是因为“觉写真古画颇多失实”，他要追求更真实的东西；二是“以之易炊”，卖画养家。这与他晚年说工细画乃“匠家作”有很大不同。其次，齐白石说“山野草虫余每每熟视细观之”，强调了对活虫的观察，这方法不尽同于“戏捉活虫写照”，但也可以视为对“捉活虫写照”的补充。

这套草虫册刻画了17种草虫（包括小蟹）、20种花卉什物，工细而拘谨，一些草虫、花卉略见明暗晕染。这种画法，在1920年的个别作品中还有蛛丝马迹，1921年后就不见痕迹了。

20世纪20年代前期的《草虫册》，除前面介绍过的，仍有不少散在各博物馆、美术学院、画院和私人藏家手里。30至40年代，齐白石仍画了很多草虫，有册页，也有立轴，经常见到的，是把草虫与各类蔬果、荷花、藤萝、玉兰、老少年、葡萄、海棠、小鸡、枫叶、贝叶、丝瓜、稻穗、杯盘、水波、油灯等画在一起，充满生活意味和生命情趣。在画法上，则工笔（所谓“工虫”）、写意（所谓“粗笔草虫”）兼而有之，如北京画院藏的《草虫册》（10开，作于1924年），草虫以工细为主，兼有写意。他特别题道：“此册之虫，为虫写工致照者，故工；存写意本者，故写意也。”表明有意兼用两种画法。同册又题：“客有求画工致虫者众，余目昏隔雾，从今封笔矣。”〔6〕“封笔”不过是声明而已，他仍然画工细草虫。但也有一个变化，即随着年龄增加，视力减弱，画粗笔草虫相对多，工细草虫相对少了。不过，所见30至40年代草虫作品，工笔仍比粗笔多，这当然与顾主的要求和工虫卖价高有关。

在一幅作品里，以工笔画虫，粗笔写花卉，是齐白石的创格，一般称之为“工虫花卉”。这种粗细结合的体格，在齐氏花卉草虫画中独树一帜，在整个花鸟画史上也堪称一绝。其形成

〔6〕《北京画院秘藏齐白石精品集·工虫卷1》，广西美术出版社，2001年，第12—13页。

过程，可以从1920年所作《草虫册》（中国美术馆藏）、1921年《葫芦青蝇册》（齐良迟藏），到1924年的《花卉草虫册》（中央美术学院藏）[7]看出明晰的轨迹：作为配景的花卉由半工写到大写，由偶然的单开册页用，到整套册页用。对工写两种画法，白石在20世纪20年代已深有体会。他曾对于非闇说，画虫“既要工，又要写，最难把握”。1921年8月14日齐白石得一蝇，画后想到粗笔与细笔的不同，题曰：“粗大笔墨之画难得形似，纤细笔墨之画难得神似，此二者余常笑人，来者有欲笑我者，恐余不得见。”这些话看似简单，却都来自真实体验。

白石大量画粗细结合的“工虫花卉”，还是30年代以后的事。齐良已、黎锦熙编《齐白石绘画作品选集》（1959）所选齐白石“工虫花卉”，在目录中注明是20年代作工虫，40年代补作大写意花卉。像这样相隔多年补景的作品还有多少，其中又有多少是20年代画的，不得而知。有人根据北京画院所藏百余幅小幅工虫，推测说：“为了防止老年时不能作工细草虫，齐白石在60岁之后陆续画了一批工虫待以后补景。”[8]这种推测没有举出根据。北京画院藏这批工虫小画无一有款，尚不能确定为齐白石所绘。齐良迟对笔者说，在抗战初期，齐白石一度宣布不再卖画，在铁栅屋廊下画了不少草虫，未加任何衬景，后来的一些工写结合的画，由此而成。如果是这样，说明年近80的齐白石还能够画工虫。

但也另有一说，即晚年齐白石画工虫多由三子齐子如代笔。齐子如在白石的子女中，最具天赋，画艺最精，且兼能诗文书画与篆刻，尤擅工笔草虫，这是齐白石所识可、画界所公认的。与齐子如交厚近20年，并曾向他学过画草虫的马璧，在《齐白石父子轶事·书画》一书中对“代笔”之事有具体记述。他说：

> 白石老人为了鼓励子如画草虫，在民国十八九年前后，曾和子如约定，如果子如用写生的笔法，写一只工细的草虫，就可得银圆一枚的润金，不管子如画多少，他父亲就收买多少，因此子如曾发动邻居的孩子们捕捉蜻蜓、蚱蜢之类的小虫，作写生时的活标本。
>
> 白石老人收买子如画的草虫，有时配上自己画的写意花卉，在款识中不叙明草虫是谁画的，因此这样的画，其中就有子如的代笔。但有时也在款识中写明草虫为子如所画，凡是这样的画，一定要加盖“父子合作”或“白石有子”的印章，表示他

〔7〕以上三件册页，均见郎绍君：《齐白石全集》第2卷，湖南美术出版社，1996年。

〔8〕陈履生：《草间偷活》，见《北京画院秘藏齐白石精品集·工虫卷1》，广西美术出版社，2001年，第4页。

有儿子可传衣钵。[9]

马璧还记述说，他曾看到过孩子们为子如捕蜻蜓，看到过子如画的大量草虫作品。晚年他在台湾见到德国人印的白石老人画册，“其间工细的草虫配上写意花卉，而草虫部分，我看出都是子如的手笔”。“据白石老人某一时期表示，他暂时不用子如的画虫，原因是德国公使陶德曼，在北平买到白石老人的作品，其中有工笔草虫，陶德曼认为是子如代笔。这位德国人怀疑草虫是子如代笔，也许没有错，因为事实上白石老人收存子如的画虫不少哪！”[10]马璧在1947年写的《齐白石的继起人物》一文中介绍齐子如说：“他的画，以草虫、花卉为最工，比之乃父，实有过之而无不及。此外，人物、山水、翎毛，无不能画，他画草虫、花卉，全得力于写生，在故乡时，常常自己到深山密林处采标本，有时更拿出些钱给樵儿牧子，叫他们捉虫儿，摘野草花，送到绘画室，因此他的虫子样本有三百几十种，奇花异草的样本，也多得很。”[11]马璧作此文的前一年，还在湘潭同子如在一起，这些记述，应较为可信。关于子如要孩子们给他捉草虫一事，我在湘潭访问时，白石之孙齐金平也谈到，他说捉一只虫，子如“叔叔给一个铜板”，其画法是，把虫子用针钉在桌子上，进行写生。

草虫册页之一（兰花碧蛾） 1924年

蔬果花鸟草虫册之一（荷花蜻蜓） 约20世纪30年代初

〔9〕马璧：《齐白石第三子子如琐忆》，见马璧：《齐白石父子轶事·书画》，新文丰出版公司，1979年，第45页。

〔10〕郎绍君：《齐白石全集》，湖南美术出版社，1996年。

〔11〕马璧：《齐白石的继起人物》，原载《军中娱乐》月刊第2期，民国三十六年（1947），又收入马璧：《齐白石父子轶事·书画》，新文丰出版公司，1979年，第40页。

但齐子如留下的署名草虫作品很少。这是否如马璧所言，这些草虫写生都“卖”给老父，成为“代笔”了？我的看法是，齐子如为晚年的白石作“代笔”草虫大约是事实，但白石晚年的工笔草虫不可能都是子如所画，而且二人草虫也是有区别的。大体情况可能是，子如所画草虫，一部分以“代笔”形式出现在白石作品中，一部分作为“合作”面貌出现，另一部分作为白石画草虫的样稿，在创作时加以参摹——北京画院所藏一百三十余幅工细草虫，即应是子如所画、由白石保存作为参摹样稿的部分作品。这一推测的理由是：

第一，这些作品均只画工虫，不画花卉，与马璧所记白石只要子如画工虫写生的事相合。

第二，这些作品俱为册页尺幅，却没有统一尺寸，大小不一。质地纸本、绢本相杂，没有统一的考虑。这表明，它们并非为卖而绘，而是一种样本性质的画稿。马璧在同一书中记述说，他所看到的子如画虫，大都是册页式的小幅，与此相吻合。

第三，这些作品没有落款，也没有印章。齐白石的画包括画稿，绝大多数都有题款、说明字或印章，唯独这一大批工细草虫不落一字、不押一印，这不是很奇怪吗？白石子女，能画工细草虫并达如此水准的，唯有齐子如。子如应父亲要求画草虫写生，还收了“润金”，他当然清楚父亲之所用，不落自己的款印，是符合情理的。

第四，这批工细草虫，其精致逼真，胜过一般所见白石画草虫，非对虫写生不可得。即它们不是临摹之作，不是凭记忆所画，一定是对虫写生之作，即白石所谓“除却写生一笔无”。但住在北京四合院的白石老人，没有条件捕捉这么多活虫写生（至今未发现类似的记载）。他也一再声明“对虫写照”是四十岁左右的事。那么，谁有条件捉活虫，又有能力对它们写照呢？只有齐子如——他幼从父学画，1920年又随父到京，一边读书，一边学画（除了跟父亲学，还曾拜陈半丁为师）。1924年，他已在琉璃厂挂单卖画，自己租了房，独立生活了。[12] 但他总是往来于京、湘之间，20世纪20年代末以后，他更多地住湘潭，那里有他的房子和土地。正是这一时期，白石老人以润金鼓励他在家乡画草虫。子如年富力强、精力旺盛（其时30岁左右），正具备完成此一使命的条件。

第五，这批草虫，工细逼真有余，生动活泼不足，笔力稍弱，与所见齐子如画草虫接近，而与白石老人笔力强健、生动活泼的草虫略有区别。

北京画院藏齐白石画，原为齐白石自藏之物，齐白石逝世后，家属捐给国家以为齐白石纪念馆之用。由于种种原因，齐白石纪念馆未建成，文化部将它们转交北京画院保存。这批捐作还包括齐白石零散的日记、各个年代勾临与写生的画稿、三百石印等，家属未必尽知早年作品

〔12〕齐璜、张次溪：《白石老人自传》，人民美术出版社，1962年，第76页。

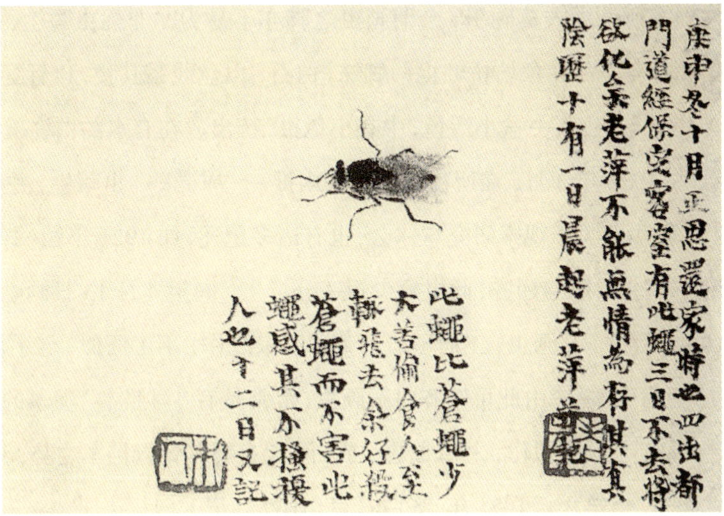

苍蝇　1920年

如画稿等的来历（子如在家乡画草虫写生的时候，其四弟齐良迟仅10岁左右。而齐良迟等捐献白石遗画遗物的1958年，齐子如已经逝世。“润金换草虫”之事因涉及代笔事，又无款印，齐白石缄默，齐良迟未知其详，是可以理解的）。

如果上述分析成立，并不影响齐白石画草虫的声名、成就和意义。因为包括齐白石晚年作品在内，他本人画的草虫也是大多数，所画也更生动有神。白石画工细草虫，以写生画稿为本，同时也根据观察加以变化。所谓“对虫写照”，大抵是把虫钉在桌子上画，不这样不足以精致刻画。但这样画往往能工细而难以生动，只有把这样的写生与精微的观察体会结合起来，才可能画出草虫活泼泼的生命，而这，正是齐白石草虫的特点，也是历来画家包括齐子如没有完全达到的境界。关于白石对虫写生，在20世纪20年代就有一些实例，如1920年10月11日，白石南返途中小住保定，见客室有一蝇，三日不去，遂作水墨写生，并加题跋。[13] 1920年题《天

〔13〕此图现由香港Robeit　张先生收藏，是以十几万元人民币从北京嘉德国际拍卖公司购得。白石有题曰：“庚申冬十月，正思还家时也，四出都门，道经保定，客室有此蝇，三日不去，将欲化矣。老萍不能无情，为存其真。阴历十有一日晨起，老萍并记。”“此蝇比苍蝇少大，苦偷食，人至辄飞去。余好杀苍蝇，而不害此蝇，感其不骚扰人也。十二日又记。”钤朱文“老萍”“木人”二印。辽宁省博物馆藏《扁豆》有题：“庚申十月，白石翁四出都门归省。”与此图跋“四出都门，道经保定”相合。齐白石《庚申日记》，有“庚申十月初一，夏君使人来接余去保定游玩”之记载，夏君即白石好友夏午诒，时在保定曹锟“直豫皖巡阅使”府中任职，正是由他的介绍，白石认识了曹锟并为其作画。日记说十月初一离京赴保，画此蝇则是十月十一日，已在保定游玩十余日矣。此图无论从画法、画风、题款书法、印章、文字内容与文风各方面，都可确定为白石真迹无疑。

牛豆荚》："历来画家所谓画人莫画手，余谓画虫之脚亦不易为。非捉虫写生，不能有如此之工。"[14]1921年3月齐子如在象坊桥畔捉一蜘蛛，白石"以丝线系其腰，以针穿线刺于案上画之"。[15] 1923年正月初三，买一盆小活鱼，中有小鱼虫，拣出放在有水的白瓷碗中，"使虫行走生动，始画之"。[16] 1926年3月，在所租鬼门关院内捉一"屎壳郎"虫写生，并题："画之殊有生气，远胜画家死本也。"关于观察研究与体会，也有诸多记述，如1921年题《蝗虫》："翅长三分之二，头到翅三分之一，膝与翅齐，此虫翅少短一分。"[17]同年4月13日画《马蜂图》并题："足之长短最似者并存之，凡画虫，工而不似乃荒谬匠家之作，不工而似，名手作也。"1922年画螳螂，但手边"无写照本"（由此可知齐白石画虫，常常是有"写照本"参摹的），全靠记忆而画，画完很满意，题曰："顺手拟作，未知非是。或曰：大有怒其臂以挡车之势，其形之似极矣，先生何言不知非是也，余笑之。"1921年，齐白石写《画蟋蟀记》，曰：

余尝看儿辈养虫，小者为蟋蟀，各有赋性。有善斗者而无人使，终不见其能；有未斗之先张牙鼓翅，交口不敢再来者；有一味只能鸣者，有缘其雌一怒而斗者，有斗触雌须即舍命跳逃者。大者乃蟋蟀之类，非蟋蟀种族，既不善斗又不能鸣，眼大可憎。一种生于庖厨之下者，终身饱食不出庖厨之门。此大略也，若尽述，非丈二之纸不能毕。白石又记。

白石画蟋蟀，最能得蟋蟀之跳跃战斗活泼之状，胡佩衡称之为"描绘尽致"。能臻此境，除了"对虫写照"，还须有细致的、带着童心的体验观察。

与画草虫同样有名的，是白石的水族画，尤其画虾、蟹、蛙、鱼等。贺天健说："他的水族与昆虫可说是神妙无比，水族的虾子，古人就没有画得这样透明。所以我说他的昆虫水族画是几百年来所未有，真是了不得。"[18]这表达了画界的看法，也表达了大多数观者的看法。白石的水族画与草虫画一样，体现着他审物之精。但水族画有一个极突出的特点，即极具形似，又极

---

〔14〕此画藏中国美术馆。题跋见郎绍君：《齐白石全集》第10卷"白石题跋"，湖南美术出版社，1996年，第23页。

〔15〕《题蜘蛛》，见齐良迟：《父亲齐白石和我的艺术生涯》，海潮出版社，1993年，图版10。

〔16〕《题画鱼虫》，齐良迟藏图，见郎绍君：《齐白石全集》第10卷"白石题跋"，湖南美术出版社，1996年，第34页。

〔17〕《题蝗虫》，见齐良迟：《父亲齐白石和我的艺术生涯》，海潮出版社，1993年，图版12。

〔18〕贺天健：《看齐白石画展后的感想》，见力群：《齐白石研究》，上海人民美术出版社，1959年，第115页。

可惜无声　篆书题签　1942年

显示笔墨功夫，达到了形似与笔墨的高度统一，这在水墨画史具有突破性的意义。水墨画，强调形似往往难以顾及笔墨的独立发挥，要笔墨的独立发挥又难以保证形似。写实造型与笔墨意趣之间具有一定的矛盾，要克服这种矛盾是很难的。齐白石画虾、蟹等达到的完美统一，在画史上是空前的。对此，将在分析具体作品时继续讨论。

下笔如神在写真

——齐白石的花鸟

花鸟居齐白石艺术之首，人们也习惯于把齐白石视为花鸟画家。不过这里说的“花鸟”，具指他画的花草、禽鸟和蔬果，不包括虫鱼走兽和相关的杂画。

齐白石的花鸟画，能工能写，而以写为主，是吴昌硕之后大写意花鸟最杰出的代表。吴昌硕虽是海派画家，受近代市民审美环境的影响，同时又是典型的文人艺术家，题材、画法和风格都更强调文人趣味。齐白石也继承了文人画传统，兼能诗、文、书、画、篆刻，画“四君子”，讲究笔墨趣味；但他大半生身为农村艺匠，保留着更多农民的审美趣味和理想。齐白石花鸟画受吴昌硕影响，但又开拓了自己的道路，创造了自己的风格，表现了自己的经验，在许多方面超越了吴昌硕。作为20世纪的花鸟画家，他比吴昌硕更典型、更具代表性。齐白石的花鸟画也追求“雅俗共赏”，但与吴昌硕的“雅俗共赏”有所不同。这在他们的作品中体现得十分明显。

明清以来的大写意画家，不再像宋人那样精审物象，细致描绘。而因涉猎题材有限，看重笔墨表现。齐白石则不同，他所画题材之广博，别说大写意画家，即使是小写意和工笔画家，也难与之比肩。而他对造化观察之细，审研之精，更鲜有其匹者。

胡龙龚《齐白石传略》，说仅花卉一项，出自白石笔下的“不下一百种”，[1]笔者据手头材料粗略统计，叫得上名字的花鸟蔬果有如下种：

花草类：

雁来红（又名老少年、老来少）、荷、凤仙花、菊、藤萝、牵牛花、梅花、桃花、杏花、水仙花、榆叶梅、一丈红、蝴蝶花、牡丹花、茶花、木本海棠、草本海棠、丁香、菖蒲、鸡冠花、蝴蝶兰、兰花、指甲花、桂花、蓼花、朱萱花、山香萱、凌霄花、玉兰、木芙蓉、玉簪花、芍药、月季、木棉、栀子花、葵花、老僧鞋、萍花、大红鹊叶、蜡梅、美人蕉、竹叶花、吉祥草、篱豆花、乌子藤、倭瓜花、天竺、万年青、剪刀草、水草、芦苇、棉花花、梨花、蜀葵、丝瓜花、绣球花、荠花、茉莉花、蒲草、水茨菰、水藻、芦花、燕脂花、良姜花、百合花、串枝莲、诸葛草、如意草、鱼儿花、瑞香、虞美人、灵芝、乌蒲草、半夏草。

---

〔1〕龙龚：《齐白石传略》，人民美术出版社，1959年，第91页。

蔬果类：

葫芦、石榴、倭瓜（北瓜）、南瓜、丝瓜、西瓜、枇杷、荔枝、桑葚、佛手、竹笋、莲蓬、柿子、白菜、芋头、葡萄、扁豆、樱桃、花生、松菌、野菌、蘑菇、玉米、藕、柑橘、芥、豆荚、豇豆、香菜、稻穗、谷穗、荸荠、苹果、梨、栗、桃、柚子、萝卜、辣子。

禽鸟类：

鸬鹚、鸡、雏鸡、八哥、麻雀、竹鸡、雉鸡、家鸭、鸥、鹌鹑、翠鸟、白头鸟、芦雁、猫头鹰、鹤、斑鸠、野鸭、绶带、画眉、孔雀、燕子、鸽子、鹭鸶、白头翁、鹰、雁、无名小雀、鸳鸯、鹦鹉、黄鹂、喜鹊、乌鸦等。

从这个统计可知，在题材之富、描绘能力之强这方面，齐白石不仅远胜吴昌硕，即使整个花鸟史上似乎也难找第二人。更特殊的是，其广博题材大都来自农村大自然，源自直接的农村生活经验，是画家看过、养过、与之一起生活过的东西。齐白石《自传》说："说话要说人家听懂的话，画画要画人家看见过的东西。"又在《小传自记》中写道："二十岁后，弃斧斤，学画像，为万虫写照，为百鸟传神，只有鳞虫中之龙，未曾见过，不能大胆敢为也。"[2]他这种"画看见过的"观念，来自他的经历和中国艺术传统，而非西方模仿现实的观念。齐白石一生为家庭生计奔忙，从来就着眼于现实，不沉湎于幻想，也不喜虚妄荒诞。晚年的回忆，所忆者也是经历过的一切。

按一般理解，湖南乃楚文化的主要发祥地，艺术家齐白石该承继其瑰丽浪漫的艺术传统。但事实并不这么简单。崇尚鬼神巫祝的楚文化在漫长的历史长河里逐渐淡化乃至消失，而借助于史籍对这一传统有所了解的，多是学者，而非像齐白石这样来自民间的艺术家。清代自曾国藩后，湖南士子多从政、从军，社会风气以关注国家兴亡、建功立业为特色，上天入地、神奇诡丽的幻想精神愈加淡薄。齐白石的湖南师友，如胡沁园、陈少蕃、王湘绮、黎松安、王仲言、黎雨民、黎锦熙、郭人漳、夏午诒、杨度，以及与他交往过的黄兴、蔡锷、谭延闿、曾熙等，都不具有屈子式的思想特征。他们影响于齐白石的，多是儒家济国经世或治艺谋生的观念，而作为个体劳动者的齐白石，所关注的就更是形而下的求生养家之道。他从乡村雕花木工成长为举世皆知的大艺术家，靠的并非浪漫幻想和神遇，而是实实在在的奋斗，真真切切的观察，直接生活经验的滋养。正是这一背景造就了齐白石和临摹家们的根本区别。清代以来，许多画家靠着模仿

〔2〕齐白石不是完全不画没看过的东西，如早年画过神像功对。见齐璜、张次溪：《白石老人自传》，人民美术出版社，1962年。也画过龙，如作于1939年的《12生肖图册》，就有龙。见齐白石：《齐白石十二生肖册》，天津人民美术出版社，2002年，第5页。

前人讨生活，即或观察写生，也只是一种辅助和补充手段而已，极少像齐白石这样依靠直接经验。有意思的是，齐白石与接受了西方观念、以写生为本的诸多近现代画家也不同，后者只强调对景描绘，离了直观对象（模特儿）就手足无措。他们不习惯挖掘自己的生活经验，缺乏齐白石那种将直接经验化为形象记忆和创造的能力。摹古画家与写生画家都有各自的生活经验，他们缺乏的是把直接经验转化为艺术图像的意识和训练。

在许多文人画家那里，花鸟虫鱼只是娱玩、寄寓之物，或笔墨趣味的载体，与他们的心理情绪相关，与他们的世事活动无涉。齐白石则不同，花鸟鱼虫直接与他的生活和劳动相关，娱玩和形式趣味尚在其次。譬如他画梅、荷、桃、梨子、木芙蓉、海棠、菖蒲、乌子藤、篱豆、剪刀草、芋叶、丝瓜、荔枝以及野菌、笋子、白菜等，都关联着他早年的生活经历、生活场景，勾动着许多悲欢离合的故事。这些场景、境遇、故事，虽难以呈现在花鸟图像中，却是这些花鸟画的创作动机，常常以题诗作跋的形式透露出来，成为作品内容的一部分。

草间偷活到京华，不为饥饿亦别家。
拟画借山老梅树，呼儿同看故园花。

在北京画梅，心中想的是在故乡借山馆那段安逸的生活，以至刚刚画完，就叫儿子同来观看。又如另一首《题画梅》：

最关情是移旧家，屋角寒风香径斜。
二十里中三尺雪，余霞双屐到莲花。

这是指他 38 岁那年，卖画挣了钱，在莲花寨租了一座旧祠堂居住，他带着妻儿 5 口人搬往新居的时候，时值冬天，一路都是盛开的梅花。他给新居起名曰“百梅祠”，在那里一住就是 6 年。晚年画梅，他总是想起“屋角寒风香径斜”的境界，想起“隔院黄鹂声不断，暮烟晨露百梅祠”的宁静生活。以这样的生活与心理背景画梅，就与“梦绕清溪三百曲，满天风雪一人孤”（边寿民题画梅）的情致大不同了。

画荷亦如此。齐白石的家乡，尤其杏子坞星斗塘一带，塘连着塘，到处是荷。种荷、栽藕、采剥莲子，是乡里人劳动生活的重要内容。白石老人晚年画荷的冲动，大半是由对那情景的记忆引发的，如《题画荷》诗：

人生能约几黄昏，往梦追思尚断魂。
五里新荷田上路，百梅祠到杏花村。

闲看北海荷千顷，强说潇湘水更清。
岸上小亭终日卧，秋来无此雨声声。

杏子坞荷塘　郎绍君摄　1990年

荷花唤起的是他对往梦的追思，是家乡由百梅祠到杏子坞的荷田小路。在北京北海公园看荷，心里想的仍是潇湘的水塘、荷亭，连秋日雨打荷叶的声音都不一样。这种刻骨铭心的记忆，与那种单纯的观花赏荷怎会一样呢！他画残荷，想到的是“山地八月污泥歇，犹有残荷几瓣红”，而非“留得残荷听雨声”，山乡泥土里的荷瓣，与庭院池塘中的残叶，全然是两种情境、两类诗意。它们所表现的情绪也不一样。齐白石笔下的残荷，极少文人笔下常有的那份悲秋的慨叹，而总是清新向上。“颠倒纵横早复迟，已残犹有未开枝。丹青却胜天工巧，留取清香雪不如。”（《画残荷》）“荷花身世总飘零，霜冷秋残一断魂。枯到十分香气在，明年好续再来春。”（《枯荷》）白石这残荷诗，也正是其残荷画意之所在。

画藤也是如此。他的藤吸收了吴昌硕的画法，所画藤枝、藤花也有所似，但两者对藤的感受却有很大区别。吴昌硕最喜以藤自喻，多题“繁英垂紫玉”或“明珠滴露”之类的诗句，齐白石题画藤几乎只诉说他的乡思与经历，即便自喻，也大不同，如：

阴密如云蔽日华，偶闻香气更思家。
借山四野皆藤海，樵枚何曾认作花！

——《野藤花〈借山馆外野藤花〉》

春园初暖闹蜂衙，天半垂藤散紫霞。
雷电不行笳鼓震，好花时节上京华。

——《题画紫藤》

第一首说闻藤香而思家山，想起了借山馆外的野藤。第二首说己未年（1919）三月，正当

山水条屏之一（荷亭清暑） 1932年

残荷 1947年

紫藤开花时节，他避乱离家，到北京定居。在藤花背后，是齐白石的痛苦经历和欲喜又悲的心情，这和吴昌硕看藤画藤的心境真是相差甚远！他的“柔藤不借撑持力，卧地开花落不惊”也是自喻，但不是把自己喻为没有赏识的“明珠”，而是表白一种宁可开落无声也要自食其力的人格精神。吴昌硕表达的是许多文人表现过的清高人格，齐白石没有一丝的文人清高，而只有具体情境的回忆与体验。

白石老人画蔬菜瓜果，相伴随的也总是他的乡村记忆。如《题画扁豆》：“篱豆棚阴蟋蟀鸣，一年容易又秋声。”一下子便把我们带到诗意的田园，有情有景，有声有色，而对时光流逝的感叹，既是文人的，又充满乡土气息。只有像齐白石这样具文人、农民双重身份与体验的人，才发得出、写得出。白石常说自己有“蔬笋气”，因而画菜才有“蔬笋气”，但他还有文人的修养与敏感，只是个农民，“蔬笋气”也画不出来。他的题画诗句“自家牛粪正如山，煨芋炉边香扑鼻”（《画芋》）、“田家蔬笋好生涯，兼味盘餐自可夸”（《画白菜兼笋》）、“朱门绝少，茅屋秋早，一笑加餐，何曾同饱”（《画瓜》）、“七载榴花背我开，还家先到树边来。眼昏隔雾花休笑，未白头时手自栽”（《题画石榴》）等，都融会了农民、文人角色的双重体验。他的画拥有更多的观者，概源乎此。

齐白石的花鸟画，有时也借助于诗画结合，生动表现出他的个性、他的人生体验和对世界的认知，令人思味无穷。如他画八哥、鹦鹉或乌鸦，常题“八哥解语偏饶舌，鹦鹉能言有是非，省却人间烦恼事，斜阳古树看鸦归”。齐白石性格有内向的一面，平时不爱多说话，但不多说话也出于他的“言多必失”的经验。他有诗云：“客至终朝缄口坐，不关吾好总休论”——这是个性，也是人生态度。他的老师王湘绮说他“有高士之志，而恂恂如不能言”，与他在诗画中的自我描绘十分一致。他有一幅《翠鸟》，题：“羽毛可取终非祥。”极漂亮的羽毛，容易被人所取，对鸟来说乃不祥之兆。这是说鸟儿，也暗喻人和人事。

形神俱似，是齐白石对花鸟艺术的要求。为达此目标，他对花鸟物象，总是极尽观察、写生、临摹、记忆、研究、修改之能事。他有勾存画稿的习惯，不论谁画的，只要有可取处，都愿意勾描下来。这样做是为了积累形象，增加记忆储备，或如他自己所说“临池一看，所谓引机是也”[3]。中国艺术研究院美术研究所藏《白石画稿》，勾描了数十种花草，皆临他人旧本，勾临的同时又加以修改、注解，带有明显的研究性质。这里不妨摘录几段题跋：

八哥　1948年

〔3〕《白石画稿》自序，画稿藏中国艺术研究院美术研究所资料库。

百合花北方人呼为虎皮莲，此花一茎，茎上节节生花葩，非三四葩一齐开歧也。家山多此花，即写意画，非写照不可。其花开在春暮。

——《题百合花》

草茉莉为穷檐儿女之花，然而柴门野岸，冉冉夕阳，芳气袭人，未可抹煞，况晚秋时更不可少此。

此纸劣，色丑，未足雅观。紫色乃鲜丽花青与洋红错杂涂之。又有一种花，色以洋红藤黄交乱画也。

——《题草茉莉》

鱼儿花又名荷包牡丹，其分三歧，一歧之叶似分三叶，白石老人以我法临。

——《题鱼儿花》

万年青棒直略似四如意，合成一花，一棒数十花。吉祥草之果，冬深始红，其花开在虎皮草之先。吉祥草画得甚丑，子如移孙须知更变。

——《题万年青与吉祥草》

串枝莲秋日花也。只宜竹篱茅舍耳。其色甚娇嫩，似水红，与六月菊同时开。

——《题串枝莲》

仅从这数则，已能见出白石老人对花卉的熟悉程度。他谈起它们的生长期、花色、形貌、结构、性质等，如数家珍，好像是一位植物学家。同时评论花之丑俊，叙述画法以及它们与“野岸柴门”“竹篱茅舍”的关系，又显出诗人艺术家的本色。类似的事例，我们还能从白石题跋、自记和学生的回忆中举出很多。如，他知道玫瑰的刺是向下长的，所以挂人衣服[4]，知道南方的紫藤花叶齐生，北方紫藤先花后叶[5]，知道鹰尾有 9 根羽，鸽尾有 12 根羽，[6]还清楚棉花花

〔4〕王振德等：《齐白石谈艺录》，河南人民出版社，1984年，第54页。

〔5〕同上。

〔6〕齐白石写生稿自记，画稿藏北京画院。

瓣里的纹路是怎样的等。[7] 精于审物，是白石老人一生的习惯和传统。他在20世纪20年代后期画鹤和鹰就很出色了，但晚年画鹤画鹰仍要观察。一次画鹤，他觉得不够好，就“跑了好几次中山公园和动物园”。为了把鹰画得更好，他要齐良已“从朋友那里借来一只鹰给他看”。良已感叹说：“虽说是画写意，其实并不意味着不尊重客观。”20世纪50年代初，北京要开国际和平大会，请他画和平鸽，因极少画鸽，90多岁的白石老人“常到徐悲鸿家里去观察鸽子的动态”，[8]后来干脆在家里养了鸽子，至今我们还能看到他的鸽子画稿。[9] 老人晚年对学生说“我绝不画我没有见过的东西”，但只是看见过还不行，还要观察、写生。一生如此，岂是容易的事？

齐白石曾说：“凡大家作画，要胸中先有所见之物，然后下笔有神。……匠家作画，专心前人伪本，开口便言宋元，所画非所目见，形似未真，何况传神？”这话是回答一些攻击者的。这些人认为齐白石缺乏统传“来历”，画风“不雅”。但在白石眼里，这些开口“宋元”的人，只知模仿不知师造化和创造，不过“匠家”而已。民国以降，许多北京画家提倡研究传统，推崇宋元，一变晚清宗法“四王”之风，自有其道理和意义，但一些人未能学到宋元绘画精神（外师造化，中法心源），只在模仿宋元画迹上着力，缺乏创造与新意。就花鸟而言，五代两宋的黄筌、黄居宝、徐熙、赵昌、崔白、易元吉、李迪等，均为写生高手。画史称他们所画“妙于生意能不失真”。[10] 赵昌被称为“写生赵昌”，易元吉为画猿猴而深居山林，曾无疑为画草虫，“自少年时取草虫笼而观之，穷昼夜不厌。又恐其神之不完也，复就草地之间观之，于是始得其天”[11]。即便著名的文人画家文与可，也是因为他任洋州太守，经常出入山谷竹林观察，能纳“渭川千亩在胸中”[12]，即所谓“胸有成竹”，才成为画竹高手。元代以降，文人画家倡写意，由重视体物转向重视笔墨趣味，题材愈来愈狭窄，师法造化与积累视觉经验的传统受到漠视。明清花鸟画虽名家辈出，总的风气却没有改变。明代谢肇淛《五杂俎》曾批评画界“以意趣为宗，不复画人物故事，至花鸟翎毛，则辄卑视之”，感叹“细入毫发、飞走之态、罔不穷极”的古代花鸟画难以梦见了。近百年来，西方思潮涌入，诸多文化人和画家强调引进西方写实方法，以扭转过分强调模仿和意趣的风气。齐白石的艺术实践早于这一思潮，他属于另一支中国传统——相对接

[7] 画棉小稿，见《北京画院秘藏齐白石精品集·画稿卷1》，广西美术出版社，2001年，第14页。

[8] 以上均见齐良已：《回忆父亲齐白石作画》，载《集邮》，1980年第4期。

[9]《北京画院秘藏齐白石精品集·画稿卷1》，广西美术出版社，2001年。

[10] 宋董逌：《广川画跋·书徐熙牡丹》，见俞剑华：《画论类编》，中国古典艺术出版社，1957年，第1033页。

[11] 罗大经：《鹤林玉露》，见俞剑华：《画论类编》，中国古典艺术出版社，1957年，第1030页。

[12] 俞剑华：《画论类编》，中国古典艺术出版社，1957年，第1026—1027页。

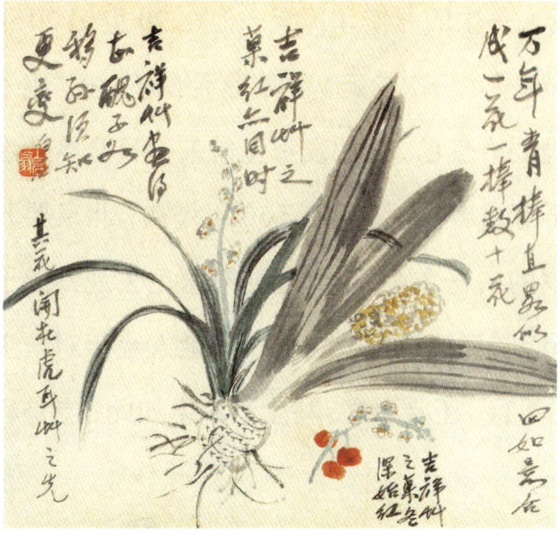

万年青·吉祥草（画稿） 1920年

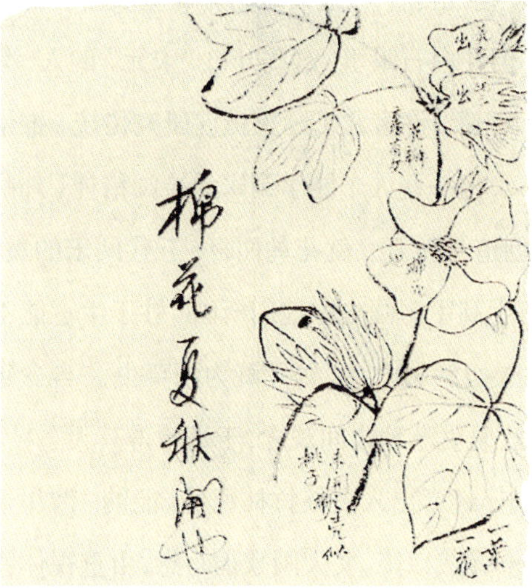

棉花（画稿）

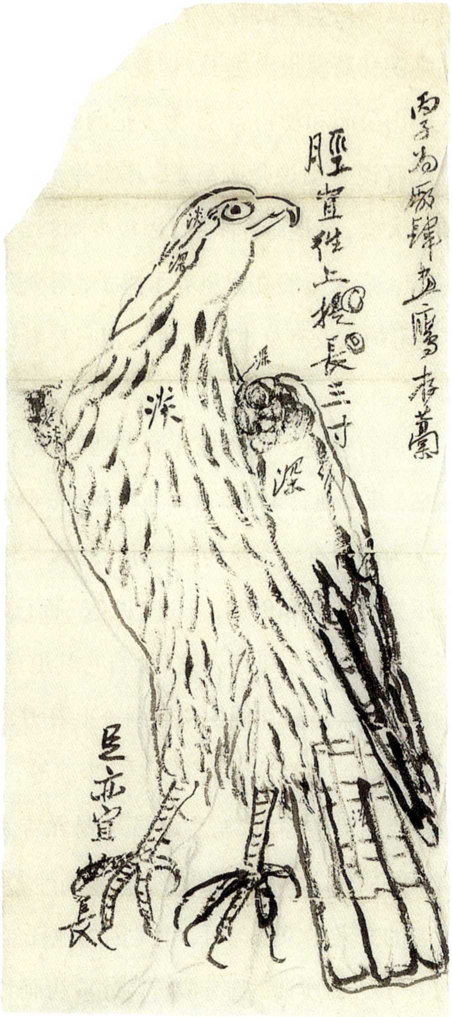

鹰（画稿） 1936年

近民间与现实的明清绘画传统，如黄山画派、扬州画派、上海画派等。这一传统比正统文人画更强调选择题材与真实描写，情感抒发也更加自由放纵。卖画求生的需要，更促使他们倾向雅俗共赏的趣味。齐白石早年画肖像，肖像画忠于对象的要求对他的艺术思想有一定影响。卖画养家的身份和对民间的亲近，又使他较多地吸收了扬州画派和海派的写意画传统：适应各种各样的人，开拓更广的题材，掌握更多的技巧与本领。他崇拜八大但不得不放弃八大的冷逸画风，他用功于明清文人画，但始终是个职业画家，而不是单纯以书画自娱的文人画家。他的选择，有意无意地抗衡了元代以来远离现实、重心轻物的文人画传统，给中国绘画注入更多的世俗温暖，描绘出更丰富的生命图景，从而给中国民族绘画以新的活力。

卅年删尽雷同法

——齐白石的山水画

齐白石以花鸟虫鱼为大宗，评家也多把他视为一个花鸟画家，而不大重视其山水。那么，齐白石的山水画究竟怎样——他是如何学习山水画的，承继了怎样的传统，有什么创造性，作品数量、风格和价值如何等，都有待研究。

山水（选临《芥子园画传》） 约1890—1900年

齐白石初学山水画时，还是个走乡串户的雕花木匠。20岁那年，在一个主顾家里发现了乾隆版的《芥子园画传》，如获至宝，借回家用半年时间用薄竹纸精心拓摹了一套。其中的山水谱，便成了他学习山水画的启蒙老师。[1] 27岁拜师胡沁园后，胡介绍他向谭溥（字荔仙，号瓮塘居士）学山水。谭溥有诗集传世，其山水近王石谷一路画法，[2]不过，一个没钱没名的乡村木工，难以见到名家真迹，即便“四王”的画，也只能间接又间接地学。所见白石早期作品，大抵是套用画谱程式，描绘细碎，笔力秀弱，缺乏生气。历代山水画家，像齐白石这样起步晚、学传统条件差的，实不多见。

〔1〕齐璜、张次溪：《白石老人自传》，人民美术出版社，1962年，第24—25页。

〔2〕从龙龚《齐白石传略》附图6《谭溥山水》可以看出是学“四王”一路的。

现存早期山水，以 1894 年的《龙山七子图》（私人藏）为典型。画上题：“龙山七子图。七子者贞吾罗赋、醒吾罗羲、言川王训、子荃谭道、西木胡栗、茯根陈节暨余也。甲子春季过访时园，醒吾老兄出纸一幅，属余绘图，以纪其事。余亦局中人，不得置之度外，遂于酒后驱使山灵，以为点缀焉。滨生弟齐璜并识。”此图为水墨淡着色，馒头形山峦，披麻皴，松树勾叶后染花青。山岳小路上，有七人游玩。构图与笔墨大体由画谱变化而来，与谭溥山水也有些关系，[3]没有写生痕迹。题跋中说的“七子”，正是《白石老人自传》中谈到的“龙山诗社”中的七位社友。“时园”乃罗醒吾的斋号，在湘潭白泉棠花村罗家，乃“龙山诗社”初建时的集会地点，后移地五龙山大杰寺，在白泉棠花村北边不远。

齐白石 1897 年所作《山水四屏》（北京市文物公司藏），原是送给他的朋友黎鲸庵的，时黎鲸庵在四川为官。此四屏构图简逸清旷，仍可看出画谱的痕迹，勾叶、点苔、画水草的方法，似还带有画谱木版刻印的味道。1901 年送德恂（黎松安）的《松庵说剑图》（中国艺术研究院藏），1902 年送鹗秋的《山水》（天津博物馆藏），约 1901 至 1902 年间所画四屏山水（《嵩岭卧云图》《巴湖春水图》《吟江话月图》《老屋秋声图》），大体属同一风范，构图较为开阔完整，以粗细不同的墨线勾勒山石结构，短笔加皴，略似披麻。笔线由秀弱转趋粗放，着淡色，风格古朴清朗。总的说，这些作品与相应的记载一致，即在 40 岁前，白石的山水画还处在模仿阶段，既缺乏经典范本，也没有名师指点，但可以看出劲健简洁的个性。

1902 年至 1909 年，白石应朋友之约远游，六出六归，历经湖南、湖北、河南、河北、陕西、江西、安徽、江苏、广东、广西诸省，武汉、西安、北京、天津、上海、南京、苏州、香港、广州、东兴、肇庆诸市，跨过许多江河湖海，探访过许多名山大岭、寺庙古迹，画了一些写生，也临摹了不少作品，胸襟与见识大大开阔，画风也为之一变。他说：“每逢看到奇妙景物，我就画上一幅。到此境界，才明白前人的画谱，造意布局，和山的皴法，都不是没有根据的。”[4]从这时期留下的画稿和作品看，他不再依照画谱描摹，而是从观察写生寻求新的构图、新的意境、新的画法了，虽不免有幼稚处，却充满了生气和创意，与流行的模仿画风拉开了距离。远游回来的第二年即 1910 年，他把写生画稿整理一遍，画成一套五十余开的大册页，题名曰《借山图》。[5] 这套《借

〔3〕从龙龚《齐白石传略》附图6《谭溥山水》可以看出是学“四王”一路的。

〔4〕齐璜、张次溪：《白石老人自传》，人民美术出版社，1962年，第49页。

〔5〕《借山图》又名《借山图册》《借山图卷》，为大册页，原有50余开，后失去半数多，现仅存22开，藏北京画院。见郎绍君：《二十世纪中国画家研究丛书：齐白石》，天津杨柳青画社，1997年，第109—110页。又见《北京画院秘藏齐白石精品集·山水杂画卷》，广西美术出版社，2001年，第9—30页。

龙山七子图　1894年

小桥诗思　1897年

松庵说剑图　1901年

山图》画的皆为具名景色，如灞桥、雁塔坡、华岳三峰、独秀山、滕王阁、柳园口、小姑山等，但均非对景写生，而是根据印象和画稿创作的。它们的基本特点是：构图平远而多变，每页突出一个主要景象，创意新颖，简略朴素，平中见奇。画法有水墨着色、纯水墨两大类，其中水墨着色分为淡着色与浓重着色，纯水墨分为泼墨为主者和勾勒为主的。同一年，友人胡廉石请王仲言根据湘潭石门一带景色拟了24个题目，要白石画《石门二十四景》[6]。白石“精心构思，换了几次稿，费了三个多月的时间，才把它完成”。胡廉石和王仲言看后，都称赞他“远游归来，画的境界，比以前扩展多了”[7]。《石门二十四景》为二十四开大册页，水墨着色，画中起伏的丘陵，平坦的田野，曲折宁静的河流，与湘潭一带地势颇有相似处，构图比起《借山图》的平中见奇，可以说平中见朴，更具生活气息。如《老屋听鹂图》，占据画面大半者为方整的稻田，中景数株新柳，一间老屋，看似呆板，却极富真实感。如《曲沼荷风图》，拙稚的中远景荷花，层层远去的

〔6〕《石门二十四景》也是大册页，22开，现藏辽宁省博物馆。见郎绍君：《二十世纪中国画家研究丛书：齐白石》，天津杨柳青画社，1997年，第110—112页。

〔7〕齐璜、张次溪：《白石老人自传》，人民美术出版社，1962年，第61页。

借山图册之一（华岳三峰） 1910年

石门二十四景之一（甘吉藏书图） 1910年

空间，如面对湘中景色。《甘吉藏书图》置书楼于画面一角，楼前垂柳半掩，绿枝摇曳。书楼结构严谨，形体古拙，与婀娜多姿的柳枝形成对比。总的看，《石门二十四景》是据题创作，比《借山图册》更富想象性，但与《借山图册》一样，整体的风格不很统一，各页的水平也不整齐，有时还可以看到某些画家如金农、石涛笔法的痕迹。这两套大册页，是齐白石远游多年的总结，亦是他中年山水画的代表，标志着齐白石山水画的突破，也预示了其山水画的基本取向：凭直观经验结景，注入生活气息，大胆想象；画法多勾少皴，风格古朴。1917 年，陈师曾看到《借山图册》，非常喜欢，题“平淡见奇”四字，又题诗称赞说：“束纸丛蚕写行脚，脚底山川生乱云。齐君印工而画拙，皆有妙处难区分。”一套《借山图册》，开始了两个杰出画家的友谊。

1919 年齐白石定居北京后陆续看到和临摹了一些前人名作，如沈周、石涛、八大和金农的作品，但和同时代的画家如黄宾虹、金城、萧俊贤、萧谦中等相比，他在临摹、研究古近传统方面下的功夫要少得多，但他集中有限的传统基础表现个人的视觉经验，特立独行，大胆创造。衰年变法主要在大写意花鸟方面，但他借鉴的金石笔法和强烈色彩方法也融入了山水画。自从他的花鸟在日本受到欢迎，北京顾主也开始改变态度，但对他更具独创性的山水，仍很少有人理解。这里介绍几件代表性作品。

《山水册》（12 开，每开 27 厘米 ×16 厘米，私人藏，收入《齐白石全集》第 2 卷）作于 1921 年，是一套尺幅很小、画得十分随意的册页，各幅都是截取式构图，有小亭、曲路、树林、桥、远帆、钓翁、屋舍等，空灵、奔放而又不乏严谨。如果说 12 年前的《借山图》和《石门二十四景》还比较拘谨和纤细，还近于“小写意”，这套册页则完全放开了胆量，纵意挥洒，一气呵成，是对大写意山水的突破性探索。同一时期的条屏式山水，如北京市文物公司的《山水四屏》，似不如册页作品自如流畅，画法也比较简单。作于 1925 年的《山水十二屏》有了长足进步，可以视为齐白石立轴山水成熟的标志。20世纪20年代晚期，最富代表性的作品应属1927年的《自临借山图册》（10开，每开26厘米 ×20厘米，中国艺术研究院藏，收入《齐白石全集》第2卷）。这套册页画面仅8幅，是齐白石为弟子杨泊庐以大意笔法画借山图册，构图大抵依原册，画法则有了大改变，画面既单纯又丰富，色墨浑然一体，厚重有力。从大写意的角度看，比1921年的《山水册》更成熟，也更耐看了，可以视为白石老人大写意山水的真正完成。1928年，湖社月刊编“雪景专刊”，主编胡佩衡请白石作《雪山图》。胡佩衡说：“专刊出版后，这幅画光彩夺目，真如鹤立鸡群，骂他的画家都哑口无言了。”“老人画雪山也是用古人‘借地为雪’的办法，山的勾与皴，都用枯墨画出，一经烘染，惨淡如睡的意境能表现出来。两棵松树是点叶画法，古拙浑厚，气象高古。”[8]可以看作是白石立轴大写意山水的突出代表。

但山水画受冷落的基本状况没有改变，这使老人很伤心，也很不平。1925年，他题《雨后山村》说：

十年种树成林易，画树成林一辈难。
直到发亡瞳欲瞎，赏心谁看雨余山。

靠卖画维持一家人生活，山水画不好卖，他只好少画。1931年，他在一本山水册上题道：“吾画山水，时流排之，故余几绝笔。”“几绝笔”之说有点夸张，但他画山水的确少多了，若无特别之请，一般不画。白石20世纪30年代到50年代的绘画作品在万张以上，山水占的比例微乎其微，其中多画于75岁（1937年）以前。20世纪40年代后，就真的近于“绝笔”了。对一个有着山水画天才的艺术家，这是很可惜的事。

齐白石的山水画虽大大少于花鸟，其绝对数量仍然可观。大体说来，20世纪20年代最多，30年代其次，40至50年代就很少了。其中，立轴、册页和扇面居多，很少横卷。20世纪30年代前期出色的山水最多，如1931年为寅斋作《山水册》（原为24开，每开34.5厘米 ×35厘米），1932年为王瓒绪作《山水十二屏》（每屏128厘米 ×62厘米，现藏重庆博物馆），1933年为吴北江所作《莲池书院图》（香港梅洁楼藏）等，堪为白石山水之极品。这些作品的基本特点是，仍有大写意式的笔墨，但总体上又趋于工整，不论结景、造意、笔法、用色，都更精妙、丰富、个性化，比同时代其他画家的山水作品更具现代感（后者是齐白石赢得徐悲鸿、林风眠、克罗多、汪亚尘等西画家青睐的主要原因之一）。大器晚成的齐白石，20世纪30年代前期臻于

〔8〕胡佩衡、胡橐：《齐白石画法与欣赏》，人民美术出版社，1992年，第93页。

山水册之一　1921年

自临借山图册之独秀山　1927年

雪山策杖　1928年

山水十二屏之木叶泉声　1932年

艺术的高峰，其精力旺盛、神气饱满、技巧精熟的特点，在这些山水画中得到了集中体现。但其特异独立的风格与画法，对看惯了传统山水的人，还是难以接受。齐白石也清楚这一点，他说：

余画山水二十余年，不喜平庸。前清以青藤、大涤子外，虽有好事者论王姓（王翚）为画圣，余以为匠家作。然余画山水绝无人称许，中年仅自画借山图数十纸而已，老年绝笔。[9]

不过，老人自己却充满了自信，曾对胡佩衡说："大涤子画山水，当时之大名作家不许可，其超群可见了。我今日也是如此。"[10]他在题画诗中写道：

逢人耻听说荆关，宗派夸能却汗颜。
自有心胸甲天下，老夫看惯桂林山。

曾经阳羡好山无，峦倒峰斜势欲扶。
一笑前朝诸巨手，平铺细抹死工夫。

这意思，一是反对摹古者的"宗派夸能"，二是讨厌"平铺细抹"的工细之作，三是强调师法造化和胆敢独造。他特别提出"老夫看惯桂林山"，是因为他的山水画与桂林之游有密切关系：其山水常出现的孤峰独立形象，即源自桂林印象。在另一诗中，他更激烈地表示：

山外楼台云外峰，匠家千古此雷同。
卅年删尽雷同法，赢得同侪骂此翁。

——《自题山水》

时人越是看不上，他越是坚持走自己的路，坚持自己的探索。这是一个大艺术家的品质。

那么，究竟该怎样看齐白石的山水画，怎样认识他与同时代山水画家的区别，又怎样对他

〔9〕胡佩衡、胡橐：《齐白石画法与欣赏》，人民美术出版社，1992年，第99页。
〔10〕同上，第92页。

们进行价值判断呢？我想，鉴赏者尽可以根据自己的偏爱加以褒贬，艺术史家必须力求客观与宽容，不能以个人爱好代替理性分析。我在《齐白石》（1997）一书中，曾这样概括齐白石成熟期山水画的特点：格调平朴，富生活气息；造境别具一格，不特讲究笔墨意趣；善于表现活跃的生命感觉，不很看重传统的出处与规范；喜欢简括的大写意；不喜欢精雕细刻，画风雄健率真，但不够含蓄内在。从传承的角度看，他的山水远离闲静、松秀、优雅、淡远的文人气息，远离看重笔墨自在价值的董其昌、“四王”，也远离清逸、冷峻的新安派，而相对接近强调生命感受、相对粗疏雄健的石涛和金冬心。[11] 传统山水画讲求书法用笔，如“一波三折”“如屋漏痕”“如锥画沙”“绵里藏针”，寓柔于刚等，否则便会被目之为“俗”。齐白石写碑书，笔力苍劲，画山水不免有些刻露硬挺。从吴门画派、“四王”画派、新安画派脱胎出来的画家，追踪董、巨、元四家的画家，如黄宾虹、萧俊贤、吴湖帆、张大千、秦仲文等，都相对重视“古意”“浑厚”“清逸”，而对齐白石山水中的乡土气息缺乏理解，觉得过于“直露”“乖张”，不够“雅训”“厚重”等，是不奇怪的。传说萧俊贤挖苦齐白石作画如“厨夫抹灶”，是最典型的一例。直到20世纪50年代，齐白石有了崇高的地位，称赞其山水画的人仍然很少。齐白石逝世后的纪念文章，只有张安治专谈了山水，而著名山水画家贺天健、秦仲文、傅抱石、李可染也都热情著文，却不约而同地赞美齐白石的花鸟虫鱼，却极少谈他的山水画。[12] 这些不是偶然的，至少，他们觉得齐白石的山水画不那么重要，或者不好谈。但这不是“文人相轻”（著文者都十分敬重、爱戴白石老人，绝无相轻之意）。画史上，人们因师承、趣味、笔墨、风格、格调不同，在艺术上互有贬抑，不能笼统视为“文人相轻”。相互贬抑未必公允，有时还会伤和气，但对艺术的影响大多是正面的。当然，“同侪”之“骂”各有不同，有缺乏善意者，也有中性批评者。事实上，齐白石从这些“不称许”和“同侪骂”中也得了益处，至少激发了他的变法，他的奋发图强。因此，不能把这些言论都看作“保守者的攻击”，或把“攻击者”都视为“泥古不化”的人。萧俊贤、王梦白“骂”过齐白石，但他们的画仍有很高的成就。对每一个画家，每一件具体的事，都要“求是”，做尽可能真实具体的分析。

我们再回过头来看齐白石的山水。它缘于两个基本母题，一是家乡景观，二是远游印象。家乡景观多画村居、院落、渔庄、荷塘、柳岸、松溪，时或点缀鸡鸭、竹径、老屋等。丘陵起伏，平

〔11〕郎绍君：《二十世纪中国画家研究丛书：齐白石》，天津杨柳青画社，1995年，第188页。

〔12〕力群：《齐白石研究》，上海人民美术出版社，1959年。此书基本是1958年发表的纪念齐白石文章的结集，其中有李可染两篇文章，傅抱石一篇文章，贺天健一篇文章，只有傅抱石谈及齐氏山水画“风格特异，新意尤多”，别人基本都只涉及他的花鸟虫鱼。

远亲切，弥漫着乡间气息，几乎没有重峦叠嶂，枯木寒林。远游印象多湖海扬帆，洞庭日出、桂林山水、洲渚鸬鹚、蕉林书屋等。这两个基本母题，孕育了前人山水所没有过的意境与格趣，使他有机会把写意花鸟画的某些画法移入山水，赋予山水画以新的面貌和风格。说齐白石的山水画比他的花鸟画更具创造性与现代性，并不是夸张之辞。

齐白石山水画，横卷少而立轴多。横卷宜于移步换形的描绘，是一种在时间中展开的艺术，要求构思的缜密，景观设计的跌宕变化，这似乎与喜欢放笔直干、痛快简约的齐白石性格有所不合，也与他在技巧上的局限有关。事实上，即便齐白石画横卷，也总是以空灵简少胜，而从不繁密，从不画长江万里图式的巨构。在立轴形式中，他又喜画狭长尺幅，而颇少选择近于黄金律的长宽比例。其山水如此，花鸟和人物画也是如此。这是一种偏爱还是出于作画习惯？也许都有。正如潘天寿多作横方或竖方镜心，林风眠多在方纸上布阵，陆俨少格外喜欢长卷一样，并不完全出于内容之需，也和画家独特的视觉心理经验、构图习惯、艺术追求和技巧训练相关，甚至和特定顾主的要求相关。

成熟时期的齐白石山水，还可以做如下概括：

一曰“简少”。所画宁少勿多，突出主体，省略琐碎。物象简少，笔墨也简少——大多是简括粗放的勾染，几乎不要复杂的皴法。

二曰“奇新”。构图、造型、笔墨、色彩、点景人物等，大都奇异不同寻常。齐白石提倡“扫除凡格”，佩服“有奇思”的石涛，“怪绝伦”的金农，并努力效法之。

三曰“粗拙”。“咫尺天涯几笔涂，一挥便了忘工粗。”这两句自嘲诗，也很真实。但白石的山水画，常常粗中有细，拙中有味，是很耐看的。

扫除凡格总难能

——齐白石的人物画

齐白石的人物画，可以追述得很早，《自传》说他的第一张人物画，是 8 岁时在门上摹拓的雷公像；第一次画现实人物，是读村馆时，用写字纸画“星斗塘常见的一位钓鱼老头，画了多少遍，把他的面貌、身形都画得很像”。[1] 后来做雕花木匠，雕刻的内容也有“状元及第”“刘备招亲”一类传统题材的人物画。除了跟师傅学，他也“从绣像小说的插图里，勾摹出来”以做画样。20 岁那年勾摹的一套《芥子园画传》，更成了他在雕花上出新、为乡亲画古装人物的依据。湘人多民间信仰，为了挣钱养家，年轻的齐白石画了许多神像功对，如玉皇、老君、财神、灶君之类，在画的时候，除了应用《芥子园画传》，还从戏剧人物、现实人物找些参照。请他画美人的更多，还得了个“齐美人”的绰号。26 岁时，白石拜萧传鑫为师学画肖像，萧师又介绍他向另一肖像画家文少可学习，两位师傅把“拿手本领”都教给了他。

明清民初在民间流行的画像方法大概有两种，一是传统勾勒填色或没骨法，一是吸收西洋明暗造型法。后一种以炭粉、纸卷笔或干毛笔擦画，俗称“擦炭画”。当时画肖像又有

工具箱浮雕图　约1882—1902年

福星高照

〔1〕齐璜、张次溪：《白石老人自传》，人民美术出版社，1962年，第13页。

两种方式，一为对着真人写生，一为依据照片放大。齐白石兼能传统与擦炭两种方法，有时还把两种方法结合起来。那时中国已有照相术，但一般农村还很少见，有条件到城里照相的，多是大户人家。湘潭习俗，凡为生人画像称作“小照”，为死人画像称之“描遗容”，如果“描遗容”没照片可依，就只有对着死者描画了。白石为人画像，既能对人写真，也能用照片放大。27 岁后，他“弃斧斤”，做画师，直到 40 岁前，一直作为肖像画师活跃于湘潭和长沙一带。《自传》记述，他 32 岁为黎松安的父亲描遗容，34 岁到黎铁安家画像，35 岁开始到湘潭县城画像，39 岁为内阁中书李镇藩家画像。40 岁以后远游，画山水花鸟，但也没有完全放弃画像，如 48 岁应谭祖安之请到长沙为其先人和弟弟画遗像，50 岁为亲家邓有光画像，大约同时，又画晚年胡沁园像。那几年，他有时画一方“湘潭齐璜濒生画像记”小印为记。[2] 留传至今的白石肖像作品，有几件颇具代表性，它们是辽宁省博物馆藏的《黎夫人像》《胡沁园像》《沁园师母像》，荣宝斋藏的《无名衣冠像》，湘潭齐白石纪念馆藏的《胡沁园像》等。

《黎夫人像》，工笔着色衣冠像，1946 年白石在画上作题，确认所画为“可共患难黎丹之母胡老夫人”。黎丹（1873—1938），派名泽润，字雨民，是湘潭皋山黎家后人，民国期间曾任青海省政府秘书长、南京政府监察委员。其祖父黎培敬为咸丰进士，做过贵州学台、藩台，江苏抚台，父亲黎锦缨为清末一品光禄大夫，他的舅父是齐白石的老师胡沁园，所画黎夫人，即胡沁园的胞妹。白石谓黎丹之母为“胡老夫人”，是依她娘家姓氏相称。此像的制作年代，辽宁省博物馆定为“1895 年”前后。1895 年，黎丹 23 岁，

黎夫人像（局部） 约1895年

〔2〕齐璜、张次溪：《白石老人自传》，人民美术出版社，1962年，第62页。

齐白石 33 岁，胡沁园 49 岁，肖像中的黎夫人，约 40 多岁。画像为正面全身，冠带肃整，朱袖和裙衣绣有云龙纹，正是诰命夫人的朝服。头微侧，脸的边缘、唇、下颏和颈部等，以擦炭法画出明暗体积，再罩以肉色，鼻梁和颧骨以上受光。但黎夫人的衣帽和环境描绘，基本为重彩方法：外轮廓用铁线勾，衣褶略染出凹凸，不用线描。赋彩浓艳，精致地刻画出绸缎布料的光泽、硬度及诸种绣纹装饰。衣领和前胸的花纹，多以粉白在蓝、红、粉红、黄、绿诸色上勾染，浑似古建筑的彩绘。地板上的纹饰亦大体勾勒填色，虽比衣服略淡，鲜艳得仍有喧宾夺主之嫌。西方素描的擦炭法、传统勾勒填色法和强烈的民间趣味，构成这幅作品的主要特色。乡村、城镇的观者与顾主，大抵以真似精致为上，这种欣赏习惯，对齐白石艺术的影响，深可注意。《无名衣冠像》约作于 1910 年，所画主人公似为谭延闿的弟弟谭组庚，画法与风格酷似《黎夫人像》，但技巧更加成熟。对这一作品，将在本书“图说”中加以详述。

《胡沁园像》作于 1896 年，书“沁园夫子五十岁小像，时丙申四月浴佛后二日，受业齐璜恭写”款。《沁园师母五十岁小像》作于 1901 年，有“辛丑四月门人齐璜恭绘”款。这两件作品均为半身像，采用勾勒填色方法，不画光影，但面部如鼻梁等处略染出结构与凹凸，尚可看出被弱化了的擦炭画的味道。与富贵庄严的《黎夫人像》相比，这两件作品采用传统画法，风格清雅，应是白石根据肖像主人不同的身份、个性和要求精心设计的。

胡沁园像　1896年

《谭文勤公遗像》作于 1910 年，有“庚戌秋日，湘潭齐璜敬摹”款，是根据照片临摹放大之作。肖像主人公是谭组安（延闿）的父亲谭钟麟，曾任两广总督，逝世于 1905 年，谥“文勤”。作品延续擦炭画方法，以浓淡墨罩染，白粉勾须，不着色。肖像主人公在画面上占的位置很小，全画大部分留白，构图很奇特。但描绘精致，人物极为有神。《邓有光像》作于 1912 年，尺幅很小，主人公是齐白石大女儿菊如的公爹，一位农村医生。从“有光亲家六十八岁像，壬子八月弟璜写”题款推断，应是写生之作。擦炭加墨，光影明显，几乎就是一幅画风

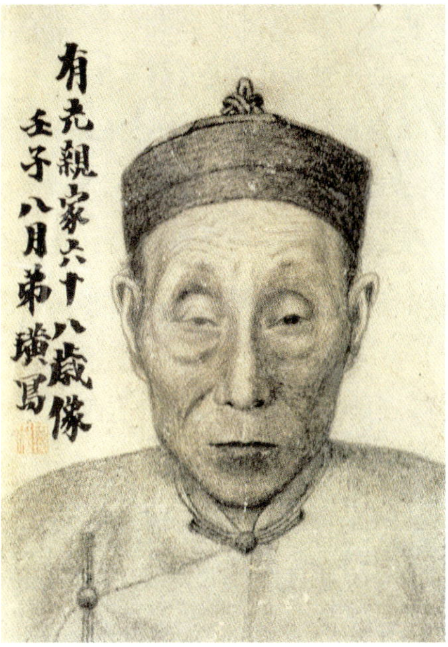

邓有光像 1912年

粗犷的素描。《胡沁园像》原为胡氏后人收藏，20 世纪 80 年代捐赠湘潭齐白石纪念馆，从白须拂胸、肌肉松弛、眼睑下垂的刻画，一望便知是胡氏晚年像，应为白石 52 岁前后所作。[3] 此像先用炭条轻勾轮廓，然后以炭粉擦画面部、五官结构与暗影，略见柔软的笔痕，额、耳部有橡皮擦痕，鼻梁、眼睑中部、额中部、耳边缘处均见近于“高光”的亮面。最后以淡墨罩染，但并不勾轮廓。看上去与水墨画无异，画法近于《谭文勤公像》而远于《邓有光像》，很可能是依据照片放大的。这种放大照片的画法，直到 1926 年齐白石 64 岁还画过——那是为亡故的父母画遗像。在整个 20 世纪前期，这种肖像画始终在城乡流行。

除肖像外，早期齐白石还画仕女、儿童、历史人物、佛道人物。龙龚说“从 1889 年到 1901 年，除了画像，齐白石辛勤创作的画幅，应该以千来计算……以花鸟为最多，山水次之，人物又次之”。[4] 但从留存作品看，这十多年的人物画并不算少，而 1902 至 1917 年即远游和幽居乡间的十几年，人物画却很少。对远游前的人物仕女，《自传》有这样的介绍：

〔3〕胡沁园生于1847年，逝世于1914年，终年68岁。此像比1896年白石所画《沁园师五十岁小像》衰老得多，应是逝世前所画，或根据逝世前的照片摹画。黄苗子在《廿七年华始有师——纪齐白石胡沁园像》一文说：“这幅齐白石给老师胡沁园的画像，应当是他二十七岁至三十一二岁之间的作品。”（见湘潭政协：《湘潭文史资料》第三辑，1984年，第42页）这个推断是靠不住的。即按作于白石32岁时算，胡沁园也年仅47岁。50岁的胡沁园还是壮年模样，47岁时反而老态龙钟，怎么可能？

〔4〕龙龚：《齐白石传略》，人民美术出版社，1959年，第21—22页。

婴戏图条屏之一　1897年

仕女条屏之一　1911年

> 那时我已并不专搞画像，山水人物，花鸟草虫，人家叫我画的很多。送我的钱，也不比画像少。尤其是仕女，几乎三天两朝有人要我画的，我常给他们画些西施、洛神之类。也有人点景要画细致的，像文姬归汉、木兰从军等等。他们都说我画得很美，开玩笑似的叫我“齐美人”。

现存这时期的仕女，有西施浣纱、麻姑进酿、红线盗盒、黛玉葬花等，画法大体分为工笔、写意和半工写三种，人物造型是程式化的：瓜子脸，柳叶眉，樱桃小口，眼睛细秀，削肩，身形修长瘦弱。有些显然有所本，有些则是根据画谱加以改造，而“锐面削肩，头大手小”的形象，与改琦、费丹旭开其先，流行于晚清画坛的仕女形象颇为相近，初学仕女画的齐白石受到这种流行画风的影响，是不奇怪的。他常常一个稿子反复画，姿态、画法大致相同的红线、西施等，多次出现——这种重复性做法延续到他的晚年，应是卖画造成的，与顾主点名索要分不开。在中国美术史上，这并非偶然现象。这时期画的儿童不多，中央美术学院所藏《婴戏图》四条屏（1897），只勾勒点染人物及风筝什物，不画景，衣纹结构与笔线有很强的程式性，一望可知是模仿上海画家钱慧安画风的。

白石喜欢画的历史人物，多与民间流传的历史故事有关，如郭子仪、诸葛亮等。这些人物早在做雕花木活中就刻过，他是很熟悉的。神话佛道题材，所画最多的是“八仙”。早年他曾雕刻过“八仙”木屏风，湘潭阳光藏《八仙图》条屏，从题款书法和画风看，约为1889年至1903年间之作。用半工写方法，头部较为工细，身躯和景物较为粗放，头与身的比例约为1:4或1:5，是一种矮短型的形象。作品很注意眼睛的刻画，何仙姑的侧头斜视，张果老的抬头上望，李铁拐的白眼翻看等，都有些夸张，显得神气十足。这种手法，在民间绘画里是常见的。湖南图书馆

寿字图　1894—1895年

宋岳武穆像　约1921—1922年

渔翁　1928年

藏《寿字图》(1894—1895)，整幅画是一个双勾的“寿”字，“寿”字笔画中又有山水人物和禽鸟——八仙、仙鹤、松、石等，取“群仙祝寿”之意，是更典型的民间绘画形式。

衰年变法期的人物画，在“十年关门始变更”一章已作粗略介绍，代表性作品有《不倒翁》《汉关壮缪像》《宋岳武穆像》《李铁拐》《得财图》《搔背图》《西城三怪》等，工细人物减少，粗笔大写意一跃而为基本格式。值得注意的是，一些作品源自切身的生活体验，以诗画结合的方式直率地表达对社会人世的看法。如具有讽刺倾向的《不倒翁》，借题发挥的《得财图》《渔翁图》，智慧幽默的《搔背图》等。它们多有感于战乱和官僚政治，发出的感叹如“豺狼满地，何处爬寻，四围野雾，一篓云阴”“江滔滔，山巍巍，故乡虽好不能归”“不愁未有明朝酒，窃恐空篮征税时”，沉郁有力，具有明显的批判性。这在齐白石早期人物画中是没有的。

20世纪30至50年代，是齐白石艺术的盛期，个性风格突出，题材、体裁、形式、风格相对稳定，精气弥满，技巧高超，作品也最多，人们熟悉的齐白石画，主要是对这一时期绘画的印象。就人物画而言，盛期仍然有仕女、儿童、历史与传说人物、寿星、李铁拐等。其中特别值得关注的，是种种自写性质的人物，以及各式各样的钟馗、罗汉、佛像等。这些作品的精神表现，如慈爱之心、不平之气、幽默智慧和鞭挞丑恶等，足以安慰心灵，给人以愉悦和启迪。在形式风格上，则粗犷拙朴，是典型而独特的大写意。

1930年所作《人物册》中，有两幅作品画了多次，这就是《送学图》与《迟迟夜读图》。《送学图》刻画一老者送小儿去读书，身着红衣的小儿一手把书，一手擦泪。老人慈爱地抚摸着他的头，安慰着他。同一稿本的变体画题了白石作于1920年的两首诗：

处处有孩儿，朝朝正要时。
此翁真不是，独送汝从师。

识字未为非，娘边去复归。
须防两行泪，滴破汝红衣。

又想让孩子耍玩，又想让孩子读书。玩耍是孩子的天性，读书是生存的需要。这送学场面，在白石的笔下洋溢着诗意，流淌出慈爱，令人寻味不已。

《迟迟夜读图》是《送学图》的姊妹篇。油灯燃着，读书的迟迟却伏案睡去。他身着红衣，把脸埋在手背上，只露出圆圆的娃娃头，这不正是《送学图》里的那个孩子吗！书桌方正，座椅歪斜，沉睡正酣。白石题道：

余年六十生儿名迟，六十以后生者，名迟迟。文章早废书何味，不怪吾儿瞌睡多。庚午秋八月，白石山翁。

迟迟夜读图　1930年

这里说的“迟迟”即齐白石第五子齐良已，号子泷，生于1923年11月。白石画《送学图》的1930年，迟迟7岁，正是上学的年龄，因此这两幅画颇有自写家庭生活的性质，送孩子上学的老人，该是白石老人自己。枕手而眠的迟迟，正对着观者的视线，那幼嫩、困倦的样子令人爱怜。老人宁愿看着小儿子熟睡，也不逼他死读书，真是开明豁达，又舐犊情深！“文章早废书何味，不怪吾儿瞌睡多”有点借机发挥。白石多次画此图，题诗每每略有变化。如《戏画迟迟瞌睡图》题：“问道穷经岂有魔，读书何若口悬河。文章早废灯无味，不怪吾儿瞌睡多。”在他看来，“问道穷经”式的读书是中了魔，他不愿意让儿子走这条路。这与他的印章“以农器谱传吾子孙”表达的意思相近：不望子成龙。白石后来为张次溪画的《江堂侍学图》（1933），为罗祥止所画《教子图》（1934），为娄师白画的《补裂图》等，都以真人真事为题，褒扬真挚的父子、母子亲情和普遍的仁爱之心，令人感动。这样的画面，是与齐白石一生孝亲慈幼的品质相一致的。画中表现的仁爱之心，与白石老人对自然世界的亲和态度也是一致的。他反复画《灯蛾图》，反复题“休入破窗扑灯火，剔开红焰恐无人”，所表达的不只是对草虫的怜爱之情，也是对一切弱小生命的恻隐之心。他曾在一幅《灯蛾图》上题“儿辈有仁心与以此帧”。人世与自然，都需要这样的仁心，这是中国艺术所特别强调的精神传统。

生活中的白石老人，有性格有脾气，并不那么温文尔雅。王森然说：“先生性柔时，如绵羊，暴躁时如猛虎，无论其如何暴躁，过时无事，正如疾风骤雨之既逝，只有霁月清风耳。”接着他记述了一件事：1935年，友人萧某携乡村山珍请客，邀王森然、齐白石、茹荼之品尝，适李苦禅、侯子步、王青芳来访，亦入座。白石与大家谈笑甚欢。饭罢，茹荼之起而致谢，但说话有口音，白石疑其骂己。王某借机进谗曰“王森然暗邀疯子辱先生”。白石遂大恨森然。森然得知大骇，“邀陈小溪君共往谒，见面竟怒目相视，如火方炽，不可遏抑，几经解说，方豁然冰释”。王森然感叹说：“先生偶与同道者有反感，其因多似此，而往往堕其术，终未觉察，甚以为憾。”[5]20世纪30年代，白石画过多幅《人骂我我也骂人》，刻画一坐姿老者，左手扶膝，右手外指。老人的表情，有时作愤愤状，有时略呈微笑。画此并非单为某一事，而是表示“以骂还骂”的态度。北京同行中确有不够友好的，但也有像王森然说的那类误会，但不管真假，白石老人总不免耿耿于怀，有所表示。他的印文“流俗之所轻也”，题跋“人誉之，一笑，人骂之，一笑”，都出于此。被人骂而还之以骂，本乎人的自卫意识，在人事关系中是很普遍的。“人骂之，一笑”

人骂我我也骂人　约1930年

〔5〕王森然：《齐白石先生评传》，见《中国公论》第2卷第6期，1940年3月，第84—85页。

钟馗搔背图　约20世纪30年代初

则出自一种有修养的态度。“人骂我我也骂人”和“人骂之，一笑”恰构成齐白石性格的矛盾性和多面性。“我也骂”是本能的，情感化的，“一笑”已有文化和理性的作用，而笑着说“我也骂人”，则多了些省悟和幽默。有意思的是，不管白石画了什么表情，这类画总有些儿童般的真纯，人们感受到的，首先不是“也骂人”的态度，而是毫不掩饰、近乎粗率的性格本身，以及老人的天真。齐白石晚年，常不自觉地把自己的纯真化为审美对象。他有一方印章“吾狐也”，边款刻“吾生性多疑，是吾所短”，像这样公开告诉人家自己像“狐”那样多疑，有点像小孩子说“我心眼特别多”，可令听者莞尔一笑。人们在真诚面前，至少能得到一些精神舒解。齐白石还喜欢画《老当益壮》，刻画一个白眉、白须的老人挺腰举杖，一副不服老的“英雄状”。这表现生命的另一面：积极向上，心态年轻。但其英雄姿情与年龄的对比，又让人觉得好玩。生活中的齐白石沉默寡言，画中的自我则充满情趣。

幽默是一种睿智，也是一种宣泄。齐白石晚年的写意人物，不缺乏幽默和睿智。这种幽默感来自丰富的人生阅历，对世事的解悟，以及对平凡事物中神奇和笑料的发掘。图画形象与诗歌形象的巧妙结合，是表现这种幽默的基本方式。典型作品之一是人们熟悉的《不倒翁》。它把事物的反正、表里、庄谐融为一体，让适当的漫画手法和妙趣横生的诗歌相得益彰，把严肃的东西以玩笑的轻松态度揭示出来，使人在愉悦之余感到艺术家盱衡世事的洞察力。《搔背图》《钟馗搔背图》《东方朔偷桃》《却饮图》《醉归图》《也应歇歇》《挖耳图》《耳食图》等，题材内容不一，但都富幽默感。为别人搔痒总难搔到痒处，“不在下偏搔下，不在上偏搔上”的矛盾尴尬到处都有。听信传闻、只凭耳闻判断和办事的人，就像以耳代口吃饭，永远“不知其味”、不得要领。把这样的生活智慧化为轻松的画面，是白石老人的杰出处。

齐白石晚年画过不少佛像、罗汉和观音大士像。我们在前面介绍过，他不是佛教徒，也不是在家修行的居士，但他对鬼神佛道时常流露出一种敬畏感，但这种“敬畏”不过是“别得罪”而已。对他而言，只要自己和家人不受伤害，能温饱平安，烧不烧香，拜不拜神，都无所谓。他画佛像，从不问是否符合“法相”规矩，常常把罗汉当作佛来画。在多数情况下，他的佛道画都是应顾主之求，与作为虔诚信徒的画家王一亭、丰子恺等大不同。也许与这种态度有关，他的佛像人物多不如他的现实人物、历史人物和仙鬼人物生动有趣和富于个性。

齐白石能画相当写实的人物肖像，但晚年的大写意人物大都略于形似。后者又可分为两类，一类笔线稍多，五官体态的刻画较细，着色也较工，如《郑家婢》（1930）和《钟馗搔背图》（1936）。另一类纯为减笔大写意，形象简括而不草率，如《大涤子作画图》等。

古今写意人物画，有能似而不求似者，有不能似也不求似者。前者多“行家”即专业画家，后者多“隶家”即文人画家。齐白石属于前者。传统写意画，没有“比例准确”而只有“形似神似”的概念，追求“意足不求颜色似，前身相马九方皋”的境界，以神似意足为宗，视单纯形似为低俗。白石能似而不求似，不取写实主义，不求深入刻画对象的表情与心理，意到而已。这是特点，也是局限——整个大写意画法的特点与局限。但白石的大写意又不同于画法简单的文人墨戏，他创造的很多形象，如不倒翁、钟馗、掏耳老人、送学老人、李铁拐、迟迟、西城三怪、搔背的小鬼、作画的大涤子等，不只借鉴于前人，也得自生活观察和独具个性的想象。在画法风格方面，齐白石用笔沉凝、老辣、随意、不拘格法，衣纹拙重粗放，有时如枯枝磐石，强悍有余而含蓄不足。

在20世纪，齐白石不以人物画名世，但他的人物画仍有独特的贡献，占有独特的地位。

窗前容易又秋声

——齐白石艺术的生命表现

齐白石所画的一切，包括花、鸟、虫、鱼、人、兽，甚至山水、什物，都如可对语，是活泼泼的生命。它们分别表现了生命的三个层面——生命特征、生命情趣和生命境界。

一、生命特征

生命不仅是活的，还有不同一般的活的形貌、质量感、运动方式、环境关系、个性特征。画家必须把握这些特征，否则即使逼真形似，也如同模型。齐白石很懂得这点，毕生观察、研究所画对象，以求把它们的个性特征把握得更好。他画虾、蟹就是典型的例子。他曾说："我画虾几十年才得其神。"确实如此——他家乡多水塘，草虾很多。小时他就喜欢钓虾，青年时代开始画虾。约40岁后，临摹过徐渭、李复堂等明清画家画虾。到63岁，已能画得很似，但自觉不够"活"，便用大碗养了几只长臂虾，置于画案观看，还不时用笔杆触动，让它们跳动以观姿态变化。白石弟子胡橐记述说：

> 白石老人六十三岁左右画的虾，外形很象，但虾的透明感还表现不出来。虾的头胸部还不分浓淡，腹部少姿态，长臂钳也欠挺而有力，腹部小腿十只也未省略，长须平摆六条，成放射状，看不出正在不停地摇动开合……到了六十六岁，画的虾身躯已经有透明感，头胸部前端非常坚硬，表现了虾的硬壳，腹部节与节中间拱起，好像能蠕动了，长臂钳也分出三节，最前端一节较粗，更显得有力；腹部小腿也由十只简成六只到八只，长须也有开合弯曲的变化了。[1]

大约70岁后，齐白石画虾才进入化境。虾才成为透明的、游动的、活生生的。虾的向背、阴阳、轻重、厚薄、软硬等，都在简略的笔墨中充分传达出来，而且看上去总像在水中，是湿润的。老人自己说："我画的虾和平常看见的虾不一样，我追求的不是形似，而是神似，所以，画

〔1〕胡橐：《谈白石老人画虾》，见力群：《齐白石研究》，上海人民美术出版社，1959年，第138页。

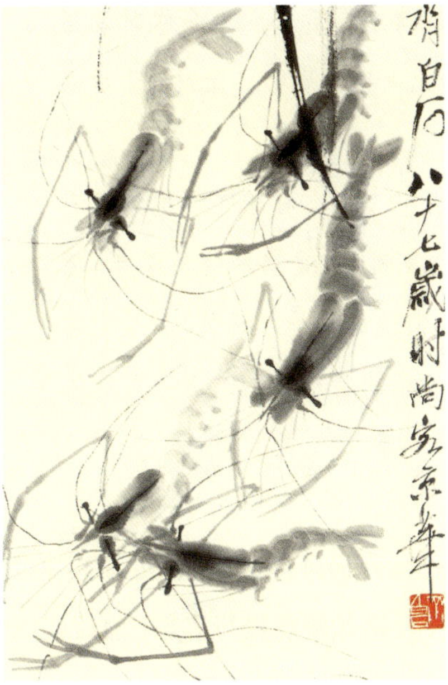
虾（局部）　1947年

双蟹　1956年

出虾来是活的。”[2]所谓“和平常看见的虾不一样”，正是指更富于特征性，更显示生命活力。贺天健说老人的虾“神妙无比”，[3]亦指此。全似的画，反而不似，因为毫发毕肖的似，往往淡化了显示生命特征的东西。白石题画虾说：“塘里无鱼虾自奇，也从叶底戏东西。写生我懒求形似，不厌声名到老低。”这里说的“懒求形似”，并非弱化、放弃形似，而是超越对表面形似的模拟，易言之，是形神兼备。

齐白石对蟹的观察了解也很早。他在《石与蟹》题记中写道：

余寄萍堂后石侧有井，井上余地，平铺秋苔，苍绿错杂，尝有肥蟹横行其上。余细视之，蟹行其足一举一践，其足虽多，不乱规矩，世之画此者不能知。

这观察细致而得其要领。画法的探索比观察更难。胡佩衡记述说：

老人研究画蟹壳经过了很长时间。五十多岁时只画一团墨，看不出笔痕来。

〔2〕胡橐：《谈白石老人画虾》，见力群：《齐白石研究》，上海人民美术出版社，1959年，第138页。

〔3〕贺天健：《看白石画展后的感想》，见力群：《齐白石研究》，上海人民美术出版社，1959年，第111页。

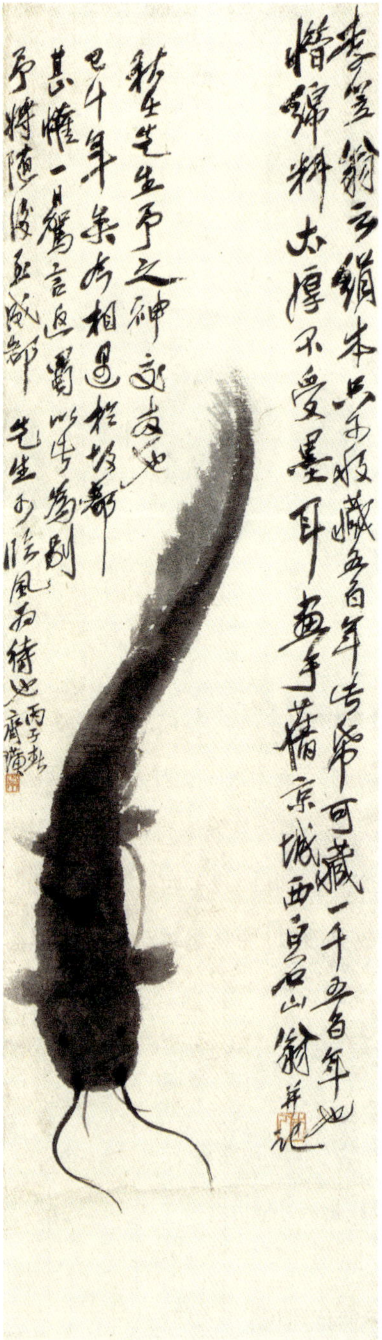

长年图　1936年

后来把一团墨改成两笔，再后来六十多岁时改画三笔，不分浓淡，仍无甲壳的质感。直到七十岁以后，才画出甲壳的质感来。……

他画的螃蟹腿用中扁锋，看着腿很饱满而表面扁平，假造的不是滚圆，就是扁扁的。再有，他画蟹是横行的状态，假造的不是死螃蟹，就是向前爬行。这都失去了螃蟹的特征。伪造者不可能体会从写生中提炼出来的真工夫[4]。

白石诗云："苦把流光换画禅，工夫深处渐天然。"这是真的。只画蟹壳质感和蟹的横行姿态，前后就20年时光！"画禅"的得来是多么不容易啊！

其实，白石画草虫、花鸟、蔬果何尝不是如此！李可染说："白石老人画的草虫，那两根敏锐的触须，真有一触即动的感觉。"他"画的蜜蜂，那翅膀飞动，真仿佛要叫你听到了嗡嗡的声音"。[5] 于非闇说，白石老人"用淡墨画的那一条俯冲前窜的大鲇鱼，除去眼睛和两条须之外，连头带鳃，通身到尾只有五笔，就把一条二斤来重、油光水滑、又肥又圆的大鲇鱼塑造出来了，而且表现出鲇鱼摇尾前进的习性"。[6] 这都是齐白石捕捉了对象生命特征的缘故。

再以画松鹰为例。白石的松鹰堪称绝品，向为收藏家所重。他画的松树，都是马尾松（亦称"五须松"），雄伟高大，针形叶，果实俗称为松子。白石家乡这种松树最多，他自己也曾在房前屋后植马尾松。齐佛来回忆

〔4〕胡佩衡、胡橐：《齐白石画法与欣赏》，人民美术出版社，1992年，第60页。

〔5〕李可染：《国画大家白石老人》，见力群：《齐白石研究》，上海人民美术出版社，1959年，第7页。

〔6〕于非闇：《白石老人的画》，同上，第60页。

说："余霞峰的四周，遍栽松树，绿荫拂夏，一片涛声。"[7]辛酉年(1921)正月，白石回湘省亲，见借山馆后之松尽被虫食，感而画《松树图》，不画一叶。题诗曰：

松鹰图　约20世纪30年代中期

松针已尽虫犹瘦，松子余年绿似苔。
安得老天怜此树，雨风雷电一齐来。

诗后又题："阿爷尝语，先朝庚午夏，星塘老屋一带之松，为虫食其叶。一日，大风雨雷电，虫尽灭绝。丁巳以来，借山馆后之松，虫食欲枯，欲得庚午之雷雨不可得矣。辛酉春正月画此并题记之。"[8]

诗与题记表达了齐白石爱松之甚。他喜用侧锋画老松干，墨色略淡，力度很强，有沉凝苍劲之势。画松枝喜中锋、焦墨，折曲如金文，如龙舞，有"白摧朽骨龙虎死，黑入太阴雷雨垂"之感。画松针用长锋羊毫，铁线篆法，密密重重，虽细而仍如金刚杵。总之，白石的松树，从造型到笔墨，都透着挺拔坚贞的性格。白石画鹰，多以松树做环境。天津艺术博物馆藏的《松鹰图》，松干由画幅下方横出，一雄鹰立其上，转颈投视，睛光直射。松枝由上方斜伸下来，复盘曲而上，十分有力。松针细长，有动势，两个松子垂垂欲落。面对作品，似闻飒飒秋风。画题："戊午年避乱湘山，携吾孙阿移起居长松之下，今感慨何如！"戊午为1918年，白石在湘潭紫荆山避兵匪，露宿草莽，吃尽苦头。刻画松鹰的雄姿，却想起这一幕经历。人生的感慨，对英雄和力量的向往，构成了作品的内涵。

齐白石善于在强烈的对比中突出生命的活力，如黄色的葫芦上落一只红色甲虫；墨写的竹篮里装满洋红画的樱桃；残破的荷叶上挺立着一朵娇艳的荷花；莲蓬折落了，寂寞中飞来一只大蜻蜓；玉米熟了，叶子下钻出几只嫩黄的小雏鸡……在盛衰、枯荣的交替中，在初生与凋

[7] 齐佛来：《我的祖父白石老人》，西北大学出版社，1988年，第37页。
[8] 艾青：《忆白石老人》，见齐白石、张次溪：《白石老人自述》附录，岳麓书社，1986年。

小鸡争食　1945年

荷花翠鸟（局部）　约20世纪40年代中期

谢的对照下，他敏锐地感受着生命过程，捕捉着它们转瞬即逝又生生不息的存在。

二、生命情趣

情趣是生命的表现，生命的欢乐方式。能表现生命情趣的画家是富于爱心、敏于生命欢乐的人。历代画家中，能像齐白石这样善于刻画生命情趣的，实不多见。

想想他创造的画面：茅草下，几只青蛙面对面“商谈”着；河边上，又有两只在看蝌蚪游泳。一只青蛙跳水，小腿被草缠住了，同伴无可奈何。两只小鸡争一条蚯蚓，题曰“他日相呼”。一棵棕榈下，五只小鸡围住一只蝈蝈，不是要吃它，而是惊奇于它是谁，来自何方；蝈蝈伸直触须，挺着后腿，准备跳逃。河塘里，几条小鱼正追逐一朵荷花的倒影；荔枝树上，两只松鼠正大

鼠子册之一（鼠·萝卜）　1948年

与语如兰　1947年

吃鲜果。螳螂举刀以待，要捕捉一只蚂蚱；一只老鼠爬到秤钩上玩耍，要自称斤两……面对这些画幅，观者不免发出会心的微笑。幼小生命的活泼可爱、顽皮和稚气，它们的好奇和无防御状态，以及它们的格斗、捕追、奔跳、偷窃等，都充满了情趣，让人感到生命的欢乐和诗意。

山水、花草也有生命情趣，这情趣来自艺术家与自然物的“对话”。齐白石晚年给李可染画过两朵兰花，花朵上下相向，题为“对语”。李可染说：“真使人感到是含笑相对，窃窃私语。”[9]这种拟人化的描绘，在白石绘画中很多，也很自然。他在20世纪20年代为曹锟作《广豳风册》，有一页画墨蝶荷瓣，描绘细波之上，漂浮着一片荷花瓣。一只红斑墨蝶欲落其上，不知要采花，还是乘舟。这让人感到是童话的境界。齐白石92岁画《牧牛图》，描写自己幼时的牧牛生活——一小儿正牵牛过桥，老牛在桥头迟疑，摇着尾巴，一条前腿抬了起来，身躯却向后倾，那神态，既像害怕，又似和小主人开玩笑。像这种生活细节，一经白石描绘，就洋溢出异样的温情，让人享受到朴素人生的乐趣。类似的经历许多人有过，但总是被日常的功利劳碌剥蚀淡忘掉。重新唤起对这种朴素人生和乐趣的记忆，正是艺术的使命。白石老人还常画《柳牛图》，只画一头牛、一株柳，好像那空白都是春意，余味无穷。北京市文物公司藏的《柳牛图》，从后面画牛——只见圆厚的身躯、两条后腿和歪出的牛角。整个牛身除尾巴用重墨外，余皆用淡墨。细劲柔软的柳条从画幅顶端直拖到地上，暗示着春的消息。动的柳和静的牛，抽丝般的笔线和浑圆的墨团，形成凝重又活泼的节律，那正是宁静亲切

柳牛图　约20世纪40年代中期

〔9〕李可染：《谈齐白石老师和他的画》，见力群：《齐白石研究》，上海人民美术出版社，1959年，第84页。

的田园诗意。这一切，都源自画家诗意的生命感受。

西方一位哲人说："天才是忧郁的。"[10]中国虽也不乏忧郁的天才，如屈原、杜甫、八大山人等，但更多的是愉悦的天才，画家尤如此。平和、宁静、淡泊，醉心于自然美景，忘情于生命的自由与和谐，是历代中国画家孜孜以求的画境。齐白石延续了这一传统，毕生歌咏一切生命的美好。他把欢欣的心化作花朵、林木、草虫、微风、细雨；化作娇艳、活泼、清香。东方文化的生命观念，在这里得到了独具一格的体现。

中国绘画在不同的发展阶段，对生命情趣的表现不尽相同。一般说，宋代崇尚绘画的诗意——文学性，描绘与表现统一。宋人花鸟画，强调自然物态的姿态风韵，喜刻画富于戏剧性的细节，突出花鸟虫鱼的情态，且极富人情味。元代，这一传统开始淡化，文人艺术家更多注意了主体情思和人格的形式化表现，书法性的笔情墨趣被突现出来。明代前期，浙派画家和宫廷画家一度追踪南宋传统。至明中叶，吴门画派兴起，转承元代传统。徐渭、陈淳出的大写意花鸟异军突起，文人抒情宣泄的要求得到更多重视，强调审物和描绘生命情趣的宋人传统再次被淡化。清代在总体上是推进了文人写意画传统，但也有一些杰出的画家远接两宋、近承林良，把自然情趣的描绘与写意寄兴结合起来，如华新罗等。近一个世纪，以融合大写意和工细描绘的方式光大这一传统的，以齐白石为最。上述线索告诉我们，以审物之精和描绘生命情趣见长的，多是民间和宫廷画家。文人写意画家侧重主体的抒发，对象往往只是他们托寓的载体和符号。齐白石亲近民间传统，又把握了文人写意手段，具有综合两者的能力，既可具体生动地描绘，又能恣纵情意地抒发。出入民间、宫廷与文人传统，由兼取而突破，是齐白石的杰出处之一。

三、生命境界

所谓生命境界，指超乎具体描述、体现生命本质的境界。画家能够通过作品"澄怀观道"，由吃饭穿衣睡觉行路直悟妙香远闻、鸟鸣珠箔、群花自落的"禅境"。齐白石某些作品接近这样的境地，不是因为他富于哲理思考，而是他历经劫难、饱看世相、亲近自然、参悟荣枯而自然生出的。

这类作品集中在他的晚年，尤其80岁后。试举几例：

《秋色佳》，册页。一根小枝，几片枫叶，一只蟀虫。粗笔写出的枫叶艳红得令人振奋，工

〔10〕亚里士多德说："在哲学、政治、诗歌或艺术方面超群出众的人，似乎都是情性忧郁的。"西塞罗说："所有天才都是忧郁的。"歌德说："心情愉快的时候，我的诗才的火焰非常微弱，当我被灾祸胁迫时，诗的光焰炎炎燃烧。"

笔描绘的小蟋虫细如毫发——可清晰见出它的花甲、六条细足和两根触须。画面上除了题款，再无他物。墨与色、粗与细、大与小，都成对比。枫叶将落，却鲜艳欲滴，热烈而欢乐；蟋虫完整如初，但有些孤独寂寞。生命的晚岁反而是生命灿烂的时刻，这是喜，是悲，还是像弘一法师圆寂前写下的“悲欣交集”？又有一册页，只画一片落叶，一只寒蝉。“叶落而知秋”，但画面呈现的不只是秋意，还有零落与璀璨，相依与相离，以及死的灿烂（红叶），生的飘零（蝉），相依的短暂（虫与叶），相离的久远（叶落了，虫何所依？）。这是不是对生命的某种了悟？

枫叶蟋蟀　册页　1951年

莲蓬熟了，荷叶枯了，大地空旷，水面无声。一只蜻蜓飞来，欲落未落（《蜻蜓莲蓬》）。秋风过后，枝上还剩下几片贝叶。一只蝉在枯枝上鸣叫，一只蚂蚱在地上行走，一只红色蜻蜓从空中飞来。秋光是这样的明媚，以至贝叶的每一条细筋，蜻蜓翅上的每一格小网纹，都看得清清楚楚（《贝叶草虫》）。这些极单纯、极直率又极细微的画面，好像倏然摈除了生活表层的混乱和繁杂，呈现出生命的单纯和空明。“当今，即便使用所有在科学控制下的手段，我们仍然不能了悟生命的奥秘。但是，一旦我们投身于生命的波涛之中，就会透过种种错综复杂的表象而理解生命的内含”〔11〕。从白石老人这类作品中，我们听到了生命的波涛，那感觉，真如空潭印月，朗朗清清。

暮鸦图　1932年

齐白石还喜欢描绘暮鸦归树的景象。最早的一幅，是48岁时所作《石门二十四景》中的《古树归鸦》，画一株树，一群鸦，题：“八哥解语偏饶舌，鹦鹉能言有是非。省却人间烦恼事，斜阳古树看鸦归。”看暮鸦，为了

〔11〕铃木大拙：《禅与日本文化》，三联书店，1989年，第18页。

牡丹　1957年

避是非，逃脱人生烦恼；以诗的前两句作画，是暗示处世经验；以诗的后两句作画，是参透世事，超然自得。重庆博物馆藏《暮鸦图》(《十二条屏》之一)作于70岁，只在画面左下角画树枝，把大部分空间留给天空与水面。暮色苍茫，群鸦归树，题唐人诗句："为政清闲物自闲，朝看飞鸟暮飞还。"此画是送给四川军阀王治园的，诗的第一句有劝谏之意，第二句与画面相呼应，内含禅机：朝飞暮还，人闲物静，去去还还，自自在在。

1956年，白石老人体力、精力明显衰颓。把笔作画，有时会忘记"白石"两字如何写，但仍然挥毫不断，画牡丹为多。1957年春夏之间病倒，至9月16日逝世，所画最后一幅画仍是牡丹。现存若干幅牡丹落款为"九十七岁白石"。齐良已《父亲画的最后一幅画》一文回忆说：

> 那天早晨，风和日暖，父亲不用扶持，竟自己从卧室走到画室中来……和往常一样，挽起袖子，不慌不忙，先看看准备好了的笔墨等用具，在笔筒里仔细找出了他想用的那支笔，又用手摸了摸纸，仔细辨别了纸的正反面，然后拿起笔，对着纸停视了许久，然后小心翼翼地蘸了洋红。我一看用大笔蘸洋红，就知道要画牡丹了。这一天，父亲情绪很好，兴致极高，用墨用色，信手拈来，斗大的花朵比真花大有夸张，笔尖用极重的洋红，笔根水份又饱满欲滴，画得淋漓尽致。颜色美艳绝伦，花叶由下到上是墨绿至老黄，有墨有色……[12]

中国美术馆藏的齐白石1957年画的两件《牡丹》，与此记述略相似。这两件作品一变枝叶分开的画法，改为花、枝、叶一起画，浑然一体。风由左边吹来，由左向右的笔势似乎带着瑟瑟风声，摧动出花叶海浪般的韵律。一幅大度雍容，一幅放浪形骸；一幅还有所控制，另一幅完全进入了大自由、大解脱的境界，每一笔似乎都跳出了理性约束，每一块墨色都无滞无碍，像

〔12〕齐白石、张次溪：《白石老人自述》附录，岳麓书社，1986年，第181—182页。

随风飞动的云，漫流于涧中的水，回荡在谷壑里的松涛。悠游自在，天马行空，意态无穷。

过去曾听人说，“齐白石最后几年的画，已不成画”。这是只见技不见艺之见。看懂这类作品的笔墨，需要一定的条件。宗白华说：“人间第一流的文艺，纵然是同时通俗，构成它们的普遍性与人间性，然而，光是这个，绝不能使它们成为第一流。它们必同时含藏着一层最深层的意义与境界，以待千古的真正知己。”[13]白石画雅俗共赏，这两幅《牡丹》虽无深奥寓意，却以其生命的大纯真、大自由通向了宗白华说的“最深层的意义与境界”。

齐白石胜出同时代画家之处，是他能超越旧式礼法的束缚，复活被麻木在前人模式中的感觉，重新发现大自然的生命活力，直触生命的真相。中国人自觉求取自然美约在魏晋；绘画上能充分表现它约在五代，至宋元而大成。画史表明，画家过多受伦理约束，难以真切感受自然生命。明清以降，绘画理法很多，许多画家把精力花在掌握规范化的技巧和风格上，压抑了原初的生命力和创造力，对自然和自身生命的敏感也迟钝了。齐白石来自民间，来自野性生命力未泯、自然和人的和谐关系未受大破坏的山乡，比一般人更敏于花香鸟语和四时风云的变幻，而性格的真率，阅历的丰富和宁静的创作环境，又赋予他敏于顿悟的特质。这在他的诗文中也有充分体现。胡适说齐白石“没有做过八股文，也没有做过古文骈文，所以他的散文记事，用的字，造的句，往往是旧式古文骈文的作者不敢做或不能做的”[14]！杨圻评白石诗云：“粗枝大叶诗如画，天趣流行水涤肠”，与上述分析是一致的。

齐白石有首《红叶》诗：

窗前容易又秋声，小院墙根蟋蟀鸣。
稚子隔窗问爷道，今朝红叶昨朝青。

引口语入诗，极朴素，又极有味。“窗前容易又秋声”有时改为“一年容易又秋风”，用以题画。自古就有光阴流失、人生易老之叹。但齐白石的感叹没有悲凉。秋风起了，秋虫叫了，枫叶红了，生命流动着，语气平淡而意绪悠远。这诗，和《枫叶寒蝉》有异曲同工之妙。

人们喜欢议论东方艺术与西方艺术，比较它们的异同。齐白石对生命的观照与体验，正是东方的、中国的。但关注与咏叹生命本身，又是世界的、人类的。

---

〔13〕宗白华：《美学与意境》，人民出版社，1987年，第179页。

〔14〕胡适：《齐白石年谱·序》及年谱按语。见胡适、黎锦熙、邓广铭：《齐白石年谱》，商务印书馆，1949年，第2页。

望白云家山难舍

——齐白石的乡土情结

优秀艺术家的创作，都发自一种不得不发的内在要求。对此，弗洛伊德解释为被压抑的深层心理与生理本能；荣格解释为原始记忆、集体无意识；马斯洛解释为自我实现的需求。[1] 但这些理论不可能涵盖一切艺术创造，正如人的复杂性远没有被心理学的成果穷尽一样。艺术家创作的心理机制，除生命本能、原始记忆和自我实现的要求之外，也与相应的人生经历联系着。生活经历在相当程度上规定并改变着人的心理意识结构，作为其精神表征的艺术创作也会相应变化。内在机制是多重、多层的，但对某个具体艺术家的某个时期，往往有一个决定性的因素。

对定居北京后的齐白石来说，也是如此：多种因素激发了他的创作冲动，但最主要的是怀念家乡或曰“乡土情结”。如前所述，齐白石在远游期间，以教画、为人代笔和刻印挣了一些钱，回家买了地，盖了房，过上了小康日子，决意不再外出，终老家乡。儿女们耕种，他吟诗作画，闲来听松赏花，探访知己好友。对此，他已十分满意。但兵匪之乱逼他避居北京，对此，他是极难割舍的。《白石诗草自叙》这样记述他离家时的心情：

> 临行时之愁苦，家人外，为予垂泪者，尚有春雨梨花。过黄河时乃幻想曰：安得有嬴氏赶山鞭，将一家草木同过此桥耶？

他舍不得丢下家人和故土。但定居北京后，娶了妾，买了房，忽忽几年，儿女又成行，再也未能回湘“做老农”。正是北京的环境，把他造就成了大艺术家。否则，他只是个地方小画家。他的印章“故乡无此好天恩”，即指北京的天时地利环境。北京聚集了许多诗人、学者、艺术家、收藏家和批评家，有大量的历代名迹，而且卖画方便，有更多被世界认识的机会。齐白石没有

---

〔1〕弗洛伊德（Freud Sigmund, 1856—1939）：《精神分析引论》，商务印书馆，1984年；荣格（Jung Carl Gustav, 1875—1961）：《荣格心理学入门》，三联书店，1987年；马斯洛（A.H.Maslow, 1908—1970）：《自我实现的人》，三联书店，1987年。

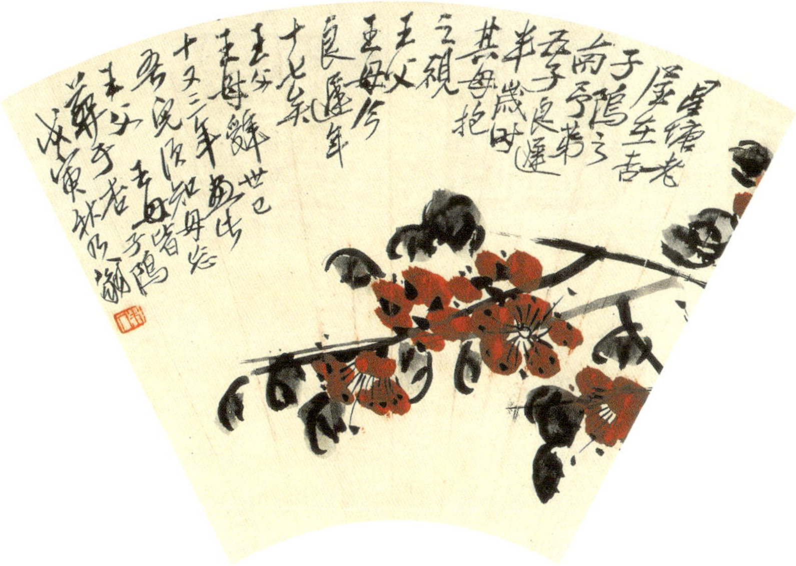

行书题跋（局部）扇面

放弃这“天恩”，他获得了成功。

但在情感上，在深层意识中，齐白石始终想回到家乡。那里有他的祖茔，有他的父母兄弟、妻子儿女，有他用血汗换来的房屋土地，有他怀念的童年记忆、山川草木，有他欢乐与痛苦的往事……在40年居京岁月里，理智上的“留”与情感上的“去”把他置于两难的深谷。20世纪20年代前期，他春来秋往，年年归省。他在诗和题画中写的“四过都门”“五过都门”“六过都门”便是每次回乡的记录，也表示着在京的过客心理。1926年后，战乱频繁，家中老父老母相继亡故，他也越来越老，省亲次数少了。但乡思更切。

白石的乡思，大约包含着四方面的内容：

一、感于战乱，为亲人担忧。“无忧无患要无家，北窜南逃感物华。”（《三月初三夜梦到家》）“芦荻萧萧断角哀，京华曾苦望书来。一朝望得家书到，手把并刀怕剪开。”（《京师杂感之一》）这些诗句表达的，是惶恐不安的情感。

二、想念亲人旧友。“不解吞声小阿长，携家北上太仓皇。回头有泪亲还在，咬定莲花是故乡。”（《避乱携家北来》）“莲花”指湘潭莲花寨，离白石铺不远，1900至1906年，白石曾租佃莲花寨梅公祠居住。他时常想念那段生活。“廿年不到莲花洞，草木余情有梦通。晨露替人垂别泪，百梅祠外木芙蓉”，这是多么凄婉的怀念！“南地不容乌鸦哺，北方亦有杜鹃啼”“妻子离去归去难，四千余里路漫漫”“家山久别最伤神，故友书来一断魂”“此日龙山应忆我，故人

客久思乡

故里山花此时开也

望白云家山难舍

客中月光亦照家山

登望泪沾巾”……这些情意真切的诗句，使人想起杜甫抒写离乱之苦的名篇，沉郁哀愤，十分动人。

三、感叹身世漂泊。如诗“萍踪飘荡身何着，鬼道揶揄手敢携”“异乡无处不销魂，四顾荒凉一客身”“乱离身世任浮沉，久矣轻帆出故林，难忘星塘旧茅屋，客乡无此好桐荫”。

四、怀念家乡山川风物及早年的一切。如诗“江上风光肠可断，看来都似故乡山”“十载家园总辜负，芋苗黄瘦蓼花红”“记得移家花并来，老夫亲手傍门栽，借山劫后非无物，一树芙蓉照旧开”。

白石的画和印也表达刻骨的乡思，只是与诗的方式不同而已。许多画中题诗，与画相互生发，更具感染力。如《题画剪刀草》：

卅六红鳞久断书，故乡消息近何如。
草根纵似并州剪，两字思家怎剪除？

剪刀草生在水边，叶形似剪。白石画水族喜以之作配景。由画剪刀草想及家乡，想及剪不断的乡思——这种“相似性联想”，被心理学家视为创造性思维的特色之一。[2] 白石的大量诗文书画，均为相似性联想的产物。如印文“故里山花此时开也”，由季节时光的相似而想到故乡山花；印文“客中月光亦照家山”，由月光联想到被同样照耀的家乡；印文“望白云家山难舍”亦此。花鸟作品《睡鸟》是将自己喻为离巢的鸟儿，画上题诗：“好鸟离巢总苦辛，张弓稀处小栖身，知机不独三缄口，闭目天涯正断魂。”由花草、白云、月光、瓜果、飞鸟想到故乡的一切，都是思念之情激发的。有一首《老少年》诗，从北方的老少年想到家乡的秋色，情感热烈而伤感：

〔2〕S·阿瑞德（Sitrano Arieti）：《创造的秘密》，辽宁人民出版社，1987年。

老少年红燕地凉，离家无处不神伤。
短墙蛩语忽秋色，古寺钟声又夕阳。
却忆青莲山下雨，怕言南岳庙边霜。
何时插翅随飞雁，草木无疑返故乡。

北方的霜花秋色，钟声夕阳，令他念及故乡的雨和霜。何时能去兵匪、返故里呢？

有一次白石看弟子瑞光的《秋光远眺图》，又不禁想起家山：

画里风光感慨同，衡峰七二梦难通。
老僧再作看山画，添个湘潭白石翁。

白石乡思，常表现为对农事的想念。他久住北京，却始终保持着农民的生活方式与习惯。在院里种菜、养鸡，吃家乡口味的饭食，闭门独处。农活，农具，农家的一切，在他的想象中都变得十分美好。这种乐趣，只有曾做过农民的人才体会得到。一次，齐白石由保定返湘，在路上吟诗，诗中说他曾"隔年痴想靠丰收"，但听说蝗虫成灾，感到十分痛心。若非有农民的经历和感受，哪会有这种思虑？另一次他回到家乡，先跑去看石榴花：

七载榴花背我开，还家先到树边来。
眼昏隔雾花休笑，未白头时手自栽。

——《到家看榴花》

石榴树乃至家园的一切，是他亲手植造，体现着他的生命意义，积淀着他的哀乐喜怒。别久归来或异地思念之际，淡化了物利的考虑，转为审美观照。"未白头时手自栽"的感慨，正是感到了自己生命力量的一种欢愉。齐白石晚年对家乡的惦念，主要是情感与心理的，而非物质功利的了。这种惦念与日俱增，成了他诗画创作的内在动机。

白石最留恋的，是远游后的九年（1909—1917年）"清平"日子。那时，他正由清贫变为小康——有了积蓄，有了足够生活的田地与房屋，子孙满堂，和合自足，可以清闲地吟诗作画，享受自由劳作的欢乐。在他心中，夫种妻锄、自食其力的生活，比做官和各种苦斗竞争要幸福

菊花鹌鹑图

橘柚

得多。他写道：

晴数南园添新笋，细看晨露贯蛛丝。
人吒木偶从何异，蹭到儿呼饭熟时。

——《闲立》

数笋、看蛛，在冉冉晨光中闲立，身心融化在自家小园里，诗人忘机于那块自耕种的土地上。

闭门睡有真滋味，孤僻衰年更妙哉。
凉气入窗知雨至，清香到枕觉荷开。

——《夏日高卧》

第一句略似老农口吻，第四句就像文人了。懒洋洋，真坦坦，兼俗带雅。在四合院的躺椅上想象“何年仍享清平福，着屐携篮剪芥菸”的白石老人，不是故作出世的高蹈，他对农家生活的追思是至诚的。

“久将心事付桑麻”的欲望，与白石在北京长期受冷落的处境有一定关系，“一画京师人不买，先人三代是农夫”（《题画菊》）的感叹，包含着复杂的潜台词。齐白石自尊而倔强，人们愈瞧不起他的出身，他愈把自己的出身宣讲出来，同时也更激起了他对农村家乡的怀念。他的别号“湘上老农”“杏子坞老民”“江南布衣”以及印章“星塘老屋不出公卿”“何人重布衣”“吾草木众人也”“以农器谱传吾子孙”等，是告白，自肯，也是回敬。他一再画蔬菜，画农家用具，也有同样的心理背景。他题画菜曰“充肚者胜半年粮，得志者勿忘其香”，更是绝妙的还击。曾有人嘲笑他总是思乡，他回答说：

无羁老马笑齐璜，公等雕笼意气扬。
不信杜鹃啼破血，能言鹦鹉那思乡。

——《忆桂林往事》

巧言媚语的鹦鹉，骄扬跋扈的老马，哪能理解杜鹃啼血！齐白石的个性与自尊，在这首答诗中作了充分表达。

绘画不能像诗那样直抒思乡情怀，但可以乡思为内在动机。白石经常把这种动机在题跋中表述出来，如画瓜，题“桑阴有瓜，萍翁有家，丁巳年前山居可夸”。画柚子，题“家园尚剩种花地，梨橘葡萄四角多。安得赶山鞭在手，一家草木过黄河”。画小鱼丝瓜，题“小鱼煮丝瓜，只有农家能谙此风味”。画白菜题：“余有友人尝谓曰：吾欲画菜，苦不得君画之似，何也？余曰：通身无蔬笋气，但苦于欲似余，何能到？友人笑之。”——这段巧妙的对话，真实地道出了艺术与情感的关系。类似的例子不胜枚举。内在动机，决定着艺术创作的精神指向，它未必大白于画面，但一定深蕴其中。明晰的、深厚的、持久的内在动机，是大艺术家的必备条件。

怀乡是人类最普遍的情感之一。但因生存环境与文化历史的区别，人的乡思在情感的强弱、表达的方式诸方面不尽相同。中国是典型的大陆农业经济，“日出而作，日入而息，凿井而饮”的生存方式，派生出浓厚的乡土意识。以农为主的民族，世代定居，少迁移。定居生活强化血缘关系，而血缘关系则是乡土观念的深根。“游牧的人可以逐草而居，飘忽无定，做工业的人可以择地而居，迁移无碍，而种地的人却搬不动地，长在地里的庄稼行动不得”。因此，农民“常态的生活是终老是乡”[3]。靠海生存的国家和民族则不同。他们捕鱼，经商，习惯于漂泊和冒险，家乡观念相对淡薄。近代中国的思想家，开始注意大陆文化与海上文化的区别。章太炎说，中国的农业文明多派生务实精神，“所务在工商耕稼，志尽于有生，语绝于无验”。“重实际而黜百想”，较少浪漫之思。梁启超在比较两种文明之后，对海上文明大为称赞，说：

> 海也者，能发人进取之雄心者也；陆居者，以怀土之故，而种种之系累生焉。试一观海，忽觉超然万累之表，而行为思想，皆得无限自由。彼航海者，其所求固在利也。然求利之始，却不可不置利害于度外，以生命财产为孤注，冒万险而一掷也。故久于海上者，能使其精神日益勇猛，日以高尚。此古来濒海之民，所以比陆居者活气较胜，进取较锐。[4]

梁氏这段宏论，由地理考察生存态度，对两种文明作了明确的价值判断。内陆农业文明重经验理性、宗族观念、乡党意识和拘谨守成、自足自得等特色，对国家的现代化可能不利，但大陆文明造就的勤俭质朴、热爱和平、追求和谐、亲近自然诸特色，又近于人类本性和生存之

〔3〕费孝通：《乡土中国》，三联书店，1988年。

〔4〕梁启超：《地理与文明之关系》，见《饮冰室文集全编》卷三，新民书局，1930年。

需。对物质进取不大有利的厚土重迁意识和乡土观念，对艺术常常是有益的。历代中国诗人留下的怀乡之作，是世界文化史上最可珍视的精神遗产之一。齐白石怀乡诗画的魅力和价值，亦在斯。

20世纪中国文化最重要的现象，是空前广泛地引入西方文化（所谓“海上文明”）。齐白石的艺术和新的艺术潮流并行不悖，基本未受到它们的影响。就美术言，岭南派实行的“折中中西”，陈独秀倡言的“美术革命”，西洋绘画的流行，新式美术教育的诞生与兴旺，写实派与现代流派的论争，以及各种美术团体、刊物的活跃，齐白石均似无闻无见，坚持走他自己的路。本书一开始就说，他始终在20世纪的时代大潮之外，始终在相对封闭的状态中。融合中西的画家林风眠、徐悲鸿都敬重齐白石，他们喜欢他敢于创造、不拘教条的艺术态度。坚持传统体制的陈师曾、林纾等看重齐白石，是着眼于他对传统绘画的继承发扬。齐白石经历近代中国的三个社会阶段，都得到了普遍认同。以乡土情结为内涵的艺术，总能唤起最大多数人的共鸣。不论走到哪里，也不论思想观念如何，只要一提到家乡故土，人们都会生出恋念之情。近百年来，许多志士仁人为寻找真理，奔走异国他乡。他们背离厚土重迁传统，由“静的文明”转入“动的文明”。但不管身居何处，信仰如何，都怀念祖国和故乡。“悲歌可以当泣，远望可以当归”，海外游子愈是不能归来，愈是有剪不断的乡思。乡土观念已成为中华民族的深层心理意识结构。齐白石的乡土情结，不单是延续了一种思想意识传统，也是当代和今后文化意识的一种现实。

当然，乡土意识在20世纪中国面临着空前的挑战。社会革命、商品生产和科技进步，把大量囿于乡村一隅的人抛向异地，人口流动逐渐成为常规，乡土观念已不能阻挡新生存方式的诱惑。大胆走出家园创造新生活的人，乡土意识就相对淡薄。只有被迫离家而仍然固守着乡土灵魂的人，才特别感到思乡的痛苦——齐白石即典型一例。生存和事业需要他留在“故乡无此好天恩”的北京，付出的代价是精神上的孤独与失落。在衣食充裕的北京，他经常感到像失群的孤雁，断线的纸鸢，无所归依。《题画一灯一砚》诗曰：

无计安排返故乡，移干就湿负高堂。
强为北地风流客，寒夜孤灯砚一方。

“寒夜孤灯砚一方”，以及“萍踪飘荡身何着”“四顾荒凉一客身”这样的诗句表达的是多么孤独的心境！分明安居大都会，儿女成群，门人无数，又享大名，却自感身心相隔、四顾荒凉。

他的印文“心与身为仇”也透露了这一矛盾。这是齐白石的特殊心理，也反映着社会大变动时代的精神两难现象。按社会学家费孝通的说法，乡村社会“是一个熟悉的社会，没有陌生人的社会”，城市就不同了，人们各做自己的营生，相邻而居，未必相识。独家的四合院和居民楼的单元房，比起乡村的宅院围墙，更加隔膜得多，疏远得多。喧闹的街市尽是陌生的面孔；人们之间的关系，只靠亲情、近邻已远远不够。挣钱机会多了，喜人的金钱背后往往是疏离和冷漠。齐白石卖画是以尺论价的，买卖无情，以画会友的人情味也就淡了。虽有因买卖画印而成至交的朋友，毕竟寥寥无几。孤独感不免缘此而生。齐白石如果满足于金钱和城市生活，不再刻骨铭心思念故园，也许成不了大画家。正是“思归若汾水，无日不悠悠”的乡思，才推动了他的想象，酿出他动人的诗画。

在诗歌里充分抒泄思乡之苦的齐白石，于绘画中则转向对故乡的吟诵：一切都美好，欢悦，再无孤独与苦涩。这原因，要从齐白石的精神与个性中寻找。第一，齐白石虽苦于乡思，但从不是玩味自己痛苦的人，这一点与许多士大夫文人不同。他的乡思主要是怀念和留恋，而非深刻的痛苦与悲哀。其次，他思乡根植于爱——热爱家乡的生活和风物，这与明代遗民画家如八大山人由家国之痛导致的悲狂大不同。在齐白石，爱及于自然对象，演为生动的描绘，主客体和谐统一；在八大，悲及于自然对象，演为变态的宣泄，客体随着主体的扭曲而变形。第三，中国艺术多将人生痛感化为散淡，消融于对自然的诗意观照，不像西方艺术那样直面人生，追根问底，对抗，征服，乃至演为悲剧。中国画史至多有过徐渭、朱耷式的恣肆和悲狂，从无出现过像凡·高那样疯狂绝望的画家和达维特（David）《马拉之死》那样的作品。齐白石也不例外。

在一首《菜园小圃》诗中，齐白石有“饱谙尘世味，尤觉菜根香”之句。“尘世味”多指世态炎凉，尤其是城市的冷漠世态。“菜根香”则是指心目中的乡村生活。不喜欢“尘世味”却必须吃下它，留恋“菜根香”但不得不离开它，这便是齐白石的身心两难。有一次他游北京西山，路上望见牧牛的人，吟诗道：

万柳枝疏见草坪，满天云雾失晴明。
牧童手有犁牛在，只有农家心太平。

——《游西山道中羡牧牛者》

“只有农家心太平”，从另一角度说出了他的心理。他何尝不知，饱受兵匪骚扰和天灾摧残的农家，哪会真有太平！他如此认定，非出于眼前事实，乃出于传统心态：一种根深蒂固的乡土情结。唯故乡才有安定感、归宿感，是中国传统社会的意识。齐白石另一句诗“白头一饱自经营”说的是自己的生活。但他在京卖画已非“自经营”，所求也不只“一饱”。只是在意识深处，他仍然向往着“自经营”的情境——业已被自己诗化的情境。意识到自身境遇的改变，愈觉得丢弃之境遇的可贵，他把乡村的一草一木描绘得那么可爱，是和这种心理意识联系在一起的。

从乡村来到大城市的齐白石，不习惯充满竞争、冲突、倾轧、尔虞我诈的周围环境。这也正是他眷念乡村，以为“农家心太平”的主要缘由。有一幅《樊笼八哥》，画一八哥站立枝头，窥视着地上的鸟笼。笼子开着口，他题云：

> 鹦鹉能言自命乖，樊笼随意早安排。
>
> 不须四面张罗网，自有乖言哄下来。

诗后跋云：“谚云：能巧言者，鸟在树上，都能哄得下来。”这分明是描述自己的环境和生活经验，表达对险恶世情的警惕。《齐白石作品集》有一幅《群鱼》，画多条小青鱼款款游来，题诗云：

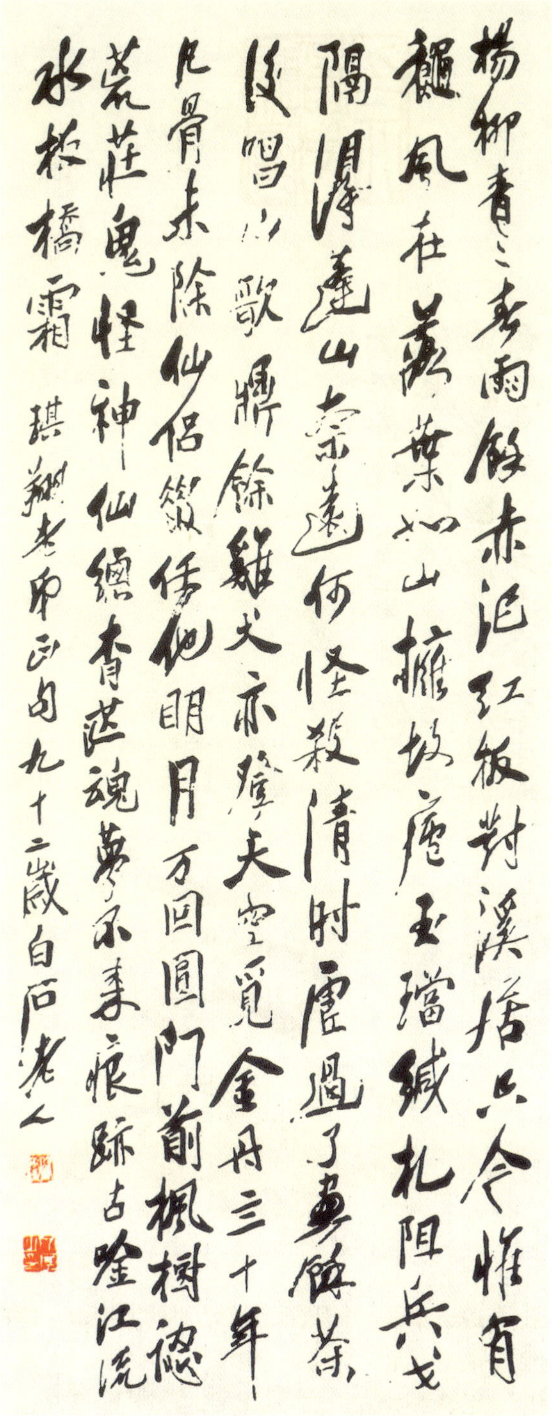

行书立轴　1952年

归梦看池鱼

满地家乡半罟师，你随流水出浑池。
沧波亦失清游地，群队无惊候几时。

到处是捕捉，到处是浑池，大江大河也不是“清游地”了。何时才会有不惊恐的日子呢？

同画集中的《桃源图》，画桃花瓦屋，掩映在青山绿水间，题诗曰：

平生未到桃源地，意想清溪流水长。
窃恐居人心胆破，拈毫不画打鱼郎。

这桃源即白石心中的太平农家。可是，见了打鱼人也吓破心胆的桃源人，哪里还有什么清福可享？即使在想象的美好世界，也驱除不了心中那块不安的阴影。

1930年，齐白石画过一只苍鹰，立于石上俯视。题诗说：

振羽何曾猎一围，无穷搏击只私肥。
如今四面全开网，浅草平原一纵飞。

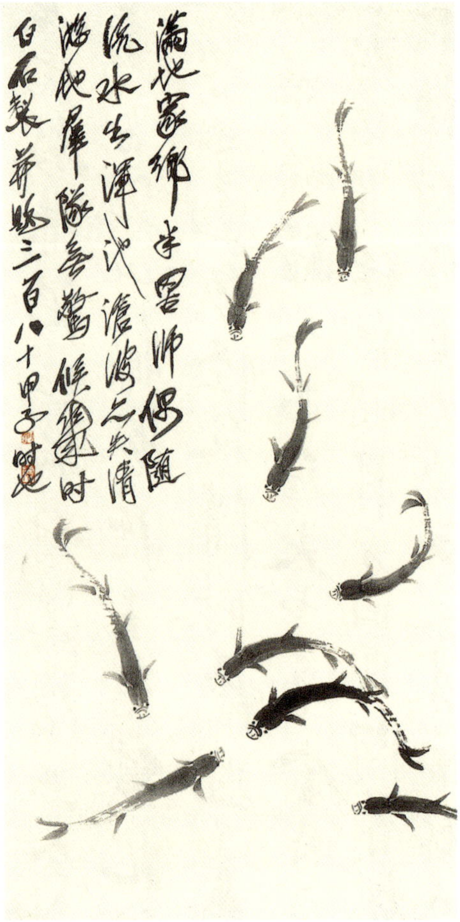

小鱼图　1922年

就是无穷搏击的老鹰也不敢纵飞了，到处都布满了张开的罗网。日本须磨所藏《渡海孤舟图》（1933），画一小舟，颠簸在浩渺的波涛上。题曰：

过湖渡海几时休，那有桃源遂远游。
行尽波涛三万里，能同患难只孤舟。

湖南省博物馆藏同一主题的变体画，诗题略有不同：

渡湖过海不知休，得遂初心纵远游。
行尽烟波家万里，能同患难只孤舟。

从诗的区别推测，后者可能稍早。在这两件作品里，齐白石直率道出他对过湖渡海、奔波追求的倦惧感，以及在离家远游之后感到的悲凉。生在内陆的人初到海上，首先感到的大约是沧海浩大、个人渺小，以及举目无亲、漂泊无定的孤独。齐白石远游期间曾几次渡海，南下北往，有过这种感受。他避乱至北京，举目无亲；画界排斥他，也使他产生了漂泊无定、孤舟烟波之感。就他的情性言，宁安适于“落日呼牛见小村”的山乡，绝不登“冒万险于一掷”的海船。但生存的需要和不可逆转的社会变迁，终于把他抛至烟波风浪的“孤舟”上。从历史的视点察之，齐白石对故乡和农村生活的怀念，在根本上已非对一个具体环境的依恋，乃是对一个古老文明的依恋，是对一个正在逝去的时代的歌吟。他直觉地感到，伴随“过湖渡海”“无穷搏击”而来的，是布满罗网、防不胜防的世界。“饱谙尘世味，夜夜梦星塘”，“星塘”就成了那将去的古老文明的代名词，那想象中的桃花源了。

齐白石痛恨腐败的官僚，痛恨军阀混战和侵略者的杀掠，但也不理解革命和除旧布新过程中难免的动荡与混乱。他尝到了市场经济和社会改革给他的甜果，也饱吞了竞争和战乱带给他的苦果。在他的心里，还是喜欢节奏缓慢、与大自然相亲的传统文明。这是齐白石艺术的内在支柱，也充分贯注于他的诗文书画和篆刻中。在《望云》诗的短序中，齐白石写过一段话：

一夜，梦读东坡“死后犹忧伴新鬼”句，感动涕泣，因泣而醒，泪犹盈眶。明日游西山，登其巅，南望浮云，有思亲舍。

梦中对苏轼一句诗感而涕泣，很说明齐白石怀恋故人故土的心理。活着想念家乡，死了犹担心与新鬼为伴，艺术上敢于独造的齐白石，又埋藏着多么深刻的怀旧之情啊。

在齐白石的年代，只能看到中国在现代文明产生前夕的阵痛与混乱，而且对现代文明的目标、价值一无所知。他歌吟正在失去的平静、和谐的乡村社会，在相当程度上是对生命自由、人与自然亲切关系的向往爱恋。齐白石逝世62年了，中国发生了巨大变化，但经济的快速发

孤舟　约20世纪20年代晚期

展并没有立刻带来老人所幻想的安宁平静。在世界的另一些地方，物质文明高度发展，人类已经实现了上天入地、造海移山的诸种幻想，但并没有填平因丧失精神家园而出现的无所归依感。西方艺术家做出的敏感反应是狂热的个性宣泄，神秘的逃避，无所顾忌的破坏，病态的反抗与反讽，而较少像齐白石这样怀念往昔，颂赞美好。努力走向现代的东方古国，一面步着西方人的后尘，一面重温着古老乡村生活的旧梦，即便在构想着未来美景时也不免填进农民式的乌托邦。今天，故乡正迅速变作他乡，变为陌生的“异地”。人们对自己处境和前景的意识愈来愈自觉了，像齐白石那么纯真深挚的乡土情结，也许不会再出现。在急匆匆不顾一切驱逐着贫困乡土社会一切的同时，如果连同亲近自然、朴素人情和故土之爱也被驱逐掉，将会怎样呢？

半如儿女半风云
——齐白石艺术的风格特色

轻描淡写各劳神，受得师承见本真。
八十老翁先论定，半如儿女半风云。
（自注：谓工者如儿女之有情致，粗者如风云变幻不可捉摸耳。）

齐白石艺术的风格特色，早年、中年、晚年，有很大差别。这里说的齐白石风格特色，一是指“衰年变法”后的成熟风格，或曰盛期风格。成熟风格与早中期风格有联系，但脱去了模仿，有了鲜明的个性，历久稳定，流传广泛，为多数观者所熟悉。二是指齐白石绘画的总体风貌——前面分别介绍了他的花鸟、草虫、山水、人物，对各个题材范围的风格略有涉及，这里说的“风格特色”，是涵盖各种题材的基本特征。前人说“画如其人”，此章就沿着这一思路，探讨一下齐氏绘画与他的气质个性的关联。

“半如儿女半风云”诗句，原指作画有工有粗，即有停匀有放胆，有情致有气势。这里借来形容白石绘画风格的两个构成因素：儿女般的情致与意趣，风云般的力量与变幻。两个因素相互渗透，你中有我，我中有你，融为整体风采。大体说来，这风采可归纳为如下几方面：

一、单纯而朴

齐白石成熟期的作品，都具有单纯的特色：不描绘复杂的事物，不作堆砌的构图，不画山重水复的景色，不画人群和大场面，不求笔墨的繁复，不施斑斓缤纷、眼花缭乱的彩色，像小儿女般单纯。看他的作品，不费猜测，不劳累，但并无单调感。

“单纯”意味着视觉形式的纯净和凝练。单纯的画面可能表现为减少、简括，但不是简单。它也可能表现为丰富而统一，即所画物象并不少，但结构合理而和谐，有整体感，看起来仍具有单纯性。齐白石早年、中年到衰年变法，曾经历了简—繁—简的过程。由繁而简，由复杂而单纯，首先得力于学习传统，尤其是学习文人艺术传统。他所崇敬的徐渭、八大、吴昌硕和金农等,都达到了艺术的单纯境界。特别是八大,笔简意浓,是最高境界的单纯。经过“衰年变法”,齐白石放弃了对八大冷逸画风的模仿,但没有丢掉八大的单纯。在变法探索中,他也一度追求过繁复,如20世纪20年代初画《牵牛花》,一度花多蔓多,繁复异常,但这种画法很快就被他放弃了,后来的牵牛花,彩花墨叶,单纯而耐看。他画水仙、玉兰、藤萝、枇杷等,也曾有过很密的构图,后来都变得减少、单纯了。变法初期他还画过整株的荔枝树,但很快就改为简约的蓝中荔枝或一两枝的构图了。这与大写意画法有关:在生宣上大笔挥洒,难以从容描绘,难以承受庞杂繁复,而只能走简约的路。齐白石的率直、不善曲折的性格,与他对形式结构和视觉语言的选择也有相当的影响。他在自传和题跋中,一再说自己不喜画工细画,而喜欢画“痛快”的画,正根于此。这也许可以用美学家说的“异质同构”理论来解释。

白石年轻时学细木工,做雕花,能精细繁复。学习肖像、工笔花鸟、山水画以后,也一度精细复杂。前面介绍过的《黎夫人像》《无名衣冠像》,其精细、巧密,不厌繁复,可谓极致;他1894年画的《龙山七子图》,山重水复,也属于“多”“繁”的一路。1897年所画《群仙祝寿图》,在一个“寿”字中,画满山石花鸟树木和诸多仙人。对年轻的齐白石来说,最重要的,一是把前人技巧学到手,二是适应买画者需求,不大可能较多地顾及个人志趣,也还缺乏对艺术进行提炼的本领。远游后,经济负担减轻,长了识见与能力,选择形式风格的自觉意识也大大增强,就很少再画工细的肖像、山水和花鸟了。但以卖画为生的艺术家,不可能都像倪云林那样只“写胸中逸气”,画个人喜爱的东西。所以齐白石虽喜欢“粗枝大叶”,仍然要画工细草虫。不过,他的工笔草虫常常配以粗笔花草,细致的贝叶常配以写意枝干,或许有弥补心理失衡的作用。此外,他的工细草虫在具体的作品中却相对减少,而不以“多”和“繁”取胜,整体上具有单纯特征。

“朴”在这里指朴质、朴素、平易。王充《论衡》曰:“无刀斧之断者谓之朴。”是指一种原初的、未经斧凿与修饰的本真面貌,“如风云”般自然生成的面貌。齐白石的各类作品包括绘画、篆刻、诗歌,都既单纯又质朴,没有斧凿痕,像行云流水那样自然。如构图不求险奇,造型不作狂怪,笔墨不要奇异,境界不取孤冷,意态不尚枯索等。但“朴”与“朴”又有不同。吴昌硕的作品是古朴、浑朴,有一种以古为伍的意态。齐白石则表现为本色的朴实和朴素,没有丝毫求“古”作“古”之意。吴昌硕于古文、诗词、石鼓文都下过大功夫,齐白石没有那样的功夫与修养,他是将自己的质朴本性自然而然地融会于技巧和形式风格。他多年痴情于八大,能仿得很似,但始终学不到八大那种奇崛、高贵和超逸。形貌可以仿,精神气质是深层的东西,是仿不了的。一个始终保持着农民气质的艺术家,怎么可能与三百年前“金枝玉叶老遗民”的心理气质相近似？再逼似的模仿，也会不知不觉流露出模仿者本人的气质个性。张大千仿造八大、石涛的作品，也是这样——总缺乏八大的孤峭和石涛的奇肆，而流露着张大千本人那种特殊的精巧特质。潘天寿一度摹学吴昌硕的浑厚拙重，后来还是循着自己的个性转向险奇、雄怪。齐白石和潘天寿都出身农家，都从《芥子园画传》入门，但气质个性（及经历）不同，一个平朴自然，一个沉雄奇崛。潘画近于他喜欢的韩愈、李贺诗——“横空盘硬语”，物状奇怪，造句晦涩；齐白石画近于他自己喜欢的白居易、陆游诗，“平旷如匹夫匹妇语”，浅中有深，耐人品味。齐白石始终是一个普通人，从无惊世骇俗之想。作为画家，他缺乏黄宾虹那样的学者风范，没有溥儒那样的“旧王孙”气，没有徐悲鸿那种立宗创派的领袖欲，也不像张大千亦仙亦俗的旷达。人格特征与图式风格的联系虽难以说清，却是不容置疑的。

单纯而朴，才有齐白石绘画的童心和天真表现。人格的单纯质朴源于生命形成的历史，形式图像的单纯质朴取借于传统文人写意画和民间艺术；风格创造，离不开这两方面的相互渗透与转化。

二、平直而刚

齐白石的绘画、篆刻、书法，在构图、间架、笔法、刀法上都偏于平直。视觉平直感构成白石风格的一大特色。吴昌硕用笔圆拙雄阔，齐白石用笔挺直刚健。吴昌硕笔法相对内敛，齐白石笔法相对外张，前者在内敛中不乏苍雄奇纵，后者在外张中不乏沉凝遒劲。

白石画山石、房屋、舟桥等，多平直劲健而爽利的用笔，极少曲折顿挫或轻描淡皴。画牵牛花、松、梅、桃、杏及蛙、蟹，也挺拔有力，从不柔软、纤弱，或过多虬曲。潘天寿绘画也多直线，但强调结构的方折起落，笔线挺硬又沉凝，张力内向，给人以凝固感，齐白石笔线也力透纸背，但同时又平直明断，有活泼生动之意。潘画由刚挺方折趋向缜密雄奇，齐画由刚健平直趋向平淡天真。前者多理性设计，后者多情感流露。

白石平直刚健的笔法，和他的书法篆刻有很大关系。他曾长期临写何绍基行书，进而写《爨龙颜》《天发神谶》，再写金农、李北海，成熟期书法以苍劲的斜势出笔，不同于脱胎石鼓而得浑劲之力的吴昌硕，亦异于出入隶书与黄道周行草、“化圆为觚”的潘天寿。齐白石篆刻师法过浙派和赵之谦，但晚年最喜秦权，取其“纵横平直，一任自然”[1]。因之70岁后的篆刻大都变为平直刀法，风格奇肆刚猛。举刀所向，是一种直伸出去、痛快切入的力，而非无往不收、含而不露的力。他一再表示反对篆刻中的“摹、作、削”，申明自己欢喜自然，痛快，无拘无束，说

〔1〕齐璜、张次溪：《白石老人自传》，人民美术出版社，1962年，第86页。

大涤子作画图　1931年

到底，还是源乎个性。他有一次和黄苗子论治印，说自己“八十多岁还可以仿丁钝丁刻小名印，但终嫌小技，不愿做裹脚小娘”。[2] 他写道：“篆刻如诗如别裁，削摹哪得好怀开，欹斜天趣非神使，醉后昆刀信手来。”操刀向石，信手挥刻，这是风格，亦是性格，两者难解难分。

贺天健谈到齐白石与吴昌硕用笔的区别时说：“吴昌硕先生是写石鼓文的，笔笔是‘屋漏痕’。齐白石先生没有这一套，因为他没有写过石鼓文，所以他写的是平直线。”又解释说：“在笔法方面，同他的书法有关系。他用的是平直笔势，并曾在《天发神谶》等汉魏碑上下过苦修苦练的功夫，因此他的笔力，真可以说是力透纸背，很不容易学习。为什么他的腕力这样强呢？原因就是他早年做过雕花匠，他是把用刀的力量用到笔上面来，这种功夫是不得了的。”[3] 贺天健指出白石用平直线，以及平直线与其书法的关系很对，说他的腕力好与做木匠有关，也有一定道理。齐白石跟周之美学雕花木活，周是以“平刀法”刻人物著名的。那么这种“平刀法”

〔2〕王振德等：《与黄苗子论印》，见《齐白石谈艺录》，河南人民出版社，1984年，第30页。

〔3〕贺天健：《看白石画展后的感想》，见力群：《齐白石研究》，上海人民美术出版社，1959年，第115页。

也影响了他以后的用笔吗？傅抱石曾指出，齐白石篆刻的刚健与他曾是木匠有关[4]，木雕与篆刻都是用刀刻，在用力上是近似的。但笔力与刻刀的力毕竟不同。两者有怎样的联系，似需进一步探究。齐白石笔法平直而缺乏“如屋漏痕”的内敛圆厚，与他写碑多、写帖少也有一定关联。但除了这些外在因素，还应与他的内在气质有关。仍以白石和八大的区别为例：他对八大下了那么大工夫，但他的平直笔路和八大奇宕多曲的笔路相差多么遥远！狂而婉，颠而正，将生命的痛感包在典雅的恣肆中，是八大的风采；直出直入、快活自足，无丝毫冷漠、飘逸，总是散发着乡民的气息，是齐白石的面目。这再一次证明，先天、后天共同造就的深层精神结构，制约着艺术家把握世界的方式——形式与风格。

三、鲜活有趣

齐白石描绘的一切，都充满活力和情趣，不忧郁，不悲哀，不颓靡，有的只是生命火焰的燃烧和跳动。它所反映的个性背景，亦是健康、乐观、自足的。这在他的各种作品中都有体现。

白石笔下的人物，如铁拐李，穿乞丐衣，背酒葫芦，看上去像一个粗鲁的流浪汉，没一点仙

婴戏

〔4〕傅抱石：《白石老人的篆刻艺术》，见《齐白石作品集·第二卷·篆刻书法》序文，人民美术出版社，1963年。

白石草衣像

耳食 1947年

气。捉鬼、吃鬼的钟馗，也只有世俗的强悍、诙谐、豪爽，而没有一点鬼气。偷桃子的东方朔，盗酒的毕卓，玩砚的苏东坡，拜石的米芾，作画的石涛——都被画得动作夸张，憨态可掬，富于幽默感。齐白石自写性质的人物如《老当益壮》《人骂我我也骂人》《送子从师图》等，或神气十足，或如老顽童，或睿智慈祥，充满人性的真实。即便作为玩具的不倒翁，也不再是死的泥人，而变成了对丑角人物生动有趣的写照。

齐白石创造的花鸟鱼虫，也都鲜活有趣。不论工笔还是写意草虫，如蟋蟀、蝈蝈、螳螂、蜻蜓、苍蝇、甲虫等，没有一个不是跳的、爬的、飞的、搏击的或鸣叫的。游动的草虾，扑火的飞蛾，戏水的鸬鹚，捕蝶的家猫，争食的小鸡，乃至哀鸣的秋蝉，偷摘荔枝的松鼠，莫不淋漓尽致地呈

作对成双

雨后　约20世纪40年代初期

现着生命的跃动！贺天健说：“过去我们画蜜蜂，画的翅膀很清楚，但画出来的不是活的东西，好象是死的或者模型。而他的蜜蜂却能画出声音来，似乎还能闻得出味道来。所以他的画里面是香、声、色、味四者俱全。”〔5〕

鲜活有趣，是生命的特征，也是艺术家生命态度的表现。不同人描画同一生命对象，有的会形同槁木，有的就活泼如生。有人将活的生命当作枯燥说教的符号使用，有的则赋予静止的描绘以有血有肉、有呼吸有情感的生命。天津艺术博物馆藏齐白石的《雨后》，以水墨画芭蕉小雀：浓重、阔大、湿气袭人的芭蕉叶和淡墨勾出的芭蕉干，一明一暗，一干一湿，活画出雨后的清新，乌云般的泼墨仿佛也变成了绿色。嫩叶上的两只小雀，似乎从风雨中来，作片刻的歇息。画家题诗道：

> 安居花草要商量，可肯移根傍短墙。
> 心静闲看物亦静，芭蕉过雨绿生凉。

享受花草之居是要和它们“商量的”，而只有“心静”才悟得到“物静”，才能感觉得出“芭蕉过雨绿生凉”。这是画境，也是诗境，有情趣也有理趣。没有醉心于生命自然的情怀，无法创作出这样的作品。

鲜与活，也体现在齐白石绘画的色彩方面。在一般情况下，传统写意画以水墨为主，色彩只是辅助手段。齐白石笔下的色彩发挥了更大作用，常常成

〔5〕贺天健：《看齐白石画展后的感想》，见力群：《齐白石研究》，上海人民美术出版社，1959年，第115页。

为表现对象与情感的主要因素。画寿桃、樱桃、荔枝、红梅、杏花、荷花、牵牛花、红萝卜、辣椒、葫芦、枇杷、海棠、山茶、牡丹、万年青、翠鸟、夕阳、庙宇甚至远山，常用纯度很高的艳色和对比色。对比色使画面响亮、明快、刺激，显示活力。在众多颜色中，他尤喜爱洋红。洋红浓艳明亮胜过朱砂。潘天寿说吴昌硕最早用洋红，齐白石是"从吴昌硕先生的统系中分支而出"的〔6〕，白石自己说过："外邦颜色有西洋红，其色夺燕脂，余最宝之。曾于友人处见吴缶庐所画红梅，古艳绝伦。"〔7〕展览会上，齐白石的画经常鲜艳得"跳出来"，多与用西洋红有关。诗人艾青有一段记述：

> 我在伦池斋看见了一本册页，册页的第一张是白石老人画的，一个盘子放满了樱桃，有五颗落在盘子下面，盘子在一个小木架子上。我想买这张画。店主人说："要买就整本买。"我看不上别的画，光要这一张，他把价抬得高高的，我没有买，马上跑到白石老人家，对他说："我刚才看了伦池斋你画的樱桃，真好。"他问："是怎样的？"我就把画给他说了，他马上说："我给你画一张。"他在一张两尺的琴条上画起来，但是颜色没有伦池斋的那么鲜艳。他说："西洋红没有了。"
>
> 他显然是衰老了。我请他到曲园吃了饭，用车子送他回到跨车胡同，然后跑到伦池斋，把那张册页高价买来了。署名"齐白石"，印章"木人"。
>
> 后来，我把画给吴作人看，他说某年展览会上他见过这张画，整个展览会就这张画最突出。〔8〕

艾青记述的是 1951 年的事。他曾是杭州艺专的学生，曾留学法国，后成为著名诗人。这个故事告诉我们，色彩对白石的画是多么重要！

余年离乱

齐白石用艳色，讲究把握水分，能保证色彩既透明又沉着。他不轻易把色与墨调在一起，而总是间离使用，以保证色调的单纯和明亮。鲜活的色彩，有时就意味着鲜活的生命！

齐白石对鲜艳颜色的喜爱，除了吴昌硕的影响，还得助于民间艺术的陶冶。他早年画衣冠像和工笔花鸟，都强调热烈、鲜艳。文人画使他把握

〔6〕潘天寿：《回忆吴昌硕先生》，见《吴昌硕作品集》，上海人民美术出版社，西泠印社，1988年。

〔7〕胡佩衡、胡橐：《齐白石画法与欣赏》，人民美术出版社，1992年，第106页。

〔8〕艾青：《回忆白石老人》，见齐白石、张次溪：《白石老人自述》，岳麓书社，1986年，第158—159页。

了单纯与调和，但没有丢掉民间艺术的强烈，用齐白石的话说，就是“艳不娇妖”。

对色彩的选择，最深的根源也要追溯到画家的心理倾向、个性特征和人生态度。色彩和心理的密切关系，实验心理学早有种种研究。齐白石不是多愁善感、顾影自怜的人，与一般敏感而脆弱的知识分子有很大区别。他也不是因深刻的人生思考而有悲剧情怀的人，他讲实际，朴素，乐观，执着。他的色彩选择，折射着他对世界的态度。

四、时代感

和同时代的中国画家相比，齐白石的画具有鲜明的时代感——它们是典型的中国画，源自传统，但绝不陈旧，绝无没落士大夫的柔靡之气，而是生气勃勃，清新明丽，果敢有力，与20世纪中国社会的新变，追求创造和力量的精神潮流相一致。我们不能要求生于19世纪中期的齐白石去反映20世纪的中国革命，而只能把他放到具体的历史背景中，通过同时期、同类型画家的比较来考察其时代感，如把他与吴观岱（1862—1929）、顾麟士（1865—1930）、黄宾虹（1865—1955）、萧俊贤（1865—1949）、王一亭（1867—1938）、程璋（1869—1938）、陈师曾（1876—1923）、陈半丁（1876—1970）、金城（1878—1926）乃至更晚的萧谦中（1883—1944）、王梦白（1888—1934）、溥儒（1896—1963）、潘天寿（1897—1971）、张大千（1899—1983）等相比，除了潘天寿、张大千晚年的某些作品，也许再没有比齐白石的作品更富时代感的了。作为对艺术风格的审美感受，“时代感”难以言说，却一眼就可以看出、体味到。作为概念，“时代感”比“现代感”更贴切，因为后者常与对西方现代艺术的感受相混淆。中国画是以渐进方式演变的传统艺术，西方现代绘画是以突变方式出现、彻底反叛古典传统的新艺术，两者的性质、形态全然不同。[9] 人们谈论“现代感”，以“现代感”取代“时代感”，往往是把西方现代艺术普适化，否定传统艺术在现时代的革新和演进——如否定齐白石、黄宾虹、潘天寿、张大千、李可染等做出的贡献。

齐白石作品的时代感，表现在他对自己亲历所见的真实描绘，对世态人情的善意针砭，对乡土社会和乡村生活的真挚情感，对自然生命的维护与珍爱，以及这些描绘、针砭、情感、珍护在观众中引起的广泛共鸣；表现在他对文雅趣味与世俗趣味、文人形式与民间形式的巧妙结合，结构的新颖简洁，色彩的响亮和谐，情致的刚健清新，以及这些革新创造给中国画带来的活力；也表现在他承继了文人画传统，放弃了视书画为单纯遣情工具、为玩物的

中国长沙湘潭人也

〔9〕郎绍君：《以复古为革新》，见郎绍君：《守护与拓进》，中国美术学院出版社，2001年，第271页。

士大夫观念，把它们进一步推向市场，使它面对更为广大的受众，接受大众的审美选择与挑战。齐白石属于一个伟大的传统，又给这个传统增添了时代的光辉和新的经典性。

白石题《画山水》诗云："理纸挥毫愧满颜，虚名流播遍人间。谁知未与儿童异，拾取黄泥便画山。"有了儿童般的天真、质朴、活泼、有趣，才可能有单纯而朴、平直而刚、鲜活而趣的艺术特色。能像儿童那样"拾取黄泥便画山"，正是艺术创造包括风格创造的至高境界。

磨石书堂水亦灾

——齐白石的篆刻历程

在齐白石的艺术中，篆刻占有重要位置，但它的接受对象不如绘画广泛，被传播的机会也少得多。白石探索篆刻的历史略短于绘画，一生作品不计其数，他认为自己在篆刻上的成就不亚于绘画。[1]

齐白石学篆刻，始于1896年前后。《自传》说，他在34岁的“前二年”，曾求一位长沙来的篆刻家刻名章，那位篆刻家很傲慢，几次说他的石头磨得不平，不给刻。他气愤之下，自己用修脚刀刻了，是为刻印之始。他的朋友中，王仲言、黎松安、黎薇荪等，都喜欢刻印，便教他一些方法。他“参用了雕花的手艺”，顺着笔画削刻，摸索门道。黎锦熙《齐白石年谱·1896年按语》说：

> 白石此年始讲求篆刻之学。时家父与族兄鲸安正研究此道，白石翁见之，兴趣特别浓厚，他刻的第一颗印为“金石癖”[2]，家父认为“便佳”……家父的《松安自订年谱》载，自丙申至戊戌共刻印约百二十方，己亥又摹丁黄印廿方，这几年白石与家父是常共晨夕的，也就是他专精摹刻图章的时候。他从此锲而不舍，并不看作文人的余事，所以后来独有成就。

这与白石自传所述大体一致，《白石诗草》卷七有《忆罗山往事》二首，所忆即在罗山黎家研习篆刻之事。其一曰：

---

〔1〕齐白石曾对于非闇说：“我的篆刻第一、诗第二、书法第三、画第四。”（见傅抱石：《白石老人的篆刻艺术》）又曾对弟子胡絜青说：“我的诗第一、印第二、字第三、画第四。”（见王振德、李天庥：《齐白石谈艺录》）这些话虽不能绝对看待，至少可以知道白石老人对自己篆刻艺术的重视。

〔2〕王森然：《回忆齐白石先生》一文刊了此印，并说此印藏在他手，是齐白石送他的。齐对他说：“这是我刻的第一颗印，刻的很不好，可是保存几十年了，你留着作纪念吧。”见《美术论集》第一辑，人民美术出版社，1982年，第11页。

石潭旧事等心孩，磨石书堂水亦灾。
风雨一天拖两屐，伞扶飞到赤泥来。

诗后自注："余学刊印，刊后复磨，磨后又刊，客室成泥，欲就干，移于东，复移于西，移于八方，通室必成泥底。"其二曰：

谁云春梦了无痕，印见丁黄始入门。
今日羡君赢一著，儿为博士父诗人。

诗后自注："余初学刊印，无所师，松安赠以丁、黄真本照片。"丁、黄即清代浙派篆刻家丁敬、黄易。《自传》说，黎松安送给他"丁龙泓、黄小松两家刻印的拓片"，但并不多，"还摸不到门径"。[3] 1898年，在四川做官的黎薇荪寄给他丁、黄两家印谱，才"有了途轨可循"[4]。黎薇荪之子黎戬斋《记白石翁》云：

家大人自蜀检寄西泠六家中之丁龙泓、黄小松两派印影与翁摹之，翁刀法因素娴操运，特为矫健，非寻常人所能企及。……翁之刻印，自胎息黎氏，从丁、黄正轨脱出。[5]

由上述记载，可知齐白石初学黎松安篆印，稍后才学丁、黄两家，如黎戬斋所言"自胎息黎氏，从丁、黄正轨脱出"。白石《自传》谓，黎松安"是摹仿邓石如的，功夫很深"。[6] 黎锦熙说其父"己亥又摹丁黄印廿方"——"己亥"为1899年，表明黎松安还兼学浙派。这样说来，齐白石篆刻之发端，除了浙派，还间接与皖派有了关系。

白石初学篆刻时，家境还不好，用不起像样的石头。《自传》中曾记述他向会写小篆的黎铁安请教篆刻，铁安笑着说："南泉冲的楚石，有的是，你挑一担回家去，随刻随磨，你要刻满

[3] 齐璜、张次溪：《白石老人自传》，人民美术出版社，1962年，第41页。
[4] 同上，第43页。
[5] 胡适、黎锦熙、邓广铭：《齐白石年谱》，商务印书馆，1949年，第12页。
[6] 齐璜、张次溪：《白石老人自传》，人民美术出版社，1962年，第42页。

心无妄思（丁敬　刻）

心无妄思
（齐白石　摹刻）

我生无田食破砚
（黄易　刻）

我生无田食破砚
（齐白石　摹刻）

三四个点心盒，都成了石浆，那就刻得好了。”[7]白石从铁安的玩笑话中悟出至理，发愤镌刻，真的用灰黑色的楚石刻了不少章。齐佛来《我的祖父白石老人》一书说，他爷爷对他说，年轻时刻过“一两箩筐”楚石印，还“刻了一箩筐”的木章。[8] 这也许有些夸张，但其初学刻印下了苦功，是真实的。

远游期间，齐白石的篆刻比绘画受欢迎。1902 年在西安初识著名诗人樊增祥时，他送樊几方名印，樊报以 50 两银子做润资，还为他写了一张润单。靠了这张润单，他在西安、北京、桂林、广州等地都吸引许多顾主。1904 年，白石自拓了第一本印谱，并请王湘绮作序。[9]

由丁、黄转学赵之谦，是齐白石篆刻历程的一大变化。《自传》说，他是在 1905 年（43 岁）在黎薇荪家，见到赵之谦《二金蝶堂印谱》，“借了来，用朱笔勾出，倒和原本一点没有走样。从此，我刻印章，就摹仿赵㧑叔的一体了”[10]。但此事白石又另有一说。他在 1919 年所作《双钩二金蝶堂印谱序》中说：“前朝庚戌冬，小住长沙，于茶陵谭大武斋中获观《二金蝶堂印谱》。余以墨钩其最心服者。越明年，此原谱黎薇荪借来皋山，余转借归借山馆，以朱钩之，观者莫辨

〔7〕齐璜、张次溪：《白石老人自传》，人民美术出版社，1962年，第41页。

〔8〕齐佛来：《我的祖父白石老人》，西北大学出版社，1988年，第19页。

〔9〕序文曰：“印谱者，唯昭谭老渔纯仿秦汉玺章，墨文不印朱，见之令人肃穆。余童时见从兄介卿有一本，问姓名不知也。意其明末隐士，至今想慕焉。介卿亦隐辟不得志，自负刻印高雅，亦存印谱，不轻示人。及余友高伯足、李篁仙、赵㧑叔，皆以刻印名世，而赵傲兀，求者多谩绝之。余出都乃自赠余名章，明日京师来观者肩踵相接，游艺之事，孤僻者乃绝伦，理势自然也。白石草衣，起于造士，画品琴德，俱入名域，尤精刀笔，非知交不妄应。朋坐密谈，时有生客至，辄逡巡避去。有高世之志，而恂恂如不能言。吾县固多畸人，往余妻母舅李云柯先生，画入逸品，雕琢工作尤精，亦善刻印，而不为人作。晚年坐一室，终日不移尺寸，见人默无言。白石傥其流与？何其独厚于余也。余既为题《借山图》，要以同诗沈山人，见其印谱，复感生平所交游奇古之士，而叹一艺成名之非偶然，复为序其意云。甲辰七夕王闿运题于南昌馆。”

〔10〕齐璜、张次溪：《白石老人自传》，人民美术出版社，1962年，第54页。

臣璜私印

身健穷愁不须耻

原拓钩填也。且刊一印，其文曰‘㧑叔印谱濒生双钩填朱之记’。”[11]这就是说，1910年他在谭大武家见《二金蝶堂印谱》，并“墨钩其最心服者”，1911年才转从黎薇荪处借来此印谱的全书“以朱钩之”。那么，齐白石是先后在1905年、1911年两次从黎薇荪家借《二金蝶堂印谱》吗？似不可能。以20世纪40年代的口述自传和1919年手稿相比，文字手稿显然更具体而可靠。1905年7月至1906年初，白石游桂林，以刻印谋生。《白石诗草》卷一《忆桂林往事》诗云：“眼昏隔雾尚雕镌，好事诸公肯出钱；死后问心何值得，寻常一字价三千。”诗后自注“乙巳年，余初客桂林，其篆刻纯似龙泓、秋庵”，这表明，1905年至1906年初，他还坚持着模仿丁、黄，而没有模仿赵之谦。《自传》说：1910年，辞了官的黎薇荪在岳麓山下造了一所别墅，招白石去玩，同胡仙谱、胡石庵诸好友寻李北海《麓山寺碑》。壬子年（1912），白石和薇荪诗中提及这次游玩和《二金蝶堂印谱》。诗云：

旧侣如云散不逢，卜居徒近祝融钟。
麓山无复寻碑梦，岩洞虚欢移树佣。
身后友师金蛱蝶，眼前奴婢木芙蓉。
老天也遣怜愁寂，时有清风响古松。

诗后注谈及那次看《二金蝶堂印谱》的情况：“黎薇荪招游麓山，有同游者某，邀余明日渡河，同赏赵㧑叔印谱。㧑叔印谱，有二金蝶堂印，余私淑焉。”“同游者某”，应即是“谭大武”（谭延闿）。齐白石既识谭氏，为什么在1910年没有借印谱呢？这是有原因的。同年齐白石所作《与谭三兄弟刊收藏印记》说：“庚子前，黎铁安代无畏兄弟（谭组安别号无畏，其弟组庚、瓶斋）索篆刻于余十有余印，丁拔贡者，以为刀法太懒，谭子遂磨去之。是时余心摹龙泓、秋庵，

〔11〕郎绍君：《齐白石全集·第9卷·书法》，湖南美术出版社，1996年，第18页。

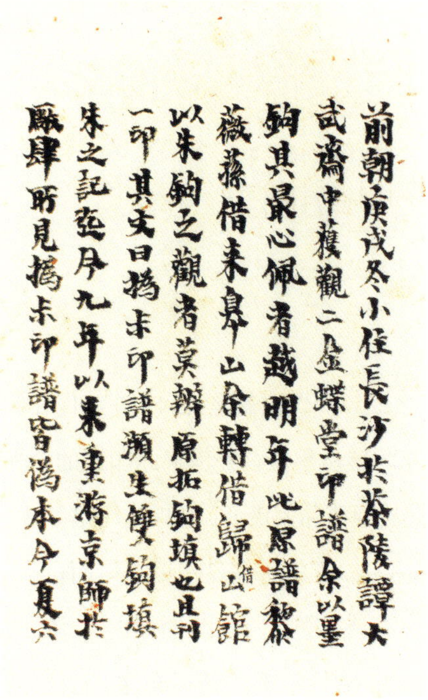
前朝庚戌冬小住長沙於茶陵譚大
武齋中獲觀二金蝶堂印譜余以墨
鉤其最心佩者越明年此原譜黎
薇蓀借來皋山余轉借歸借山館
以朱鉤之觀者莫辨原拓鉤填也且刊
一印其文曰㧑尗印譜頫生雙鉤填
朱之記迄今九年以來重游京師於
厰肆所見㧑尗印譜皆爲本今夏六

楷书手札之一　1919年

与丁同宗匠，未知孰是非也。黎鲸公亦师丁、黄，刀法秀雅，余始师之，终未能到。然鲸公未尝见菲薄，盖深知余之纯用自然，不敢妄作高古。今人知鲸公者亦稀，正以不假汉人窠臼耳。庚戌冬，余来长沙，谭子皆能刻印，无想人赵㧑叔之室矣，复喜余篆刻，为刻此石，以酬知己……”[12]谭氏兄弟曾大大伤害过齐白石，这次见面虽改变态度，邀白石“同赏赵㧑叔印谱”，出于自尊心的原因，白石不张口借书，是很自然的。直到一年后白石已从黎薇荪那里间接借摹了印谱，然后再一年（壬子）谈及“同赏”印谱事，也只是以“同游者某”含糊带过。直到《白石老人自传》叙及此事，还只是说从黎薇荪那里借摹赵氏印谱，而不提及谭氏，表明对谭氏兄弟磨掉印章之事仍耿耿于怀。

1910年至1917年间，白石安居乡间，作画写诗刻印。《白石老人自传》言，他所藏印石、所刻印章及自拓印本，曾先后两次遭劫。一次是1917年，一次是1927年。除去白石随身带的少数印章外，定居北京前所刻之印，大都无存。在1928年的《白石印草》自序中，齐白石再次申述了此事，还谈到了他学习篆刻及刻风变化的过程：

余之刻印，始于二十岁以前，最初自刻名字印，友人黎松庵借以丁、黄印谱原拓本，得其门径。后数年，得《二金蝶堂印谱》，方知老实为正，疏密自然，乃一变。再后喜《天发神谶碑》，刀法一变；再后喜《三公山碑》，篆法一变。最后喜秦权，纵横平直，一任自然，又一大变。忆自甲辰前摹丁、黄时，所刻之印曾经拓存，湘绮师赐以序，至丁巳乡乱，余欲避难离家，因弃印草，仅取序文藏之破壁，得免劫灰。然序文虽存，印拓全没，余不忍辜负师文，乃取丁巳后所刻诸印实之，是等诸印，乃余偷活燕京，自食其力，无论何人求刻之印拓存之，共得四本，成为印草，仍冠湘绮师序于前。戊辰冬十月，齐璜白石山翁自序，时居燕京。

〔12〕胡适、黎锦熙、邓广铭：《齐白石年谱》，商务印书馆，1949年，第12页。

笔者曾见《白石印草》线装自订，一函二本，中国艺术研究院藏。全书收印100方，绝大多数是为别人刻的名号印，其中包括杨度、汪蔼士、夏午诒、梅兰芳、曹锟、梁启超、周作人、陈师曾等著名人士。从这本印集看，齐白石基本摆脱了对赵之谦的模仿，广泛取法秦汉玺印，开始呈现出自己的面目。但水平参差不齐，章法变化较多，刀法还有些拘谨。这可说是由赵之谦上溯秦汉、形成个性风格的过渡期，比其同时期绘画的演变略晚。那么，这本印集中有无丁巳年以前的作品，是否如他自己所说，俱为“丁巳后所刻”？不尽然。有一方“乐石室”印最值得注意。这方印的篆法与风格介于赵之谦和黄易之间，尤似赵之谦。这可从黄易“赵氏金石”、赵之谦“沈氏金石”“金石癖”的比较中看出。而且，此印收入《齐白石作品集·篆刻》一书和《白石印集》（1963年中国美术家协会手拓本），边款是：

> 前清光绪癸卯春，余客长安，樊云门先生为题《借山吟馆图》诗中有句云：“平生三绝诗书画，乐石吉金能刻划。前明四家白虎尊，扬州八怪冬心亚。”始余私喜其誉，未以为愧，甲寅秋乃以“乐石”名室，遂刻此印，因及往事，有感蝶翁知己之恩，亦叹骚雅之遭逢不可再得也。齐璜记。

茶陵谭泽闿印

甲寅为1914年，齐白石52岁，尚在家乡。既然是“以‘乐石’名室”后“遂刻此印”，此印当作于同年。

中国艺术研究院藏一薄本《白石草衣金石刻画》，收46方小印，其中多“金丝式”朱文名章，工整秀丽，大多是仿赵之谦风格的，其中有似赵氏工细一路者如“齐白石”“齐伯子”“木居士记”“借山老人”“无党”等。另一些白文印如“频生发福”“闲止”等，刀法圆厚，字体端庄，则近于赵之谦另一路风格。印集中“萍翁”“借山老人”诸印，应刻于50岁左右——白石有“五十字萍翁”的自述。但值得注意的是，此数十方印章无一收入1928年的《白石印草》。白石《自传》肯定说，1928年的印草是“定居北京后第一次拓存的印谱”，这就把《白石草衣金石刻画》排除在1917—1928年自拓印谱之外，而其风格又绝不似1928年后所刻。这就剩下一种可能——它们是1917年之前的作品，是仿赵之谦时期（约1910—1917年）之作。文效、仁凯编《齐白石简要年谱》记，1904年，王湘绮在南昌为白石作《白石草衣金石刻画序》之后不久，白石第二次自拓印集，拓“第三次印谱”则在1909年，均名之为《白石草衣金石刻画》。1909年后拓印的，有可能仍用原拓集所用之印栏纸拓编（白石有此习惯）。按常理，他的印集

延阁

苹翁叹赏

五十以后始学填词记

齐伯子

不会只拓一套，除自己保留的外，也会赠送友人。此印集无序，无白石自题签，但所拓之印，有四分之一为自用章，且为真迹无疑，很可能是他送别人，或是抢劫者后来“卖”出的。[13] 总之，它让我们看到了齐白石在丁巳前学习赵之谦、以“老实为正”阶段的风貌。

1933 年，谢健廷编了一部《随喜堂集印初编》，内中收齐白石印 50 方。谢氏跋曰：

> 右印五十钮，白石草衣为宗人虎生刻也。虎生于去冬物故。今年秋仲，因事旋里，其石为余购得。草衣篆刻不依傍前人，独为体制，溯源汉凿，扩而充之，诣境所届，非凡近可同日而语。宜其自成一子也。爰付拓印，以公同好。癸酉十月默斋谢健廷跋于武昌之石巢。

谢健廷其人，不详。白石此 50 印，乃为谢健廷族人谢渊刻，谢渊（虎生）于 1932 年冬逝世，其石次年为健廷所得，编为是集。谢渊其人，亦不详。从白石所刻“虎生所刻鉴赏文字记”“不逐队行”“黔阳谢渊审藏书画真迹印记”“微风闲坐古松”等，可推测他是一位能鉴藏书画的文人。白石有一印“曾在虎生处”，并先后刻 50 方印，表明二人有密切的交往。但迄今未见于白石的文字记述。印集中有一方“家贫无故业，不敢耻微官”印，点明谢渊是有官职的人。那么，这批印章刻于何时？在 1928 年拓的《白石印草》中，有一“黔阳谢渊收藏秦汉以下金石文字之印”，可知在 1917—1928 年间，白石为谢氏刻印。但相继刻数十印，绝非一个短时期所为，齐白石为朱屺瞻刻印数十方，前后历 20 余年。齐白石“曾在虎生处”，时间应在 1909—1932 年间。从印章风格看，以工整者较多，如“虎公”“虎公心赏”等，均为赵之谦“金丝式”阳文。整个印集，浙派的意味已不多，字的结体多方直，刀法相对自由，但也较为草率，不够严谨，如“一掷千金浑是胆”“印楼拓印”等，布白与刻画，多有粗疏处，应是齐白石由赵之

〔13〕缪永舒：《齐白石篆刻艺术的形成》，见《美术史论》，1991年第1期。

直鲁豫巡阅使

徐悲鸿

谦上溯秦汉，取法秦汉与将军印初期所作，多用单刀冲刻，追求“纵横平直，一任天然”，但尚不成熟。有几件工细之作如“虎公之作”“虎公赏鉴金石文字记”等，曾收入前述《白石草衣金石刻画》印集。综合上述，似可推断，此印集应是1920年前后十多年间之作。

1933年，齐白石曾两次拓印自己的印谱。《自传》说：“本年我把丁巳以后所刻三千多方印中，选出二百三十四印，用朱砂泥亲自重行拓存……这是我在北京第二次所拓的印谱。”另一次是把1930年至1933年四年中所刻拓印成谱。后者有自序曰：

> 予戊辰年出印集后，所刻之印为外人购去拓本二百，此二百印自无制印集权矣。庚午、辛未二年所刻印，每印仅存六页，得六巨册，每册订为十本，计印约五百方。壬申癸酉二年世乱至极，吾独不移，闭门读书，有剥啄扣门求画及篆刻者，不识其声，却之。故篆刻甚少，只成印集四本，约印二百方，共得十册。以下皆七十衰翁以朱砂泥亲手拓存，四年精力，人生几何！虽饿殍长安，不易斗米；是吾子孙，珍藏之，以待倾倒之知者。癸酉秋八月，齐璜白石山翁自序时居旧京。

由序文可知，4年里，齐白石刻印约700方，仅1930—1931年就500余方，其数量之大，实在惊人。笔者手边有1933年白石手拓印谱两函共六册，收印计300方。所刊印文，均为以前印谱所未见，除少数自用印之外，绝大多数为他人所刻名号章，包括中外艺术界著名人士如竹内栖凤、克罗多[14]、林风眠、胡佩衡、邱石冥、萧淑芳、罗祥止等。这些作品，已完全脱离对赵之谦乃至汉印的模仿，树立了自己的风格。此时的代表性作品，可举出“鲁荡平印”“栖凤”“佩衡之印”“浴兰汤兮沐芳华”等。

〔14〕安德烈·克罗多（André Claudot），法国画家，20世纪二三十年代受林风眠之聘，在北平艺专、杭州艺专任教，1927年与齐白石有过交往，极称白石的绘画。

娄江朱氏

老去无因哑且聋

为客负梨花

1933—1934年（癸酉、甲戌）白石刻印更多。但以自用印为主。甲戌年拓一印集，自序谈及“三百石印斋”名的来历，是研究白石篆刻艺术的重要文献。全文如下：

余三十岁后，以三百石印名其斋，盖言印石之数，所刻者名字印数方，适诗画之印而已。至六十岁，集印石愈多，其中有佳石十之二三。丁卯连年已化秦灰矣。丁卯后避乱京华，得印石又能满三百之数，惜无丁戊所失之佳者。年七十一，门人罗祥止欲穷刻印之绝法，愿见当面下刀。余随取自藏之印石，且刻且言，祥止惊谓：“如闻霹雳，挥刀有风声。”遂北面执弟子礼。越明年，余中英继至，亦有祥止之愿，余一时之兴致，不一年将所有之石已刻完，实三百之数过矣。其刻成之功，实罗余二生，故序及之。今暂拓数册，分给家藏，使儿孙辈知昔人有平泉庄，一木一石，子孙不得与人，亦必知先人三百石印斋之石印三百，亦愿子孙不得一印与人也。甲戌冬初，白石山翁齐璜自序。

序中谈“三百石印”，在时间上有些混乱。他说从30岁（1892）到60岁（1922）“集印石愈多”，继而叙及“丁卯连年已成秦灰”，这“丁卯连年”应指丁卯、戊辰两年(1927年、1928年)，即北伐后湖南兵乱时。但接着说“丁卯后避乱京华，得印石又能满三百之数”，就乱了。他避乱京华明明是丁巳（1917），而非丁卯（1927）。那么，到底是哪一年丢了三百印石呢？张次溪整理的《白石老人自传》指为1927年，恐未确。“丁卯连年”，似为“丁戊”（丁巳、戊午）才合情理。存疑。不过，此序还是说明了“三百石印”是怎么回事：

第一，“三百石印”以及由此来的“三百石印斋”“三百石印富翁”，始于年轻时候，最初指的是约三百方印石，而不是刻好的印章。

第二，白石把所存印石刻满三百，是1934年（甲戌），白石72岁时。其中绝大多数完成于一年之内。

第三，这些印章，不是为外人所刻，即不是出售或送人之作，其印文，应主要是白石自己的名号、闲章，以及白石亲属（妻、子女、兄弟等）的名号等。他嘱咐“子孙不得一印与人”，亦因此。从1933年前的印谱和绘画用印看，齐白石的名号章、闲章较少，1933年后才多起来，这也从侧面证实这一判断。

1963年出版的《齐白石作品集·印谱、书法》卷，所收印章，包括了三百石印中的绝大部分。同年中国美术家协会手拓本《白石印集》所收236方印，稍少于上书之数，多为白石自家用印。天津杨柳青画社1988年所印《齐白石三百石印》，系白石家属捐给“齐白石纪念馆”的印石（现藏北京画院），大体与上述二书之印相同，但也包括少数为别人所刻名印。事实上，所谓“三百石印”乃泛称，并无确切无误的三百印，不同的人编印集，不免有所出入。

1934年以后的作品，大致沿袭了已经成熟的风格，不曾有大的变化。从已确知年代的作品看，总趋势是愈往后愈平直、单纯、自然、随意、刚劲、痛快。“七五衰翁”、“七八衰翁”、“老白”（1939）、“吾年八十矣”、“九九翁”、“行年八十三矣”、“年八十五矣”、“年八十八矣”以及九十岁后所刻“学工农”“为人民”等印，可以按编年展示出日益炉火纯青的演进脉络。

至此，可以做一小结：齐白石的篆刻，34—49岁（1896—1911）仿浙派丁敬、黄易；49岁后改学赵之谦，并在学赵的同时上溯秦汉玺印；居北京后，又喜秦权、将军印；约70岁后才形成自己独特成熟的风格。这与他的绘画发展略似而稍晚。

昆刀截玉露泥痕

——齐白石篆刻的风格创造

傅抱石《白石老人的艺术渊源初探》一文说：

> 篆刻在老人的艺术中，也占着不可忽视的位置。老人在这方面的卓越成就，半个世纪以来不只广泛地影响了国内的篆刻家、收藏家和无数的爱好者，还深深地影响了日本不少的篆刻家……据我的偏见，老人的天才、魄力，在篆刻上所发挥的实在不亚于绘画。
>
> ——《中国画》1958年第2期

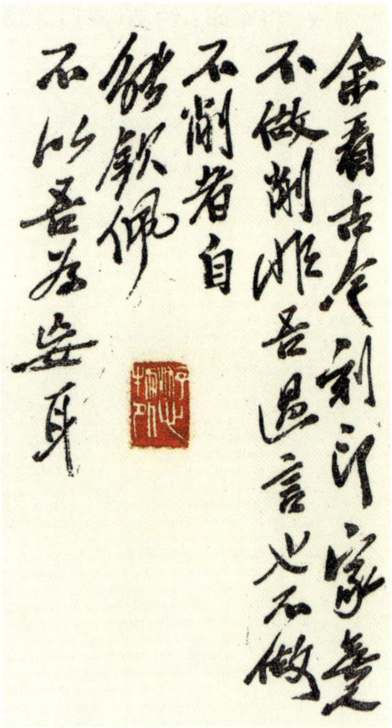

论篆刻题跋　20世纪20年代

傅抱石在《齐白石作品集·书法篆刻》一书序言中又说，齐白石篆刻的基本特色是“胆敢独造”——无论篆法、章法、刀法各个方面，都突破了传统的格式，在整体上掀开了“中国篆刻史上的新页”[1]。

“胆敢独造”是白石老人自己的话。1921年，他题陈曼生印拓云：

> 刻印，其篆法别有天趣胜人者，唯秦汉人。秦汉人有过人处，全在不蠢，胆敢独造，故能超出千古。余刻印不拘前人绳墨，而人以为无所本。余尝哀时人之蠢。不知秦汉人人子也，吾侪亦人子也。不思吾侪有独到处，如令昔人见之，亦必钦佩。曼生先生之刻印，好在未死摹秦汉人伪铜印，甘自蠢耳。

---

〔1〕傅抱石：《白石老的人篆刻艺术》，见《齐白石作品集·印谱、书法》，人民美术出版社，1963年。

陈曼生即陈鸿寿（1768—1822），西泠八家之一，篆刻承丁敬、黄易、奚冈，篆中带草，运刀有力，风格苍劲浑厚。齐白石并不学他，不过借以抒意，表达自己的观点而已。北京的“正统派”认为齐白石画、印无所本，是“野狐禅”。此跋是借机回敬。他还在诗歌、印章边款中多次发挥这一层意思。如《看书》诗云：

篆文许慎说后止，典故康熙篆后无。
二者不能增一字，老夫长笑世人愚。

1931年，他在给杨仲子刻“不知有汉”印的边款中说道：

余之刊印不能工，但脱离汉人窠臼而已。同侣多不称许，独松安老人尝谓曰：“西施善颦，未闻东施见妒。”

“脱离汉人窠臼”，这在当时是震耳欲聋的口号，模仿家和复古家是不会接受的。

木版钟鼎珂罗画，模仿成形不识羞。
老萍自用我家法，作画刻印聊自由，
君不加称我不求。

——《无题》（1921）

做摹蚀削可愁人，与世相违我辈能。
快剑断蛟成死物，昆刀截玉露泥痕。

维扬伪造与人殊，鼓鼎盘壶印玺俱。
笑杀冶工三万辈，汉秦以下士人愚。

——《题某生印存诗二首》

篆刻如诗有别裁，削摹哪得好怀开。
欹斜天趣非神使，醉后昆刀信手来。

——《为门人罗生画白石斋图并题》

在《答娄生刻石，兼示罗生》诗后自注云：

余之印篆，多取秦权之天然，故都某旧贪吏尝与人论印曰：“近代刻印者，负大名尚是旁门也。”此言即谓予。可一笑。罗生曾闻之愤然。

“罗生”即罗祥止，他于1933年拜齐白石为师学篆刻，此诗当作于1934年前后。

那么，齐白石篆刻之“胆敢独造”，表现在哪里？这需从近代篆刻流派说起。文人艺术家自作篆刻，一般以明代文彭为开山祖。文彭是文徵明后人，以篆刻名。他主张篆刻以“六书”为准，早期作品为牙章，由他落墨，请刻工李石英镌刻。后来自刻石章，但未留下印谱，可靠的传世之作不多。与文彭齐名的有何震。明末清初，继文、何出现了一批著名篆刻家，如汪关、朱简、程邃、胡正言等。清代中叶后，伴随着金石碑版考据之学和书法上崇碑风气的兴起，篆刻日臻繁盛，名家辈出，派别如林，最著名的是以丁敬为代表的前期浙派，以邓石如为代表的邓派。方去疾说：“丁敬以朱简的切刀为法，参以汉印及带有隶意的书体，形成拙朴雄健的风格。”“邓石如法程邃的冲刀法，参以各种篆碑书体治印，构成刚健婀娜的邓派风格。”[2]浙派和邓派的共同点，是矫正了明末清初以来竞巧斗妍的习气，赋予篆刻以雄劲的力量和鲜明的个性。嘉、道以降，陈鸿寿、赵之琛成为浙派最后两位大家，但模仿者趋之若鹜，浙派逐渐衰落。继承邓石如而有发展的是吴熙载和赵之谦。吴氏晚年以其浑厚一洗做作死板之风，赵之谦将秦权、诏版、刀币、镜铭等秦汉器物上的字入印，突破了秦汉玺印的程式，对后来有很大启发。略晚于赵之谦的晚清篆刻大家为吴昌硕与黄士陵。吴昌硕以钝刀出锋，融切、冲为一，在篆法上吸取石鼓、泥封与砖瓦书体，创造了自己气势雄浑、苍劲厚朴的风格。黄士陵由吴熙载上溯汉印，间用金文，刀法刚健而清整，章法在平正朴实中见超逸奇隽，堪称是在浙、邓两大流派之外另辟蹊径的大家。与齐白石同时或稍晚的著名篆刻家有易熹、赵石、赵叔孺、童大年、陈师曾、王禔、寿玺、钱瘦铁、邓散木等。他们或师赵，或宗吴，或融浙、皖两派为一，且大都远绍秦汉，自出手眼，盛誉一时。在名家如云的篆刻界，只斤斤于某家某派，不可能出人头地。人们竞相标榜以秦汉为师，但真能出入秦汉、自出法眼者毕竟不易，除深湛的功力之外，还要有超群的创造力。

齐白石没有家学，也不曾得名师指点，靠了几本印谱自己入门、自己摸索。他没有文字学

〔2〕方去疾：《明清篆刻流派印谱》，上海书画出版社，1980年。

根底，并不熟悉秦汉玺印和篆书，在这方面，他不能和吴昌硕、黄宾虹、赵叔孺、寿玺等相比。他只熟悉常见的《说文》《六书通》诸书，前人集录复制的秦汉印集及《祀三公山》诸碑。王森然回忆说："我常常见他刻到半途中，忽而从大案下边，抽出《六书通》来，查一下。许氏《说文》，他是熟悉的。"[3]他靠的不是学问，而是悟性和苦功。他认准一部碑帖便反复临写，直到背临如真，但他总是在熟悉之后又加以变通，以自己的强烈个性熔铸出新意。

齐白石成熟期的篆刻作品，大略有以下特色：

一、篆法

篆法指篆刻的书体，是治印的首要一关。白石书法，最初学馆阁体，27岁始学何子贞，41岁时在北京得李梅痴指点，改写《爨龙颜碑》[4]。大约同时，又兼学金冬心、李北海。此外，他还写《天发神谶碑》《三公山碑》等[5]，后两者对白石篆刻有重要影响。《天发神谶碑》又名《天玺纪功碑》，三国时东吴之物，传为著名书家皇象所书。此碑非篆非隶，而近篆的因素稍多。翁方纲说："吴天玺纪功碑，弇州所谓挑拨平硬者，信有之，然实是篆书，谓为八分者，未必然也。"其特点，下笔多方，收笔多尖，转折方圆并用，瑰玮雄奇，其体势与笔法，不见先例和后继者，可谓空前绝后。白石说他见"《天发神谶碑》，刀法一变"，所说刀法之变，大约指冲刀法，沉着痛快，如人们形容该碑说的"如折古刀，如断古铁"。齐白石20世纪30年代后的篆刻作品，确有这种特色。《三公山碑》，俗称《大三公山碑》，原名为《汉常山相冯君祀三公山碑》，在河北元氏县。此碑为篆书，属"缪篆"，介于篆隶之间，乃汉印中多见的字体。它的笔画由秦篆的圆转，变为方折，风格苍劲茂密。方朔《枕经金石跋》说它"结构有圆亦有方，有长行下垂，亦有斜直横拂。细阅之下，隶也，非篆也；亦非徒隶也，乃由篆趋于隶之渐也"。有的研究者认为，《天发神谶碑》的结体与笔法全由此碑变化出，彼此在风格上都属于方劲瑰玮一路。齐白石治印，由严谨朴茂的丁、黄入手，中经篆法多变、善于取势的赵之谦《二金蝶堂印谱》，再上接秦汉，走的是愈益纵放、强悍和独造的路径，他独爱上述两碑，不是偶然的。

白石篆刻，极少用大篆和古文字，像朱文印"戊午后以字行"这样的大篆书体，在他的作品里是罕见的。笔者所翻阅的20余部齐白石印谱，几乎只有此例。和大多数篆刻家一样，齐

〔3〕王森然：《回忆齐白石先生》，《美术论集》第一辑，人民美术出版社，1982年。

〔4〕同上。

〔5〕同上，白石对王森然说："从戊辰以后，我看了三公山碑。"那么，是1928年后才临此碑的，这一点对理解白石篆刻在20世纪20年代末、30年代初的变化很重要。

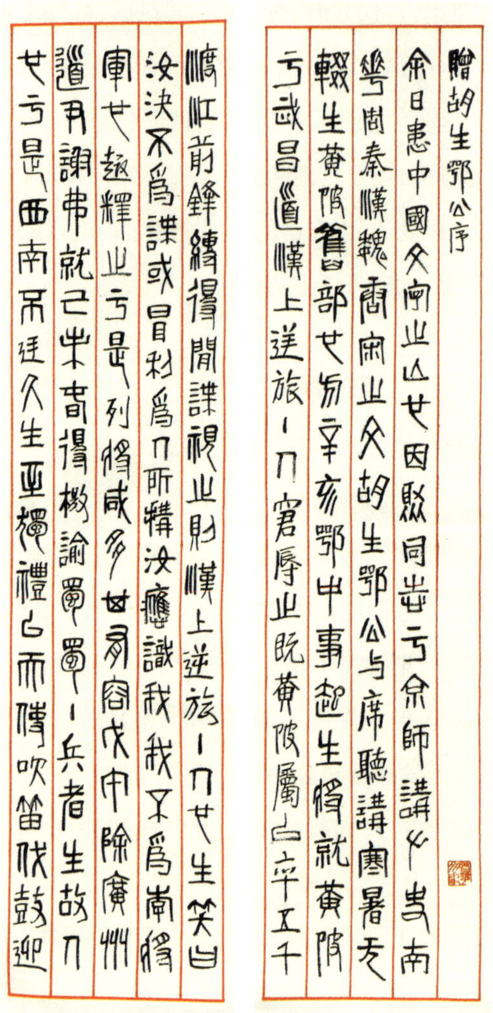

《赠胡生鄂公序》篆书屏之一　1924年

白石以缪篆入印，并参入秦权、汉瓦、封泥等各种相对自由的篆体。融各种篆书入印的传统，是邓石如所开拓的，赵之谦继而扩大至汉镜、钱币、权诏及其他汉器铭文碑版刻诸体，大大突破了秦汉玺印的局限。齐白石尤重视从汉代凿印取得借鉴。单刀直入的凿印，可以在石面上横冲直撞，可以更自由地抒泄情感。一般印人不敢问津凿印，怕“走火入魔”，不够文雅。而这正符合齐白石的个性。凿印和一般汉器物铭文，及碑版刻石之类，多用缪篆。比起小篆，缪篆已由圆体变为方直，已接近隶书结构（但不用隶书的蚕头燕尾），齐白石比起一般采用缪篆的篆刻家，更强调结体的方直，更加强了类似凿印的率意成分，即更近于急就章的不拘规范和平易自然，更似《祀三公山碑》和《天发神谶碑》的方形结构及笔画上的长短自如。或者说，更减弱了铸印的严整性和装饰性。傅抱石说："我们在老人的印章里找不出一个字是生僻的，是矫揉造作的。不仅如此，老人还巧妙地尽量利用隶书、楷书入印，达到了浑然融化、平易近人的地步。这是过去的印人没有走过的也是不敢一试的道路。"[6]此话的确道出了白石在篆法上的特点。

齐白石的篆书，也以近乎《祀三公山碑》的方直为基本体制。1924 年所写《赠胡生鄂公序》，篆书小字，形体长方，笔画平直，有似甲骨之刻画。许多字近于楷书，如"中国""因""同""师""席""就"等。像这样融篆、楷为一的做法，和极力变圆曲为方直的写法，在他篆刻中也很常见，如"故里山花此时开也""平生辛苦""一切画会无能加入"等。他 89 岁所作篆书条幅"宅边枫树坳，独坐无邻里"诗，集篆、隶、魏碑以及行书为一篇，最充分地说明了齐白石不拘一格和追求通晓明畅的态度。他当然也写比较规矩的篆书，但其风格、情致亦各不相同。如 91 岁所书"昔者湘兰见，今人南楼逢"以雄浑胜，"海为龙世界，云是鹤家乡"苍劲中略见飘逸，"受雨石肤响，流云山气灵"则十分朴拙。其篆刻亦有类似的变化，如"长白山农"粗犷，"栖凤"潇洒，"一襟幽事砌蛩能说"曲折，"哑公题跋"拙悍，"花未全开月未圆"随意，等等。篆法风格韵致之变，与印文含意有一定联系，亦即与篆刻家情感的投入分不开。齐白石认真雕镌的作品，都渗入他对印文的态度和捉刀时的情绪变化，从而影响篆法和刀法，这和书法之道是完全一样的。

二、章法

鲁班门下

章法是篆刻艺术最重要的方面之一。书论说的"精美出于挥毫，巧妙在于布白"与篆刻全然相通。所谓方寸大千，要在方寸之内容纳大千世界，除了印文的巧思与深闳之外，就是结构、章法的小中见大、变幻无穷了。几个字，最多几十个字的布置，要运用充分的理性，调动全部感觉乃至无意识积累，才可能独出心裁，既符合形式规律又富于创造性，亦如书论之"布置本乎运心"。心之运也无涯，篆刻的章法也不可穷尽。草率操刀，依样画葫芦，不善运思，缺乏构成意识与才能，不可能在篆刻上有所突破。有的论者把章法归纳为众多"式"，如"平匀式""截补式""疏密式""满白式""全红式""银丝式""金线式""鸳鸯式""界线式""留地式""鹤足式""接边式""无边式""复边式""连珠式""古钱汉瓦式"以及"钱币

〔6〕傅抱石：《白石老人的篆刻艺术》，见齐白石：《齐白石作品集·第三集·印谱书法》，人民美术出版社，1963年。

式”“肖形式”“葫芦式”“椭圆式”“梅花式”“旋转式”“六棱式”……[7]这些归纳，或从石章的平面分割着眼，或从石章的外形区分，具有类型性质。但很难说它们就是构图规律。浙派、皖派诸家，大抵以妥帖、平匀、严谨为宗，较少出奇制胜之趣。赵之谦多变化，吴昌硕多茂密，在章法上均有创造，不受前定类型的束缚。齐白石则把宽窄错落、穷极变化推向一个极致，在章法上独树一帜。

齐白石刻印，鲜用昂贵的鸡血石等料，而常用便宜的寿山、青田或普通的玉石。石章形状多为正方，个别的才用长方或圆形，几乎不弄形状上的花样。构图上，有以下特点：

第一，排列错落。汉代的铸印，大都排列齐整而端庄，将军印、泥封和碑版瓦甓常因迅速制成，不及装饰或无条件求精致，往往错落不齐。它们失去了精整，却获得了跌宕自然。齐白石晚年治印，主要借鉴后者，极少作正襟危坐、规矩森严的构图。看他的印章，使人想到徜徉于街头的行脚僧，绝不会想到庙堂大典中的衣冠人物。早期仿丁、黄的作品，如“齐氏日常手辑”“诵清阁所藏金石文字”“黄龙砚斋”，仿赵之谦的作品如“乐石室”“齐伯子”等，端正规矩。约70岁之后的作品，则大多不求对称、等齐——或上下字之间错落，或左右行之间错落，或横笔画略取斜势，或竖笔画略取斜势。愈晚的作品，这一特色就愈突出。典型者如“一切画会无能加入”“百树梨花主人”“七十以后”“鲁班门下”“大匠之门”等。这种斜欹取势的章法，与白石老人的行书很相似。其行书的最大特征即斜欹（源自李北海）。此种斜散自由的书风与篆刻章法，和齐白石的性情、生活态度也是相表里的。他绝不放纵，但也不古板；做事谨严但又松散自然。画印如其人，信然也。傅抱石说白石篆刻“通过丰富的构思和高度的技巧……给读者以极其生动活泼的美的享受”，与这种斜欹活泼的章法有绝大关系。在篆刻史上，齐白石斜欹取势的大胆放纵，可以说前无古人。这应当是一种突破、一种破格。

我负人人当负我

戊午后以字行

雨余芳草斜阳

吾奴视一人

[7] 姜仪生：《篆刻浅谈》，安徽人民出版社，1984年。

当然，齐白石不是一味倾斜散漫，也正如李邕书法“欹侧之中，具方严之度”。书法的章法不是事先安排的，纸张可大可小，书写过程具有很强的时间性，有情感投入的容量和自由性。篆刻的运刀只在方寸之间，布白、行刀的天地，字的数量都是先定的，不可更移，没有写字那样的随机性与宽容度。这使它的位置安排更近于绘画，更多理性要求；但在造型上，它又不像绘画那么自由，而必须接受篆法的一系列规范。李邕书的斜欹在字的体势与结构，齐白石篆刻的错落有一部分靠字形结构的斜势处理，但主要靠字与字之间的斜欹排列。这有如军容队形，不似正规军的整肃，而近于民兵的相对散漫，不像宫殿建筑那么森严有序，而似民居或园林那样相对随意。此外，齐白石多取斜势少求平正，与他的篆法笔画强调平直有关，许多平直线排列起来容易单调，在章法上克服单调的唯一办法是适当夸张字态和排列的欹斜变化。

第二，强化疏密对比，不求平匀对称。三字印“吾狐也”“乐石室”“佩铃人”等都是把两个笔画多的字排在一边，把一个笔画少的字排在另一边，从而形成朱与白的强烈对比。五字印多排为三行，让最后一字占一行，也造成大疏大密，跌宕起伏，产生跳荡性的心理刺激。马国权说白石刻印在章法上有“犯险精神”，敢于打破“篆刻家所共知和恪守的准则”，易方折为圆转，或易圆转为方折。这也是“胆敢独造”的表现。[8]

第三，以敲边造残破效果。白石弟子胡絜青说：“老人治印爱打边，字刻好之后，啪，啪，用刀故意把边打残，有时竟缺出很大的不规则的角来。”[9]这点可以从白石印章、印谱看出来。敲边源于对残破汉印的模仿，它可以使印章产生一种自然破损感，有助于克服构图的死板，增加古朴与活泼效果。篆刻，因其在字体、布白和刀法上有多种限制，理性设计因素浓厚，往往需要注入活泼、偶然成分，于是遂成一种常用方法。敲边也要把握力度与位置，但主要还是无意识击打，求偶然效果，以弥补理性、规法带来的视觉不平衡。无须说，敲边只是个辅助手段，若印本身板结无神，再怎样敲击也无济于事。黄士陵就不主张击边，说古印刚刻出来时完整无缺，后人何必仿造破损后的样子？因此，他一生治印，从不破边损角，总是方正如新。这并不影响他成为近代篆刻大家。不过，黄士陵的篆法、刀法都属于平正、规矩、严谨一路，不击边恰与其总风格的清隽严整相一致。齐白石的篆法、笔画都属粗犷、奔放、恣纵、自然类型，无黄士陵式的端庄与娴雅。他的敲边，与其笔画不匀、结构多斜欹、伸展多自如的章法刀法一致，与其篆刻总风格相谐和。

---

〔8〕马国权：《齐白石篆刻艺术略论》，见《西泠艺丛》第3辑，1983年。

〔9〕胡絜青：《齐白石三百石印·前言》，天津杨柳青画社，1988年。

丁丑

白石四子

风前月下清吟

三、刀法

刀法在篆刻中占有举足轻重的位置。刻出而非写出画出，使篆刻区别于书、画，或可说它相对近于版画与碑刻。刀的坚硬、锋利，刀与石“硬碰硬”产生的形式趣味大异于用毛笔在宣纸上书写的意趣。篆刻风格的确立，最终落在操刀刻石的方法与风格上。

齐白石刻印的刀工、刀法，前后有一些变化。齐佛来回忆说，他1928年看祖父刻章，见其“必先用墨笔在石章上把字篆好，然后才下刀。遇上有不满意的刀法，一定磨去重刻”。有一次他问祖父：“人家说您不用在石章上写字底就能刻，为什么我看见您总是先把字底写好，然后才刻呢？”白石回答说：“那是真的，不过为了对工作认真，严肃地要求自己，还是先写字底，然后下刀为是。”齐佛来看到的是事实，即在1928年前后，白石刻印还是描好字底再动刀，至少大多数情况如此。那时候，齐白石篆刻在风格上还不成熟，还未达到“从心所欲不逾矩”的地步。大约在1933年以后，他的风格趋于稳定，纵放和自如的因素加多，不写底就操刀向石的情况就多了起来。这在《白石老人自传》里有清晰的记述：

> 我刻印，同写字一样。写字，下笔不重描；刻印，一刀下去，决不回刀。我的刻法，纵横各一刀，只有两个方向，不同一般人所刻的，去一刀，回一刀，纵横来回各一刀，要有四个方向。……我刻时，随着字的笔势，顺刻下去，并不需要先在石上描好字形，才去下刀。

《白石老人自传》是张次溪在1933年后开始笔录的，这和齐佛来的记述有了很大的不同。胡絜青还回忆说：

> 看齐老人刻印是一大享受，他一不用笔在石头上起墨稿，而是先打好腹稿，想

了后，直接握刀刻下去；二不用印床，而是一手握石，一手持刀，全靠腕力；三不来回转石头，而是先刻竖道，石头转一次九十度，再刻所有的横道，刀永远直着走，不走横刀；四不回刀，一刀成功。

胡絜青是在1939年才认识齐白石的，[10]她见到的，是齐白石刻印艺术晚期的情况。

不起墨稿，先刻所有竖道再刻所有横道，一刀成功而不回刀——这三点，在齐白石篆刻刀法中最具特色，与风格关系极大。不过，对白石自述和学生记述不能做绝对的理解。如墨稿问题，刻白文印可能是常规，刻朱文印，或像刻“年高身健不肯作神仙”这样多字印，不描底起稿是不大可能的。但白文印在老人篆刻中占着最重要的地位。《齐白石作品集·第二集·书法篆刻》部分388方印，有258方为白文。“老人的白文印，刀锋所触的一面，石质被利刃划开，笔画劲直如弦。另一面则借刀的冲力，让石质自然剥脱，不再复刀，只在某些笔画的入刀处必要时补切一刀，避免过于尖削刻露而使刀味含混一些。由于这样，老人的白文印既刚劲锋锐如利刃之新发于硎，又斑斓剥蚀如鼎彝之埋上千年”[11]。当然，齐白石即便起墨稿，操刀时也不会依墨线削刻，他总能以刀代笔，以意驱刀，这一点在作品中可以清楚看到。他一再说“不为摹、作、削三字所害”，一再强调“昆刀信手”“快剑断蛟”，就是要操刀过程的自由、痛快、别致，尽可能摆脱摹描式制作，摆脱复制字模般的呆板拘谨。其中还包括对制印过程中创造感、愉悦感的追求。在一定程度上，他把对待写意画的态度移入刻印了，把刀犹如握管行笔，以切近自由性情。齐白石说：“我八十多岁，还可以仿丁钝丁刻小名印，但终嫌小技，不愿做裹脚小娘。”这最能表达他的性情——率直与纵放，其刀法，正和这性情相表里。

齐白石青年时代做雕花木工，善使刀斧锤凿，指腕灵活，力量足。后来虽不再做木雕，但喜欢劳动，体格强健，毕生保持着强劲的指力与腕力。他自己也说：“我的刻印，比较有劲，等于写字有笔力。”[12]熟悉他的人说，他刻印力量大，刀痕深；他的指甲也特别硬，据说能像刀一样刻入寿山石。手法重，力足，又不用很坚硬的石料，这就更易于体现刀法的凌厉。罗祥止说白石刻石，刀行如闻秋风。《自传》说：“世间事，贵痛快，何况篆刻是风雅事，岂是拖泥带水，做得好的呢？”内有豪情，外有强力，形成雄健、奔放、恣肆的风格，是很自然的。

单刀冲法，加上对强悍、自然风格的追求，使齐白石的刀文（白文）一边齐、一边毛，多方

〔10〕胡絜青：《记齐白石大师》，见湖南湘潭政协文史资料研究委员会：《湘潭文史资料》，1984年，第50页。

〔11〕颜定：《论白石老人的篆刻艺术》，见《美术》，1980年7月。

〔12〕齐璜、张次溪：《白石老人自传》，人民美术出版社，1962年，第89页。

棱、少圆润；立体感不足，平面的扩张感很强。稍作比较，即可看出齐氏与赵之谦、吴昌硕及黄士陵的区别。吴昌硕篆刻浑厚，苍茫而含敛。他是钝刀出锋，又掺入石鼓笔意，因此古拙、朴茂，大不同于齐白石的刚健恣纵。这种区别也表现在彼此的书画上：吴圆厚，大巧若拙，齐雄劲，清新平易。吴氏多内在的、含而未发的力，即使像带有冲刀意味的白文印“吴俊卿信印日利长寿”，也透出石鼓式的斑驳，刀锋沉滞，显得苍朴，而迥异齐白石的率直雄健、方硬犀利和坦易外露。黄士陵的作品平正朴实，寓清朗于安详，含遒劲于超逸，亦与白石的一任性情和挺拔倔强不同。

齐白石刀法的另一特质，是线纹粗细变化大，有很强的随意性。其中，起刀粗而收刀尖利，尤为多见。这和白石吸收《天发神谶碑》起笔方而收笔尖的书法风格可能有些关系，亦和他行刀的习惯、对自然的追求以及不大回刀的刻法分不开。这更增加了白石篆刻“动”的意味。

总体来说，齐白石篆刻个性强烈——富于动势，平直刚健，挺拔多姿，有时纵横奇肆富有画意。不足是欠含蓄，有时偏于简单直露。邓散木说他的印“虽巨刃磨天，终嫌旷野”，[13]马国权说：“白石有些作品，也不无可议之处。一类是，虽雄肆，但略嫌散乱草率，如白文印‘隔花人远天涯近’‘叹清平在中年过了’，朱文印‘风前月下清吟’等印，就是例子。另一类是，看来近似比较雅静，而实际却失之抛筋露骨，韵味不够。如朱文印‘归梦看池鱼’‘有情者必工愁’……都有这样的毛病。”[14]这些批评，是有一定道理的。任何一种破格的创造，都不免“过”，因为不“过”不足以“破”和“立”。此外，齐白石以卖印为生，有时难免应付和草率。但人们对齐白石篆刻风格的褒贬，总是带着相当的主观性和选择性。傅抱石、朱屺瞻认为齐白石的篆刻成就不比他的绘画差，黄宾虹则认为齐白石画最好，篆刻既不如他的画，也不如他的书法。这就是见仁见智了。不过，齐白石个性强烈的篆刻风格，可以学习但不宜模仿。这正如潘天寿的绘画风格、麒麟童的京剧风格宜学不宜模仿一样。他们的作品已经达到了某种极致，但还有“度”，一模仿必然失度。同时，他们的作品出自强烈的内在个性，而个性是无法重复的。对这种个性强作模仿，不免东施效颦。白石学亲授或私淑之篆刻弟子不少，几乎没有很出色的，我想主要原因，一是其篆刻不适于初学入门（初学从规矩、平正入，才能打好基本功）；二是没遵循“学我者生，似我者死”的教导。学习中国的艺术，要深谙传统，要胆敢独造，还要方法恰当。三者缺一不可。

---

〔13〕邓散木：《篆刻学》，人民美术出版社，1979年；又见刘振涛、禹尚良、舒俊杰：《齐白石研究大全》，湖南师范大学出版社，1994年，第327页。

〔14〕马国权：《齐白石篆刻艺术略论》，见《西泠艺丛》第3辑，1983年。

乍看舞剑忙提笔

——齐白石的书法

齐白石对自己的书法有多种评价，有时说："我的诗第一，印第二，书第三，画第四。"有时说："诗第一，篆刻第二，字第三，画第四。"有时又说："诗第一，治印第二，绘画第三，写字是第四。"[1]黄宾虹的评价是"齐白石的画艺胜于书法，书法胜于篆刻，篆刻又胜于诗文"[2]。齐白石是全才，但无疑，画与印的成就与影响最大，其次才是书法与诗歌。黄宾虹不看好白石的治印，主要出自黄氏本人的艺术趣味。

齐白石不把书法作为谋生手段和主要创作方式，与绘画、篆刻相比，他在书法上的用力和用意相对弱些，作品流传也不多。但他一直重视书法，创造了自己的个性书风。他的书法直接影响了他的绘画与篆刻，在齐白石艺术中占有相当地位。但学界与画界对他的书法很少注意。1963年出版的三卷本《齐白石作品集》，包括绘画一卷、篆刻一卷、诗歌一卷，其中书法数量最少，也没有专门文章，不过是篆刻的陪衬而已。而后出版的齐白石作品集册和研究著述，几乎只限于画与印，更少涉及书法。20世纪90年代中，我与湖南美术出版社合作，主编10卷本《齐白石全集》，设了书法卷，并请李松先生任该卷主编，依年代编入齐白石诸体书联、横批、屏风、信札、画跋、题签200余件，首次较为系统地搜集、研究了齐白石书作。李松先生的序文，对白石书法的演变脉络和风格特色也做了梳理与评说。

《白石老人自传》曾这样描述他的学书历程："我起初写字，学的是馆阁体。到了韶塘胡家读书以后，看了沁园、少蕃两位老师，写的都是道光年间，我们湖南道州何绍基一体的字，我也跟着他们学了。又因诗友们，有几位会写钟鼎篆隶，兼会刻章的，我想学刻印章，必须先会写字，因之，我在闲暇时候，也常常写些钟鼎篆隶了。"[3]白石到胡沁园家读书是27岁（1889），其所学馆阁体书，当在这以前，即从童年外公教他描红，到做雕花木匠的时期。可以想象，忙于做活又缺乏学习条件的齐阿芝，学书未必很勤。我们今天见到的白石早年书法，基本都是学何

〔1〕李松：《齐白石的书法》注1，见《齐白石全集》第9卷，湖南美术出版社，1996年，第12页。

〔2〕王伯敏：《黄宾虹画语录》，上海人民美术出版社，1961年，第25页。

〔3〕齐璜、张次溪：《白石老人自传》，人民美术出版社，1962年，第40页。

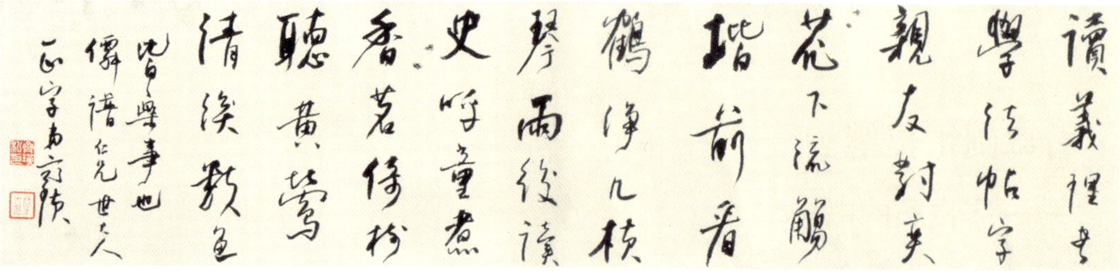
行书横幅　1902年

绍基的——无论题画、信札还是书联，大都仿何氏行书或行草书。何绍基（1799—1873），字子贞，号东洲居士，晚号蝯叟，1836年进士，曾任国史馆和武英殿提调、总纂和四川学政等，晚年游学，任岳麓书院主讲等。何氏精辞章经术、金石文字考订之学，其书法，由颜真卿上溯周秦两汉篆隶及六朝碑版，是晚清以碑学名世的大书家。何字能融金石碑版笔意于行书和草书，先后为人作楹贴数以千计，在湖南影响尤大。齐白石在湘潭、长沙仕宦之家，多能看到何绍基墨迹。齐白石40岁前的题画，几乎清一色仿何绍基行草。《齐白石全集》第9卷所收行书联"松阴半榻有山意，梅影一窗移月来"、行书横批"补读山房"，以及为胡仙谱所写横幅，大都仿何氏行草，几可乱真，有些字甚至"有直接临仿的痕迹，连何字行笔的一些笔病也都因袭下来了"[4]。当地"有人说他写的何字，连何绍基本人也分不出真假来"。[5] 对何绍基下的功夫，奠定了齐白石书法的根基。

1903年，白石远游北京，认识了清道人李瑞清的弟弟李瑞荃，李教他写魏碑，他开始临《爨龙颜碑》，[6]有意转变字体。1905年齐白石为胡仙谱画《墨梅图卷》题款书，[7]同时期所作《仿碑镜心》（荣宝斋藏），均为工整近于板刻的"爨龙颜"。但这种书体方正古拙，不宜于在写意画上题写，像《墨梅图卷》那样的题画之作并不多见。白石长期写此碑，对他的书法向凝重有力转化起了很大作用。大约同时或前后，齐白石也开始学金冬心和李邕。1907年《选临芥子园画谱题记》、1909年《工笔草虫册题记》，都学金农楷书；而1906年（丙午）的《赐桃图》题款，则是学李邕行书。[8] 比较而言，他这时期学金农比学李邕更像、更好。《启功丛稿》谈及齐白

〔4〕李松：《齐白石的书法》，见郎绍君：《齐白石全集》第9卷，湖南美术出版社，1996年，第2页。

〔5〕齐佛来：《我的祖父白石老人》，西北大学出版社，1988年，第19页。

〔6〕《白石老人自传》："以前我写字，是学何子贞的，在北京遇到了李筠庵，跟他学写魏碑，他叫我临《爨龙颜碑》，我一直写到现在。"见齐璜、张次溪：《白石老人自传》，人民美术出版社，1962年，第54页。

〔7〕此图藏于辽宁省博物馆。

〔8〕郎绍君：《齐白石全集》第1卷，湖南美术出版社，1996年，第45图、76图、80图。

行书联 1902年

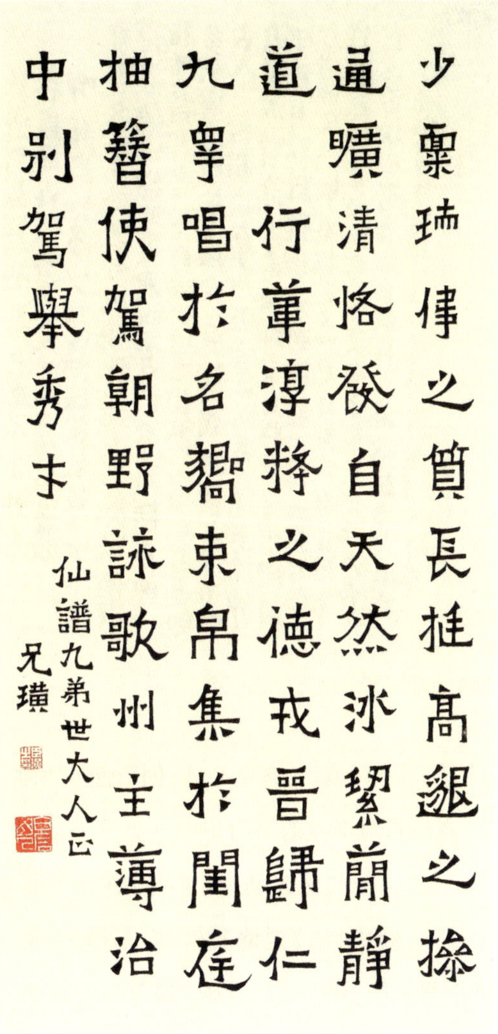

仿爨宝子碑 约1905年

石曾送他一册手写影印的《借山吟馆诗草》，说：“册中齐先生抄诗的字体扁扁的，点画肥肥的，和有正书局影印的金冬心自书诗稿的字迹风格完全一样……齐先生说：‘我的画，樊山说像金冬心，还劝我也学冬心的字，这册即是我学冬心字体所写的。’”[9]齐白石初识樊樊山是1902年底，第二次见樊则在15年后的1917年了。他劝齐白石学金农，当在1902年。文效、仁凯编《齐白石简要年表》1904年记：“在此前后，书法改学《爨龙颜碑》，题画款识仿金冬心体。”[10]

〔9〕启功：《启功丛稿》，中华书局，1999年，第27页。

〔10〕文效、仁凯：《齐白石简要年表》，见辽宁省博物馆：《齐白石画册》（辽宁省博物馆藏齐白石画），1959年；又见齐白石、张次溪：《白石老人自述》，岳麓书社，1986年，第203页。

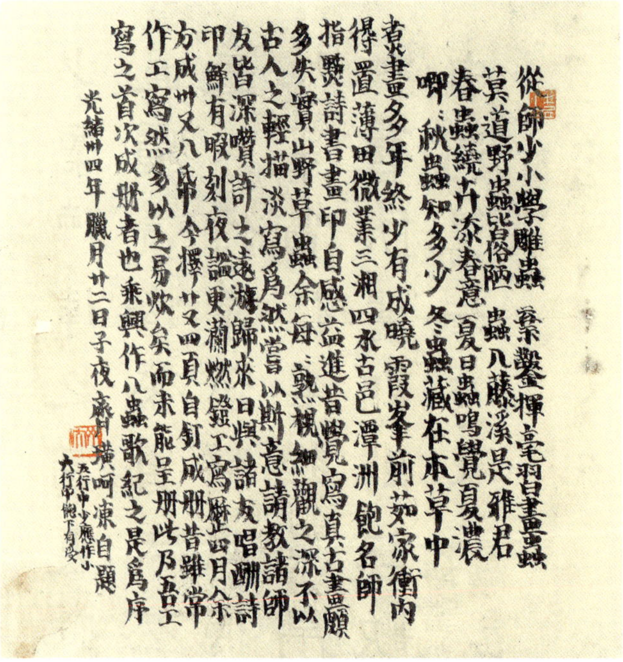

工笔草虫册　楷书题记　1909年

至晚从1907年始，直到40年代，都可以见到他的金体书。这些书，大多是写小字，如书信、抄诗、题画等，所学的主要不是金农的“漆书”，而是金农“自书诗稿”一类较为随意的小字。比较起来，金字工整，笔画有力而匀，很少见尖笔，齐白石所仿不特工整，略见行书意味，笔画相对肥厚，顿挫明显，勾挑多见尖笔。白石曾对于非闇说：“冬心的书体有他的独创性，最好是用这种字体抄写诗集，又醒眼，又可以唱念，更可以玩味。”[11]纵观齐白石一生的楷书，写的最多最好的就是金冬心体，创造性虽不强，但也有自己的特色。

齐白石对李邕的学习主要在行书方面。李邕（678—747），字泰和，因官北海太守，人称“李北海”。他的父亲是为《文选》作注的著名学者李善。《旧唐书》说：“邕早擅才名，尤长碑颂。”《宣和画谱》说他“初学右军行法，既得其妙，复乃摆脱旧习，笔力一新”。李邕行书，以《李思训碑》和《麓山寺碑》最著名。前面介绍过，齐白石曾于1910年同黎薇荪等游麓山，访麓山寺碑。但齐白石所写最多的是《云麾将军李思训碑》。此碑结体方而峻峭，势多斜欹，笔画细劲挺拔，与《麓山寺碑》的浑厚沉雄有所不同。齐白石曾对弟子说：“我早年写字学何绍基，后来又学金冬心，最后我学李北海。以写李北海云麾碑下的工夫最大，几乎每天手不离笔，不仅对着碑临，还背着碑临。”[12]“最后学李北海”指晚于学金冬心。从《赐桃图》题款可知其学李北海至晚在1906年。《齐白石全集》第1卷收入之《竹枝游鸭》（1911）、《仁女条屏》（1911）、《煮茶图》（1911）中的题款，以及同年所作《行书轴》，都是笔力瘦劲，似行非行，似楷非楷，一眼即可看出仿自《李思训碑》，但都比较拘谨，用以题画也远不如金体好看。

胡佩衡说：“白石老人行书吸收郑板桥的笔法很多，这是一般人都不知道的。我特意请他

〔11〕于非闇：《白石老人的艺术》，见《新观察》，1957年第24期。

〔12〕刘振涛、禹尚良、舒俊杰：《齐白石研究大全》，湖南师范大学出版社，1994年，第259页。

背临郑板桥笔法，结果和郑板桥原作对照，笔意大致相同。可见老人对郑板桥的书法也下过很深工夫的。”[13]从《齐白石画法与欣赏》一书提供的证据看，只能说略“有相似处”。郑氏书对齐白石晚年书法没有明显影响。对白石晚年书法影响最大的，还是李邕，但他学李邕与学金冬心不同，学金始终模仿，学李则由模仿改为融其大意，把《李思训碑》的行楷变为行草。这样，他就获得了比学金农更大的自由，更易于引发自己的个性。1917 年的题画，已能看到自成一格的行草书风，如《花鸟草虫册》（首都博物馆藏）、《戏拟八大山人》（霍宗杰藏）的题跋。[14] 白石在 1922 年的行书联上题道：

> 余行年六十学书不成，以为书不必工，旦（但）能雅足矣。尝见人摹写汉碑，其用笔摆舞做成古状，以愚世人。尝居海上，时人称为书中之圣、书中之王，深知书中三昧者耻之。今渭城仁仲索此，余之大惭，知书者自知耳。

强调“书不必工，但能雅足矣”，并对摹古者的做作书风表示蔑视。这意味白石初步形成自己的书风后，开始进入自由表现、追求更高格调的新阶段。但整个 20 世纪 20 年代的行书，瘦硬奔放有余，浑厚蕴藉不足，字形多修长，撇笔收尾时多翻翘向上，运笔迅疾而略见习气；约 20 年代后期至 30 年代，随着画风的变化，运笔放慢，逐渐融入画意，吸收吴昌硕运笔的朴拙厚重，字的肥瘦大小、笔画的精细长短有了更多变化，字与字、行与行之间有了更明显的错落节奏，撇笔收尾上翻的情况也大大减少，典型者如 1935 年之《行书题签》，

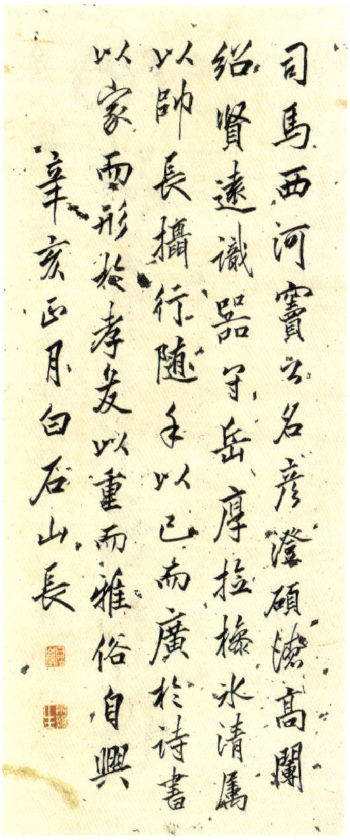
行楷立轴　1911年

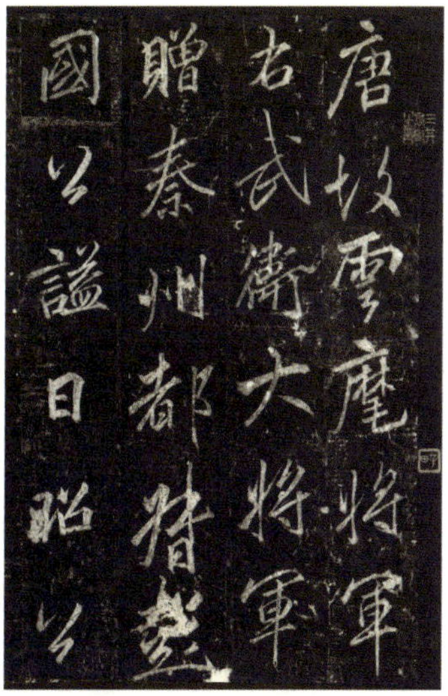
云麾将军李思训碑（局部）　李邕

〔13〕胡佩衡、胡橐：《齐白石画法与欣赏》，人民美术出版社，1992年，第124页。
〔14〕郎绍君：《齐白石全集》第1卷，湖南美术出版社，1996年，第152、161图。

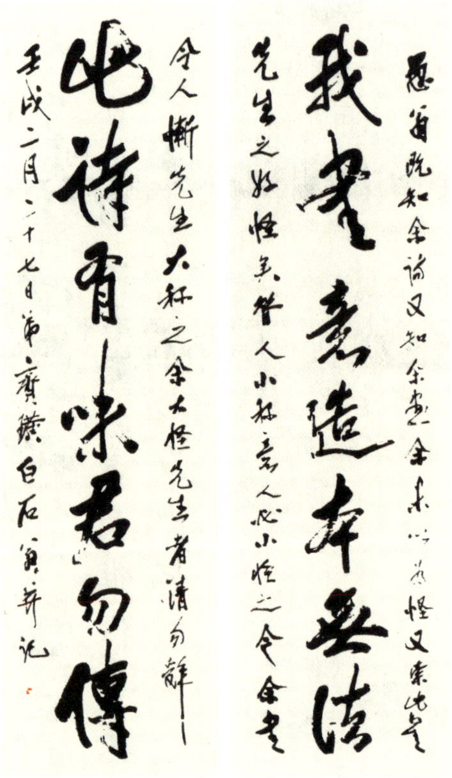

行书联　1922年

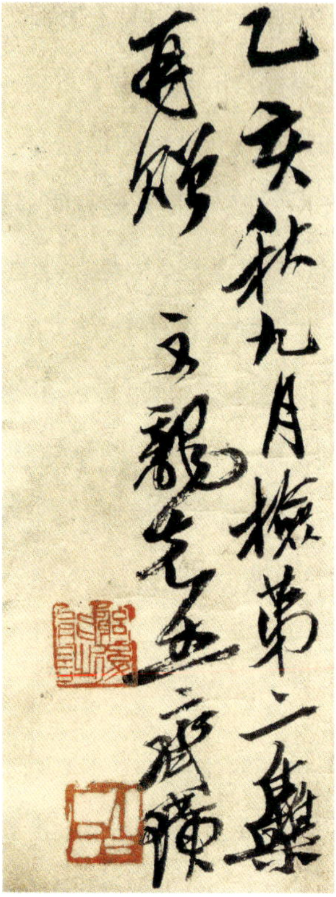

行书题签　1935年

1937年之《行书横幅》。[15] 约1940年前后，白石行书又出现新变化，结体多趋平正而意态愈见微妙，笔画重轻有度，沉凝中时见飘忽，法度谨严而神意闲静，整个的格趣胜于20世纪30年代。代表性作品，如1943年为张次溪所写斗方《重上陶然亭词》、1945年题草虫册《冷逸如雪个》[16]。至20世纪50年代，所用行书时常加入篆字结体与笔意，结字运毫去掉了一切险奇、轻俏甚至顿挫，而回归大自由、大平朴，笔势时方时圆，使力忽轻忽重，墨迹亦断亦连，笔锋所到，时而细如毛发，时而一片糊涂，还有时随意拉长笔线，减少或增加笔画，好似儿意书写，而笔力、意态又苍拙老辣，可谓“人书俱老”，在境界上与老人晚年所画牡丹在伯仲之间。代表性作品有：1952年为黄琪翔所写诗轴《杨柳青青春雨余》；1953年为王曼硕所写横幅《沁园春·咏雪》；为贺澹江所写诗轴《难得当年快活时》；1954年为东北博物馆所写横幅《白石画展序》等。[17] 1954年，年届94岁的齐白石忽然开始临写《曹植庙碑》，“日日临帖不倦”。这种临习，

〔15〕郎绍君：《齐白石全集》第9卷，湖南美术出版社，1996年，第86图、90图。

〔16〕同上，第182图、198图。

〔17〕同上，第237、247、249、253幅。

对老人作书当然只是一种滋养和充实，他知道，传统是学不尽的，而任何个人的创造，总能从中得到益处。这是那些模仿西方现代派、以“彻底反传统”的勇士们所无法理解的。

齐白石的篆书，前面已指出，大体与其在篆刻之篆法上的演变相表里。他早年和中年学篆书，目的在于篆刻而非书法，所以早、中年几乎没有留下篆书作品。他的篆书，先后得力于《天发神谶碑》《祀三公山碑》，但何时开始学写这些碑刻，没有确切的记载。他自己是在谈篆刻的《白石印草跋》中，说在得到《二金蝶堂印谱》，“再后喜《天发神谶碑》，刀法一变。再后喜《三公山碑》，篆法一变”。前面考证过，他得摹《二金蝶堂印谱》是在1911年，学《天发神谶》当晚于此年，其影响在“刀法”而非篆书。白石得《祀三公山碑》是在1928年。[18]那么，学《天发神谶碑》就是在1911年至1928年间。20世纪20年代齐白石以行书为主，篆书很少。《齐白石全集》所收20年代5件篆书，笔画粗细均匀，苍劲有力，但与“收笔多作尖形，转折方圆并用，形象奇异瑰玮”的《天发神谶碑》并不相近。启功说：“我还看见过齐先生中年时用篆书写的一副联：‘老树著花偏有态，春蚕食叶例抽丝。’笔画圆润饱满，转折处交代分明，一个个字，都像老先生中年时刻的印章，又很像吴让之刻的印章，也像吴昌硕中年学吴让之的印章。”[19]启功所说“齐先生中年”的篆书，实为1923年之作，笔画方直，并不“圆润”。1924年之篆书屏《赠胡鄂公序》，结体与笔画，更近于篆刻。这表明，至少在20年代前期，齐白石的篆书还受其篆刻影响，不如其行书成熟。

进入20世纪30年代，齐白石写篆书多了起来，包括自题画、为人题画，作书联与立轴等。这些篆书可分为两大类型，一种接近《三公山碑》或由此碑脱胎而出，字体在篆隶之间（缪篆），笔画方中有圆，行笔沉凝拙厚，有粗细变化，如1930年之篆书联“受雨石肤响，流云山气灵”，1939年之篆书联“官礼立冯相氏，本纪起太史公”（首都博物馆藏），1944年之篆书联“德高希石户，道大语云将”（私人藏）等。另一类与《天发神谶碑》有较多关联，字形瘦劲而稍长，行笔锐利，不作回锋，收笔多尖，令人想到白石晚年以冲刀为特色的白文篆刻，典型者如1938年之篆书联“芳腴绝胜仙林杏，甘脆全过大谷梨”（私人藏），1946年之篆书联“兴家必勤俭，高寿宜子孙”（齐佛来藏）等。简单说，前一类凝重拙厚，后一类刚健锐利。此外，还有的近某一类型而又有所不同，或介于两者之间者，不具述。1949年以后，白石写篆也进入更自由的阶段，

---

〔18〕王森然在《回忆齐白石先生》中记：“有一次我问齐先生：‘您的字从什么时候改变了体？您最喜欢的是什么碑帖？’他说：‘从戊辰以后，我看了《三公山碑》才逐渐改变的。’”见《美术论集》第一辑，人民美术出版社，1982年，第19页。

〔19〕启功：《记齐白石先生轶事》，见《启功丛稿》，中华书局，1999年，第28页。

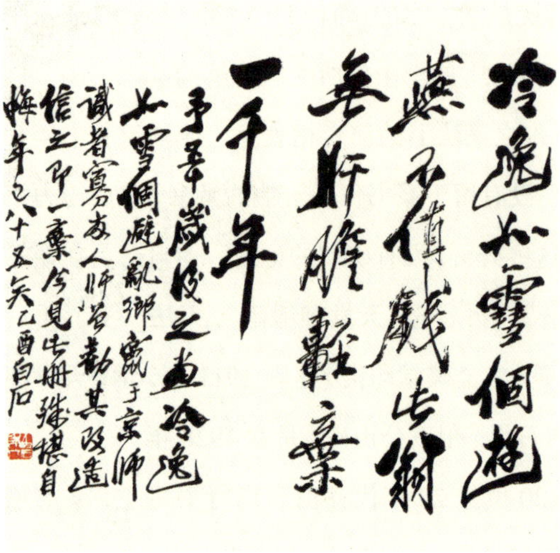

草虫册题记　行书斗方　1945年

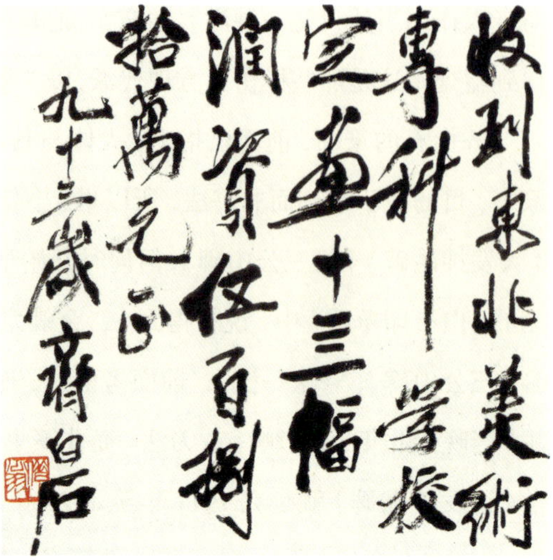

行书手札　1953年

行笔更慢，笔势更拙，结体更有画意，有时干裂秋风，有时润含春雨，再没有过分的精整与修饰，沉雄朴茂而自然。代表作如 1949 年之篆书联“海为龙世界；云是鹤家乡”（邹佩珠藏），“仁者长寿；君子让人”（吴作人藏），1950 年之“持山作寿；与鹤同侪”（广西壮族自治区博物馆藏），1951 年之“昔者湘兰见；今人南楼逢”（郭秀仪藏），1953 年之横批“百花齐放”等。

字有画意，是齐白石书法的一大特点。历来画家兼书家的字，常有这个特点，典型者如徐文长、陈老莲、八大山人、石涛、金冬心、郑板桥、李晴江、华新罗、赵之谦、吴昌硕等。20 世纪画家除齐白石外，像黄宾虹、徐悲鸿、张大千、潘天寿、陆俨少、李可染等，都能融画意于书，于是人们有“书家字”与“画家字”之分。当然，不是所有的画家都能书、所书都有画意。这里指的是，一些画家能将绘画的构图、造型、笔墨和趣味融入书法，赋予书法更多的活气、灵气、韵致。但具体到每个画家，所赋予书法的画意又各不相同。这与画家的书法传承、画法画风和艺术个性有直接关系。齐白石的书法，无论行书还是篆书，都刚直、拙朴，讲究构图与姿致，且与他各时期的画风相联系。他写字，比专门的书家临帖少、讲究少，但更自由，更放纵不羁，更突出自己的个性，因而也更有创造性。这也是优秀画家书法的共同点。徐文长的狂草，八大的行书，金冬心的“漆书”，郑板桥的“六分半书”，乃至张大千、李可染的行楷，哪个不是独树一帜！单以规范与功力衡量，画家书不免有可挑剔之处，但从风格、韵致方面看，他们多有创意和贡献。绝大多数画家写字是为了绘画——把握笔性、练习笔力、适应题画等。他们在书法上的某些突破，并非有意为之。

但画家兼能书法的传统还是衰落了。近百年来，随着文字书写方式的改变，“书画一律”

篆书联　1923年

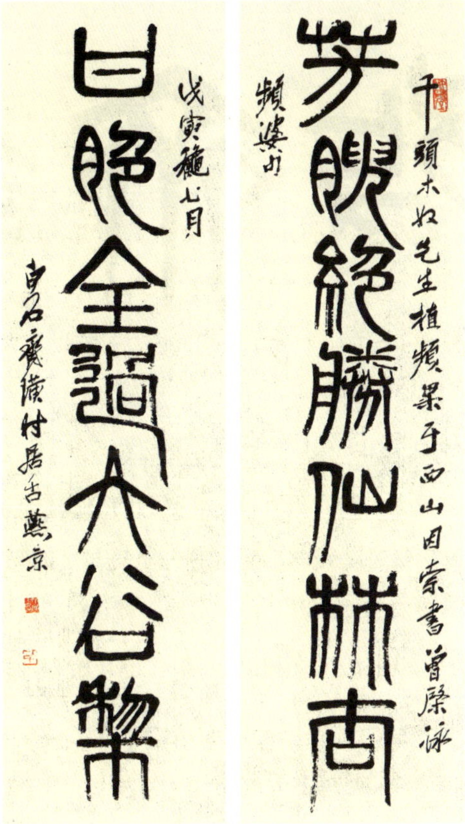

篆书联　1938年

篆书联　1952年

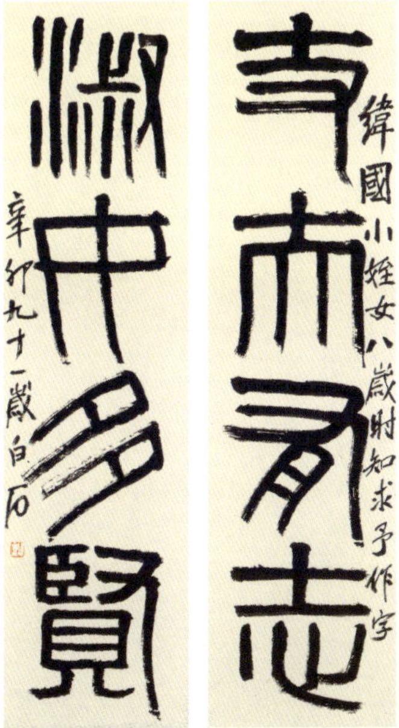

篆书联　1954年

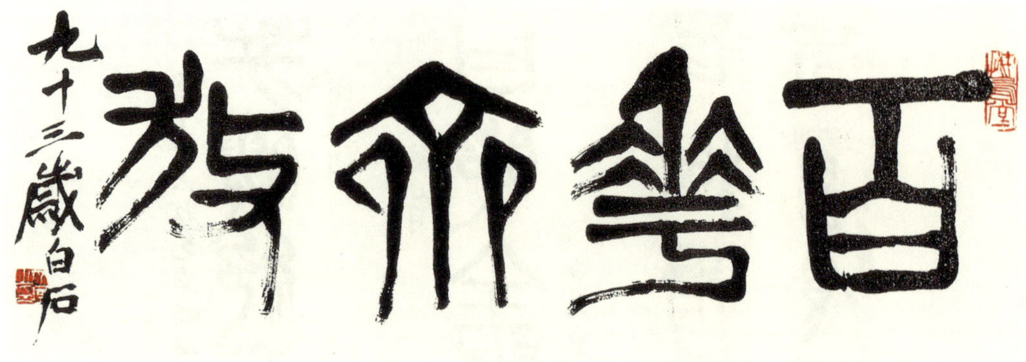

篆书横幅 1953年

传统的式微，学校美术教育的西化，画家们的书法意识与能力愈来愈差。当今 70 岁以下的国画家，有多少曾接受过严格的书法训练并坚持写字的呢？但画面总要有字，于是出现了一个奇特现象：画字。没有基本训练，把字写怪点就“有了风格”，但“写”不好，只好借助“画”。20 世纪末以来，一些以书法谋生和出名的人，也开始画字，似乎非如此不能“现代”。齐白石辈书法的画意是写出来的，晚辈却只能把字当画来画。

但愿白石老人能给他们以启示。

诗思夜深不厌苦

——齐白石的诗歌

那有工夫暇作诗，车中枕上即闲时。
廿年绝句三千首，却被樊王选在兹。

樵歌何用苦寻思，昔者犹兼白话词。
满地草间偷活日，多愁两字即为诗。

——《自题诗集五首以补自序之不足》(1933年)

齐白石一生写了很多诗。先后编有《借山吟馆诗草》(1928年自订本)、《白石诗草二集》(1933年自订本)、《白石诗草续集》(1962年黎锦熙编注)、《白石诗草补编》(1962年黎锦熙编注)及《续补齐白石诗词联语》(1996年王振德编注)。前四集曾合编为《齐白石作品集·第三集·诗》(1963年黎锦熙编)，全五集又编入《齐白石全集·第十卷·诗文》(1996年郎绍君编)。此外，又出版过后人摘编的齐白石诗，如《齐白石题画诗选注》(1987年澍群选注)等。

齐白石是如何学诗的，黎锦熙《齐白石的诗》一文有简要记述：

他二十七岁时才正式从师读书，主要就是熟读《唐诗三百首》。他这时识字无多，拿现在的话来说还是个半文盲。……要读唐诗是很困难的；他就把木刻本书页裁开，在每行的下端里面，将不认得的生字用"白眼字"注上音，对诗说就是别字，对他自己说就是用熟字来注生字的直音法。这样才很快把《唐诗三百首》熟读背诵完毕。那时为什么只把熟读《唐诗三百首》作为专业课程呢？为的是题画。……

当齐白石二十七岁把《唐诗三百首》熟读完毕，才参加当时文人的行列试着作诗的。一开始写作《咏牡丹》，"不羡牡丹称富贵，却输梨栗有余甘"之句就使大家为之一惊。认为别有诗才，吐属不凡。三十二岁时，七个学诗的朋友组织龙山诗社，推他为社长，经常唱和，又结识几个科第中的朋友，任辅导。其实，科第中的人正在致力于“试帖诗”，堆砌、板滞，过分拘泥格律，而他的诗通过格律而走向自然、生动一路，风格倒高些。当时传言湘潭出了两个怪诗人，都是不大识字的，一个是和尚八指头陀（刊有诗集八卷，也能画，题画诗中还夹有错别字，而诗格已进入盛唐），一个就是“芝木匠”（齐白石）。[1]

白石40岁前写诗很多，仅迁居百梅祠借山吟馆的1900年，“竟有几百首之多”。[2] 但这些诗稿，后来被他自己烧了，仅留下很少抄录的残本，这就是《白石诗草补编》第一辑收入的几十首。这些诗，包括访友唱和、题画、写景、赠别、咏花、寄内之作，比较注意形式格律，有明显模仿唐诗的痕迹，如《夜雨晤子诠弟话旧》：

暮天斜雨锁柴关，别久逢君忆故颜。
何幸西窗消永夜，谈心剪烛话巴山。

这使人想起李商隐的《夜雨寄北》：“君问归期未有期，巴山夜雨涨秋池。何当共剪西窗烛，却话巴山夜雨时。”它直接套用了“夜雨”“西窗”“剪烛”“巴山”四个主要词汇，而“何幸”源自“何当”，“逢君”源自“君问”也一目了然。再如《偕立三仙谱晚眺》：

北风携手耸吟肩，山色苍茫正暮烟。
想入非非无觅处，数声钟出白云巅。

这样的闲情逸致，与齐白石本人的生活情调并不相近，而更多出自对唐诗和相应情调境界的模仿。己亥年（1899）十月十八日，齐白石正式拜王湘绮为师，并献上自己作的诗文书画请老师看，这一天的《湘绮楼日记》记：“齐璜拜门，以文诗为贽。文尚成章，诗则似薛蟠体。”[3] 对王氏的这一“讥讽”，黎锦熙解释说：“湘绮是祖述唐以前的‘八代’诗的，对门人要求太

[1] 齐白石：《齐白石作品集·第三集·诗》，人民美术出版社，1963年，第1—2页。
[2] 齐璜、张次溪：《白石老人自传》，人民美术出版社，1962年，第46页。
[3] 胡适、黎锦熙、邓广铭：《齐白石年谱》，中华书局，1949年，第11页。

高。”[4]胡适则尖锐地加以批评：“王闿运说白石的诗‘似薛蟠体’，这句话颇近于刻薄，但白石终身敬礼湘绮老人，到老不衰。白石虽然拜在湘绮门下，但他的性情与身世都使他学不会王湘绮那一套假古董，所以白石的诗与文都没有中他的毒。”[5]

远游“八年之间，五出五归，诗境虽然扩大了，所存的诗倒很少”。[6] 1904年，白石随王湘绮游南昌，七夕那天，湘绮首唱两句“地灵胜法汇，星聚及秋期”，令白石等三个弟子联句，结果都联不上。他感到很惭愧，回家后把室名“借山吟馆”的“吟”字删掉，改为“借山馆”。《白石老人自传》谈及这件事时说：“虽说我也会哼几句平平仄仄，怎么能自称为诗人呢?”决心要“多读点书，打好根基”。[7] 但这个愿望直到远游后，1909—1917年幽居时期才得以实现。那是在茹家冲新居，他“天天读些古文诗词，想从根基方面，用点苦功。有时和旧日诗友，分韵斗诗，刻烛联吟，往往一字未妥，删改再三，不肯苟且”。[8] 至1914年，积诗“一千二百余首，为儿辈背携出而失”，无奈之余，“于友朋处搜还之诗笺计诗四百二十首，亲手抄为四本，以二本寄湘绮师删改，不数日师殁，其稿又失”。至1917年，白石避难北京，将所存诗送请樊樊山删定，樊山赠他一诗一序。但这些诗10年后（1928）才得以抄付影印，这就是《借山吟馆诗草》。樊樊山在序言中写道：“濒生书画皆力追冬心，今读其诗，远在花之寺僧之上。真寿门嫡派也。”“凡此等诗，看似寻常，皆从刿心鉥肝而出。意中有意，味中有味，断非冠进贤冠，骑金络马，食中书省新煮含头者所能知。惟当与苦行头陀，在长明灯下读，与空谷佳人，在梅花下读，与南宋前明诸遗老在西湖灵隐、昭庆诸寺中相与寻摘而品定之，斯为雅称耳。”

樊樊山的称赞，使齐白石非常高兴。但这些诗是否像樊樊山说的那样，与隐逸的“南宋前明诸遗老”诗风诗格相近呢？从《借山吟馆诗草》收入的作品可知，这些诗写安居茹家冲的生活，安详而清闲，有浓郁的隐逸自足之意，却没有“南宋前明诸遗老”诗的忧愤感时之慨。典型的诗是这样的：

筠篮沾露挑新笋，炉火和烟煮苦茶。
肯共主人风味薄，诸君小住看梨花。

---

〔4〕黎锦熙：《齐白石的诗》，见齐白石：《齐白石作品集·第三集·诗》，人民美术出版社，1963年，第3页。

〔5〕胡适、黎锦熙、邓广铭：《齐白石年谱》，商务印书馆，1949年，第11—12页。

〔6〕黎锦熙：《齐白石的诗》，见齐白石：《齐白石作品集·第三集·诗》，人民美术出版社，1963年，第3页。

〔7〕齐璜、张次溪：《白石老人自传》，人民美术出版社，1962年，第54页。

〔8〕同上，第60页。

——《小园客至》

野雀山狸惯一家，扰人鸡犬觉声哗。
半春俗客亦无到，昨夜东风开李花。

——《花朝后四日小园看果木》

前村雨过稻粱齐，送老相亲只杖藜。
背岭出游当岭返，宅居不惯辨东西。

——《雨后闲行》

以悠然自得的心情描绘“落日呼牛见小村”“细看晨露贯蛛丝”的乡居生活，描绘睡迟、梅开、闲立、闲坐、闲行、夏日高卧、秋日山行、舍外饮酒等。《白石老人自传》说：“这十年来，喜读宋人的诗，爱他们轻朗闲淡，和我的性情相近。”[9]应该说，这种“轻朗闲淡”的诗风主要不是所谓“性情相近”，而是与白石这10年闲适的幽居生活相一致。樊山指出这些诗非达官贵人“所能知”，有道理，但他似乎并不很理解诗人深挚的农家情怀，只以宋明遗老、苦行头陀、空谷佳人之类喻比，不免隔雾望花，缺乏切近感。

1917年至1933年，即从避难离家、定居北京到编辑《白石诗草二集》间的十几年，是齐白石一生的大转折、大起伏，诗作最多，也最重要。无论内容、风格，都发生了极大变化。黎锦熙说这时期“诗中所表现的，怀乡、忧愤的情感最多”“是在追踪老杜”，[10]很有道理。白石自己在《白石诗草二集·自序》中写道：

民国丁巳，湘中军乱，草木疑兵，复游京华，以避其乱。是冬兵退，乃复归来。明年戊午，民乱较兵尤甚，四围烟氛，无路逃窜。幸有戚人居邑之紫荆山下，其地稍僻，招予分居。然风声鹤唳，魂梦时惊，遂吞声草莽之中，夜宿于露草之上，朝餐于苍松之阴。时值炎夏，浃背汗流，绿蚁苍蝇共食，野狐穴鼠为邻。殆及一年，骨如柴瘦，所稍胜于枯柴者，尚多两目而能四顾，目睛莹莹然而能动也。越己未，乱风稍

〔9〕齐璜、张次溪：《白石老人自传》，人民美术出版社，1962年，第65页。
〔10〕黎锦熙：《齐白石的诗》，见齐白石：《齐白石作品集·第三集·诗》，人民美术出版社，1963年，第4—5页。

息，仍窜京华。……及至都门，重居法源寺僧舍，以卖画刻印为活计。朝则握笔把刀，日不暇给，惟夜不安眠，百感交集。谁使垂暮之年，父母妻子别离，戚友不得相见？枕上愁余，或作绝句数首，觉忧愤之气，一时都从舌端涌出矣。

这是对此时期创作动机的最好说明。1933年，白石致函张次溪，对前后两个时期的诗做了简要的比较："前樊山先生赠叙者，乃中年作，句颇安逸。今将刊者，十六年来之作也，伤老多忧。""伤老多忧"四字最恰当地概括了后期齐白石诗的特点。战乱造成的身心伤害，老年背井离乡，使他的诗变得沉郁激越，变得贴近社会。画花鸟山水是为了生计，一定要明快绚丽，写诗是为了表抒心绪，宣泄苦楚。于是形成诗与画在情感上的两元性。"樵歌何用苦寻思，昔者犹兼白话词。满地草间偷活日，多愁两字即为诗。"可以说，语言多"白话"，情感"多愁"，构成这时期白石诗歌的两大特色。

作于1918年的《题画樊樊山先生京师》大约是齐白石最长的一首歌诗，记述与樊山的交往，回顾从远游到兵乱的15年经历，集记事、写景、述怀为一，洋洋50余言，苍浑沉郁之气贯注全篇，最后曰："细雨横风宾客老，轻裘缓带故人非。可怜身世寒蛩似，号向人前听者稀。……我欲借公门下住，秋雨打门红叶飞。"点出要避难北上的主题，令人想起杜甫"伤老，悲离，忧乱"之作，再也看不到前一时期的"轻朗闲淡"了。居京前几年的诗，如《兵后杂感》《京师杂感》《谢袁煦山》《题宾曙硐楼》《己未三客京华，闻湖南又有战事……》等，都直接描绘兵灾、乱离，面对家被劫掠、父母妻子不能相见和穷困寄居的生活，诗人经常举手无措，恨不出家。"月黑龙鸣号夜鸟，一时逃窜计都无。""七月玄蝉如败叶，六军金鼓类秋砧。""五洲一笑国非亡，同室之中作战场。""四顾万方皆患难，诸君挥泪再思量。""欲化云飞着何处，昆仑嫌近祝融低。""老鬼画符时不合，故山埋骨死犹忧。""折腰靖节已堪伤，乞米昌黎可断肠。""愁似草生删又长，盗如山密难铲平。"这些诗句，都是以口语式的流畅诗句直抒胸臆。王湘绮说齐白石诗似"薛蟠体"，是指其40岁前之作，如果他能看到白石这些伤时忧愤之作，是会另有说法的。

大约20世纪20年代后期至30年代，湘潭一带的战乱和匪扰渐渐平息，白石在北京的生活也稳定下来，画名日隆，心境变得平静，忧愤诗作亦随之减少，题画诗、论画诗、赠友诗、怀旧诗、家事诗、写景诗、悼亡诗，以及追忆少时经历与家乡风物的作品大大增加，诗境也渐趋清宁平和，时有奇思妙想、信手拈出的神来之笔。白石"友兼师"王仲言在《白石诗草二集·跋》中，说这时期之诗"有东坡放翁之旷达，无义山长吉之苦吟"，又说"题画之作独多，然皆生面别开，自抒怀抱，不仅为虫鱼花鸟绘影绘声而已”。可谓知音之言。这些诗，涉猎题材之广，精神内容之丰，言事言情之真，体悟人生之深，都超过了前两个时期，是白石诗歌中最有光彩的部分。人们对白石诗的印象，也大都源于这些诗作。抗战以降，白石年事益高，作诗渐少，题画常用旧句，或有新作，也多延续20世纪30年代的题材与风格。

齐白石的题画诗，我们在前面引用过不少。这些诗，经常透露画家的创作背景与动机，或直陈心曲，或借题发挥，或联类喻比，虽不是特别讲究修辞、韵脚或平仄，却多有出人意表的奇思，诗情画意，相得益彰。综观20世纪的题画诗，论生活气息、真挚朴素、生动风趣，当以白石之作为最。这里举几首略作释说：

《画猎人题句》：“雪风吹鬓独徘徊，寒透狐裘冻不开。我劝此翁忘得失，泥炉杯酒好归来。”——描述一个画面，暗示一个道理：人生在“寒透狐裘冻不开”的时候，需放下一时的“得失”。

《题种瓜》：“青天用意发春风，吹白人头顷刻工。瓜土桑阴俱似旧，无人唤我作儿童。”——古人多有慨叹人生短暂的诗句，如“人之百年，犹如一瞬”（王勃），“人生寄一世，奄忽若飚尘”（《古诗十九首》），白石的朴素描述无一丝悲情和沉重，感慨之深却是一样的。还有一首《题画芭蕉》：“留得窗前破叶，风光已是残秋。潇潇一夜冷雨，白了多少人头。”语近白话，叙述平淡而意味无穷。

《八哥》：“不如鹦鹉语言乖，好学金人口不开。幸得羽毛无所取，筠笼有食可飞来。”——说话不乖巧，像铜人三缄其口，毛羽又不漂亮，这样的八哥可取笼中之食，因为没人捉它。相反，乖巧漂亮未必都是好事。画的是八哥，隐喻的是人生体验。

《题画牡丹》：“老妇愚姬心胆寒，每惊危险强相安。耻问昨夜黄村战，塞耳关门画牡丹。”——20世纪20年代初，军阀之间常常开战。避乱来京的齐白石，遇到这种情况，常常以作画安慰家人。在《画牡丹》上题这样的诗，大概是极少见的。触景生情，由花鸟联及个人遭遇，是白石老人题画诗的一大特点。

齐白石自己用的印章，特别是闲章，常常就是诗文，就是情与思的结晶，智慧与精神的创造。有一些承续前人印语传统，如“吾友梅花”“功名一破甑”“淡泊宁静”等，特色不多。有一些是借用前人诗句表达自己思想，如“我书意造本无法”（苏轼），“一襟幽事砌蛩能说”（周密），“客中月光亦照家山”（周密），“老夫也在皮毛类”（石涛）等。更多的是他自己的创造，如“曾经灞桥风雪”“天涯亭过客”是记述经历的；“痴思长绳系日”“一息尚存要读书”“心与身为仇”是倡扬勤奋与苦功的；“百树梨花主人”“西山风日思君”“老年流涕哭樊山”“吾家衡岳山下”“故里山花此时开也”“七三老妇八千里”“归梦看池鱼”等，是思念故乡与亲友的；“思持年少渔竿”“吾幼挂书牛角”“也曾卧看牛山”等，是追怀少年记忆的；“吾草木众人也”“叹清平在中年过了”“丁巳劫灰之余”等，是感慨身世遭遇的；“寻思百计不如闲”“行高于人众必非之”“私淑何人不昧恩”“无君子不养小人”等，是表达人生体验的；“流俗之所轻也”“白眼看他世上人”“还家休听鹧鸪啼”等，是回敬嘲笑攻击的；“宁肯人负我”“我负人人当负我”“老年肯如人意”“老岂作锣下猕猴”等，是申述某种态度和信念的；“扫门者四时风”“世誉不足慕”“一切画会无能加入”等，是坦言自己处世观念的；“鬼神使之非人工”“苦吟一似寒蛩号”“移木接花手段”等，是总结艺术经验的……这些印文虽不都是诗句，但其在简洁的语言中表达出的丰富情感与理性，已具备了诗的性格。它们从一个方面反映出白石老人的精神风采，成为诗歌创作的补充。

对齐白石的诗，历来评论者不多，且意见各一。对此，白石自己是清楚的。他在《自传》中说：“我的诗，写我心里头想说的话，本不求工，更无意学唐学宋，骂我的人固然很多，夸我的人却也不少。从来毁誉是非，并时难下定论，等到百年以后，评好评坏，也许有个公道。”1933年，为编《白石诗草二集》，白石弟子张次溪请了一些诗人学者及老友题词。但这些作题者都循依古例，说些无关痛痒的颂美应酬之词，远不如白石自述、自序写得真诚动人。诸如“想象耽奇句，天花照眼明”（赵幼梅）、“粗枝大叶诗如画，天趣流行水涤肠。不食人间烟火气，乱山深雪菜根香”（杨云史）、“诗中有画画中诗，画意诗心相与追”（李释堪）之类。不过在20世纪30年代，他们对齐白石诗表示的支持，对老人是“足慰我心”的。

对齐白石的诗有切当看法者，以黎锦熙、瞿兑之、艾青为代表。

黎锦熙说：

> 白石自诩能诗，且谓诗优于画。他生前的老朋友们多不同意他这个意见，说他诗中用词造句常有欠妥之处，又爱把口头语入诗。其实，他对于旧体诗的写作基础是打得扎扎实实的。中年以后意境渐高，要在词句间讲求简炼，又常运用口头语来发挥他的创造性，都不为古典作家偏重规格和爱弄辞藻所害。[11]

瞿兑之说：

[11] 黎锦熙：《齐白石的诗》，见齐白石：《齐白石作品集·第三集·诗》，人民美术出版社，1963年。

以余观之，其诗清矫，近得明人神髓，远含郊、岛意味，即在诗人中亦当占一重要位置。盖与湘绮虽面目迥异，而取径高卓，不随流俗则同。工诗者固多，而摆脱诗家一切习气乃至难。此真所谓诗有别裁，非关学也。[12]

艾青说：

我特别喜欢他的诗，生活气息浓，有一种朴素的美。[13]

〔12〕瞿兑之：《齐白石翁书语录》，见《古今》，1943年11月。

〔13〕艾青：《忆白石老人》，见齐白石、张次溪：《白石老人自述》附录，岳麓书社，1986年，第153页。

作品赏析

群仙图

1901年
151.2厘米×82.7厘米
纸本水墨设色
轴

题款
赐福三侄供奉。辛丑二月璜。

钤印
璜印（朱文）、三百石印斋（白文）

收藏
北京荣宝斋

黛玉葬花图
约1897—1902年

一苇渡江图
约1895—1902年

辛丑年（1901），齐白石39岁。此前两年，他拜王湘绮为师。此前一年，他为一个江西盐商画了通景十二屏《南岳全图》，得到320两银子，“这样高的价钱，传遍了湘潭附近各县”，齐白石的声名，就大了起来。[1] 他用这笔钱典租了莲花寨梅公祠的房子，带着妻子和两儿两女搬了过去。这就是他后来常在诗里提到的“百梅祠”。他最早的斋名“借山吟馆”，即梅公祠的书房。从27岁以卖画谋生以来，他画肖像，画人物故事，也画山水花鸟，还学篆刻与诗文，可谓全面发展。

齐白石早期的人物画，凡仙道圣佛，当地都称之为“神像功对”。《自传》说：“每一堂功对，少则四幅，多的有到二十幅的。画的是玉皇、老君、财神、火神之类。”为了挣钱，白石画过很多。他说：“有的画成一团和气，有的画成满脸煞气。和气好画，可以采用《芥子园画传》的笔法，煞气可麻烦了，决不能都画成雷公似的，只得在熟识的人中间，挑选几位生有异相的人，作为蓝本。”但这些挂在农民家里的神像功对，很难保存，至今未曾发现过。

北京荣宝斋所藏《群仙图》，是齐白石为同宗赐福所画。内容与神像功对相接近。画中描绘持柳枝的观音，骑牛的老君，拿仙桃的王母，抱杖的寿星，以及戴冠执笏的天官，驾驭狮虎龟蛇的罗汉等。不过，这些神仙圣佛都是“一团和气”，一个也不怪异“煞气”。观音等女相人物与晚清流行的仕女没有两样，寿星和老君为笑容可掬的老者。即便那些狮虎灵龟，也不可怖，而是乖巧好玩的样子。人物勾勒渲染，施淡色，动物直接用墨色刻画。从这幅作品，可以窥见早年齐白石学习传统绘画并向文人艺术靠拢的情况。

〔1〕齐璜、张次溪：《白石老人自传》，人民美术出版社，1962年，第47页。

群仙图　1901年

持扇仕女

约1905—1911年
131厘米×43厘米
纸本工笔设色
轴

题款
十里香风小洞天，尘情不断薛涛笺：
锦茵无复乌龙妒，珠箔空劳玉兔圆。
两个命乖比翼鸟，一双苦心并头莲；
相思莫共花光尽，早有秋风上鬓边。
白石草衣璜。

钤印
齐璜（白文）、借山馆（白文）

收藏
北京荣宝斋

今所见齐白石早年仕女画，工笔之作不多。除此图外，笔者还见有清华大学美术学院藏《抱琴仕女》。此幅与《抱琴仕女》画法略不相同。面部除嘴唇外都不着色，衣服也只染局部，即都以着色与白描相间为特色。《抱琴仕女》的衣纹有顿挫，折芦描，先以重墨线勾画结构轮廓，再以淡墨线复勾。此图衣纹圆转，不复勾，结构转折合理，领边、袖口、裙带装饰极为精致，有高度成熟的程式。人物脸形与五官，近于以改琦、费晓楼为代表的晚清仕女画。极少有齐白石画工笔仕女的记载。笔者推测，此画和《抱琴仕女》可能有所本，属于模仿性质，而不是独立创作。

此图题款用熟练的金农体楷书，“齐璜”“借山馆”二印属浙派风格。齐白石最早学金冬心书法，始于1902年第一次远游，学浙派刻印主要在1911年前。“借山馆”的斋名，始用于1904年秋后——前面介绍过，该年七夕在南昌，王湘绮约弟子联句，齐白石等弟子未能联上，回家后，他把“借山吟馆”的“吟”字去掉，遂有“借山馆”之名。“借山馆”印当在此之后刻。白石有时也把茹家冲的书斋“寄萍堂”（1906年迁入）称为“借山馆”。从上述几方面推断，此画只能作于1904年冬到1916年之间。再缩小范围，可能在1905年至1911年前后。

抱琴仕女
约1910—1916年

持扇仕女　约1905—1911年

目送飞鸿图

约1910—1917年间
132厘米×55厘米
纸本水墨设色
轴

自题
鼎新先生正，弟齐璜。

钤印
老苹（朱文）

重题
次溪世侄尝求余画，余以为时日犹长，或二三年未曾应也，竟使见余往作，即不惜金钱，必欲得之，吾贤之爱诗画可知矣，出此求题，即书数语记之。白石。

钤印
齐大（朱文）

重题
此幅乃余少年时作也，印记虽是老萍字样，年三十岁时即喜称翁、老等字，忽忽四十余年，笔墨之变换殊天壤也。甲戌秋白石重题。

钤印
齐（朱文）

再题
山泽弟见之喜，次溪赠之，再索予为之记，戊寅冬，白石时居燕京。

钤印
老齐（朱文）、齐大（朱文）

郭人漳题
萧萧苇荻晚来风，独立苍茫夕照红。闲煞男儿好身手，待将金弹击飞鸿。定心老弟命题，小兄人漳。

钤印
人漳小印（白文）

此图是齐白石为鼎新（亦写作定心）所画，鼎新请郭人漳题了诗。鼎新，不详，白石自称为“弟”，郭人漳称他“老弟”，可能是熟悉的湖南友人。郭人漳逝世于1922年11月，可断定郭题在此前。此画后为张次溪购得。张次溪在《齐白石的一生》谈及此事，认定前两段题跋属于1934年的“重题”。[1] 在这次重题中，白石认定此画为“少年时作”，已“四十余年”。从1934年上推40年，是1894年，白石32岁时。但这完全没有可能。根据有二：一、此画的风格，与已知齐白石30多岁时的作品距离很大，与他40多岁的绘画更接近。二、最早的题款“鼎新先生正”为精致的金农体楷书，齐白石学金农体是40岁以后的事。划个大范畴，此画作于1902年至1922年间；划个小范围，则在1910年前后。齐白石晚年为自己早年作品写题跋，喜欢概称“少年作”，这是不可靠的。

此图曾被命名为《飞鸿矰人图》。画面确有飞鸿与矰人，但还是以《目送飞鸿图》为恰当。晋顾恺之有“传神阿堵”之论，认为传神在人的眼睛，而眼睛最难画。他说“手挥五弦易，目送飞鸿难”，即说画人弹琴，与画人看飞鸿相比，后者更困难。因为后者要刻画活动的眼神。于是“目送飞鸿”就成了美术史的著名典故。齐白石所画，正是一个射猎者在目送飞鸿。1925年，他为胡佩衡画过同一主题的作品，也标为《目送飞鸿图》。

此画的构图，是把人物置于郊野，一片明亮的湖泊之侧。画面的大部分给予天空，以表现一队缓缓而去的飞鸿。人物画在右下角，其举头上望的目光，正与左上角的飞鸿相对。画家着重刻画了人物的身姿，眼睛不过轻轻一点而已，但其“目送飞鸿”之意，已有传神的表达。作品以构思的巧密和精致的刻画取胜，但又工写结合，不同于装饰性的工笔人物画。在齐白石各个时期的作品中，这样的风格颇为少见。

〔1〕张次溪：《齐白石的一生》，人民美术出版社，1989年，第181—182页。

目送飞鸿图　1925年

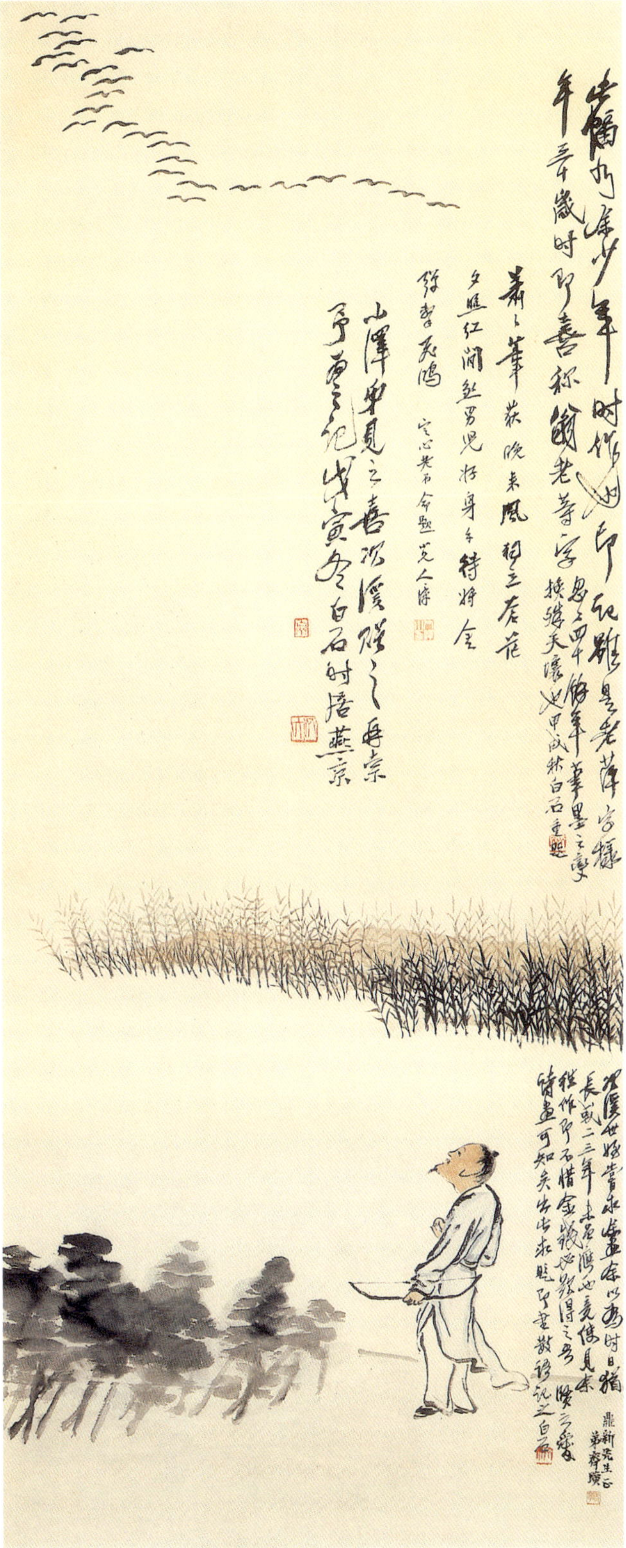

目送飞鸿图　约1910—1917年间

衣冠人物像

约1911年
110厘米×64.2厘米
纸本设色
轴

收藏
北京荣宝斋

衣冠人物像　约1911年

黎夫人像　约1895年

齐白石26岁从萧传鑫学画肖像，27岁后渐以画像谋生。本书介绍过，齐白石画肖像兼能两套方法，一是有明暗的擦炭法，一是传统的勾勒填色或没骨法。有时他还把两种方法结合起来。40岁后，他远游各地，就很少画肖像了。远游归来，朋友熟人请他画像，他也不拒绝，并有作品留下来。

这幅衣冠人物像，刻画一着官服的青年，刻画之细，手法之精，远胜辽宁省博物馆所藏《黎夫人像》。此肖像主人公为何人?我的初步考查是：谭延闿（组安）的弟弟谭组庚。

《白石老人自传》说，1911年春，他到长沙去看望老师王湘绮，"谭组安约我到荷花池上，给他们先人画像。他的四弟组庚，于前年八月故去，也叫我画了一幅遗像。我用细笔在纱衣里面，画出袍褂的团龙花纹，并在地毯的右角，画上一方'湘潭齐璜濒生画像记'小印，这是我近年来给人画像的记识"。[1] 黎锦熙《齐白石年谱》1911年按语："白石写真，能于纱衣里面透视袍褂上之团龙花，自称为绝技。又于地毯右方角上画一'湘潭齐璜濒生画像记'小印。此皆于是年所画谭祖庚衣冠像上窥见。组庚行四，为'谭三'组安弟，瘵殁于己酉八月。"这些记述，都与此肖像相合：一、衣冠相像；二、袍褂上有极其精致的透纱团龙花纹；三、地毯右方角上恰好画一"湘潭齐璜濒生画像记"印。肖像主人公年龄约20岁，正与组庚相若——组庚逝世的那年，恰是20岁（生于1890年）。这些，都不是巧合。

此像的制作，应是依据照片放大——头像部分无疑是画了照片。衣冠环境的刻画，或是照片放大，或是请一人穿上衣冠进行写生。与大约15年前的《黎夫人像》相比，此像衣冠刻画技巧高超得多：衣折有纵深感，凹凸转折自然，光的表现微妙，花纹若隐若现，色彩既鲜艳又沉着。不过，头像的处理大抵还是用小心翼翼的擦炭法——画照片只能如此。

〔1〕齐璜、张次溪：《白石老人自传》，人民美术出版社，1962年，第62页。

花鸟虫鱼册页（六开）

1917年
28.2厘米×46.5厘米
纸本水墨
册页

此册作于1917年，是送给一个名叫在明的友人。在明与杨潜庵熟，郭人漳称他为“四弟”，齐、杨、郭均为湘潭人，在明也可能是湘潭乡友。这一年春，齐白石避乱到北京，住法源寺僧舍。与客居此寺的杨潜庵为邻。其间，白石认识了陈师曾、姚华、罗瘿公、汪蔼士、凌直支等著名人士。当年秋，白石返湘潭，1919年正式定居北京时，重新看到这个册子，上面已有陈师曾和杨潜庵的题词。后来，在明又请郭人漳、罗瘿公、陈嘉言、易顺鼎等作题。陈师曾、杨潜庵的题跋，对工笔与写意、纸与笔墨的关系做了讨论。

齐白石这时期正学青藤、八大，以简少、纵逸、空灵、冷隽为特色。所画豆荚蟋蟀有似青藤，画鸟则近于八大。罗、郭的题诗都谈及画似青藤、八大。白石说此册的纸“生涩恶人”。师曾不以为然，借题发挥说：“纸不涩则墨不敛，墨不涩则笔不健。涩胜滑，涩何咎耶?”这一发挥甚为高明。事实上，白石此册见笔见墨，层次丰富，墨色很亮，在同类风格作品中属上乘，在一定程度上，正是纸涩所成就的。

（之一）睡鸟

题款

余自出门不越月即思家，况闻家园已作战场，常寝不成寐，闲闲清睡，真人而不如鸟矣。阿芝。

钤印

白石翁（白文）

（之二）芦蟹

题款

在明先生索画，自言欲求蝶翁品定，余欣然为之。齐璜。

钤印

濒生（朱文）

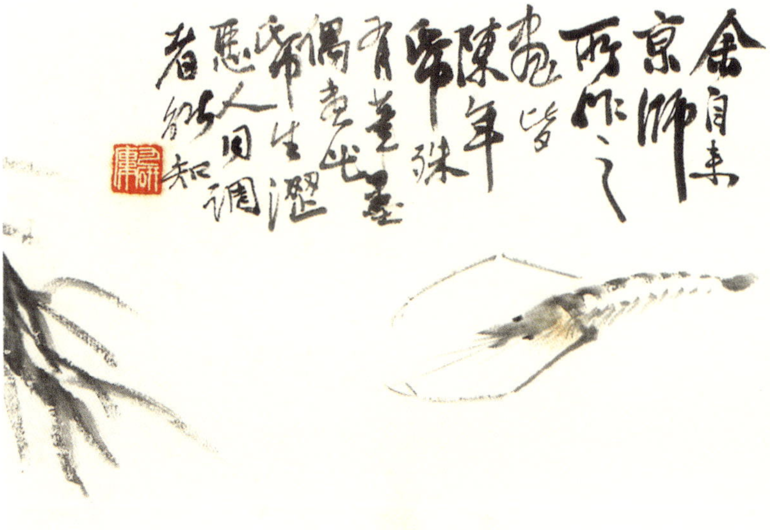

（之三）虾草

题款

余自来京师所作之画，皆陈年纸，殊有笔墨。偶画此纸，生涩恶人，同调者能知。

钤印

九砚楼（白文）

（之四）豆荚蟋蟀

题款

三百石印斋主者。

钤印

阿芝（白文）、生长清平老乱离（白文）

藏印

人漳赏鉴（白文）

（之五）母子鸡

题款
白石老人

钤印
寄萍精室（朱文）

（之六）枯枝小鸟

题款
濒生

钤印
齐伯子（白文）、寄萍堂（白文）

上：

罗瘿公题

青藤雪个皆神笔，三百年还见此人。
共展幸无寒具污，细看弥信掇皮真。
相遇萧寺忘长昼，贻我生绡亦绝伦。
怅忆王翁此高会，花前共尔一酸辛。
白石为湘绮翁弟子，寓法源寺，昔年曾公谳湘绮翁于此。己未八月，罗惇曧。

钤印

惇曧（白文）

再题

丁巳冬，故园兵乱，归心切切，画此册时，窃想就木家山，不复出矣。己未春又来京华，重见此册，并读陈杨题语，深感于怀，挑镫题记。三月十八日，白石老人濒生。

钤印

齐大（朱文）、老苹辛苦（白文）

陈师曾题

纸不涩则墨不敛，墨不涩则笔不健。涩胜滑，涩何咎耶？为萍翁进一解。赏鉴者当亦许可。戊午春夜拜读因题，师曾陈衡恪。

钤印

朽道人（朱文）、师曾（白文）、槐堂（白文）

杨昭俊题

齐山人画似雪个，而无粗犷之气。盖其二三十岁时，尝致力工体画，所作花卉虫鸟，俱能细入无间也。世间岂有不善工笔而可作写意者哉？此册纸涩，故山人不甚自惬，然要为足珍。向在沪上，见李筠庵藏石涛兰竹册子，亦因纸涩，笔为墨掩，自后人视之，又何容其轩轾乎！戊午清明节法源寺寓，潜庵杨昭俊观并记。

下：

郭人漳题

净几明窗看写真，虫鱼花鸟各精神。
青藤白石无今古，孰是前身孰后身。
在明四弟属题白石山人册子，己未秋九月小兄郭人漳。

钤印

人漳四十以后作（朱文）、梦秋庵诗草（白文）（他题略）

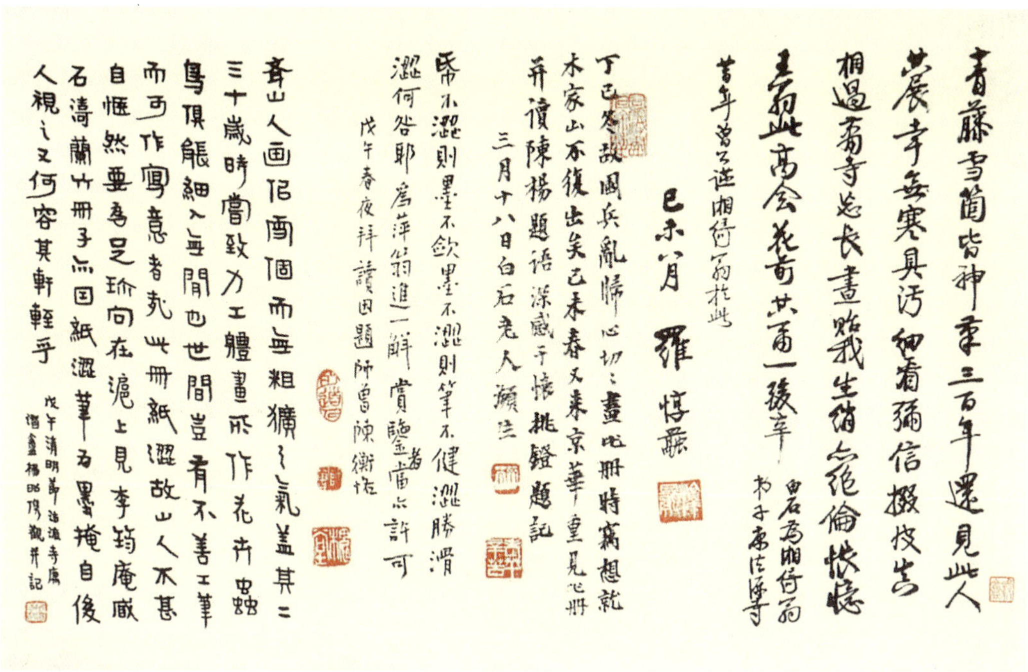

《花鸟虫鱼册页》题跋之一 1917年

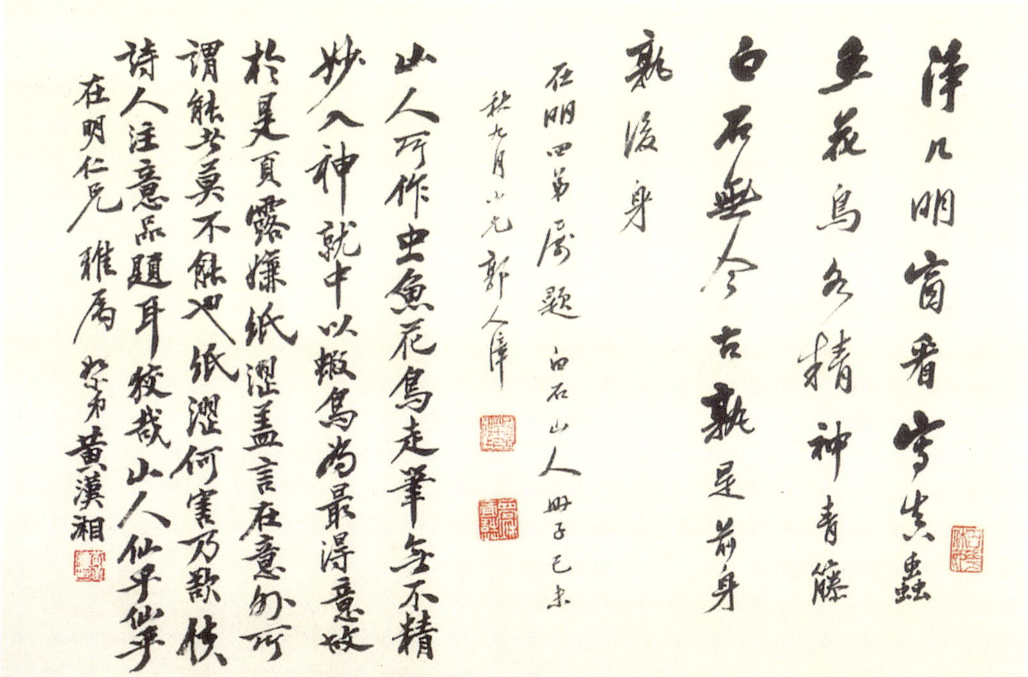

《花鸟虫鱼册页》题跋之二 1917年

遗响白云

1918年
89厘米×44厘米
纸本水墨设色
轴

题款

遗响白云。戊午十一月雨雪逾月，一日初残人意固快。十指犹寒，饮酒少许，觉酒气来十指出去也。老萍。

钤印

濒生（朱文）

收藏

北京荣宝斋

狗

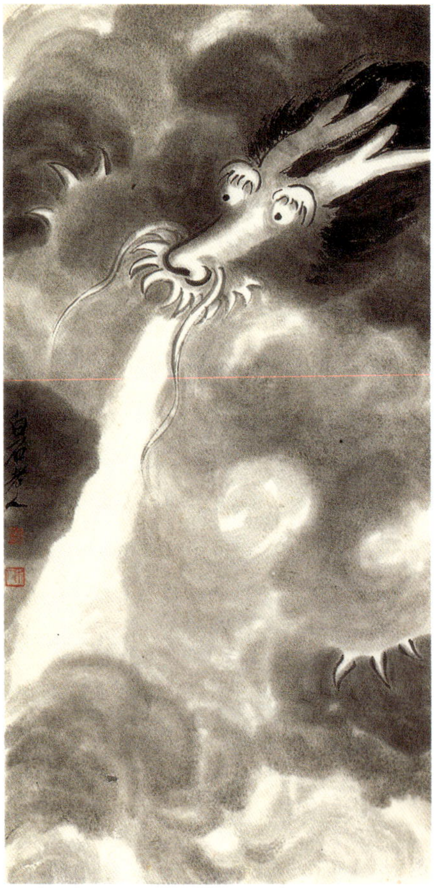

云龙图　1945年

1918年，湘潭兵匪抢掠日炽，齐白石携长孙秉灵，躲到紫荆山一个亲戚家，直到秋天才返回茹家冲，家中财物损失惨重。这促使他下决心移居北京。此图作于从紫荆山返家之后，题材很特殊，在白石作品中为仅见。画一鸡一犬在白云中鸣叫。画的着意点，似乎不在天鸡灵犬，而在画题所点明的“遗响白云”，间接表达了对污浊世事的厌恶。

整个作品除鸡冠点红色外，余皆水墨。鸡犬均用没骨法，重墨，与勾勒成形的白云形成墨块与笔线的对比。鸡与犬都很相似，注意细微的结构与形似，如嘴、耳、尾、爪等。但它们的鸣吠之状，却是一副无精打采的样子。这或许与画家的心情有些关系。

遗响白云 1918年

石榴

1920年
163厘米×42.5厘米
纸本水墨设色
轴

题款

余尝见南楼老人画此，无脂粉气，惜枝叶过于太真，无青藤、雪个之名贵气耳。
三百石印富翁画，时庚申冬还家省亲，阿芝老矣。

钤印

木居士（白文）

收藏

中国美术馆

石榴　1920年

1920年10月，齐白石应夏午诒之邀到保定小住，而后返湘潭探亲。此幅作于湘潭家中。跋中所言南楼老人，似指清代画家陈书（1660—1730）。画史以“南楼”为字号的，还有清代画家马思赞和凌竹，但唯陈书为女性，晚号“南楼老人”，影响也较大。“无脂粉气”四字之评，应针对女画家之作而发。画史称陈书“善花鸟、草虫，笔力老到，风神简古，其用笔类陈道复而遒逸过之”。[1] 白石说南楼老人画石榴“枝叶过于太真，无青藤、雪个之名贵气”。透露出他正追求青藤、八大的简逸和不似之似——这正是他衰年变法之初的情况。

此图为小写意，画面描绘了大小13个石榴，长在茂盛的枝叶上。色彩淡雅，但物象多，笔画繁密，与后来的大写意石榴全然不同。这跟他画荔枝、牵牛花的探索过程是一致的。

石榴

石榴

〔1〕俞剑华：《中国美术家人名辞典》，上海人民美术出版社，1981年，第1013页。

芙蓉游鱼

约1920—1921年
136厘米×34厘米
纸本水墨
轴

题款

余友方叔章尝语余曰："吾侧耳窃闻，居京华之画家多嫉于君。或有称之者，辞意必有贬损。"余犹未信。近晤诸友人，面白余画极荒唐，余始信然，然与余无伤，百年后来者自有公论。白石。

钤印

白石翁（白文）、木居士（白文）

收藏

中国美术馆

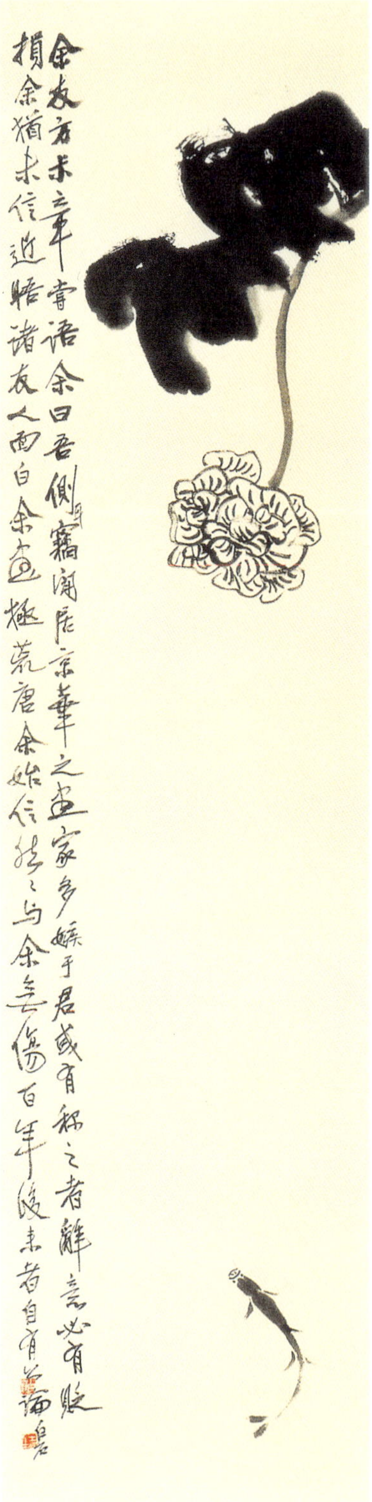

芙蓉游鱼　约1920—1921年

齐白石初到北京的几年，认识了一些朋友，他的画和印在这些朋友间引起注意，议论也就随之而来。其中陈师曾的声名和地位最高，他对白石的称赞，人们很关注，但也引发出不同的声音。陈师曾外，北京最富影响的画家是金城，金氏在 1920 年创办中国画学研究会，团结和培养了一大批画家，实际影响远超过陈师曾。金城视宋代院体工笔为中国画学正宗，明清写意画为别派，重视学古，追踪宋人。整个 20 世纪二三十年代，很多北京画家以临摹清宫旧藏名迹为风气。在这些画家看来，从吴昌硕到齐白石的大写意，都过于“粗野”“草率”，不够雅训。齐白石有时间接听到一些传言，不免愤愤然。在此图中，他把方叔章所传“居京华之画家多嫉于君，有称之者，辞意必有贬损”写为画跋，就反映了这一点。艺术家与艺术流派之间有不同观念，交往中有“文人相轻”的旧习，历来常见。20 世纪 50 年代以来，有关文章把齐白石视为有进步意义的“革新派”，把曾持批评意见的画家视为“保守派”，将不同的艺术见解简单化、意识形态化，是不正常的现象。

这幅《芙蓉游鱼》，结构和花、鱼画法，可窥见八大的简约高逸，画叶子笔法的刚健强悍，又很不同于八大。全图只画一朵花，两片叶，一条小鱼。花向下伸，鱼往上游，中间为大片空白。“一炷香”式的题字，把上下画面连贯起来。墨色上重下轻，上实下虚，但小鱼弯身向上斜游的身姿，使一片白纸变成了透明的活水，又形成下动上静、虚中有实的感觉。这样看似简单的作品，其实也要费尽思量，在细微处下苦功夫的。

芙蓉小鱼
约20世纪30年代初期

芙蓉小鱼　1930年

牵牛花

约1921—1922年
162.5厘米×43厘米
纸本水墨设色
轴

题款
京华伶界梅兰芳尝种牵牛花百种，其花大者过于椀，曾求余写真藏之。姚华见之以为怪，诽之。兰芳出活本与观，花大过于画本，姚华大惭，以为少所见也。白石。

钤印
阿芝（朱文）

这是迄今所见齐白石最早的牵牛花，花朵巨大奇特。《白石老人自传》说，1920年9月，戏剧家齐如山介绍他结识梅兰芳，并被请到梅宅做客。“当天兰芳叫我画草虫给他看，亲自给我磨墨理纸，画完了，他唱了一段《贵妃醉酒》，非常动听。”“他家里种了不少的花木，有许多是外间不经见的。光是牵牛花就有百来种样式，有的开着碗般大的花朵，真是见所未见，从此我也画上了此花。”根据题跋内容与书画风格推断，此画作于1921年至1922年间。

初画牵牛花，没范本可参照，也没程式性画法可依循，所以花、叶、枝蔓，构图、用笔，都不够洗练，花朵向背少变化，枝叶也有些杂乱。这正是“衰年变法”之初，仍属于小写意的体制，运笔快而细碎，笔墨薄而不浑厚，尚未吸收吴昌硕式的金石笔法。初画新题材，有一个从写生到提炼概括的过程。这种情况，在齐白石画荔枝、画虾一类题材中都出现过。模仿家们可以笑它不够精致，但理解不了从师造化到提炼出程式，从粗到精、从野到文这一创造性过程的意义。

牵牛花　1953年

牵牛花　约1921—1922年

山堂烟雨

1922年
29厘米×38.5厘米
纸本水墨
轴

题款

老夫今日不为欢，疆欲登高着屐难；
自过冬天无日暖，草堂烟雨怯山寒。
壬戌三日诗，因作画。白石山人。墨浸者欢字。

钤印

白石翁（白文）

山堂烟雨　1922年

泼墨山水　约1930年

雨后　1931年

1921年11月，齐白石由保定南返湘潭，春节后，因京汉路有战事，直到1922年5月中才返回北京。其间，一度居长沙。这幅《山堂烟雨》，据“壬戌三日诗”而作，其时应在家中。这画让人想起白石《雨中借山馆图》诗：

> 不教磨墨苦人难，一日挥毫十日闲。
> 幸有杨枝慰寥寂，一春家在雨中山。

册页尺寸，大泼墨，水墨淋漓，一气呵成，是白石“雨余山”（雨景山水）的杰作。画中的山和树林，用水有流淌之势，看不出“米点山水”的卧笔横点，而更接近石涛的泼墨画法。纯粹的水墨挥洒，自由纵放的诗题和整体上的豪纵风格，给人留下深刻印象。这又使人想起白石论及石涛的题画诗《释瑞光临大涤子山水画求题》：

> 爱公心手迈诸曹，随意拈来局格高。
> 画法不妨僧有我，挥毫一洗众皮毛。

却饮图

1923年
84厘米×49厘米
纸本水墨设色
轴

却饮图　约1935年

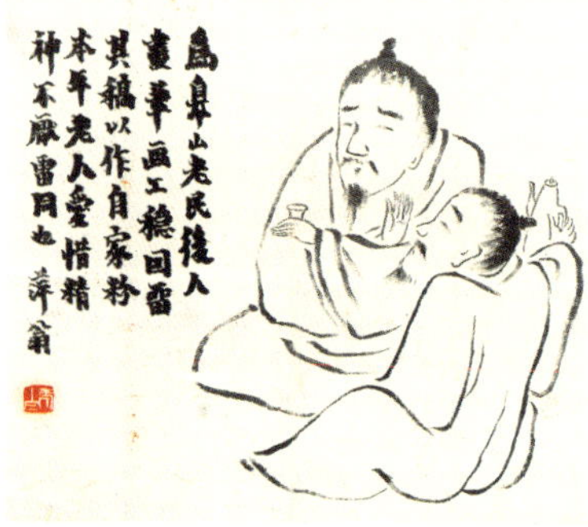

却饮图　约1912年

题款

却饮图。
凡我好友，最怜爱我者，不在饮食，请以心爱，吾亦心领。孔子云：老者安之；苏子云：每出劳人，不如闭门之有味也。吾年老神倦，不能冒暑热，伤夜寒，作无益犇走。因画此图谨申鄙意，以免见招不应之罪。
癸亥冬初，白石山翁并记。

钤印

木居士（白文）、白石翁（白文）

齐白石珍惜时光，寡于言辞，喜欢独处而不喜交游，在北京是有名的。他的印章“寡交因是非”“一切画会无能加入”“吾惜分阴”“两耳惟于世事聋”“老去无因哑且聋”等，都暗示了这种性格与态度。北京有许多画会，展览、报告、文人雅集，他一向都极少出席。他宁可与夫人胡宝珠去听戏，也不要参加种种应酬活动。除了好友之外，一般也不请客、不赴宴、不照相。20世纪20年代，他画过不少《却饮图》，但都很少题词。此幅却题了一大篇字。他说“年老神倦，不能冒暑热，伤夜寒”并非全是实情。画此画的癸亥年（1923），白石61岁，身体很好，有时去保定，有时返湘潭。只是他在北京还不安定，没有自己的住宅，终日为生计奔忙。画中摇手却饮的老者，皱着眉头，是真拒绝，而不是摆样子。这两年他的心情也不好：家乡兵乱未息，长孙秉灵（移孙）及好友郭人漳、陈师曾相继病逝。这年秋，他从西四三道栅栏移居太平桥“鬼门关”（后称“贵门关”）外的高岔拉胡同，在寄萍堂匾额上题了一首诗：

> 凄风吹袂异人间，久住浑忘心胆寒。
> 马面牛头都见惯，寄萍堂外鬼门关。

在这样的境遇和心情之下，他拒绝赴宴饮酒，请招请者“免见招不应之罪”，符合他的个性，是很真实的。

此图简洁，相对工整，与常见的粗笔大写意有所不同。人物矮短古拙，着肥大的古装，笔线苍中见秀，神情有趣。拒饮者右手执毛笔，左手示意却饮，皱着眉头，相当生动。此后画的《却饮图》，一改此画的拒斥态度，刻画两个席地而坐的老者，一举壶劝饮，一持杯欲躲，是边饮边却，神态轻松而诙谐，与此幅表现的心情就不同了。

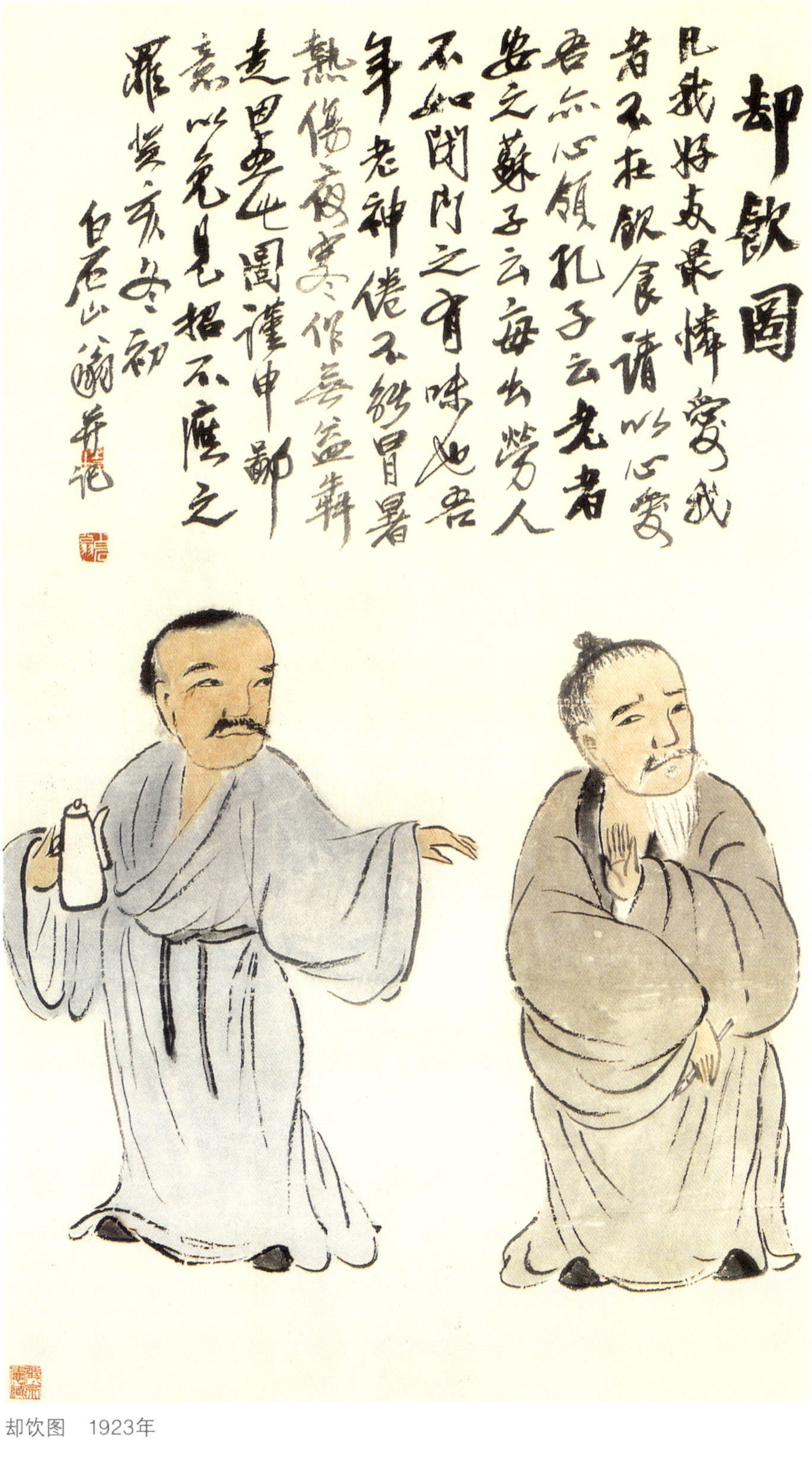

却饮图 1923年

天霞似旧时

1923年
31.2厘米×34.5厘米
纸本水墨设色
轴

自题
白石山翁齐璜。

钤印
木居士（白文）

又题
断角悲笳故国思，七年归去梦迟迟；
有人若问湘江事，闻道天霞似旧时。
山翁又题，时居燕京。

钤印
白石翁（白文）、老齐（朱文）

再题
翔欣仁兄雅正，璜。

钤印
阿芝（朱文）

收藏
北京荣宝斋

天霞似旧时　1923年

齐白石计算自己居北京的时间，以1917年为第一年。此图题“断角悲笳故国思，七年归去梦迟迟”。说他来京后，思念故乡的“归梦”已经做了7年。算起来，恰是1923年。

此图虽为轴装，实为册页。前面说过，衰年变法期间，齐白石的山水画也转向大写意，1921年的山水册页已标志其大写意体制趋向成熟：景色极简，构图多奇，笔墨纵放而着色大胆。此幅亦证实了这一体制：平远景色，粗笔勾画树林，淡墨画地，大红横涂晚霞，其率意豪放，比石涛有过之而无不及。比较而言，石涛构图多变，喜用点，笔多圆势，粗犷中有细微，白石亦擅构图，但多平远，笔多平直，勾染多而用点少，比石涛更敢用艳色，风格简括平朴而强烈。这幅《天霞似旧时》突出体现出这些特点。

江岸夕照　约20世纪20年代晚期

草虫册（八开）

1924年
13厘米×18厘米
纸本水墨设色
册页

收藏
中国美术馆

在“衰年变法”期间（20世纪20年代前期），齐白石画了不少草虫册页。此册即其一，无上款，不知是否原数。一般册页纸，其性半生或偏熟，适宜精细刻画。墨色落到纸上，即便用较多的水，也没有自然晕开的效果。此册刻画草地、枝叶，笔中的水分不少，但其朦胧感，靠的不是渗晕，而是色墨的浓淡，以及以适当水分对色墨的渲染。凡勾画细微的笔线，都比较容易控制。与生宣纸比较起来，能粗能细，别有一种味道。

此册的主要特点，是草虫与环境和谐统一，那些花叶、草地、枝蔓、蜂窝等，完全没有外加或点缀的感觉，有空气，有泥土气息，有光的照耀，有微妙的远近空间。换言之，画家画草虫的时候，就考虑到了它们与环境的关系——生活的季节，在画面上的位置和角度，在枝叶或草地上的情状，以及哪些地方该清晰，哪些地方该模糊。

此册草虫，工细，逼真，精微处若隐若现，似有似无，与观者在大自然中观物的经验相合，而绝无在自然博物馆看标本的感觉。如蝈蝈两根触须的轻微摆动，青蛾脚尖着地时的那种轻细，透过双翅显示出的身体弯动，以及马蜂翅膀的飞动感等，都微妙至极。这种微妙刻画，不仅靠眼睛的精审，还要靠心灵的体验。

齐白石有些先画草虫、多年后再补花草的作品，有些先画花草、后来又补画草虫的作品，有些含代笔草虫的作品，常会出现草虫与环境不够和谐的情形，这在某些贝叶草虫作品中尤为明显。

（之一）蝈蝈

题款
寄萍堂主人

钤印
芝（朱文）

（之二）黄蛾

题款
三百石印富翁

钤印
木居士（白文）

（之三）蚂蚱

题款
齐大

钤印
老齐（朱文）

（之四）绿蛾

题款

濒生

钤印

芝（朱文）

（之五）秋蛾

题款

寄萍堂主人

钤印

芝（朱文）

（之六）黑蜂

题款

八砚楼主人

钤印

老齐（朱文）

（之七）马蜂

题款
杏子坞老民

钤印
木居士（白文）

（之八）青蛾

题款
甲子冬白石山翁

钤印
齐大（朱文）、老齐（朱文）

藏印
王鹏琦曾收藏（朱文）

玉兰八哥

1924年
232厘米×62厘米
纸本水墨设色
轴

题款

性初仁先生清正，甲子春二月十又二日得友人和诗，
中心喜乐，欣然画此。
齐璜，时同在京华。

钤印

木居士（白文）、白石翁（白文）

玉兰八哥　1924年

1924年，齐白石衰年变法已大获成功，其中人物、山水比花鸟画更成熟。花鸟在整体上还处在从奇崛、减少、冷逸向浑厚、精美的过渡阶段。其中立轴作品有更多探索痕迹，如花枝较繁密，用笔较粗放，构图也不很讲究。青藤的狂放、八大的疏简少见了，却又没有吴昌硕式的简练厚重。所见这一年的荔枝、菊花、佛手、藤萝等作品，大都如此。这幅《玉兰》即很典型：用笔刚健有力，但行笔速度快，还不像吴昌硕那么沉着；整棵的玉兰树，枝多，花多，其意在摆脱冷逸画风，但他还没有意识到，冷逸与否不在物象多寡，而在笔墨风格和形象塑造。

玉兰又称作"木笔"，白色的为玉兰，紫色的为辛夷。花有九瓣与六瓣者。齐白石喜画六瓣玉兰，极少画辛夷。他的家乡玉兰不多，在北京又较少出门，对玉兰的观察写生不像对荷花、梅花、牡丹、梨花、杏花那么用力，那么有感情。玉兰色白而结构奇特，对外形要求较严，适宜以勾勒染色法表现，不大适宜大写意画法。齐白石一生画玉兰不多，也与此有关。

玉兰　约1932年

玉兰　约1932年

栗树

1925年
176.8厘米×47厘米
纸本水墨设色
轴

题款

丁巳前过南邻子小园，南邻女子能上梯折栗子赠余，栗刺伤指见血痕，犹无怨态，此好梦不觉忽忽九年矣。白石记。

钤印

木居士（白文）

收藏

中国美术馆

1925年，是齐白石画风发生明显变化的一年。从这幅《栗树》可以看出，构图不像前两年那么繁密了，精简了许多，单纯了许多。墨色的整体对比得到了强化，该突出的有所突出，该减弱的有所减弱。笔墨趋于平稳沉着，行笔慢了下来，不那么飘动和浮躁了。整个作品把栗树拉近，画面贯穿一株直干，上不着天，下不着地，从上端伸下三小枝，枝上长着叶子与带刺的栗果。树干与大枝用淡赭墨，细枝与果叶用中墨和重墨，层次分明而有变化。枝的前后穿插，果与叶的上下错落，有显有露，有疏有密。果、叶虽多用重色，重中有笔画变化、笔笔沉实。这一年所画松鹰、棕榈、柏树、老少年、荷花等，也都有类似的突进。可以说，画家经历了一次“质的飞跃”。

此幅题跋很有意思，说家乡的南邻有小园，小园有栗树，主人家的女孩子爬上梯子，为他采摘毛栗子，刺破手而无怨态。弹指间9年过去，亲切的邻里关系成了遥远的“好梦”，再也寻不见了。短短四十来字，成一篇淡远隽永的散文，寓感慨于简洁记述，在时空与角色转换的画面中，写出惆怅的诗意。

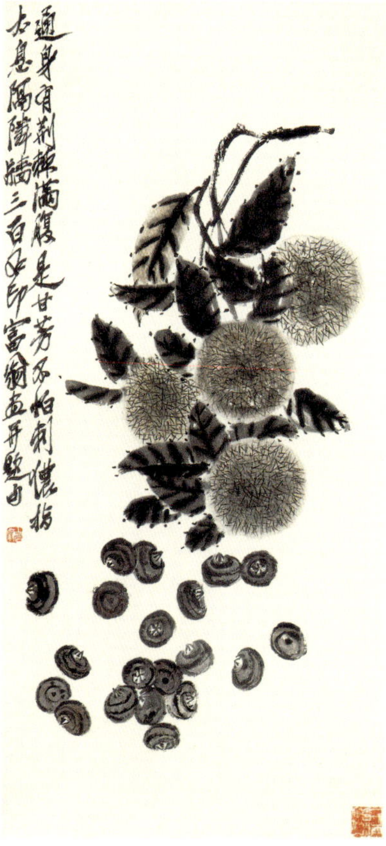

栗子荸荠　约20世纪30年代初期

栗树　1925年

鹳鸽樊笼

1925年
132厘米×33.5厘米
纸本水墨
轴

自题

鹳鸽能言自命乖，樊笼随意早安排。不须四面张罗网，自有乖言哄下来。谚云：有巧言者，鸟在树上都能哄得下来。白石翁。

乙丑七月初七日，目所见耳所闻，因画此幅，并题记。

钤印

借山老人（白文）、白石翁（白文）

又题

蓉秋十兄见此称许不置（止），坚欲索去，即赠之。璜。

钤印

老苹（朱文）

藏印

张宗宪藏（朱文）

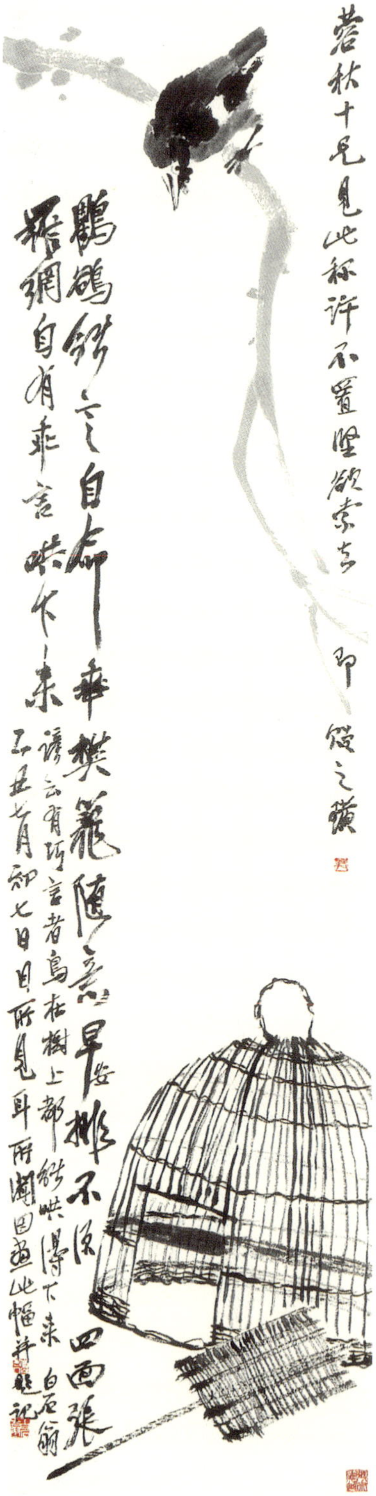

鹳鸽樊笼　1925年

海棠八哥图　1945年

八哥

鹳鸽俗称八哥，以能言招人喜欢。齐白石画鹳鸽，多借题句喻人事经验。如题《古树归鸦》：“八哥解语偏饶舌，鹦鹉能言有是非。”此幅画一只八哥立在枝头下窥，地上有开着口的樊笼。八哥是刚从笼子里飞出来，还是想飞进笼子去呢？白石题道：“鹳鸽能言自命乖，樊笼随意早安排。不须四面张罗网，自有乖言哄下来。谚云：有巧言者，鸟在树上都能哄得下来。”这是把民谚变成了诗，而诗的含义更耐人寻味——先说能言的八哥自命乖巧，进而说安排“樊笼”，能把鸟儿从树上“哄下来”的“乖言”更高超。

老人的笔锋真是“一箭双雕”。他警示人们不要像八哥那样“自命乖”，因为自作聪明常常被“聪明”所误。他又告诫人们警惕比“能言”八哥更乖巧的花言巧语，以免自投罗网。10年来，画家“吞声草莽”“窜逃京华”，饱尝了世事的艰险，这看似有趣的诗，其实包含着历世的体验。

此画全为水墨，作于1925年夏。这一年“衰年变法”取得了突破性进展，无论山水、花鸟、人物都有很优秀的作品。画中八哥在枝上俯身下望的姿态极其生动，而笔墨也一变单薄而为浑厚，一炷香式的行书题款，把分为上下两部分的狭长构图连成一气，纵横自如的书法笔画也与樊笼、树枝的笔线相呼应，诗书画印铸成了一个整体。

不倒翁

1925年
224.5厘米×32.3厘米
纸本水墨设色
轴

题款

秋扇摇摇两面白，官袍楚楚通身黑。笑君不肯打倒来，自信胸中无点墨。此诗新作，题不倒翁第一回也。
子美仁兄鉴，乙丑秋九月齐璜并题记。

钤印

木居士（白文）、白石翁（白文）

收藏

北京荣宝斋

不倒翁　1925年

不倒翁图 1919年

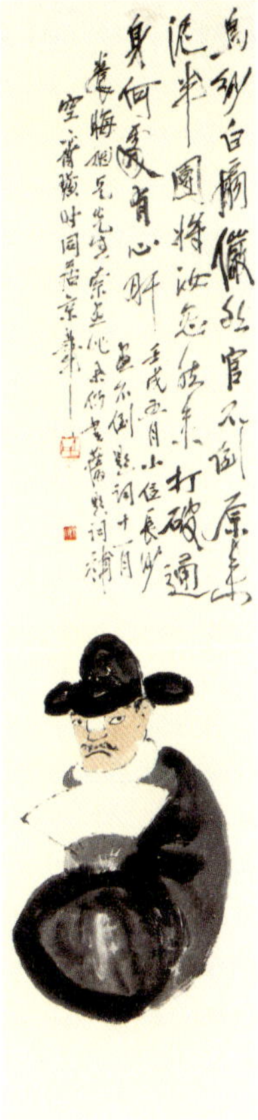

不倒翁图 1922年

定居北京后，齐白石创作了许多不同形态、题词也不尽一样的不倒翁。迄今所见最早的一幅，作于1919年。以单一的墨色画背侧面，不倒翁戴官帽，画法拙稚拘谨，还不是后来的丑角模样。同年，又为胡南湖画《不倒翁》，题跋借其“胸内皆空”和“不倒”来颂美“既无争权夺利之心，又无意造作技能以愚人”的人品。

1922年所画不倒翁已成后来常见的赃官模样。题曰：“乌纱白扇俨然官，不倒原来泥牛团。将汝忽然来打破，通身何处有心肝。”至此，画不倒翁的寓意就完全变化了。本书收入的《不倒翁》，作于1925年9月，人物形象与1922年所画相同，诗则新作。不倒翁仍通身黑色，面部染赭，鼻梁与折扇留白。诗的前两句写不倒翁“秋扇摇摇”“官袍楚楚”，俨然“父母官”的外貌，后两句忽然提出“不肯打倒”，因为他胸无点墨！一表一里，一反一正，谐中寓庄，使人感到画家盱衡世事的洞察力，而适当的漫画手法和妙趣横生的诗题又相得益彰。把低能腐吏的丑陋以玩笑态度揭示出来，竟如此轻松！同年冬，又为弟子贺孔才画《不倒翁》，取背侧面，题诗又有变化：“能供儿戏此翁乖，打倒休扶快起来。头上齐眉纱帽黑，虽无肝胆有官阶。”1926年，又作背侧面《不倒翁》，但题诗与1922年为养晦所作那幅相同。至此，不倒翁的造型与题诗，大体形成了完整模式，以后的变化就不大了。

《不倒翁》集中表现了白石老人的幽默与智慧，堪称中国绘画史上的经典创造。

柴爬

1927年
133.4厘米×33.3厘米
纸本水墨
轴

自题

余小时所用之物，将欲大翻陈案，一一画之，权时画此柴爬。白石并记。
伊藤先生清正，时丁卯秋初，齐璜同在燕京。

钤印

阿芝（朱文）、老白（白文）

又题

所欠能嘘云几层，申如龙爪未飞腾。
入山不取丝毫碧，过草如梳鬓发青。
遍地松针衡岳路，半林枫叶麓山亭。
儿童相聚常嬉戏，并欲争骑竹马行。
白石山翁又题新句。

钤印

木人（朱文）、白石翁（白文）

藏印

庞耐（朱文印）

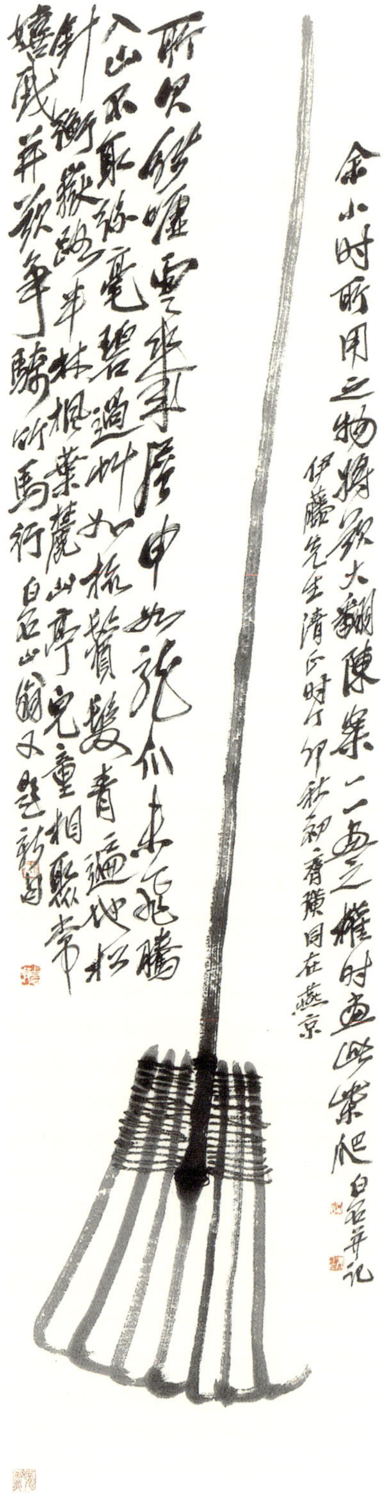

柴爬　1927年

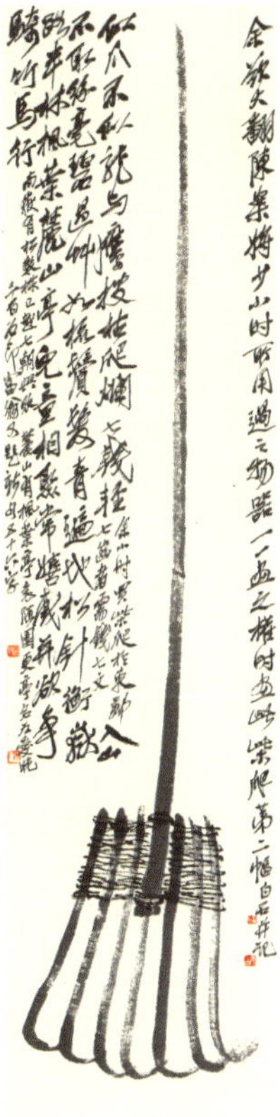

柴爬 1932年

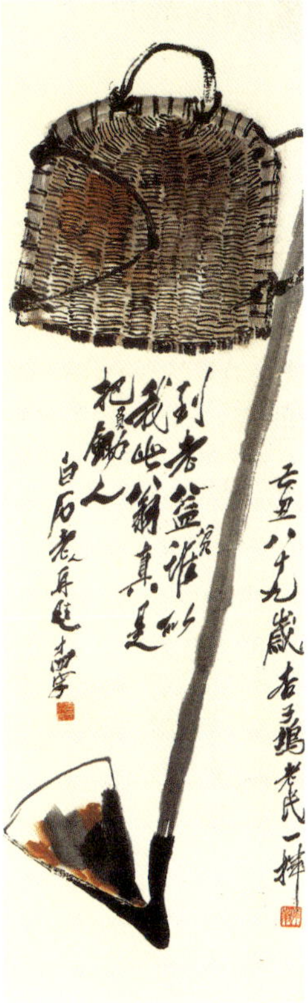

农具 1949年

柴爬，北方又称作“爬子”，有时又写作“柴笆”。用竹片烤编而成，把柄很长但质轻，一般用于勾爬地上的树叶和脱了根的柴草，是农村拾柴用的工具。齐白石幼时常到山上打柴草，对此物极熟悉。他在诗中诙谐地说：柴爬“申如龙爪”，但不是能嘘气成云、驾雾飞腾的龙。又说幼时到山里拾柴，从不伤害庄稼，只像梳子一样勾爬衰草和落了的松针枫叶。柴草拾满，小伙伴们一起玩耍，把柴爬当作竹马来骑。

北京画院藏另一《柴爬图》，尺幅、构图、画法、题字大体一样。题跋中写明是“权时画此柴爬第三幅”，应是此幅的续作。诗题的前两句改为“似爪不似龙与鹰，搜枯爬烂七钱轻（自注：余小时买柴爬于东邻，七齿者需钱七文）”。1963 年出版之《齐白石作品集·第一集·绘画》将此幅定为“一九三二年七十岁作”，显然不当。

齐白石晚年居京，怀念儿时的一切。于是欲“将少时所用过之物器一一画之”。他固然没真的这样做，但少时记忆勾起他对童年的回忆，这回忆又成为创作的内在动机，是确实的。他还画过一幅《竹》，题诗曰：

儿戏追思常砍竹，星塘屋后路高低。而今老子年七十，恍惚昨朝作马骑。

画一丛竹子，也使他回到骑竹马的年代，好像昨天还在星塘老屋后面玩耍！人们说白石有一颗童心，殊不知这童心正是他晚年艺术的一大源泉。

紫藤蜜蜂

1927年
140厘米×60.8厘米
纸本水墨设色
轴

题款

蒙茸一架自成林，窈窕繁葩灼暮阴。南国红蕉将此貌，西陵松柏结同心。裁霞缀绮光相乱，剪雨萦烟态转深。紫雪半庭长不扫，闲抛簪组对清吟。借王世贞诗补画之未工也，齐璜白石山翁，丁卯二月。

钤印

白石翁（白文）
年高身健不愿作神仙（朱文）

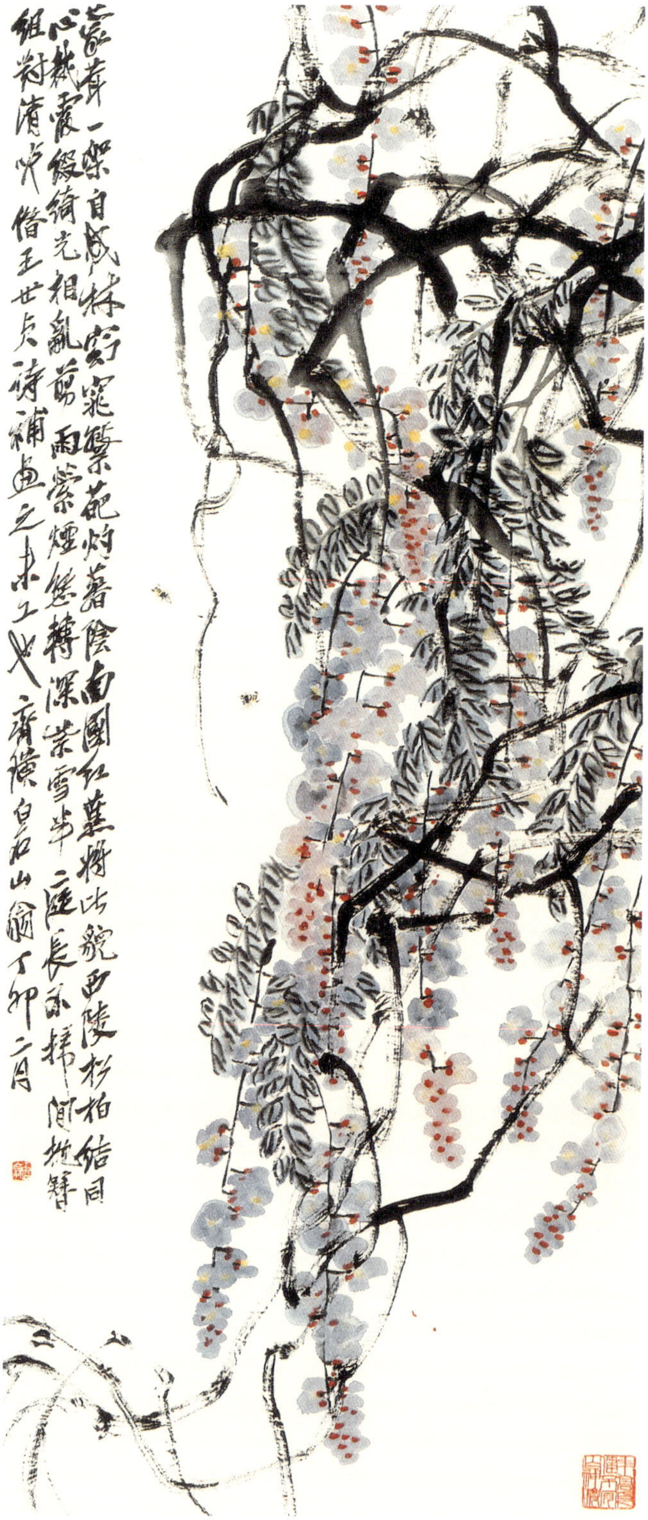

紫藤蜜蜂　1927年

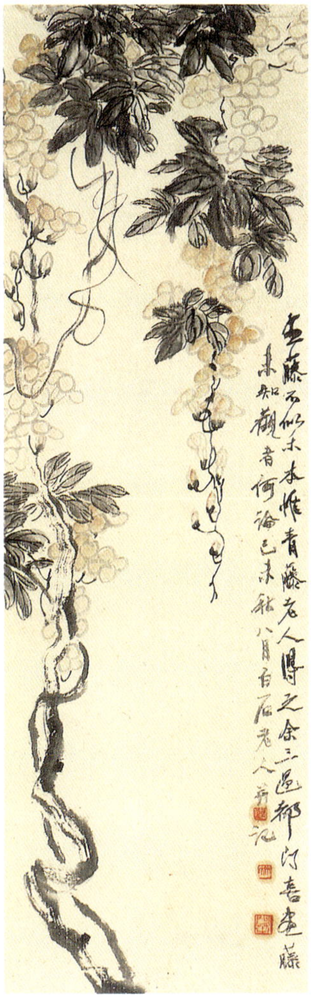
藤萝 1919年

藤萝蜜蜂 约20世纪30年代初期

齐白石画藤萝，在 20 世纪 20 年代初学徐青藤，用笔飞动狂肆，约在 1925 年前后，向吴昌硕靠拢。此幅作于 1927 年，可以看出画藤的变法已经大获成功，无论整体风格、具体画法，都已自成体制。画中的枝干用焦墨画，运笔拙重而慢，力透纸背，其苍枯盘结，与藤花的光润秀美形成强烈对比。花朵施鲜亮透明的嫩色，用没骨法点画，紫中渗红泛黄，真如珠玉一般。20 年代初，白石追求“超凡之趣”，以形似为“俗”，这几年回归真似，力求深入刻画对象不同的形状、质感和细微的精彩处，而又不失之俗艳。其审美取向，由野逸的文人意趣转向面对广大城市受众的“雅俗共赏”。齐白石把这种转变概括为“红花墨叶”——红花墨叶固然是一大特色，但这四个字远不能包容他的全部探索与创造。如高度形似与笔墨的统一，浓艳的色彩与多重墨色的结合，没骨法与勾勒法的结合，以及诗情画意的表达等等。

此图的疏密、聚散十分得宜，看上去饱满、舒展而通透。这关键首在枝干搭成的“骨骼”，其次是花叶安排的疏密虚实。构图布局要靠理性，也要靠感性，缜密的设计与即兴的发挥同样重要。

李铁拐

1927年
106厘米×32.4厘米
纸本水墨设色
轴

题款

丁卯正月造稿，画此第二回也。
应逸轩仁兄之请，齐璜白石山翁。

钤印

木人（朱文）

李铁拐 1927年

李铁拐
约1895年

李铁拐 约1932年

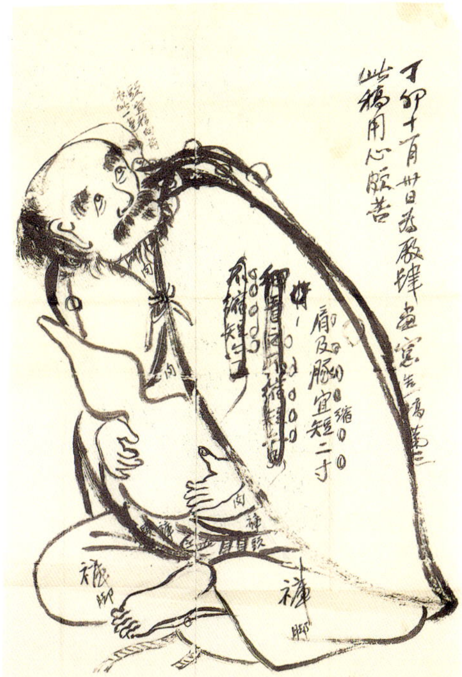

李铁拐 约1927年

李铁拐是一个传说人物，至少元代以来就不断成为画题。齐白石年轻时画过《八仙图》，60岁以后，只画八仙中的李铁拐，特别在1927年至1928年两年，创作了很多幅。他对李铁拐的兴趣，一是因为这个形象触动了他的所思所感，二是买画者的要求。他早年所画，多拄杖立姿，强调主人公的“拐”相，晚年所画，多坐姿，强调主人公的神态和亦丐亦仙的身份。早年画的是一个传说人物，晚年则要借形象创造喻事喻理。

晚年画的李铁拐，有正面、侧面；有背着葫芦、抱着葫芦，大都蓬头垢面，短须，一副乞丐模样。画上题诗也多种多样。如“形骸真个能潇洒，我笑神仙尸未解。天下从来多妄妖，葫芦有药人休买”。——是告诫人们，世间有许多装成神仙的“妄妖”，葫芦里卖假药，且勿上当。这是针对社会欺诈现象而发。“形骸终未了尘缘，饿殍还魂岂妄传。抛却葫芦与铁拐，人间谁信是神仙？”——借“饿殍”还魂的仙人，如果不是拿着葫芦与铁拐，谁相信他的神仙身份呢？这是说世人只看外表形象，不追究底里。此意还作过另外的表达：“还尸法术也艰难，应悔离尸久未还。不怪人间皆俗眼，从无乞丐是仙般。”白石还多次画过拿着丹砂的李铁拐形象，题诗是：“尽了力子烧炼，方成一粒丹砂。尘世凡夫眼界，看为饿殍身家。”在后两句诗里，或直说俗眼不识真仙，或拐弯说仙人既装进了乞丐皮囊，也难怪他们不识货。如果联系20世纪20年代齐白石的情况，不难看出隐蔽的自喻因素。在他看来，自己的艺术长期不被理解，是一些人只看他的出身和外表，这正如把李铁拐看作“饿殍身家”。但这类含自喻之意的绘画与诗歌，鲜有愤懑之情，而更多的是幽默和无奈，以及寓于这种幽默、无奈中的智慧。

这一幅《李铁拐》，作于1927年正月，同月又为邻居画行走回望的李铁拐，他觉得满意，“随手取包书纸勾存”了一幅。同年11月又创作两幅《李铁拐》，第二年（戊辰）又画过两幅。从北京画院收藏的底稿，以及白石写在底稿上的文字，可知这类大写意人物画，是反复修改、精心经营而成的。

发财图

1927年
137厘米×33厘米
纸本水墨
轴

题款

丁卯五月之初，有客至，自言求画发财图。余曰：“发财岐路最多，何以能知？”曰：“君姑妄猜着。”余曰：“欲画赵元帅否？”曰：“非也。”余又曰：“欲画印玺衣冠之类耶？”曰：“非也。”余又曰：“刀枪绳索之类耶？”曰：“非也。算盘何如？”余曰：“善哉！欲人钱财不施危险，乃仁具耳。”余即一挥而就，并记之。三百石印富翁。

钤印

木人（朱文）、白石翁（白文）

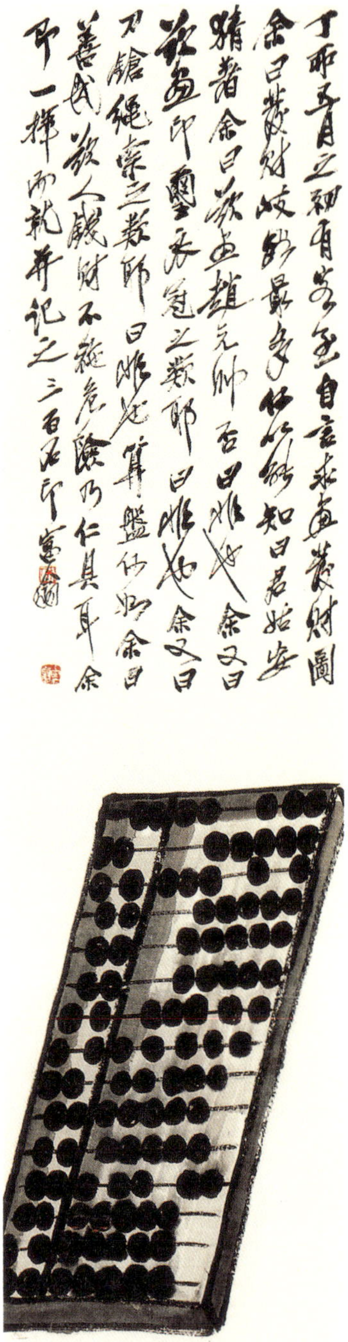

发财图　1927年　私人藏

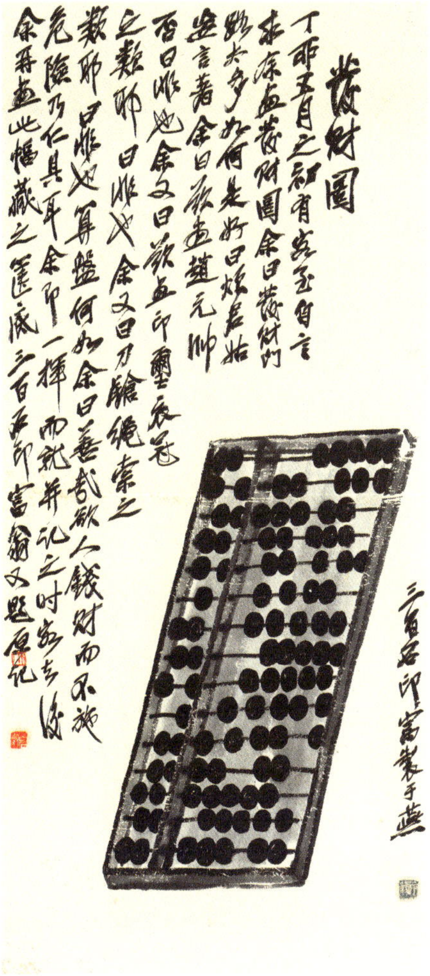

发财图 1927年 北京画院藏

《发财图》是齐白石的一幅著名作品，它的题跋尤为评论者重视。所见《发财图》有两幅：一为私人收藏，即本书所印者；一藏北京画院（收入《齐白石作品集》和《齐白石全集》）。私人收藏者为首作，北京画院那幅为同一日“再画”并“藏之箧底”者。两幅的题跋也微有区别，第一幅说“发财岐路最多”，到第二幅改为“发财门路太多”，“岐”字本意为“岔道”，齐白石把花的分枝也称为“岐”，并没有贬义。第一幅“君姑妄猜着”，第二幅改为“烦君姑妄言着”，也只是用字稍异，无意义变化。第一幅比较严谨工整，题跋书法秀劲而流畅，第二幅带有复制性质，相对草率，书法也随意些。

算盘是生活中最为常见之物，但很少入画，作为“雅玩”的文人写意画是不会把它作为主角描绘的。齐白石却将它作为画面的唯一主角。虽然题跋说是客人索要，但客人索画故事也许出于杜撰。就画面而言，单画一个算盘没有意思，单写一篇关于算盘的短文意思也不大，像这样把二者结合起来，才平中见奇，出人意表，在特殊中见出一般，在现象中发掘了本质。至于跋文的含义，观者可以根据自己的经验去领会。有人说，这是对剥削者的揭露与讽刺，有人说这是对正当商业行为的肯定，各有其理解与发挥。但作品的幽默、机智和巧妙，又是大家所公认的。

渔翁

1928年
134厘米×33厘米
纸本水墨设色
轴

题款

看着�有所思，湖干海涸欲何之。
不愁未有明朝酒，窃恐空篮征税时。
白石山翁并题新句。
泊庐仁弟法论，戊辰又二月小兄齐璜持赠。

钤印

老白（白文）、木人（朱文）、白石翁（白文）

收藏

中国美术馆

渔翁　1928年

这是齐白石一幅颇有批判意味的作品。刻画一个赤脚老渔翁，一手持竿，一手持空篮，正在思虑的样子。他在想什么呢?画家题道：

> 看着筠篮有所思，湖干海涸欲何之。
> 不愁未有明朝酒，窃恐空篮征税时。

湖水干了，海水涸了，打不着鱼。不怕没有酒喝，就怕来人征税。齐白石生活的年代，军阀征战，官僚腐败，一切的负担，最后都摊到老百姓头上，各种名目的税款，没完没了。《白石老人自传》谈及他避乱北京之前的家乡，是“官逼税捐，匪逼钱谷，稍有违拒，巨祸立至”。“有碗饭吃的人，纷纷别谋避地之所。”——这就是此画创作的背景。画家批判的矛头，直指腐败的官吏，而为最下层的百姓鸣不平。当时的中国画，像这样的作品是很少的。即使齐白石自己，也是偶尔为之。

作此画的1928年，衰年变法已大获成功，尤其大写意人物，比山水花鸟都更为成熟。此作只画渔翁，对环境不着一笔，但人物赤脚持竿的形象，虚拟出水边的环境，不会有人觉得他是在家中或市上。人物头顶草帽，短衣短裤，只染肉色。草帽遮住了老翁的眉眼，但其低头看篮的情态十分传神，与“看着筠篮有所思”的诗意配合得天衣无缝。那根细长的渔竿和绕在竿上的钓丝，好像在微微颤动，细看，这仍是意笔而非工笔，是写出而非描出的。此略似白石老人工笔草虫配写意花卉，既构成粗拙与精致的对比，增加了画面形式的完美，也反映出画家把握世界的独特角度。

此画是送给弟子杨泊庐的。20世纪20年代末、30年代初，齐白石与杨泊庐关系密切，多有书信往来，杨泊庐曾为白石处理关于房子的纠纷，白石多次相赠画作。[1] 此图有若干幅，大同小异。王方宇曾藏其一。也曾见伪作行世，伪作绘画与书法功力极差，很容易辨识。

农夫　约20世纪30年代晚期

渔翁图　1928年

〔1〕郎绍君：《齐白石全集》第10卷“行书信札”，湖南美术出版社，1996年，第118—214图。

雨后烟云

1928年作，1931年补题
140.5厘米×40厘米
纸本水墨
轴

自题
雨后烟云。寄萍堂上老人。

钤印
木人（朱文）、白石翁（白文）

又题
此幅自藏三年，一日示小溪弟，爱不释手，余即赠之。
辛未夏，兄璜。

钤印
齐大（朱文）

此图最初无年款。1931年（辛未）夏，他送给门人张次溪，说“此幅自藏三年”，上推即1928年。张次溪，广东东莞人，1920年识齐白石，1932年拜白石为师。其父张篁溪与齐白石同门，均为王湘绮弟子。张次溪擅诗文，曾师事吴北江。1932年至1933年间，为编《白石诗草二集》，他到处请名家题词，又择良工刊印，使白石深为感动，曾写诗曰：“画名惭愧扬天下，吟咏何必并世知。多谢次溪为好事，满城风雨乞题词。”白石又先后画《双肇楼图》《江堂侍学图》相赠。20世纪30年代中期，张次溪开始为齐白石笔录口述传记，50年代整理出版为《白石老人自传》，后又根据笔录材料，写成《齐白石的一生》。齐白石晚年画山水不多，更极少以山水送人。但张次溪例外。此幅虽系白石自藏精品，见次溪“爱不释手，即赠之”。

齐白石很喜欢画米点山水，他自己称作“雨余山”，居北京后，无论立轴、册页，画过很多幅。不过，时人并不喜欢这些泼墨山水。他曾有诗题《雨后山村》云：

> 十年种树成林易，画树成林一辈难。
> 直到发亡瞳欲瞎，赏心谁看雨余山。

齐白石的“雨余山”承继米氏云山的传统，吸收了石涛重墨气的特色，根据个人的视觉经验加以革新。其大致样式是：远处画云山，近景画丛树村舍，再配以河泊、平坡、洲渚、小桥之属。虽也有米氏云山的迷离苍茫，却不像一般同类作品那么模糊一片。他画树叶的卧笔横点与画树干的挺直竖笔，笔笔分明，又连成一体，确是“画树成林”。这一幅尤为精心之作，仅树林就画四层，间以洲桥瓦屋，最远处才是山外烟云。全画纯用水墨，笔墨果断而苍浑，含蓄耐看，与常见白石山水画有所不同。

雨后烟云　1928年作，1931年补题

得财图

1928年
94厘米×43厘米
纸本水墨设色

题款
得财。
豺狼满地，何处爬寻。四围野雾，一篓云阴。
春来无木叶，冬过少松针，明日敷炊心足矣，朋侪犹道最贪淫。
白石山翁造稿并题新句，诵昭画家清论。
戊辰春，齐璜。

钤印
老白（白文）、木人（朱文）

藏印
张宗宪曾经拥有（朱文）

《得财图》与《渔翁》都画于1928年春，也都有些批判的含义。和《渔翁》相比，《得财图》与齐白石个人的联系更密切些，也更耐人寻味。画面描绘一个赤脚农村少年，用柴爬扛着空篓寻柴。也像《渔翁》一样，没有环境描写。基本为白描，只给人物淡染肉色。五官与手脚用淡墨细线勾画，特别是眼睛，刻画精致，没有丝毫的潦草。衣纹粗壮，但上衣、裤子墨色浓淡有别，柴爬用焦墨，柴篓用含水多的淡墨，这种寓精细、变化于粗放的特色，最能体现齐白石大写意的风貌。

用“得财”作为画题，表明白石老人对这两个字的重视。但这“财”不过是烂草而已，而且尚未到手，正如渔翁的空篮。非财而称“财”，未得而说“得”，显然是反话。画家在题跋中说：豺狼满地，四围野雾，篓子里装的只是“一篓云阴”。“春来无木叶，冬过少松针，明日敷炊心足矣，朋侪犹道最贪淫。”这笔锋可谓“一箭双雕”——一指“豺狼满地，四围野雾”的社会环境与处境，正是这环境使人无财（柴）可得；二指“犹道最贪淫”的“朋侪”，他们对拥有枯柴空篓的人也嫉妒，甚至伤害。

这当然不是在讲少年拾柴的故事，而是一种借寓手段。因为“豺狼满地”，齐白石才避难北上，到北京以刻印卖画为生。略有收入，却被人说成“最贪淫”。前面讲过，齐白石一生保持着朴素农民的作风，生活节俭，绝不轻抛一分钱。对此，画界一些“朋侪”看不惯，不免生出一些嘲讽，传入老人耳朵。《得财》正是对这些嘲讽的回答。

此图是送给女画家孙诵昭的。孙诵昭为金城弟子，但也一度从白石学画。

得财图　约1928年

得财图　1928年

检书烧烛图

约1928年
67.3厘米×31.2厘米
纸本水墨设色
轴

自题
检书烧烛短。
客有携佳纸出卖，值余正检残书，即画此。

又题
启吾先生别来容易七年矣，今儿辈省亲来京华，复将还乡，检此寄赠，如见故人。
戊辰秋七月，弟齐璜记。

钤印
木人（朱文）

收藏
北京荣宝斋

这是一幅小画。初画时有题，无款印。送人时再题，才有“戊辰秋七月”的年款，并加盖“木人”印。那么，此画是否也作于戊辰即1928年呢?从题款的篆书、行书看，应属同一时期的风格。

“检书烧烛短”不知有无典故，从题跋“客有携佳纸出卖，值余正检残书，即画此”看，似为触景生情，随手勾画的小品，所以才没写名款，也没加钤印。但却是白石老人对自己“当下状况”的描写：点着蜡烛检书，蜡烛越烧越短……作品的奇异处，一在画家心血来潮，对生活的一瞬做有趣描写；二在它的艺术处理：没画屋子、桌椅、人物，只画两部半露的古书，一座方形直立的烛台，将尽的烛火已很微弱。这情境对于我们，真是又亲切又遥远。

书和烛台以墨勾染，不着色，唯残烛染以明亮的朱红。这些什物都安排在画面右下角，余空留给题款：篆书作题、行书作跋，并且成为整个画面的一部分。这个简洁的画面把我们带到20世纪20年代的北京，带到齐白石居住的胡同和平房小院，让我们感受这位大画家在烛光下读书、作画、吟诗的情景。

灯砚图　约1934年

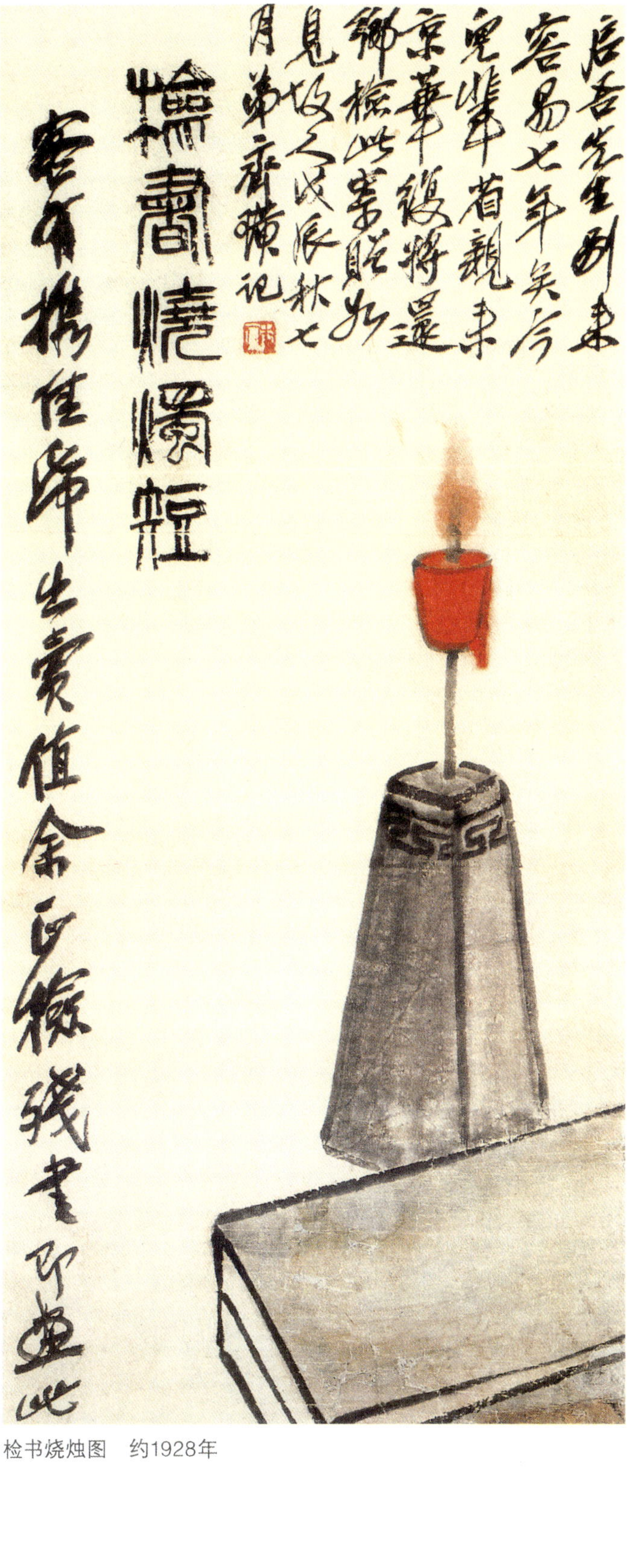

检书烧烛图 约1928年

柳桥送学图

1929年
180厘米×46.5厘米
纸本水墨设色
轴

题款

丹虚仁弟戊辰春三月以书索画已经年余，未及为答，自觉非情，今画此幅，远寄沪上。
时己巳秋七月乞巧日。
久雨生凉，快人意也，兄齐璜并记。

钤印

白石翁（白文）、齐璜之印（白文）

柳桥送学图　1929年

上学图

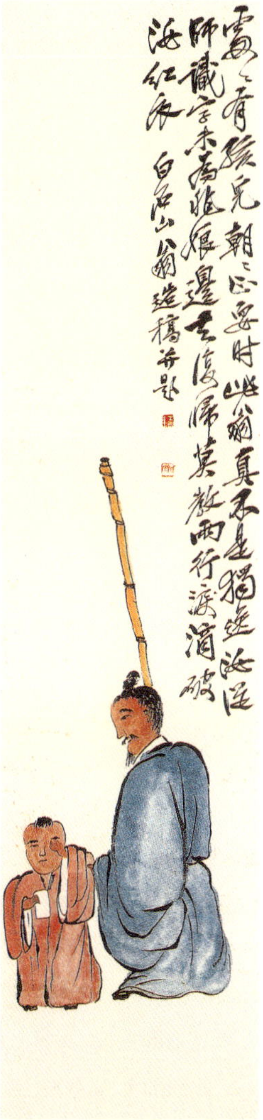

送子从师图
约20世纪30年代初

齐白石画过不少《送学图》（或《送子从师图》），都是描写一老人送一小儿去读书的情景，不画景物只画人。这一幅《柳桥送学图》，实为山水，人物只是点缀而已。但画家把他们点缀在画面最突出的地方——近景小桥之上。仍然是一老一小两个人，到了这具体的景物中，给人的感觉就大大不同了：孩子变成了村童，老人变成了村老。远山高耸如阙，垂柳柔条依依，波光粼粼，桥路清幽。原来的《送学图》，画家着力刻画的是老人对孩子舐犊情深的怜爱之情，这一幅转换为对村居生活环境的精心描绘，对有耕有读的桃源境界的一种向往。画中的孩子还是穿着红衣服，但并没有哭，而是一手抱书，一手提篓，很听话的样子。这细微的改动，与作品构思的调整、诗一般抒情的景物刻画完全一致，可见出白石老人的匠心。大多山水点景人物都以简略胜，画出动态就可以了，此幅则描绘得十分具体，一如作为人物画的《送学图》那样。这也许并非有意为之，却使作品更耐看有趣。从《送学图》到《柳桥送学图》的空间转换，使我们产生了又熟悉又陌生的感觉，这种手法，今天看来也蛮“现代”。

无量寿佛图

1929年
66.7厘米×32.8厘米
纸本水墨设色
镜片

题款
无量寿佛。
紫垣仁兄十年朋友也，尝藏余画，今又索余画佛像，恭应之。
己巳秋七月，明日七日矣，齐璜并记。

钤印
老白（朱文）、甑屋（朱文）

白描罗汉画稿

齐白石不是佛教徒，但他与佛教、佛寺、佛弟子颇有渊源。湘潭多寺庙，衡山是有名的佛教圣地之一，他居家时与寺僧有过往来。定居北京的前三年，他先后租居南城的法源寺、龙泉寺、石镫庵、观音寺，并有诗曰：“法源寺徙龙泉寺，佛号钟声寄一龛。谁识画师成活佛，槐花风雨石镫庵。”“木偶泥人似老翁，法源寺里感相逢。此翁合是枯僧未，又听观音寺里钟。”在寺院住久了，与一些僧人也交了朋友，如道阶、瑞光等，瑞光喜欢画，后来成了他的弟子。初到北京，他的生活困难，有时用佛家语安慰自己。有诗曰：

> 买地常思筑佛堂，同龛弥勒已商量。劝余长作拈花笑，待到他年手自香。
>
> ——《画佛手柑》

齐白石画观音、罗汉、佛像，多数都是应买者之求，少数是为自己画的。他经常在佛像上题“心出家僧齐璜”，以示虔诚。但正如我们前面讲过的，他既非无神论者，也不是在家修炼的居士。正像大多士大夫文人那样，只对宗教抱一种同情的认知态度，并把这种认知视为应有的文化素养。前面也说过，齐白石画佛像，有些如观音，是模仿来的，有的受金冬心影响。但多数为自创。他的自创形象，不在意是否合乎法相规范，如袈裟如何、发髻如何、手印如何、法器如何等，不过大致近似就是了。所以同一个形象，有时题作《达摩》，有时又题作《无量寿佛》。多数情况下，他的“佛像”都有胡须，深目高鼻，是罗汉而非佛。这种随意的态度，与重心悟不重修行的禅宗观念也有一定关系。

此图的无量寿佛，是所见白石最出色的佛像作品之一。己巳年（1929）白石 67 岁，衰年变法已大获成功，画人物也借鉴了大写意花鸟之笔法，风格一变而为奇纵阔大。此像头部刻画简而精，身体和衣服则简而粗放，色彩鲜艳沉厚，其方脸大耳、神情专注、裹衣侧坐的形象，令人过目不忘。

无量寿佛图　1929年

秋水鸬鹚

1929年
147厘米×50厘米
纸本水墨设色
轴

题款
己巳十月之初，齐璜。

钤印
齐璜（白文）

秋水鸬鹚　1929年

鸬鹚俗称鱼鹰子，黑色，能潜入水中衔鱼，渔人多喂养，以役其捕鱼。齐白石最早画鸬鹚，始自1904年赴江西途中。但鸬鹚形象在他的山水画里出现，似在20世纪20年代。这幅《秋水鸬鹚》，作于1929年，是所见较早的一件。

近处小洲上，有一群鸬鹚在休息，有几只在水中捕鱼——有的已把鱼叼在嘴里，有的大半个身子钻进水中。水面空阔，波光闪闪。远处山岸后面，有一轮巨大的红日，似喷薄而出，又似徐徐落山。小洲、鸬鹚、山岸都用浓重墨色，看去有逆光感。全画以苍劲的横线勾波浪，以没骨画山、洲和鸬鹚。在构图上，分散的墨块色块彼此孤立，靠了大面积的线描连为一体。整个作品空阔辽远，气势雄大，鸬鹚反而是景色的点缀。这种布局，后来在1932年为王瓒绪画的《山水十二屏》中也出现过。

此幅画太阳可谓夸张至极，既大且艳，有似儿童涂鸦，给观者以强烈的刺激。大胆和不拘一格，常能给观者带来意想不到的惊喜。

日白帆红　1932年

鸬鹚写生稿　1904年

紫藤

约20世纪20年代晚期
250厘米×62.5厘米
纸本水墨设色
轴

题款

西风昨夜到园亭，落叶阶前一尺深。且喜天风能反复，又吹春色上衰藤。借山吟馆主者制并题旧句。

钤印

木居士（白文）、白石翁（白文）、三百石印富翁（白文）

藤萝蜜蜂　1929年

藤萝　1934年

紫藤　约20世纪20年代晚期

藤萝是齐白石常画的题材。他喜画藤，一是因其美；二是因自己会种藤养藤，藤花常引起他对过去生活的回忆；三是借以寄寓。但他的寄寓从不以藤花喻“明珠”“紫玉”，而总是联系自己的生活，表达真情实感。如《题画紫藤》：

春园初暖闹蜂衙，天半重藤散紫霞。雷电不行笳如鼓，好花时节上京华。

这是说他1919年春，因避乱迁居北京的事，那正是紫藤开花的时候。多年后，他在北京的四合院里画紫藤，不免想起了离家出走的往事，一种怀恋故土的感情油然而生。再如《题画藤》：

湘上滔滔好水田，劫余不值一文钱。更谁来买山翁画，百尺藤花锁午烟。

这是说他家乡的田地因兵灾不能收获，在北京又难卖画，尽管画了很多美丽的藤花，也还是伴着贫愁。大约1922年后，他卖画好转，心情不同了，诗情画意也有了变化。本书所选这幅《紫藤》就是在这种情境中创作的，画中题诗，前两句“西风昨夜到园亭，落叶阶前一尺深”，描绘的是与藤花无关的秋景。后两句笔锋一转，“且喜天风能反复，又吹春色上衰藤”。又是说春天了。一夜之间，怎么会由秋到春?这当然是一种艺术夸张，隐喻境遇和心情的变化。初到北京时，他像身处西风萧瑟的秋天一样，随着生活和地位的改变，他尝到了成功者的欣慰，犹如见到了春天。这不是“天风能反复，春色上衰藤”吗?那遇春风而盛开的“衰藤”，也就是他的自喻了。

此画高2.5米，在白石画藤中是罕见的，有人称之为“藤萝王”，从画风和题款书法看，应作于20世纪20年代末、30年代初。胡佩衡《齐白石画法与欣赏》介绍说：“老人六十岁时认为画藤的功夫很差，特别在章法上最差，所以每天要练习创造不同构图的藤萝小稿。”他画藤萝，大抵是画南方花叶并开之藤，但也曾到中山公园观看过先开花后长叶的北方紫藤，回来画了一幅，因为没有叶子遮掩，“太费经营”，还是画南方的藤。关于这幅大藤，胡佩衡介绍说：老人72岁的时候，我看他画一大幅紫藤。约八尺长二尺宽。这时正是老人功夫纯熟、精力充沛的时期，布置很费经营。众散穿插各极其妙。笔力的健爽与小幅意境不同，花叶的开放又能尽情发挥，对枝、干、花、叶，都特别的审慎。十多簇花盛开，藤叶掩抑、干蔓前后穿插而不乱。所以细看一枝一花一叶都各有意致。当时画这幅画的时候，老人很觉吃力，虽是春天，而额间汗出淋漓，一上午才画完。之后悬挂壁间，看了多时，尚觉不足，又取下添画最上面的一簇花，在空白处下垂，他才认为满意。他说：“有这一簇花为全幅生色不少，构图又新颖，又能表现出画外藤萝无尽的意思。”[1]

此画无年款。胡氏肯定白石作于72岁(1934)。《齐白石作品集·第一集·绘画》标“一九三七年作”。从题款书法和笔墨意味看，与胡氏所言大致相符。

〔1〕胡佩衡、胡橐：《齐白石画法与欣赏》，人民美术出版社，1992年，第65页。

松鹰

约20世纪20年代晚期
263厘米×46.5厘米
纸本水墨设色
轴

题款

雪爪星眸世所稀，摩天专待振毛衣；
虞人莫漫张罗网，未肯平原浅草飞。
借申时行诗。
立稳秋风渐渐凉，松身千尺许多长；
万山余石鸟飞绝，四野无人天欲霜。
齐白石自题新句，时居京华。

钤印

白石翁（白文）、木人（朱文）、老齐（朱文）、
齐璜之印（白文）

松鹰　约20世纪20年代晚期

松鹰是齐白石最喜画的题目之一。迄今所知,他的松鹰图都作于定居北京之后,从20世纪20年代到40年代,先后画过很多不尽相同的松鹰图。所见最早的一幅,是1922年的《鹰石图》,以泼墨画鹰欲落欲飞之状,十分生动,鹰的造型颇似,画法也相当熟练。北京画院藏画鹰小稿,稿上的题字如"尾毛九数""后腿宜长三分""爪上横纹极细"等,皆为指导作画的口气。20年代初,子如、移孙叔侄从白石学画,这类画稿似是他们临写的画稿,白石在上面做了批注。从这些批注,可以看出齐白石对画鹰的熟悉。《白石诗草二集》有一首题《鹰》诗:"连年看汝立,嘴爪世应稀,杀气层霄上,飞搏众岭低……"标题之下注曰:"余亲眼看立于大枫之枝,常数年不去。"这显然指在家乡时对鹰的观察。我们虽未见齐白石居京前的画鹰作品,却很难说他早年没有画过鹰。

白石画鹰及题诗,多有所寄。他的家乡多松多飞禽,画松画鹰不免勾起乡思。天津艺术博物馆藏《松鹰图》题:"戊午避乱湘山,携吾孙阿移起居长松之下,感慨何如也。"再如《题画鹰》诗:"振羽何曾猎一围,无穷搏击只私肥。如今四面全开网,浅草平原一纵飞。""祝网无惊四面深,当年击处尚搜寻,终朝立此好泉石,要洗搜寻处处心。"这些诗画把鹰比作搏击搜寻的"英雄",它们占据"好泉石",但常常不过"只私肥"而已,他希望这种状况有所改变。这是身处军阀混战年代的平民百姓,对"英雄"们的期望与不满。

当然,齐白石作画并非都有寄寓。作为猛禽,鹰体现着一种刚健有力之美。把鹰画得真实生动,笔墨苍劲有味,不题诗也能让人获得精神享受。齐白石画鹰,追求真似生动,把鹰画得精气活现,有雄视苍茫大地之概。把鹰与松画在一起,不仅是因为鹰常落松枝,也因为松本身具有一种挺拔不凋、不惧风雨的品质。在近代画家中,高剑父、高奇峰、潘天寿等也喜欢画鹰。在高氏昆仲笔下,鹰奔放而苍凉,似有一种英雄落魄感,在潘天寿那里,鹰和秃鹫更接近于一种雄怪博大的精神符号。齐白石画的鹰就是鹰本身,它们与苍松巨石为伍,是人的自然对象。这种不同,与画家的个性和创作方法有关。

此幅《松鹰图》刻画秋天,一鹰独立松巅,张目远望。"万山余石鸟飞绝,四野无人天欲霜。"没有鸟儿没有人烟,霜临大地,雄鹰是否也有孤独感呢?全画构图狭长,一松凌空而上。赭墨画鹰,中墨画松干,重墨画松针,构成显明的墨色层次。画鹰身的笔小而润,画松干的笔大而渴,画松针用尖毫,极尽细劲挺秀之意。题款一炷香式排列,恰与松干相呼应。

鹰石图　1922年

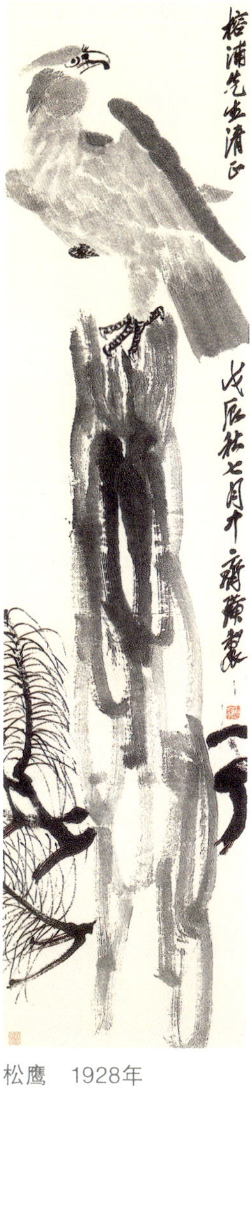

松鹰　1928年

读书图

约20世纪20年代晚期
91.2厘米×48.5厘米
纸本水墨设色
轴

题款
相汝之貌，令人可憎；相汝之形，百事无能。若问所读何书?答曰：道经。白石山翁意造并题新句。

钤印
白石翁（白文）

约 1929 年、1930 年间，齐白石用大写意笔法，画过若干幅大同小异的《读书图》。除此幅外，还见北京画院藏一立轴，北京荣宝斋藏一册页（见本书）。三件作品系出同一稿本，都画一个不修边幅的有须老者，穿肥大破旧的衣服，着拖鞋（草鞋），一副无所事事、自在逍遥的样子。他半坐半仰于山石之上，举一线装书欲读，但眼望天空，却不看书。三幅中，此幅刻画人物、勾线和着色相对工整。北京画院所藏者，题为《读书图》，人物形象与画法与此图最相近。题跋略不同：

> 相君之色，一色可憎。相君之形，百事无能。若问所读何书？答曰：道经。寄萍堂上老人造稿并题新句。

两图应作于同一时期，但北京画院那幅的题跋用词更文雅些，可能稍晚。两幅题跋都强调出是“意造”“造稿”。1930 年，齐白石为门人寅斋画 24 开人物册页，此图为最后一开，名为《还山读书图》，作画时间应比前两幅还晚些，画风更为奔放。此册中的 12 开，后归荣宝斋，即本书所收之《十二开人物册》。那么，《读书图》与《还山读书图》在意思上有什么区别吗?似没有。“还山”二字，应是归隐山林之意。语出南朝沈约，他奏请去官退隐，有“乞还山”句，后人便以“还山”二字喻归隐。如宋刘克庄《水调歌头》：“再拜谢不敏，早晚乞还山。”白石用“还山读书”作题，应是泛指还归山林读书的意思。画中人物读道经，大概暗指归隐与道家思想有关。所谓“相汝之貌，令人可憎；相汝之形，百事无能”，应与白石对道家无为思想的理解有关。但这些题句近于自嘲，有点正话反说之意。当然，这并不意味着齐白石是在评价道经，他的画，对老子和他的著作也“幽默”了一笔。

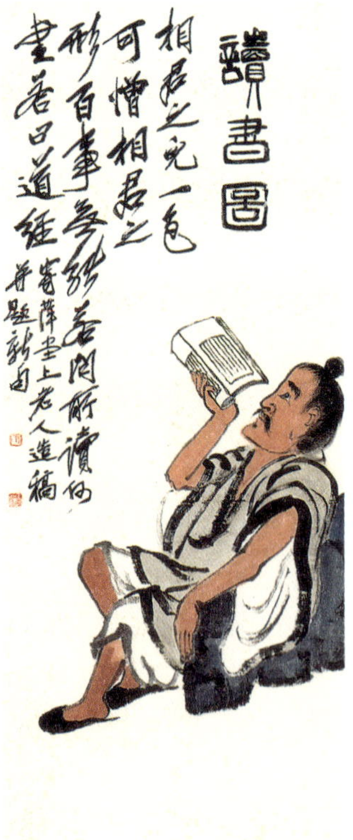
读书图　约1935年　北京画院藏

读书图　约20世纪20年代晚期

稻草鸡雀

约20世纪20年代晚期
135厘米×36.6厘米
纸本水墨设色
轴

题款

借山吟馆主者制。

钤印

木人（朱文）

收藏

中国美术馆

稻草鸡雀　约20世纪20年代晚期

齐白石家乡的秋天，到处都有捆起来的稻草，立放在田里。稻草上的余粒，不断吸引成群的麻雀，以及啄食的小鸡，构成一幅朴素亲切的田园画图。《稻草鸡雀》真实地描绘了这一景象。

此图先用细而渴的笔勾出稻草，再染以淡赭，然后用湿润的中、重墨画鸡雀。地上不着一笔，皆留空白。大面积灰黄的稻草和空白把小而浓重的鸡雀衬托得十分突出。在构图上，稻草在偏上的左半部，右下方空白地上画小鸡，稻草和小鸡都局部出边界，令观众有左右延展的画外之思。稻草顶上的小雀，其动态、墨色都与地上的小鸡相呼应。最后，把题款挤在有稻草的左上角，更增强了作品的整体感与紧凑感。

齐白石对小鸡情有独钟。他年轻时就熟悉画鸡，但研究画小鸡却是在定居北京以后。他在家里养着小鸡，经常观察写生。其画法，初用大笔圆点刻画鸡身，用短线勾嘴与爪。不多的几笔，能把小鸡立、跑、争食的种种姿态生动地表现出来，画一群小鸡，则能用浓淡墨把它们区分开，并不混成一片。约 70 岁后，将圆点法与平涂法结合起来，墨色浓淡轻重更趋精妙，神态更似。老人多次谈到他画小鸡的体会：

> 余六十岁以后画鸡雏，能不似笔作成，年将七十，始能水墨浓澹自然，笔尖生花亦偶然为之也。
>
> ——《题小鸡图》北京画院藏
>
> 画过八千绢，方不似鸡子，不似之似乃真是。
>
> ——《鸡图》北京画院藏
>
> 余画小鸡二十年，十年能得形似，十年能得神似。
>
> ——《题小鸡图》北京画院藏

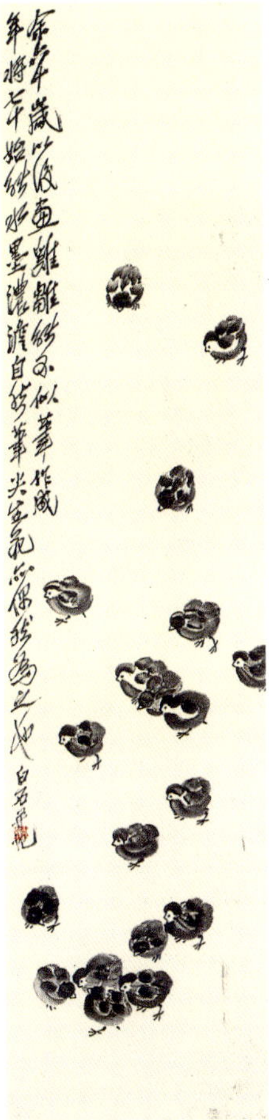

小鸡图

稻草小鸡图　约1932年

画小鸡和画虾一样，体现着齐白石大写意花鸟的最高水平。但也像他画虾一样，是经过长期艰苦的探索，才得以成功的。

和合二仙

约20世纪20年代晚期
92.5厘米×49.6厘米
纸本水墨设色
轴

题款

立身误堕皮毛类，恨不移家老读书。
佩衡仁兄法家正，齐璜。

钤印

木人（朱文）、白石翁（白文）

刘海戏蟾　约1945年

“和合”一词，本是和睦同心、调和顺利之意，如兄弟和合、夫妻和合、阴阳和合、买卖和合等。宋代的杭州，有腊月祀万回哥哥的习俗，“万回哥哥”蓬头笑面，身着绿衣，一手执鼓，一手执棒，云为“和合之神”，祀之可使在万里之外的人返归家中，故曰“万回”（明·田汝成《西湖游览志余》）。后人把唐代两位友好的诗僧寒山、拾得附会为“和合二仙”，画家则把他们描绘成蓬头笑面、和气诙谐之状。齐白石此帧，刻画两个亦僧亦俗的年轻人，一正面坐，一背面坐，一黄衣，一蓝衣，正面者抱膝微笑，背面者手持纸卷，看上去像是两个顽皮的孩子。题曰：“立身误堕皮毛类，恨不移家老读书。”语句类似内含理喻的佛家偈颂。

此幅为胡佩衡画。胡氏收藏过许多齐白石作品，包括神像在内的人物画。他说：“老人不管画神画鬼，细分析也是有现实为根据的，再加夸张，画成神鬼。其实这些作品，大都有影射，寓意很深。”又说：“白石老人的人物画看着简单，意义深长，都完全是突出心意的大胆创造，对人物的神情动态、内心活动的刻画都十分深刻。……可惜，有的画家不了解白石老人人物画的意义与情趣，只认为不合人体解剖，是‘丑画’。应该说，老人是我国近代一位伟大的人物画家和漫画家。”

称齐白石为“漫画家”也许不很恰当，但胡氏评价是有道理的。

和合二仙　约20世纪20年代晚期

持钵和尚

约20世纪20年代晚期
143厘米×33厘米
纸本水墨设色
轴

题款

余生长之星塘老屋，在衡山之下，四十岁以后始游祝融，足倦憩于寺门外，见门内之大钟，恍然属余之旧物。一僧请入客室，又见壁间挂佛像，手持钵，仰首若有所望，亦恍如余之曾经供奉者。余笑语寺僧，寺僧曰："君前身乃此寺之老撞钟僧也。此僧圆寂时自言，当降生于寺前五十里以外，君居洽合否？"余曰："然。"齐璜并记。

钤印

木人（朱文）

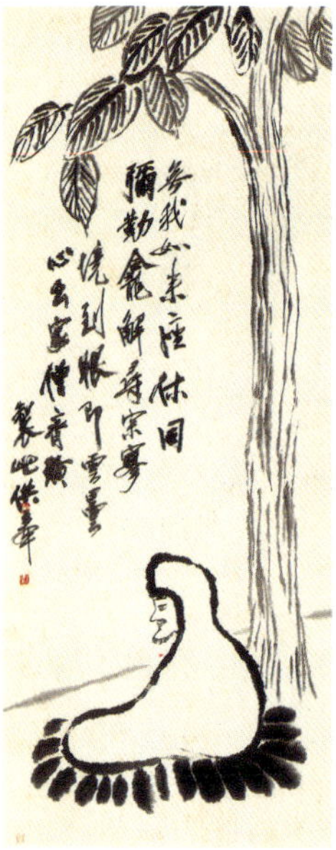

无我如来座　约1924年

佛像　1919年

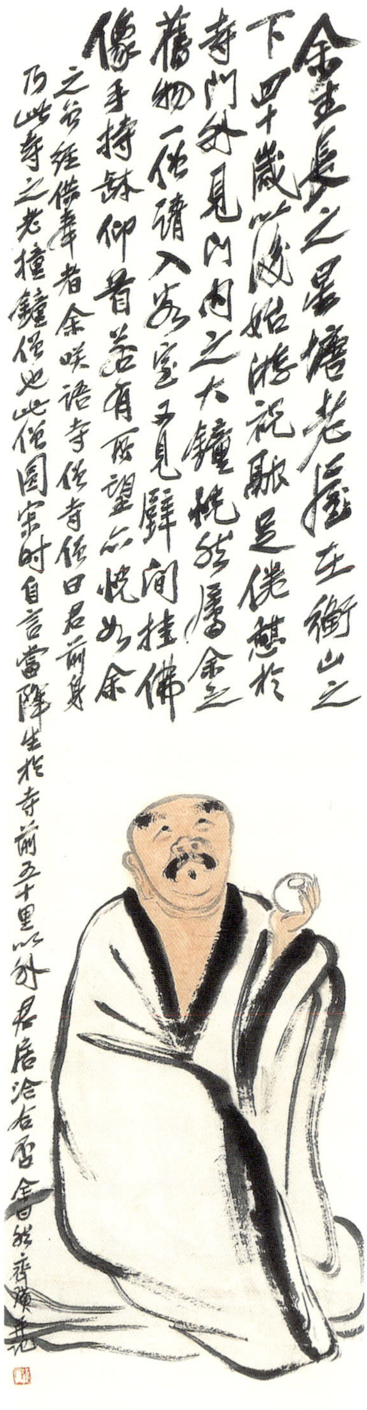

持钵和尚　约20世纪20年代晚期

此图从书画风格和有关记述看，约作于20世纪20年代末。跋中所言游祝融山寺庙，“见门内之大钟，恍然属余之旧物”一事，有关诗、跋中曾多次提及。如一次齐白石过生日（约1923—1925年间）[1]，门下弟子请他喝酒，饭后照相留念，他写了一首《余生期，诸门人进酒，饮后照影纪事》诗：

> 斯世何容身外身，相从寂寞惜诸君。衰年眼底无余子，小技尊前有替人。鬼道（余居西城鬼门关外）柴门天又雪，星塘（余父母居星塘）茅屋日边云。明年此时吾还在，对镜能知老几分。

此诗写出后，友人说不吉祥，他又召集门人重新照相，还作了《重聚留影并序》绝句四首。其序及第一首云：

> 前十一月某日余生期，诸生为余合照小影纪事。余题一律，直心居士见之，以为非祥。语之仲恂，恂述其言。余曰：“只要诗好，生死何关。”只是此生有未为之事，遂约诸生复聚，余着僧衣再照小影，以了佛缘。他日亦作剪纸可矣。
>
> 浴浴残躯沐沐颜，在家或与佛同龛。
>
> 天花乱坠吾曾看，记得前身是阿难。（余初游南岳庙，见大钟恍然旧物也。）

从序言“前十一月某日”口气推断，这次“重聚留影”距生日照相时间不长，应在同一年。在同一时期另外的诗作中，白石也谈及过他与大钟的关系。如：

> 石壁嵯峨古屋荒，若非仙迹即僧房。前身我是撞钟者，合傍僧房筑草堂。
>
> ——《雪庵和尚为余东邻画山水》
>
> 高不胜寒入九霄，老僧六月着棉袍。庙门久坐无人识，只有清钟是旧寮。
>
> ——《祝融峰》

“前身我是撞钟者”“只有清钟是旧寮”，都是说这件事的。

《持钵和尚》一画，时间上似略晚。在上述诗歌里，只说过“大钟恍然旧物”，此画跋文则增加了“曾经供奉”持钵和尚的内容。

这些记述，是真有其事，还是为化解“不祥”，在那次重聚留影时想象出来的故事，已无从考察。齐白石对宗教基本抱着一种艺术的态度，有时不大信，有时又宁信其有，不信其无。他是一个执着于生命，把“今生”看得最重要的人，为此而创造一个动人故事，不违背他的思想与性格。

---

〔1〕齐白石1923年秋冬之间由西四三道栅栏，迁居太平桥鬼门关外的高岔拉1号，1926年冬，迁跨车胡同15号。1926年3月，白石母亲逝世，7月，父亲逝世。诗注说“余居西城鬼门关外”“余父母居星塘”，表明门生为他过生日是居鬼门关外的时候，其时他的父母还在。他的生日在旧历十一月，因此，这次过生日一定不是1926年，而只能是1923年、1924年或1925年中某十一月。

岁朝图

约20世纪20年代末
136厘米×34厘米
纸本水墨设色
轴

题款

岁朝图。
寄萍堂上老人清兴一挥，儿女喜观之作。

钤印

白石（朱文）、故里山花此时开也（白文）

藏印

庞耐（朱文）

岁朝图　约20世纪20年代末

新喜 1953年

“岁朝”即一年之始，也就是春节。凡“岁朝图”，都专为庆祝春节而作的。描绘寓意吉庆、迎春之物，表现心情的欢喜。不过，画家对岁朝喜庆的理解不同，所选的描画对象也有所区别，大体说，像梅、水仙、迎春等春节前后开放的鲜花，像水果、点心等节日食品，以及与节日欢乐有关的鞭炮、灯笼、儿童玩具等，都是“岁朝图”选择的画题。这是传统绘画对春节的特别反映，也是画家表现节日心情的一种特别方式。齐白石画岁朝图也不例外，大都依循一般模式画各式吉庆物品，并没有特别的想象力与创造性。他更喜欢画鲜活的、在大自然中自在生长的对象。

此图无年款。从书法与绘画风格看，约作于20世纪30年代。花瓶中插着初绽的迎春，方盂里栽着盛开的水仙，近处大盘中，摆着鲜水果。“寄萍堂上老人清兴一挥，儿女喜观之作。”表达了老画家和家人的喜悦之情。花瓶、水果分别用鲜艳的红色与黄色，对比强烈，气氛浓郁，正是齐白石在衰年变法以后，转化为雅俗共赏、饱满明快的典型画风。瓶、果、水仙叶均用没骨法，迎春、水仙花和水仙盆，用勾勒法，两种画法的结合，使块面与笔线、色彩与水墨、骨力与韵致相得益彰。于非闇曾说：“老人的绘画是沿着两条表现方法的道路发展的，一条是古代的‘双钩’（钩出物体的轮廓线）方法，例如工细草虫；另一条是古代的‘没骨’（不用钩轮廓线）方法发扬光大的，这一成就是：一笔落到纸上就要成一个形象。这个形象的面、体和质感等等，就凭这一笔表达出来。毫不含糊。”对于这两种方法，齐白石运用自如，且能巧妙地结合。这幅《岁朝图》，即一例。

岁朝图 1938年

松鹰

约20世纪20年代末、30年代初
180厘米×64厘米
纸本水墨
轴

题款
齐璜制于京华。

钤印
木人（朱文）、萍翁（白文）

收藏
中国美术馆

松鹰　约20世纪20年代末、30年代初

松鹰　约20世纪30年代中期

前面介绍过一幅《松鹰图》，此《松鹰图》无年款，似比前一幅稍晚。前一幅画雄鹰独立枝巅，此幅画鹰立一焦墨横枝之上，松枝繁密，笔墨老辣强悍，与鹰身的淡墨形成对比，画面显得很有层次和空间感。但鹰的姿态与画法，两图都作回头雄视状，也都用淡墨。或许两件作品的创作时间相差不久。

上面说过，齐白石画松鹰体现着力量，有时还洋溢着对英雄的渴望之情。但老人笔下的松鹰，从来不一味强悍，而总是在强悍中含着清峻、飒爽，和某种程度的孤独感。如白石画松诗曰：

本大根深高不危，九霄鳞爪纵横飞。
千年雪色不凋坏，任汝寒风尽力吹。

老人很少画雄鹰窃视松鼠鸟雀，或者捕捉与躲藏的种种状态。这与他画小鸡捕食、螳螂举刀一类有情有趣的画面相当不同。画雄鹰有肃然景仰之意，画鸡雀草虫则有亲切爱怜之情。此外，白石老人特别用情于勾画那些尖细的松针，它们繁密、修长，似有风动，如闻涛声。不因寄寓崇高之意而淡化大自然的多姿多彩与真实感，是齐白石艺术很可注意的特色。

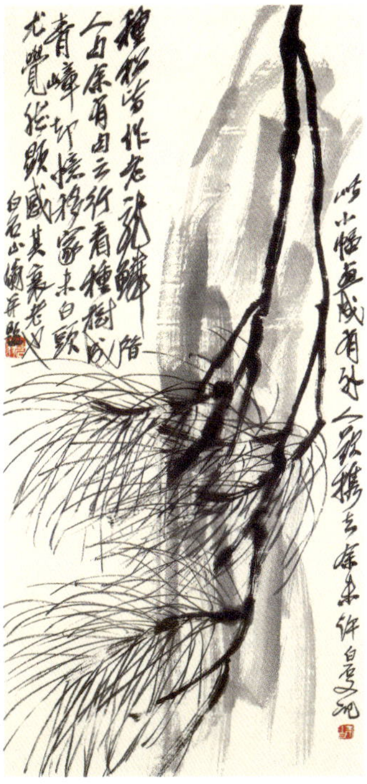

松　约20世纪20年代晚期

荷花鱼戏图

约20世纪30年代初期
83厘米×26厘米
纸本水墨设色
轴

题款
白石。

钤印
木人（朱文）

收藏
中国美术馆

荷花鱼戏图　约20世纪30年代初期

齐白石画荷很多，几乎各时期都有作品留下来。他的荷花大致有两种体制，一是画近景荷，直接描绘荷叶、荷梗、荷花，穿插以禽鸟如翠鸟、鸳鸯、水鸭等，草虫如蜻蜓、蝴蝶等。这种体制，从古代的折技花传统发展而来，明清大写意画家如青藤、八大、吴昌硕等，都沿用此法。这种近景荷花，可以微观表现，也可以粗写其大意，可以画新荷，也可以画残荷。二是画远景荷，把荷花置水池、水塘乃至河泊之中，远远望去，只见圆圆的荷叶、尖尖的荷花，别有意趣。这种远景荷花，多画新荷、小荷，鲜有画残荷者。这一传统，金冬心开其端，至齐白石臻于极致。1925 年作《山水十二屏》中的荷塘，1933 年作《莲池书院图》中的荷花，都属于后一种体制。

在变法前和变法初期，齐白石画荷主要受八大影响，以减少、冷逸、空灵、清瘦为特色。经过变法，吸收了吴昌硕的浑重笔法，转为厚重饱满、浓墨艳色、强烈醒目。但其构图之变化多端、出人意料，与鸟虫相配之生动有趣，又远远超过了吴昌硕。

此图约作于 20 世纪 30 年代初，画盛开的一朵红荷，衬几片墨叶，正是衰年变法时创造的“红花墨叶”画法。它的构图和花叶造型，都取圆势而不取方势，笔墨纵放而能收敛，色墨对比强烈，但不忽视精致处的刻画。红荷花瓣艳而厚，荷叶墨色的浓淡变化颇有节奏感，墨蝴蝶有飞的感觉，淡墨小鱼就像在水中戏玩的样子。

这使人想起白石的一首小诗：

幽人生不辰，干戈阻乡井。何如池内鱼，闲嚼芙蓉影。

荷花图

花卉昆虫册　1948年

杏花

约20世纪30年代初期
134厘米×33厘米
纸本水墨设色
轴

题款

白石山翁。

钤印

白石翁（白文）

杏花　约20世纪30年代初期

杏花 约1922年

齐白石画杏花，乍看与画梅花、海棠有些相似，细看还是有区别的。无论枝条、叶子、花朵，乃至色彩，都有所不同。梅花有花无叶，直接长在枝上，杏花有叶有花，海棠也是有花有叶，但杏花开时，杏叶初生，又小又嫩，海棠花开时，叶子已经长成并且很密了。此外，梅花与杏花的花瓣小而圆挺，海棠花略大而柔秀轻细……齐白石能够准确地把握这些不同，把它们的形态、姿质刻画出来。

衰年变法后，齐白石画杏花、梅花等，在构图、笔法和用色上都明显带有吴昌硕影响的痕迹，但也有区别：白石用笔的刚健平直，与吴昌硕的圆厚浑拙不同，齐白石对花朵的刻画比吴昌硕更逼真，在笔墨的苍浑含蓄上吴胜于齐，在审物之精方面齐胜于吴。此图为白石70岁前后作品，墨色饱满，笔力挺劲，同一枝上，花色有深红有粉红——这不是画家的杜撰，杏花确有此种特例，齐白石观察之细，可见一斑。

菊花八哥

约20世纪30年代初期
136厘米×34厘米
纸本水墨设色
轴

自题

八哥解语偏饶舌，鹦鹉能言有是非。
省却人间烦恼事，斜阳古树看鸦归。
三百石印富翁题旧句，时居故都。

钤印

齐大（朱文）

又题

菊花正色未为工，不入时人众眼中。
草木也知通世法，舍身学得牡丹红。
菊花正色黄。白石山翁又题。

钤印

萍翁（白文）

收藏

中国美术馆

菊花八哥　约20世纪30年代初期

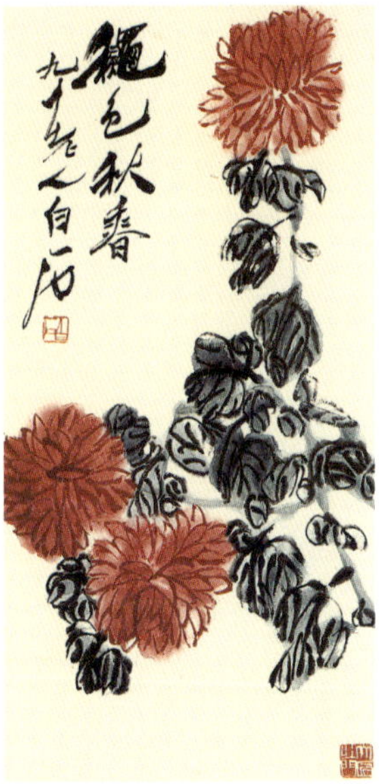

秋色秋香　1950年

八哥老松　1955年

在《鹳鸽樊笼》一画中，我们谈到齐白石画八哥以及有关八哥的题诗。此图的“八哥解语偏饶舌”一首，也已做了介绍。第二首写菊花，说它的“正色黄”，却长成了红色，因为菊花也学会了迎合世人，变成牡丹的红色了。这当然是一种拟人法，间接表达了画家对世俗趣味的看法，和不得不适应这种世俗趣味的无奈。将画牡丹视为迎合时人，最早出自宋代画家李唐的一首诗：“雪里烟村雨里滩，为之容易作之难，早知不入时人眼，多买胭脂画牡丹。”李唐原是北宋画院画家，南渡后到杭州，初以画自给，人们不买他的水墨山水，生活很困难，后来被发现是前朝“待诏”，才被看重起来，并成为画院首选画家。他感慨地说，早知道时人眼光如此低俗，不如“多买胭脂画牡丹”了。齐白石不少题画牡丹的诗，也表达过相似的意思，因为他初到北京的几年，与李唐的遭遇相似，故有同样的感叹。1920年9月，陈师曾组织赈灾画展，向白石索画，白石即作一幅《菊鸟图》，题了两首诗，其中一首曰：

> 老萍对菊愧银须，不会求官斗米无。此画京华人不要，先生三代是农夫。

其实，北京人当初不买他的画，未必出于看不起他的农夫出身。此幅《菊花八哥》题诗，以菊花也“学得牡丹红”的巧妙想象，讽刺那些“时人众眼”，是很辛辣巧妙的。

齐白石在衰年变法后，画菊花大抵以洋红勾花瓣，再点染深浅不同的红色，花瓣饱满，色彩浓艳。其最突出处，在勾勒花瓣的笔力，不用墨而有墨的苍劲挺拔。这一特点，越到晚年越鲜明，那些赝品画菊，表面相似，却绝无这样的笔力。此图约作于20世纪30年代初，白石在艺术上初进入盛期，构图与描绘都相当认真，特别是横竖四根竹竿的处理，把分散的花、叶和八哥连成了一体，颇见经营之功。当然，笔墨还不像后来那么纵意而老辣。

蝶花图

约20世纪30年代初期
132厘米×33厘米
纸本水墨设色
轴

题款

一双蝴蝶蘧蘧至，犹恐相逢是梦中。
知我平生非酷吏，故人相赠只清风。
樊樊山老人谢余赠画蝴蝶扇诗二首之一，借题此幅。
三百石印富翁齐璜。

钤印

白石（朱文）

收藏

中国美术馆

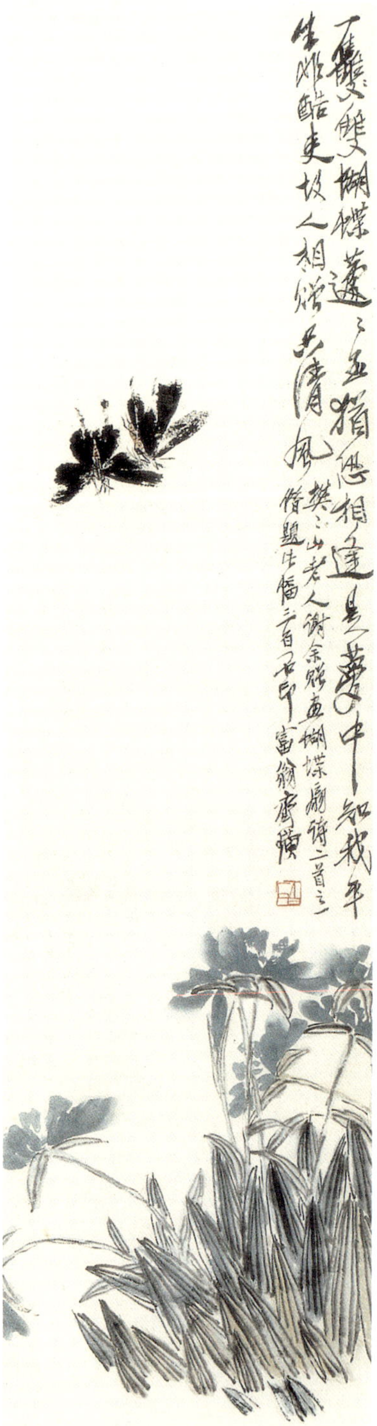

蝶花图　约20世纪30年代初期

蝴蝶兰 1946年

雁来红蝴蝶 约20世纪20年代初期

此幅中的蝴蝶兰，以花青没骨法画花，墨笔勾勒法画叶，叶上稍染花青。蝴蝶兰约占画面的三分之一，将其余三分之二留为空白。在大面积的空白上画两只正在徐徐飞落的黑蝴蝶，好像是盛开的蝴蝶兰，把两只真蝴蝶引了下来。两只黑蝴蝶的翅膀用大笔焦墨，从翅根向翅边挥写，愈到翅边飞白愈多，边缘轮廓虚虚实实，看去很有轻盈的飞动感。蝴蝶柔软的红色身体，细长弯曲而带小刺的腿，有毛的触须，都用细笔勾画，可谓形神俱似。整个作品，是工写结合，写中有工，工中带写。齐白石曾说：

> 客论作画法，工粗孰难？予曰：笔墨重大，形神极工，不易也。

> 此图尤其是画蝴蝶，当属于“笔墨重大，形神极工”者。

此画的构图，花在下，蝶在上，中间空，上下有点接不上气。这种情况下，长长的、字迹有大小变化的题跋，就起到了连接作用，成为画面不可或缺的一部分。

白菜

约20世纪30年代初期
135.5厘米×33.5厘米
纸本水墨
轴

题款

客见余画菜，谓曰："用墨浓澹不一，何也？"余曰："此苍生色，大众不同，日本苍生无此色，故不知也。"因记之于画，使后世以为余辈可怜人耳。
白石并记。

钤印

老白（白文）、阿芝（朱文）

收藏

北京荣宝斋

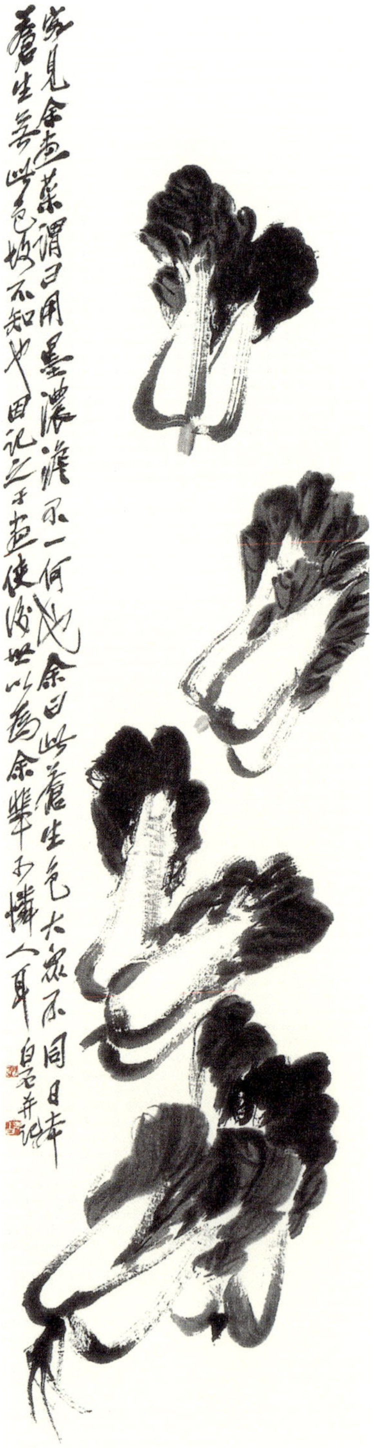

白菜　约20世纪30年代初期

齐白石喜欢吃大白菜，也常画大白菜。在北方的冬季，只有大白菜和萝卜等少数菜蔬便于贮藏，能从晚秋吃到开春，平民百姓总是把它作为主菜。齐白石画白菜，不是因为它好看，而是因为它亲切，能唤起他对农家的思念，便于他寓寄和借题发挥。他题画白菜，总很耐人寻味。如："朱门绝少，茅舍春早，一笑加餐，何曾同饱。""不独老萍知此味，先人三代咬其根。""白菜之佳无过北地，菌野之美惟有南方。"1944 年，胡佩衡请他画白菜，题曰："其色虽似吾侪，风味压倒园圃。"胡佩衡感到"意味深长"。又如题画白菜诗：

> 料理清蔬饱过年，菜挑常有集门前。
> 诸君休笑无颜色，也活余龄七十边。
>
> ——《题画菜》
>
> 诸侯宾客四十载，菜肚羊蹄嗜各殊。
> 不是独夸根有味，须知此老是农夫。
>
> ——《画蔬笋》
>
> 味美还在严霜，奢词煮鸡鸭汤。（曾文正云："鸡鸭汤煮白菜，远胜满汉筵席二十四味。"）
> 充肚者胜半年粮（谚语云：蔬菜半年粮。樊樊山翁为余题借山图句云："岂闻菜肚骄羊蹄。"），得志者勿忘其香。
>
> ——《画菜》

这些题跋和画菜作品，集中表达了齐白石强烈的平民意识和农民情感。他在这幅《白菜》题跋中，把画菜的浓淡墨色喻为大众的"苍生色"，说"日本苍生无此色，故不知也"。意谓中国苍生穷苦，内含为平民百姓鸣不平之意。

很少见齐白石早年的画菜作品。他在一幅《清白传家图》上曾题："余少年时，衡山陈世珠画菜小册秘藏之，此时不知归谁耳。"表明他早年曾师法陈世珠画菜。但今所见其画菜作品，均为北方大白菜，与湖南的白菜不同。这表明他晚年画白菜主要来自写生创造。

白菜蘑菇图　约1937年

款款亭亭

约20世纪30年代初期
101厘米×32厘米
纸本水墨设色
轴

题款
款款亭亭。白石山翁衰目。

钤印
木人（朱文）

款款亭亭　约20世纪30年代初期

此幅亦称“波水蜻蜓”。无年款，从风格判断，约作于20世纪30年代前期。齐白石喜欢画蜻蜓，也很喜欢画波水。此画把波水与蜻蜓画在一起，又不置他物，不是很多见。画面上波光粼粼，没有帆影，没有岛屿，没有涯际，不知这是大海、江河，还是湖泊。忽然飞来一只蜻蜓，成为空阔画面的主角，也暗示这附近有坡岸园林，或者荷香。

画家惜墨如金，只题了十个字：“款款亭亭，白石山翁衰目。”款款亭亭，形容轻盈秀美的动态。唐人就用以描绘蜻蜓了，如杜甫《曲江》：“穿花蛱蝶深深见，点水蜻蜓款款飞。”有时，人们又用“款款亭亭”形容少女走路的姿情。齐白石另有一首《题画蜻蜓》绝句，把“款亭”两个字换过来用：

> 哑哑鸦噪碧槐梢，唧唧蛩哀霜砌坳。堪笑蜻蜓亦多事，亭亭款款下花腰。

他又有一首《蜻蜓》：

> 落日风轻江绉微，钓鱼不得便思归。中年至乐原无事，立看蜻蜓点水飞。

白石在中年时代，曾有过幽居山乡、能静立塘边看蜻蜓的日子。这一幅“款款亭亭”，是不是令他想起了往日的生活呢？

蜻蜓戏水图　1943年

红蜻蜓（局部）

画中的蜻蜓极为工细，可以看清翅上透明的网纹，以及柔软又圆润的虫身。极工细又极鲜活，是齐白石画工笔草虫的特色。这是任何代笔和作伪者所达不到的。我在“齐白石的草虫”一章曾谈到白石三子齐良琨（子如）精于草虫，据传有时为白石老人代笔，但二人所画仍有相当的区别。对此，白石弟子于非闇曾有精到之论。他说：“齐老师画工笔草虫，我没有瞧见他怎样画，我也没有见到他养过蛐蛐、蝈蝈等草虫。但是，齐老师亲自画出来的工笔草虫，却和他自认为是他衣钵传人的齐子余（即齐子如）先生所画的有显然的不同，其他门下弟子们的模仿，那就更容易鉴别了。子余先生的画，确实可以乱真；可是，比起齐老师的工笔草虫，总是觉得工致有余而气韵不足，不如齐老师的有筋有骨、有皮有肉，使人耐看。例如，画蜻蜓，齐老师对四个翅膀的描写，先着力地写每个翅的主筋，用笔有去有来，瘦硬挺秀，使人一望而知这是翅膀的钢筋铁骨。其余大部分网状纹，则是随着翅膀的筋节，一笔一画地描写，又匀停，又润泽，使人看了有透明的感觉。又如，画蝗螨的六条腿，齐老师仅运用笔的一提一顿、一转一折，就把六条腿的筋骨皮肉特别是关节的交搭表达出来，达到生动活泼的境界。子余先生对这些，似乎功力还不够。”[1]

〔1〕于非闇：《感念齐白石老师》，见力群：《齐白石研究》，上海人民美术出版社，1959年，第32—33页。

莲蓬蜻蜓

约20世纪30年代初期
135.5厘米×33厘米
纸本水墨设色
轴

题款
白石山翁制。

钤印
白石翁（白文）、老白（白文）

收藏
中国美术馆

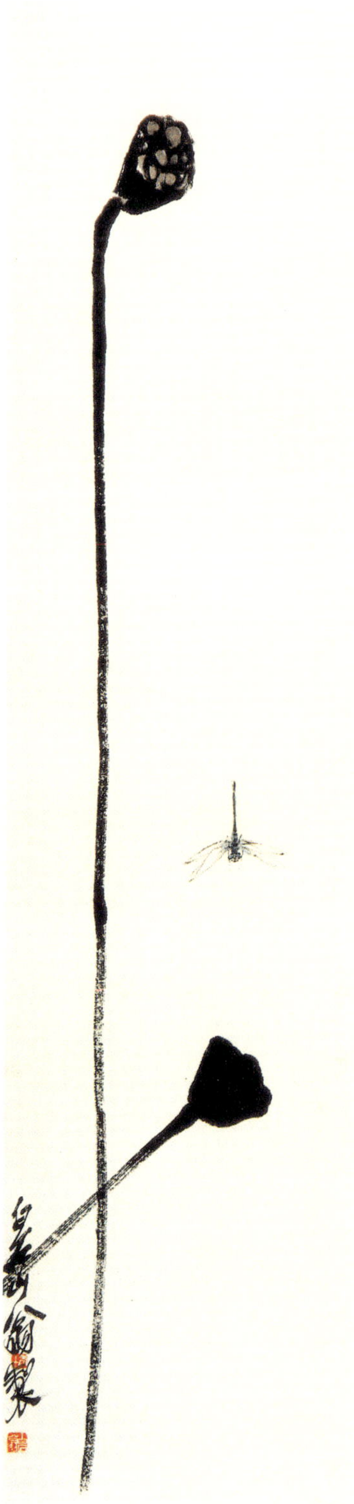

莲蓬蜻蜓　约20世纪30年代初期

蜻蜓莲蓬 1938年

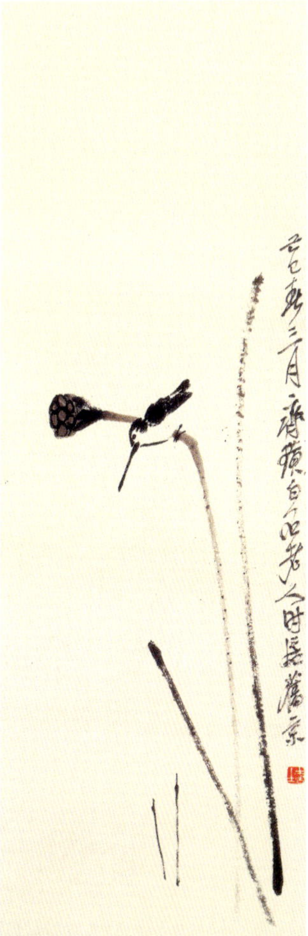

莲蓬翠鸟 1929年

前人画荷有时兼画莲蓬，单独画莲蓬较少，即使单画莲蓬，也是画采下来的，而很少见画长在水里、又枯又干的莲蓬。那原因很简单，干熟的莲蓬近于单调，缺乏生命感，不易入画，采摘的莲蓬还能引起清香美食之思，画面也好处理。齐白石画采摘的，也画生长着的莲蓬，画生长着的这幅，尤能显示他出人意表的构思和创造力。

此图用焦墨画两根熟透的莲蓬，不画一片荷叶，不画一笔水塘。其中一根直挺挺立于画面左侧，另一根斜着伸向画面，与其相交叉。从形式上说，一条直线与一条斜线相交成 x 形，而没有其他笔线与形状的遮掩，在视觉上是很不舒服的。

但妙就妙在画家又破了这个“死局”，他把题款压在斜伸的莲蓬枝上，又在莲蓬的上方画了一只蜻蜓，莲蓬斜向上，蜻蜓直向下，构成形式上的“活眼”，也给整个画面带来了活力与趣味。画莲蓬用大写意法，直、简、枯、黑，画蜻蜓用半工写，翅根微见绿色，精、秀、轻、巧，飘然而下，款款欲落。莲蓬与蜻蜓的这种对照、呼应与联系，不是最简洁地展现了生命流动、转换的真相吗？

这样的画面，白石一般不再题诗。因为画本身比诗更像诗。

松鼠

1930年

225.4厘米×34.7厘米

纸本水墨

轴

题款

不破仓壁，亦不害苗，一岭松风，独自居高。

白石山翁并题，伊藤仁弟清属，庚午齐璜。

钤印

木人（朱文）、白石翁（白文）

藏印

庞耐（朱文）

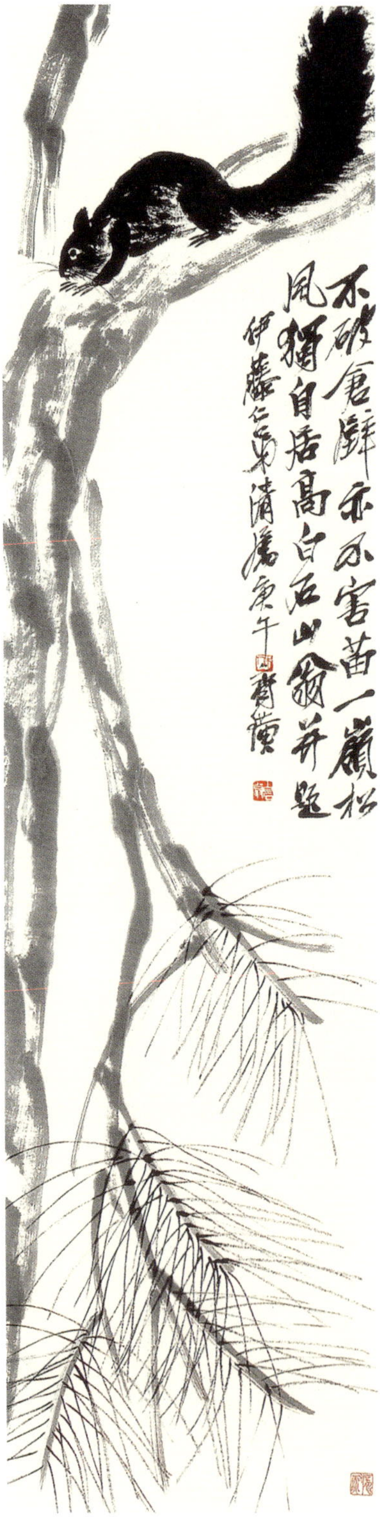

松鼠　1930年

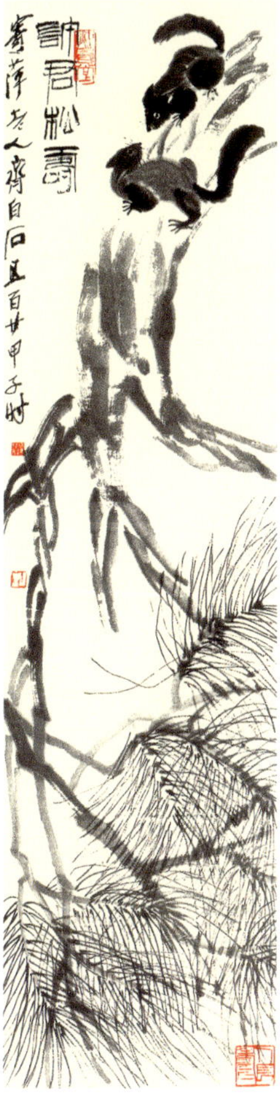

许君松寿 1947年

松鼠 1949年

松鼠是画家们常画的小动物，海上名家虚谷，就以细而枯的笔致画松鼠，备受画坛称赞。松鼠出没于大自然中，奔跳于树枝之上，不对人畜庄稼构成伤害，加之活泼灵动，不时摇动着一条大尾巴，受到人类的喜爱，画家的青睐。齐白石在这幅《松鼠》中写道：“不破仓壁，亦不害苗，一岭松风，独自居高。”以他特有的口气表达了对松鼠的好感。

此图构图极为讲究：松树干从画面右侧边缘向上伸出，半在画里，半在画外，直到快接近顶端，才转向画内，而松鼠就在这松干的转弯处。树干的后面，由上而下伸出一挺拔的松枝，其上的小枝和枝上的松针，直逼画面底部。这一干、一枝的上行与下伸，都发生在画幅的左侧，唯有松鼠从头到尾，横占了画面的大部分。松干、松枝交叉处的右方，留下近于半圆形的空白，这是构图上的大忌，画家把垂直排列的三行题跋置于这个半圆之内，立刻改变了阵势，整个画面的方圆、虚实、疏密、上下诸关系，显得奇突而自然。画枝干，用干湿相间的中墨，笔笔力透纸背，苍劲而含蓄。松鼠纯用焦墨，一下子被突出来，但画面也有凝重的墨色与它相呼应，那就是题跋的行书和细如毫发又秀劲多姿的松针了。

海棠

约1930年
135厘米×33厘米
纸本水墨设色
镜片

题款

湘绮师曾假瞿协揆楼赐饮，楼下海棠正开，高与楼檐齐，低枝垂地，花盛如云。师曰，吾平生所见海棠本大，此为第一。曾文正祠次之。
今日余因见师赐饮书，抡指忽忽二十年，感画此幅。齐璜记。

钤印

老白（白文）、木人（朱文）

海棠　约1930年

王湘绮“假瞿协揆楼赐饮”是在1911年的长沙。《白石老人自传》和胡适、黎锦熙、邓广铭编的《齐白石年谱》都有记述。《自传》说:“宣统三年(1911),我四十九岁。春二月,听说湘绮师来到长沙,住营盘街,我进省去访他……清明后二日,湘绮师借瞿子玖家里的超览楼,召集友人饮宴,看樱花海棠。写信给我说:‘借瞿协揆楼,约文人二三同集,请翩然一到。’我接信后就去了。到的人,除了瞿氏父子,尚有嘉兴人金甸臣,茶陵人谭组同等。瞿子玖名鸿机,当过协办大学士、军机大臣。他的小儿子宣颖,号兑之,也是湘绮师的门生,那时还不到二十岁。……当日湘绮师在席间对我说:‘濒生这几年,足迹半天下,好久没给同乡作画了,今天的集会,可以画幅超览楼禊集图啦。’”1911年后20年,正是1930年。

此图题跋说“因见师赐饮书,抡指忽忽二十年”。“赐饮书”应指湘绮召饮超览楼的信。王湘绮要他画的《超览楼禊集图》,直到1938年才完成,现藏故宫博物院。

白石在瞿家看的海棠“高与楼檐齐”,当然是木本海棠。此图所画,正是一枝由上向下伸垂的木本海棠。大小枝分布在画面左侧,浓密的花朵分布在画面右侧,枝干空处,恰好作题。整个构图,疏密得宜,画法以浓淡墨勾画海棠枝,以花青染叶,用胭脂勾点花朵,含秀美婀娜于清劲,浓丽而高雅,是齐白石成熟时期的佳作。

海棠图　约1934年

人物册（十二开）

约1930年
33厘米×27厘米
纸本水墨设色
册页

收藏
北京荣宝斋

此册原为24开，是为门人寅斋画的。王方宇藏12开《人物册》，尺寸、风格与此相似，有庚午（1930）款，不知是否属一套。此12开无年款，其中《儿戏》一幅，原初稿本藏北京画院，有“己巳冬造稿”题，“己巳”为1929年。那么此册绝不会早于“己巳冬”，即便与王方宇所藏12开不成套，也作于大致同一时期。

这12开中，《盗瓮》讲毕卓偷酒的故事。毕卓为晋太兴末年一个吏部郎，嗜酒，曾在夜里跑到邻居家，偷喝人家新酿的酒，醉倒在地被人捉住，第二天主人发现是毕吏部，便一同再喝，直到大醉。白石画此，常题“宁可为盗，不肯伤廉”，借以颂美为官的清廉。《东方朔》也题作《偷桃图》，画面主人公东方朔是西汉人，官至太中大夫，《汉书》说他以“口谐倡辩”“应谐似优”著称。后人多传其异闻，方士附会其为神仙。偷仙桃即后人演绎的故事之一。白石画此，取其诙谐之趣。《钟馗》是大家熟悉的人物，齐白石把他刻画成一个敦厚矮胖的小官吏，与打鬼、吃鬼时的模样全然不同。《耳食》的“耳食”二字出自《史记·六国年表序》，比喻那些不加思考、只轻信传闻的“言俗学浅”之士，“犹耳食不能知味”。白石刻画一个人歪头举筷，正向耳朵喂食，其状令人喷饭。《还山读书图》已做过介绍，不重复。《和丸》《儿戏》《送学第二图》均为儿童题材，描写孩子的玩耍、读书，表现了白石老人的童心。《送学图》《老当益壮》《也应歇歇》《人骂我我也骂人》带有白石老人自写其生活和心情的性质。《送学图》画老者送小儿去读书（这一年白石的五子迟迟上学），小儿一边哭、老人一边安慰的情景。《老当益壮》刻画一个老人袒胸举杖做强悍状，令人忍俊不禁。《也应歇歇》表现一个老人要休息的场景。后两幅，白石自言“用朱雪个本”，不知何据。《人骂我我也骂人》在前面也曾谈及，是白石对个人愤懑之情的一种宣泄。画中老者面有怒容，但有时也画成微笑模样。

这12开册页，是一次画完，但不是一次造稿。它们的基本特点是：每幅都画单个或两个人物，用大写意笔法，拙重、纵放而自如，着色随意——有的施于局部，有的施于全体。给人的整体感觉，是幽默有趣，有浓郁的生活气息。

（一）盗瓮

题款

盗瓮。宁肯为盗难逃，不肯食民脂膏。白石。

钤印

木人（朱文）

（二）东方朔

题款

瑶池桃子经三盗，何止高年乃八千。白石。

钤印

老齐（朱文）

（三）钟馗

题款

终南山进士像。齐璜暮年造。

钤印

白石造稿（白文）

（四）耳食

题款
耳食。白石。

钤印
老白（白文）、白石造稿（白文）

（五）老当益壮

题款
老当益壮。白石山翁。

钤印
齐璜之印（白文）

（六）送学图

题款

送学图。

处处有孩儿，朝朝正要时。此翁真不是，独送汝（从）师。

识字未为非，娘边去复归。莫教两行泪，滴破汝红衣。白石并题旧句。

钤印

芝（朱文）

（七）送学第二图

题款

当真苦事要儿为，日日提箩阿母催。

学得人间夫婿步，出如茧足反如飞。

送学第二图，第二首，白石山翁。

钤印

白石翁（白文）

（八）儿戏

题款

儿戏。杏子坞老民。

铃印

木居士（白文）、三百石印富翁（朱文）

（九）和丸

题款

和丸。白石。

铃印

老白（白文）

（十）也应歇歇

题款

也应歇歇。寄萍堂上老人。

此册24开，此图并老当益壮图，用朱雪个本。

苦瓜和尚作画第一图，用门人释雪庵本也。白石又记。

铃印

木人（朱文）、白石（白文）

藏印

静观楼珍藏书画之章

（十一）人骂我我也骂人

题款

人骂我我也骂人。白石。

铃印

老苹（朱文）

（十二）还山读书图

题款

还山读书图。

寅斋仁弟委画人物册子廿又四开，除仿人三稿外，皆自造本，请论定，兄璜。

钤印

木人（朱文）

写剧图

1931年
69厘米×46厘米
纸本水墨设色

题款
写剧图。
辛未冬小年为佛西先生制。齐璜。

钤印
木居士（白文）

藏印
张宗宪曾经拥有（朱文）

此图为戏剧家熊佛西而作。山间一片林木，林间一幢瓦屋。屋中一人正端坐案前，执笔沉思——剧作家熊佛西正写作。从整幅作品看，与其说是人物画，莫若说是山水更恰当。齐白石画有情节故事的人物，大略都如此，即依照山水人物画的传统，画大环境、小人物。各幅的山林不尽相同，房屋、人物大同小异，不管真实的人物住城里还是乡下，居楼房还是四合院。写其大意而已，这是中国写意画的特殊传统。

熊佛西（1900—1965），江西丰城人，原名福禧，字化侬，笔名佛西、佛子等。1919 年入燕京大学习西洋文学，继而赴美国哥伦比亚大学研究院学习戏剧与文学，获硕士学位。回国后任教于北平艺术专科学校、燕京大学等。曾主编《戏剧与文艺》《戏剧教育》《文学创作》诸刊物，20 世纪 40 年代后期任上海实验戏剧学校校长，50 年代后历任上海戏剧专科学校校长、上海戏剧学院院长。著有《佛西戏剧集》《写剧原理》等。齐白石在北平艺专任中国画教授的 1929 年，熊佛西任该校戏剧系主任，教授，故相熟。

补裂图　1942年

写剧图 1931年

海棠

1932年
130厘米×33.6厘米
纸本水墨设色
轴

题款

启明夫人清属，七十老人齐璜。

钤印

木人（朱文）

收藏

中国美术馆

海棠　1932年

海棠　1929年

这是本书第二件《海棠》，前一件约作于1930年，齐白石在题跋中谈到1911年在长沙陪同王湘绮看海棠的往事。此幅作于70岁(1932)，比前作晚两年，是送给启明夫人的——其人不详，在20世纪20年代末、30年代初，白石曾多次送画给她。

前作中的枝干左出，花朵集中画于右方，此图枝干从右上而左，再折向右，花朵分布在画面各方。前作为条聚式构图，众中有散；此作为分布式构图，散中有聚。前图画枝干多枯笔，此图画枝干多润笔。前图画海棠叶纯用花青，此图画海棠叶增加了黄与绿，勾叶用淡墨更多。前图花朵偏紫，花瓣较为肥厚；此图花朵偏红，花瓣较轻薄。总之，此图的海棠花、叶、枝，更鲜嫩妖娆。

齐白石画木本海棠，除了枝干外，画法皆非大写意。特别是点花勾蕊，一丝不苟。花瓣的正侧向背、色彩的深浅浓淡、花蕊的娇鲜无力，绝不是大写意的纵情一挥所能奏效的。它们需要精微的描绘，但又保持着点画的书写性，它们极讲究设色，却又不乏水墨的自由挥洒特质。欲臻此境，非有长期的苦功不能得。在20世纪的花鸟画家中，能有此功、达此境者，唯齐白石等少数画家而已。

莲池书院图

1933年
65.2厘米×48厘米
纸本水墨设色
镜片

题款

莲池书院图。
吾曾保阳，至莲花池游观莲花，池上有院宇，闻为挚甫老先生曾掌教，大开北方文气之书院也。去年秋北江先生赠吾以文，吾故画此图报之，以补挚甫老先生当时未有也。
癸酉春二月，时居旧京，齐璜并记。

钤印

老白（白文）

"莲池"亦称"莲花池"，在河北省保定市（即齐白石所称之"保阳"）。清末改学堂前，这里曾设"莲池书院"。齐白石到莲池游观，是1920年到1924年间的事。那时，他的好友夏午诒在保定直豫皖巡阅使曹锟府中任职，白石常被邀去做客，或游玩，或为曹锟作画刻印。跋文中所说之吴挚甫（1840—1903），名汝纶，安徽桐城人，同治间进士，是曾国藩门下四弟子之一，历任冀州知州、天津知府、京师大学堂（北京大学前身）总教习。他主持莲池书院，当在出任京师大学堂总教习之前。吴挚甫文宗桐城派，政治上支持洋务运动，著有《桐城吴先生全书》。白石说他"大开北方文气"，即指他在文化教育方面的贡献。吴挚甫之子吴北江，名闿生，擅文有诗名，张次溪曾师事他。1932年，张次溪为编《白石诗草二集》，请一时名流作题，吴北江作文曰：

> 诗画一道，而兼之实难。自古画家以诗自鸣者，右丞外有所闻，岂其游神乎浩渺之天，有异趣邪，抑其精力之所至，固有不能兼得者邪？白石翁画名满天下，而其题画之作，纵笔所之，亦复超妙自如，洵其才有独到者。翁画知者甚多，而其诗则知者尚少，余故表而出之，以告世之读斯集者。

白石跋中说"北江先生赠吾以文"，即指此。《莲池书院图》借故地联及故人，间接称赞吴汝纶"大开北方文气"。吴北江收到此图，深为感动，即回信给白石说："先君主讲书院，十有余年，北方文化，由此而开。闿生髫龄随侍，钓游于此，至今一草一木，咸萦梦寐，恨不通绘事，莫能图写，以寄吾思。何意屈劳椽笔，成此名篇，不独莲华藤蔓，万古常新，而先君教泽，俨然犹可想见，且海内第一流大师润色描摹，良足永垂不朽，闿生必当什袭藏示子孙，永为法矩。"[1]

这一年，除了赠吴北江《莲池书院图》，齐白石也为其他题词者创作了山水画：送杨云史《江山万里楼图》，送宗子威《辽东吟馆谈诗图》，送赵幼梅《明灯夜雨楼图》，送李释堪《握兰簃填词图》。这些作品，都

〔1〕原信齐白石送张次溪以为纪念。见张次溪：《齐白石的一生》，人民美术出版社，1989年，第167、168页。

蓮池書院圖
吾曾保陽至蓮花池游
觀蓮花池上有院宇
聞爲 摯甫老先生
曾掌教大開北方文氣
之書院也去年秋
林江先生贈吾以文吾故畫
此圖報之以補 摯甫老人
先生當時未有也癸酉春二
月時居舊京齊璜并記

莲池书院图　1933年

莲池书院图（局部）

荷塘 1931年

描绘被赠者本人的事迹或专长，并根据不同对象精心构思，是一种特殊的山水人物画。《白石老人自传》特别谈到这些作品，说："这几幅图，我自信都是别出心裁，经意之作。"[2]

《莲池书院图》篇幅不大，描绘精湛，最能代表齐白石山水画的风格特色，堪称杰作。这是初夏的景色，池水中莲花初绽，岸上有两株浓密的垂柳，一架蟠屈的老藤，紧相连的是数间错落的瓦房，从窗中正可窥见灰蓝色的书函。再后是院落、树木和白色的围墙，墙外仍是树木。整个作品以素朴、亲切、静谧、清雅见长，布局平中见奇——极为平常的景色，一经描绘，就变得又熟悉又陌生，好像那由荷、柳相伴的瓦屋，还回荡着一个世纪以前的读书声。

但画中的莲池书院，除了水池、荷花与藤萝之外，几乎找不到与真实莲池的相像处。真的莲池是一座著名的北方园林，有曲廊环抱的精美的古建筑，以及建于池水上的碑亭之属。画中的莲池书院是画家想象创造的世界，这个世界素朴宁静，适合士子们读书思考，议论家事、国事、天下事，同时也最能表现齐白石的艺术个性。

〔2〕齐璜、张次溪：《白石老人自传》，人民美术出版社，1962年，第85页。

红鹤

1933年
136.5厘米×44.5厘米
纸本水墨设色
轴

自题

文章声誉动人寰，著述山庄岁月宽。
倩鹤寄言四千里，羡君八月虎丘山。
松岑先生，齐璜画并题。

钤印

老木（朱文）、穷后能诗（朱文）

又题

松岑先生予之神交友也，先生以红鹤名山庄，为著书处，予为研朱画鹤寄赠，以实山庄之名。癸酉八月时居旧京，璜又记。

钤印

白石翁（白文）

红鹤　1933年

这幅《红鹤图》，是1933年齐白石赠给苏州金松岑的。张次溪《白石老人自传·序》回顾他为老人笔录自传时，谈及齐白石与金松岑的交往：

> 记得1933年春天，老人到我家来，见到金丈（指金松岑）寄给我的信，信内附有一篇替我朋友做的传记体文章。老人把这篇文章读了一遍，佩服得不得了，说是这样的好文章，真可算得千古传作。我把老人说的话，写信告知金丈，并介绍他们二位缔结文字交。后来，老人还很高兴地画了一幅《红鹤山庄图》，托我转寄金丈，作为两人订交的纪念，同时他还希望金丈也能给他做一篇传记。从那时起，老人就开始自述他一生的经历，叫我笔录下来，随时寄给金丈。

张次溪说的《红鹤山庄图》是否即这幅《红鹤图》?《红鹤图》在题跋中两次提及金氏“山庄”，一次提及“红鹤山庄”。张次溪在30年后谈及这件事，将《红鹤图》记成《红鹤山庄图》，也是有可能的。当然，也不排除还有一幅《红鹤山庄图》的可能。

仙鹤图　约1932年

松鹤图　1944年

金松岑（1873—1947），原名天翮，后改天羽，字松岑，号鹤望，笔名爱自由者、金一，中年后自署天放楼主人，生于江苏吴江，早年在苏州办教育，创自治学社、明华女学，间至上海，与蔡元培、章太炎、邹容、吴稚晖交游，支持孙中山革命，后在苏州与陈石遗、章太炎主办国学会。1947年病逝于苏州。金松岑以古文诗词名世，著有《天放楼正续文言及诗集》《皖志列传选存》《天放楼诗季集》等。1936年，齐白石游蜀，金松岑恰在成都，千里神交终于面晤。白石说：“此次见面，倍加亲热。松岑面许给我撰作传记。”[1]

不久，抗战开始，张次溪辗转至南方，笔录自传的事就搁置下来。抗战后张次溪返京，重提此事时，金松岑已经仙逝，白石感到非常遗憾。这幅《红鹤图》，也许是两位老人交友的唯一形象见证了。

齐白石画鹤，多以强劲的黑白笔线和墨块刻画形体，只用少许朱红点画丹顶。但这幅是“研朱画鹤”，红色做主角，除了用墨笔勾画眼、嘴和腿爪，余皆以朱红画成，再施少量白粉局部罩染。但这种画法难以发挥齐白石的笔墨功夫，虽然红鹤提足回望之姿很生动，却无法使鹤身挺拔、鹤羽健秀的特质得到有力的呈现。

---

〔1〕齐璜、张次溪：《白石老人自传》，人民美术出版社，1962年，第91页。

育雏图

1934年
138厘米×41.5厘米
纸本水墨设色
轴

题款

与可乡先生之雅。
甲戌夏，齐璜作于燕京。

钤印

白石翁（白文）

育雏图　1934年

齐白石在30多岁就画鸡，尤其是大公鸡。1896年，他为老师胡沁园祝贺五十大寿，曾画过一棵柏树，三只大公鸡。原来胡沁园行三，人称“三相公”“寿三爷”，三只公鸡加一棵柏树，就比喻“三公百寿”了。40岁以后，齐白石喜欢八大，画鸡也受到影响，有点冷逸怪异的样子。变法以后，他追求画鸡的真似和相应的大写意笔法，形象远离了八大，但鸡的眼睛还是有点像八大画鸟。

此图作于1934年(72岁)，正是齐白石进入艺术高峰的时期。该图表现篱菊下的一个鸡家庭：高大雄伟的公鸡、肥胖的母鸡、活泼的小雏鸡。公鸡母鸡都低首翘尾，关注着奔跑的小雏鸡。画公鸡笔力雄健，特别突出它的血红的鸡冠和粗壮的尾巴；画母鸡笔法平实，强调它的稳重；画雏鸡则用润泽的淡墨，突出它们的稚嫩活泼与可爱。比较起来，还是雏鸡画得最精彩。

白石写过一些画鸡诗，借以寓意，如“成群无数，谁霸谁王，猖獗非智，奸险非良，骄鸣轻斗终非祥”。——这是借公鸡好斗讽刺世人“骄鸣轻斗”诸种恶质。“人正眠时不必啼，锦衾罗帐正双栖。佳禽最好三缄口，啼醒诸君日又西。”——此诗作于20世纪20年代，是借鸡鸣讽喻那些懒惰贪睡的北洋官僚。这样的诗都很有锐气，但往往与画鸡没有内在的联系。

家鸡　约20世纪20年代晚期

三公百寿图　1896年

忆母图

1934年
137厘米×33厘米
纸本水墨
轴

题款

门人罗生祥止，小时乃邱太夫人教读，稍违教，必令跪而责之，当时祥止（不）能解，怪其严，今太夫人逝矣，祥止追忆往事，且言且泣，求余画忆母图，以记母恩。余亦有感焉，图成并题二绝句：
愿子成龙自古今，此心不独老夫人，
世间养育人人有，难得从严母外恩。
当年却怪非慈母，今日方知泣忆亲，我亦爷娘千载逝，因君图画更伤心。
甲戌冬十一月二十二日酒阑客去之醉腕也。
时居故都西城之西太平桥外，白石山翁齐璜。

钤印

木人（朱文）、阿芝（朱文）、老齐（朱文）、悔乌堂（朱文）、风前月下清吟（朱文）

收藏

中国美术馆

忆母图　1934年

忆母图（局部） 1934年

悔乌堂

《忆母图》是齐白石应门人罗祥止之求而作的。《齐白石绘画精品选》名之以《教子图》，《齐白石全集》也沿用此名。但白石在题跋中明书为《忆母图》，故复用原题。

罗祥止，白石弟子，四川人，1933年从齐白石学篆刻。白石赠罗祥止《双鱼图》曾记其事："门人李苦禅一日来借山馆，自言明日往西湖，昨有蜀人欲及师门，求余介绍。明日有持余名笺求见者，请接纳为幸。再明日果来，为祥止也。今将越年，篆刻小技蓝已青矣。画此为赠并记其事。癸酉，璜。"1934年冬，齐白石作《三百石印斋纪事》，又谈到罗祥止，说"年七十一，门人罗祥止欲穷篆刻之绝法，愿见当面下刀，余随取自藏之石，且刻且书，祥止惊谓：如闻霹雳，挥刀有风声。遂北面执弟子礼"。

本书"画到慈乌汗满颜"一章，曾介绍齐白石的孝心。在创作《忆母图》前一年即1933年，白石为纪念祖母120岁冥诞，在北京家中"延僧诵经，敬谨设祭"。事后，他深为感叹，说自己垂暮之年，远别故乡庐墓，"旅怀如织，梦魂难安"。[1] 罗祥止谈及母亲"且书且泣"的真情使他感动。"我亦爷娘千载逝，因君图画更伤心"的心理背景，使《忆母图》也产生了画家自怀其亲的感伤色彩。

《忆母图》为狭长立轴，构图格局仍以景大人小为特色。占据画面最大空间的是一望无涯的江水。江岸附近，重如浓云的丛树拥抱着一间白屋。厅上，正有一妇人责教跪地的小儿。人物形象，在整个画幅中小得不能再小，但历历清晰。泼墨而成的林木黑入太阴，有力地衬出白描人屋，令人过目不忘。浓密的树林，深厚的墨韵，层层远去的波浪，加重了作品迷离深渺的诗情，真可谓"景语皆情语"了。

〔1〕齐璜、张次溪：《白石老人自传》，人民美术出版社，1962年，第88页。

鼠子啮书图

1935年
103.1厘米×34.5厘米
纸本水墨设色
轴

题款

此鼠子啮书图，为家人依样各画一幅，
自厌雷同，故记及之。
乙亥白石山翁。

钤印

白石（朱文）、故乡无此好天恩（朱文）

收藏

中国美术馆

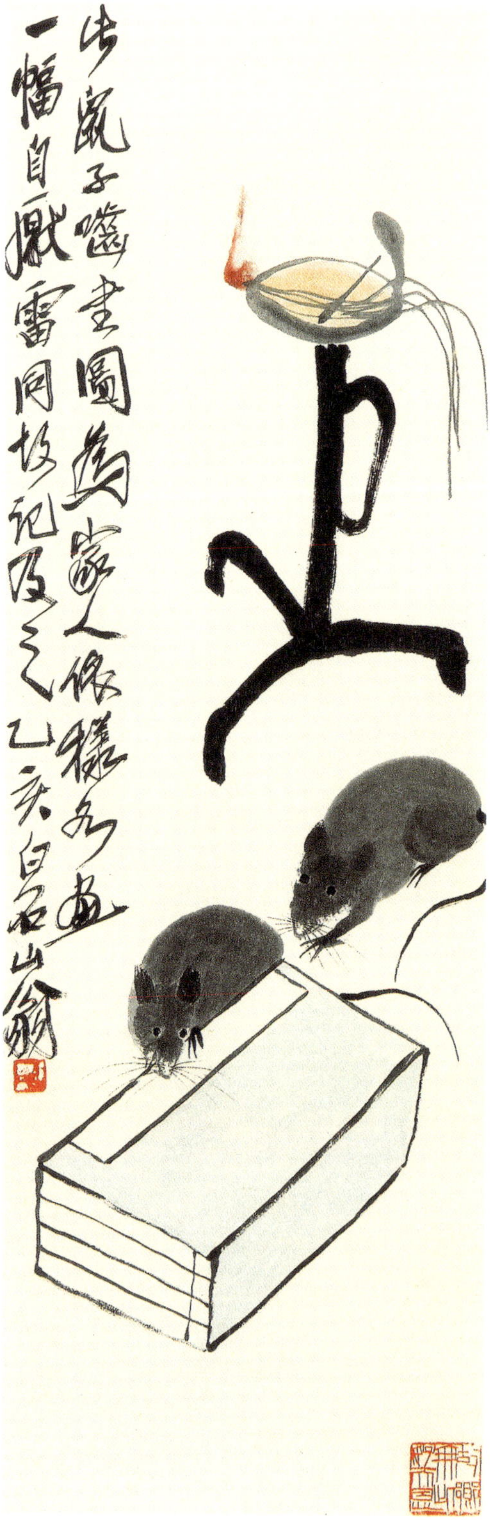

鼠子啮书图　1935年

齐白石笔下的老鼠，有时是顽皮好玩的小动物，有时是令人厌烦的“小窃贼”。但不论怎样，它们的翻灯偷油、啮书啃果、爬高钻洞，都间接联系着画家的生活记忆、特定心情和思想智慧。其题诗有时透露这一切：

翻盆打碗物何仇，黍稻如云待稼收。明夜课儿愁一事，寒门能有几灯油。

——《鼠子倾灯图》

摘得瓜来置灶头，庖中夜闹是何由。老夫挑起油灯火，照见人间鼠可愁。

——《灯鼠瓜果图》

这当然不是老人对“寒门”生活的真实写照。诗画中庖中夜闹、搅人好睡的鼠子，既是对人鼠关系的真实写照，又可以理解为对人事的比喻。画家的“愁”与“乞得猫儿”的意愿，显然表达了一种心情，在贫富分明、世事纷乱的社会里，平民百姓常有这样的心情和心境。另一首《题画鼠》，又有不同：

汝足不长，偏能快行。目光不远，前头路须看分明。
（自注：鼠目无寸光，故猫能见鼠，鼠不能见猫。）

这似乎是对“鼠目寸光”一语的发挥，但采取与鼠子“亲切对话”的口气，生面别开。听这口气，好像把鼠辈、连同猫鼠之争也看透了，耐人寻味。即便不去思量画家是借以讥讽，还是别的什么，总会觉得很有趣。

这一幅《鼠子啮书图》，作于1935年，此年春，白石携姬人胡宝珠回到阔别10年的湘潭探亲（前次返乡是1925年），“在人事百忙之中，都没有停止作画”。[1] 也许“为家人依样各画一幅”的《鼠子啮书图》，与这次还乡有些关系——家人要画，他有时就“依样画葫芦”，每人赠一份。

此图不画明暗，似有灯光。这固然与画油灯有关，但主要是墨色的作用：灯身用重墨，不只因为它是铁铸，也因为它在灯碗之下，感觉最黑。鼠子通身中墨，其眼睛、耳朵、嘴都笼罩在灰黑色中，这也不只因为鼠为灰色，也因为在油灯下的身体结构看不清，又反过来加强了灯光感。书以淡墨勾出，略染花青，看上去就像在朦胧的灯光之中。灯身、鼠、书，由远及近，次第成黑、灰、白三层墨色。就环境的虚拟而言，此画与京剧《三岔口》非常接近，但《三岔口》是以动作暗示无灯之夜，此图是以光感显现有灯之夜。中国艺术和西方艺术迥然有异，各门类中国艺术间，相通却又各不同。

鼠子啮书图
约20世纪30年代中期

灯鼠瓜果图
约20世纪30年代晚期

〔1〕齐佛来：《我的祖父白石老人》，西北大学出版社，1988年，第67、68页。

河蚌群鱼

1935年
130厘米×34厘米
纸本水墨设色
轴

题款
婉宜女弟子清属。
白石老人居京华第十九年。

钤印
齐白石（白文）、大匠之门（白文）

藏印
张宗宪藏（朱文）

河蚌群鱼　1935年

齐白石画鱼很多，画河蚌较少见。事实上，其他国画家也极少画河蚌或海蚌。原因很简单，河蚌虽也是生物，但它的形状不入画，看上去好像没有生命——人们看不到它的五官，它的身体，它的活动，也很难由它勾起联想。但齐白石还是画了它，把它置于长着剪刀草的水中，让远处的一群小鱼陪伴着它。三个大河蚌在水里漂浮着，样子笨笨的，其拙笨与飞快游动的小鱼形成鲜明对照，给画面带来略显怪异的情趣。

“婉宜女弟子”不详。此画作于白石“居京华第十九年”，按白石的计算法，即1935年。这一年春，73岁的齐白石携胡宝珠回乡探亲，在家住了14天。当年夏，闻北京有抢掠风，为防不测，白石在自己的屋外走廊安装了铁栅，此后，他就把画室称作“铁栅屋”了。经常锁在铁栅屋里的白石老人，刻画躲进硬壳里的河蚌，是不是别有用意呢？

鸟蚌相争

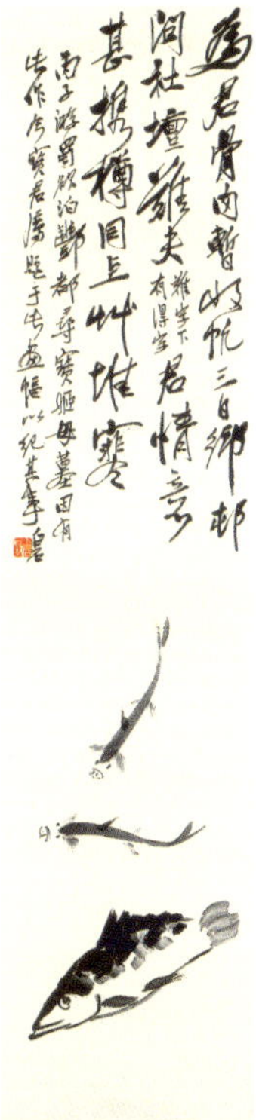
鱼乐图　1936年

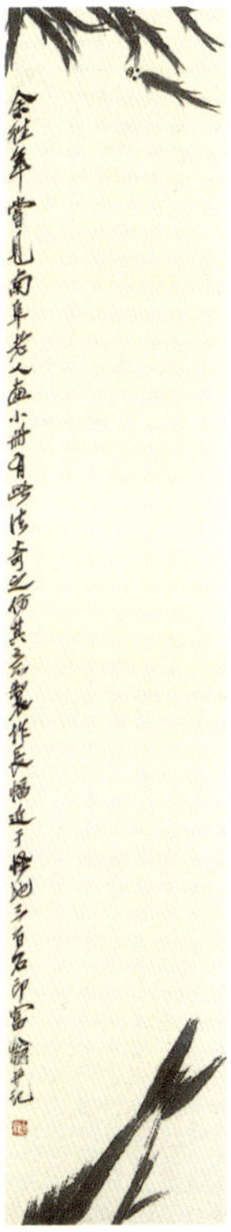
鱼乐图
约1934年

豆棚人家

约20世纪30年代中期
227.5厘米×37厘米
纸本水墨设色
轴

题款

霜叶如花缀晚霞，豆棚藤架野人家：朝朝垂着疏帘幕，时听书声出户哗。写友人诗题画，白石山翁。

钤印

老白（白文）

藏印

云海阁珍藏印（朱文）

豆棚人家　约20世纪30年代中期

万竹山居　1922年

桃源图　1938年

这是一件十分抒情的作品：山坡上有枫林，林下有几间干净的农舍，黑瓦白墙，窗帘垂挂，寂无人声。院子里，有一架瓜藤，上面长着黄色的果实。秋风正吹，枫叶纷纷飞落。画家借友人诗题画，表示了对“豆棚藤架野人家”的向往。在那里，没有城市的喧哗，没有惊恐的抢掠，没有人与人之间的怨恨与嫉妒，唯有朗朗的读书声，以及对大自然的欣赏与陶醉。在齐白石心目中，他中年的乡居生活近于这种日子，但已成为画里的桃花源，在现实里找不到了。

此图结构紧凑，两座大山并排耸立犹如巨大的屏壁，古老的枫树伸展繁枝，环抱着久居的农家。秋色正浓，霜叶如花。山、坡地和枫树都染赭色，仅叶子略红，大地一片秋色。近处的房舍和藤架都延伸到画外，拉近了豆棚人家与观者的距离，也增添了画外有画的含蓄性。

钟馗搔背图

1936年
94厘米×43.7厘米
纸本水墨设色
镜片

题款

者（这）里也不是，那里也不是，
纵有麻姑爪，焉知著何处。
各自有皮肤，那能入我肠肚。
丙子夏四月，为治园军长画并题句。
白石草衣齐璜时客渝州。

钤印

白石（朱文）

钟馗搔背图　1936年

1936年，齐白石应王瓒绪（治园）之邀游蜀。夏历三月初七起程，经武汉、三峡、酆都、重庆，于三月二十八日到成都，秋八月二十五日离成都，再经重庆乘船返回。[1]

作此图的“夏四月”，应在成都。

这幅《钟馗搔背图》，创稿于1926年春。原稿藏北京画院，上题“丙寅春正月白石造稿”，及三首题诗稿。诗稿分别是：

> 痒在上，偏搔下，痒在下，偏搔上，
> 汝在皮毛外，焉能知我痛痒。
>
> 不在下，偏搔下，不在上，偏搔上，
> 汝在皮毛外，焉能知我痛痒。
>
> 小卒爪长搔背好，扬眉踏石了无愁。
> 世间竟有人求福，不负髭髯作鬼头。

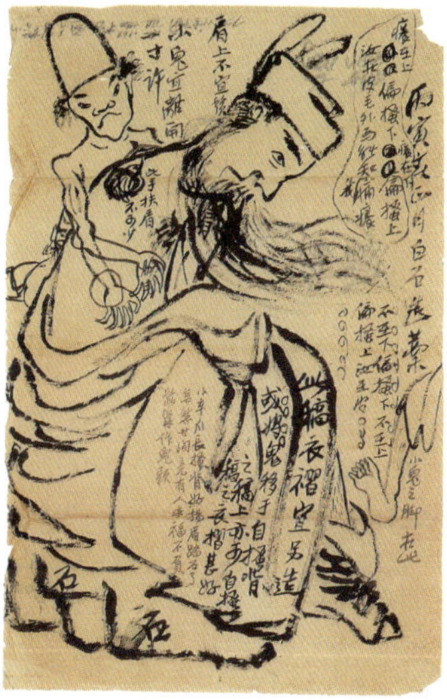

钟馗搔背图画稿　1926年

搔背图　1927年

北京画院藏《钟馗搔背图》源自此画稿，书上述第二诗，并有“三百石印富翁丙寅年自造稿”“书丙寅诗《题钟馗搔背图》第五回也”题款。本书所选《钟馗搔背图》，出于同一画稿，着色、衣纹和石坐的画法略有不同，诗题有了很大变化。

《钟馗搔背图》是齐白石最典型的人物画之一，生动有趣，寓智慧于幽默。小鬼为钟馗搔背，搔不到痒处，钟馗急得胡子也飞了起来——这种夸张手法，源于民间艺术，也与白石老人的风趣分不开。诙谐的画面，口语般诗句中包含的至理，使人愉快，也使人得到启示：为别人搔痒总难搔到痒处，侍候老爷的小鬼不好当。

此图虽属大写意，笔法苍拙强劲，但对动态、神情的描绘具体而又传神，钟馗在粗放中略带文气，全然似一个善良的小官吏。小鬼虽绿脸长发，仍像个少年差役。比起齐白石笔下相对概念化的佛像，《钟馗搔背图》更见技巧、更具个性，也更有深意。

〔1〕齐白石：《蜀游日记》，见齐佛来：《我的祖父白石老人》，西北大学出版社，1988年，第70页。

棕榈麻雀

1936年
138.5厘米×33.5厘米
纸本水墨设色
轴

题款
晋航先生清属。丙子齐璜。

钤印
白石（朱文）

收藏
中国美术馆

棕榈麻雀 1936年

棕榈小鸡　约20世纪40年代晚期

在齐白石的家乡和他远游过的广东、广西，到处都可以见到棕榈树。其层层包着棕皮的直干，伞一样的大叶子，不论形状、色彩还是质感，都很入画，适宜用笔墨表现。但古近画家描绘棕榈树的，似乎并不多。齐白石喜欢画棕榈树，还创造了自己的一套画法：以大笔、赭墨点画棕榈树干，再以焦墨勾画树干上那些没叶的秃柄，再以不同层次的墨色勾画棕榈叶。没骨法在这里唱主角，用笔浑厚，又不乏清劲，十分耐看。但齐白石没忘记细节刻画——在一枝倒垂的叶柄上，静立着一只小雀，它身体的颜色和棕榈干有些接近，但在天空和焦墨叶柄的衬托下，仍清晰地呈现出来，给画面以生机。

白石曾在一幅《棕榈》上，书题徐仲雅的一首诗：

> 叶似新蒲绿，身如乱锦缠。
> 任君千回剥，意气自冲天。

这是把棕榈树拟人化了。齐白石借用他人的诗表达了自己的意志。

在一个竖长条上构图，是齐白石绘画的特点之一，画树尤其如此。松、柳、栗以及棕榈，大多由下而上一根直干或斜干，然后再加以变化。在此图中，为棕榈干带来变化的，是它的成扩散状的叶子，和以枯笔画的叶柄。艺术讲形式感，形式感要与形象的刻画统一起来，形象与形式的恰当关系是互渗、互补、你中有我、我中有你的。

柳牛图

1937年
85厘米×37厘米
纸本水墨
轴

题款

予仿古月可人画牛，六十年仅得此牛稍似，琴荪先生喜古月可人之画牛，必知此牛之佳否。
丁丑六月，齐璜。

钤印

木人（朱文）、牵牛肖形印（白文）、钞相牛经（朱文）

藏印

张宗宪藏（朱文）

柳牛图　1937年

齐白石是画牛的高手，在近现代画家中，唯有李可染画牛可与之相比，而李可染画牛则深受齐白石影响。齐白石画牛，早年曾得益于湘潭民间画家王可山。龙龚《齐白石传略》说："其中于他最有益处的要算乾嘉年间的湘潭几位民间画家：王可山、胡何光昺和陈竹林。王可山是湘潭南乡人，以画牛名重乡里；胡何光炳（1736—1797），字文蔚，号旭斋，别号古月可人，工花鸟，尤其会画喜鹊。"[1]《齐白石传略》书后有王可山、古月可人作品的附图。

但这幅《柳牛图》题跋却说："予仿古月可人画牛，六十年仅得此牛稍似。"齐白石画牛究竟是学王可山，还是古月可人呢?北京画院藏齐白石画喜鹊册页，又说他学古月可人画鹊："吾邑胡何光炳，以'胡何'二字分开为四字作号，曰古月可人。工画。为湖南今古高手，画鹊尤精。此鹊予从大幅上影钩填墨，置之座前，有不乐时观之，觉愁苦事化之为清气，从口中而出。戊子八十八岁白石老人记于京华。"笔者从湖南考察得知，王可山画牛、古月可人画鹊，都有作品传世，却无闻古月可人画牛，更未见其画牛作品。《齐白石全集》第一卷收入之白石画牛，与王可山画牛颇相似。最大的可能是，《柳牛图》题跋把王可山记成古月可人了。老人说早年的事，有时不免张冠李戴。

此图作于1937年夏，是老人画牛最成熟的作品之一。从背后画牛，只画了两条腿，但感觉它稳稳地站在那里。先以淡墨没骨画出身体和腿，再用两笔重墨画出一只角和尾巴。像这样简洁而又传神的画法，在画史上也不多见。全画最见功夫的地方，还在于对柳条的刻画：细如抽丝，没一片柳叶，全凭柔软飘逸的笔线，把春意和田园诗意显示出来！

水牛图 1921年

柳牛图 约20世纪30年代初期

[1] 龙龚：《齐白石传略》，人民美术出版社，1959年，第23页。

鱼戏图

约20世纪30年代晚期
66厘米×34厘米
纸本水墨
轴

题款
白石。

钤印
老苹（白文）

收藏
中国美术馆

鱼戏图　约20世纪30年代晚期

齐白石画鱼，比画虾蟹更写意化，因为鱼的形象比虾蟹好把握，适宜简笔、粗笔。而且，鱼与人关系密切，可借喻的因素更多，如“鲇”“年”谐音，画长长的鲇鱼可喻长寿，“鱼”与“余”谐音，画鱼可喻吃穿“有余”，金鱼更喻金钱有“余”，大吉大利。但真懂画的人并不在意于这些喻义，而在那鱼画得如何。白石老人能把鱼画得活灵活现，令人爱怜，是收藏家喜欢的真正原因，他们欣赏的是艺术。人们固然喜欢黄金，但有谁把金条摆在厅堂里欣赏呢？

画鱼不画水，而是借助于鱼的游动虚拟出水的感觉，这就像画灯虚拟光的感觉，是中国画的一大特色。这幅《鱼戏图》画了大小九条鱼，且多用重墨、焦墨，没有一笔画水，仍生动描绘了鱼的漂浮、游动、下钻、转弯，我们面对的白纸也在感觉中变成了透明的水，好像在水族馆隔着玻璃看游鱼那样。

大写意画鱼，要简洁，常常不着色，也不追求细节的逼似，不画发光的鱼鳞、圆滚滚的体积感，以及眼、嘴、腮的具体形状。往往是画得越具体越真似，就愈失去水墨艺术的高雅感，愈难以得到超越世俗趣味的艺术享受。欣赏水墨画，欣赏的不只是其所画，更是它的形式创造和精神内涵。白石老人说：“太似为媚俗，不似为欺世。”媚俗和欺世，都有悖于追求精神与形式的目标。

鱼图　约1932年

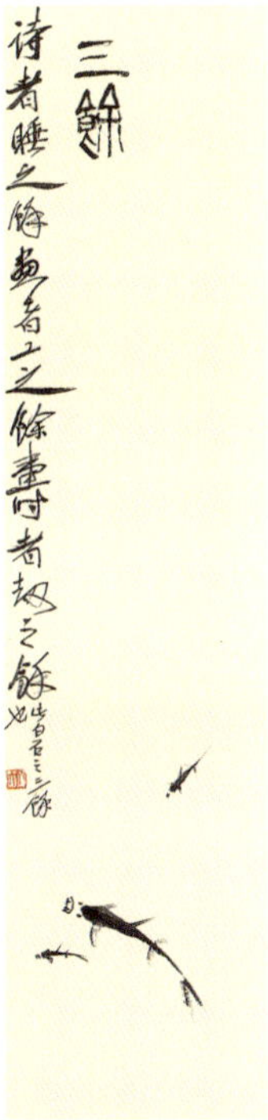
三余　约1932年

篓蟹

约20世纪30年代晚期
68厘米×34厘米
纸本水墨
轴

题款

菊花开也蟹初肥，君不饮，计已非。白石。

钤印

齐大（朱文）

收藏

中国美术馆

篓蟹　约20世纪30年代晚期

齐白石画蟹，和他画虾一样有名。胡佩衡、胡橐在《齐白石画法与欣赏》一书中，对他画蟹有具体的介绍：老人研究画蟹壳经过了很长时间，50 多岁时只画一团墨，看不出笔痕来，后来把一团墨改成两笔，60 多岁时改为三笔，不分浓淡，仍没有甲壳的感觉，直到 70 岁后，才画出甲壳的质感来。

画蟹先用湿笔连三笔画出头胸，左右两笔和中间一笔要有浓淡不同，在壳面上就画出了左右两个小坑。画完头胸，然后画钳，再后画腿，最后用浓墨点眼睛。画蟹除眼睛和钳刀外，都用中扁锋，下笔要有力，画出来才有又圆又扁的感觉。并且，由于墨水到纸上晕开，使人感到蟹身蟹腿有细毛的意味。画腿最难，要运笔爽快、挺拔，节与节要笔断而意不断，三节要一笔完成。

这使人想起齐白石常引用的吴昌硕告诫门人的话："小技拾者则易，创造者则难。欲自立成家，至少辛苦半世，拾者至多半年可得皮毛矣。"那些假造的齐白石画蟹，都是"拾皮毛者"，与齐白石真迹相比，都是死蟹或失去了生动特征的蟹，他们"不可能体会从写生中提炼出来的真功夫"。[1]

此幅《篓蟹图》，无年款，从款书和画风判断，约作于 20 世纪 30 年代后期，是齐白石画蟹成熟时期的作品。菊花初开，正是河蟹上市的季节，小小的竹篓里装了几只肥蟹，它们翻倒小篓，钻了出来。篓里还有一只正奋力外爬。地上的一只露出长脐，还没有翻过身来。画篓用渴墨大笔，表现出竹质的粗糙，画蟹用略小而润的笔，墨稍淡，画出的蟹身光润细腻，与竹篓形成对比。壳的坚硬，身体的扁圆，以及横行的姿态，一如上面介绍的那样生动传神。

白石的家乡产蟹，他晚年画蟹，不免勾起乡思。在战乱年代，他有时也借画蟹隐喻时事，抒发伤感与愤懑心情。如：

> 老年画法没来由，别有西风笔底秋。沧海扬尘洞庭涸，看君行到几时休。
> 大地鱼虾惨尽吞，罟师寻括草泥浑。长叉密网才经过，犹有编蒲缚汝人。

第一首把蟹比作到处横行者，第二首则以蟹隐喻被反复劫剥的受难者。画家的感慨，都在结为一体的诗画中。

芦蟹图
约1910—1916年

行到几时休
1941年

〔1〕胡佩衡、胡橐：《齐白石画法与欣赏》，人民美术出版社，1992年，第60页。

白描人物画稿（八开）

约20世纪30年代晚期
33.4厘米×44.7厘米
纸本水墨勾勒
册页

这套《白描人物画稿》，约作于20世纪30年代末。齐白石创作人物画，都是先作画稿，反复修改后，再过到正稿上。其方法，是先用炭条轻轻打稿，再用墨勾，而后把炭条痕迹弹掉。此册依成稿再画，原稿都是白石所造，并再三画过的。从题跋“画此与白云为本”“郯白云观画”可知，他这次重画，是为了郯白云这个学画者做样本。

大涤子作画

这些画稿，集中了齐白石从20世纪初到30年代创作的人物画。包括历史人物、传说人物和现实人物——其中《苦瓜作画》《米芾拜石》和《自力自饮》三图，前面未作介绍。《苦瓜作画》最初是门人瑞光创稿，齐白石加以改造，后改得面目全非。此幅无论构图、姿态、年龄、相貌以及画法，都与瑞光所画不同，白石特别在此幅题了“寄萍堂上老人造”。米芾即北宋书画家米元璋，他有爱石的癖好，见了好石就要参拜，被称作文人“痴”“颠”的典型。《自力自饮》创稿于定居北京之前，但此作以大写意法出之，风格与以前迥异。

虽是重画旧稿，依然十分认真。每一个人物的形貌、神态都微妙生动。笔画拙中寓巧，重中含轻，粗中有细，看似一挥而就，实则极为经心。有些题词为原来所无，是即兴加上去的，如题《毕卓盗酒》“先生得之矣”，意思说“他偷到手啦”，诙谐之至。题《挖耳》：“任其塞之，不听何如”对原来的洗耳之意下一转语：不听比听了再洗耳不是更彻底么！《东坡玩砚》则从东坡转向自己：他游肇庆得端砚，“已玩三十余年，他日谁人画我”的联想俏皮幽默，令人莞尔。

（一）挖耳

题款
任其塞之，不听何如。邺白云观画。
白石山翁。

钤印
齐大（朱文）

（二）苦瓜作画

题款
苦瓜作画图。
寄萍堂上老人造。

钤印
白石（白文）

（三）迟迟夜读

题款
老萍。

钤印
老齐（朱文）

（四）米芾拜石

题款

白石。

钤印

借山翁（白文）、白石（朱文）

（五）东方朔偷桃

题款

画此与白云为本。白石。

钤印

老白（白文）

（六）毕卓盗酒

题款

先生得之矣。白石。

钤印

老苹（白文）

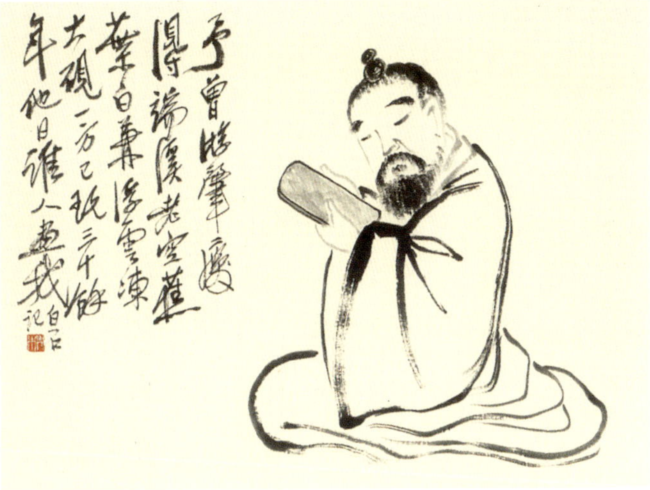

（七）东坡玩砚

题款

予曾游肇庆，得端溪老空蕉叶白兼浮云冻大砚一方，已玩三十余年，他日谁人画我。白石记。

钤印

老木（白文）

（八）自力自饮

题款

自力自饮。白石老人画稿。

钤印

白石（朱文）

柳溪鸬鹚

约20世纪30年代后期
129.5厘米×47.5厘米
纸本水墨设色
轴

题款
白石老人制。

钤印
木人（朱文）

收藏
北京荣宝斋

柳溪鸬鹚　约20世纪30年代后期

我们曾介绍过1929年的《秋水鸬鹚》。这一幅《柳溪鸬鹚》,约作于20世纪30年代晚期。画境与前作大不相同——画家把远游印象与家乡景观融合为一,鸬鹚嬉戏之地,有江水、柳树、村舍、洲渚、小桥,显得亲切,有生活气息。

其画法也不同了:先用大笔蘸了红色横涂,画出夕照中的天空,接着换赭色,以同样的笔势画出坡岸和水中小洲,待半干之际,用重墨画柳树枝干,不时晕出的墨晕,形成一种流动感和朦胧感。继而以柔韧的渴笔,细勾出在风中拂动的柳条。最后刻画那些戏于浅水小洲间的鸬鹚。水面只画欲断又续的波纹,不染色。鸬鹚画得虽小,在大片江水的衬托下,仍显得最突出。它们小憩、回首、啄羽、跳跃、钻水、凫游的情况毕现无遗。

在白石笔下,鸬鹚有时是勤劳的猎手,有时是自由自在的水鸟。画面没有渔人,鸬鹚也散散漫漫,清平无事。这也是画家心中的"桃源"。他在题画诗中对此多有描绘:

古屋歪斜未寂寥,凉风穿去网萧萧。晚来更有堪夸处,天际余霞在板桥。

——《画渔家晒网图》

门对寒江水自流,门前犹系打鱼舟。酒酣对话清平事,黑夜无人网不收。

——《画山水夜景》

但有时他也借鸬鹚作另外的寄寓。如:

密网拦江有漏鱼,鸬鹚过去钓潭枯。持竿君欲垂何处,两岸萧萧柳几株。

——《题画鸬鹚捕鱼》

江上青山树万株,江流分处老渔居。年来水浅鸬鹚众,盘里无鱼七载余。

——《渔家图》

"鸬鹚过去钓潭枯"的景象,似乎暗喻着兵匪之劫。由于"水浅鸬鹚众",老渔民已经7年多没鱼吃了。

另一《鸬鹚舟》又有不同:

大好江山破碎时,鸬鹚一饱别无知。渔人不识兴亡事,醉把扁舟系柳枝。

在家国兴亡之际,也有像鸬鹚那样"一饱别无知"的人。作为画家,齐白石充分刻画鸬鹚的活泼可爱,作为诗人,他又把鸬鹚变成思想情感的投射对象。

鸬鹚　1931年

秋水鸬鹚
约20世纪30年代初期

盆栽荷花

约20世纪30年代晚期
100厘米×33厘米
纸本水墨设色
镜片

题款

白石老人。

钤印

齐大（朱文）

盆栽荷花　约20世纪30年代晚期

盆栽玉簪

盆栽牵牛 约1940年

白石画荷难以数计,但画盆栽荷花,并不多见。画一大花盆(近于缸的深花盆),盆中有水,荷从水中长出来,一片大叶,两朵花。红花墨叶,都用没骨法,看上去似有光照,毕现花的娇艳、叶的深厚。在花瓣尖上,一只蜻蜓款款飞来。此画若止于此,似乎还缺点什么,大叶、大花、粗笔蜻蜓所构成的气象,还是粗简了一些。画家意识到了这点,在水盆里画了三条小鱼,它们身形之小,与荷叶、荷花和花盆形成强烈对照,然其活泼泼的、小精灵一般的游姿,有力地把观者的视线吸引过去,让人生出猛然发现之感。盆栽荷花是人的玩赏之物,盆中水却是小鱼的生命天地。几条小鱼,体现着老画家的精细和天真。

齐白石有画荷诗云:

> 银塘过雨夏天凉,灿烂江云花一双。修得几生此清福,神仙不作作鸳鸯。

“灿烂红云花一双”的诗意,可为此幅做一注脚。

红梅双喜

约20世纪30年代
102厘米×34.5厘米
纸本水墨设色
轴

题款
三百石印富翁齐璜白石。

钤印
木人（朱文）、齐大（朱文）

红梅双喜　约20世纪30年代

梅花喜鹊，象征喜庆。在民间剪纸、刺绣、木雕作品里，常有“喜鹊登枝”“喜上眉（梅）梢”一类画面。早在 1930 年，齐白石就为老师王湘绮雕刻过一座约 40 厘米高的小石屏，以薄肉雕（浮雕）的形式刻了一幅《梅竹喜鹊》。他早年临摹过湘潭画家古月可人画鹊，现存 40 岁前所作，有湖南文物管理委员会藏《梅花喜鹊》（约 1895—1900 年间），湖南中山图书馆藏《桂花喜鹊》（约 1900 年前后）等，画中的喜鹊形象，既似又生动，比同时期所画其他禽鸟成熟，这或与学习古月可人画鹊有关。

齐白石画梅，早年曾向湖南前辈画家尹和伯请教画法。尹和伯（1858—1919），名金阳，号和光老人，湘潭人，工画花鸟草虫，尤擅画梅，自称学宋代杨补之，风格缜密秀雅。后来，白石又学金冬心墨梅，趋向孤清冷艳的文人画风。1917 年，陈师曾题白石画梅诗说：

> 齐翁嗜画与诗同，信笔谁知造化功。别有酸寒殊可味，不因蟠屈始为工。
> 心逃尘境如方外，袖里清香在客中。酒后尝为尽情语，何须趋步尹和翁。

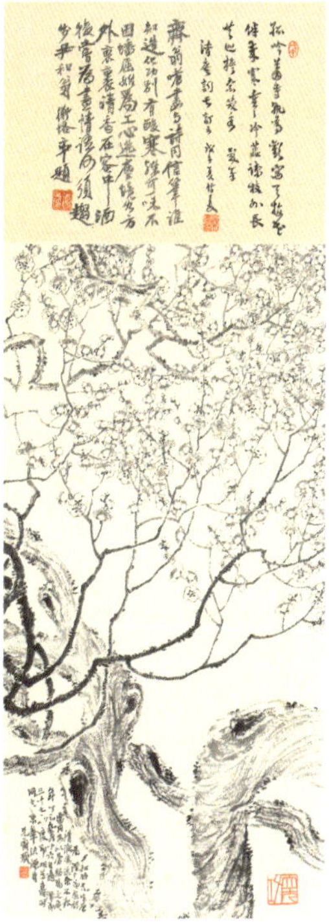
墨梅　1917年

在称赞他画梅的同时，劝他不必亦步亦趋地学尹和伯。师曾的劝告，后来成了齐白石衰年变法的一大动因。但在 1919 年、1920 年，白石画梅仍延续金冬心、尹和伯画法。约三四年后才发生了根本变化，1924 年的《梅花鹰石》（藏天津人民美术出版社）已可看出借鉴吴昌硕大写意画法后发生的转变。再往后才形成白石自己画梅的个性：苍劲浓艳而热烈，再没有那种孤冷之意了。1928 年，齐白石用简劲的大写意法画红梅，并题诗道：“今古公论几绝伦，梅花神外写来真。补之和伯缶庐去，有识梅花应断魂。”诗后跋曰：

> 和伯老人，湘潭人，余前诗所言之，三人画梅，余推此老为最妙。
> 此老自言学杨补之，余以为过之远矣。惜出长沙界，不知此老为何人。

梅花鹰石　1924年

诗与跋虽特别誉美尹和伯，总的意思还是表达自己对画梅的看法，这看法中已大有雄视画史之慨。这时，他画梅确有了超越前贤的水准。

这一幅《红梅双喜》，无年款，约作于 20 世纪 30 年代。刻画一耸立的柱石，几枝红梅从旁边伸出，绕石而开，好像那柱石也变成了古梅老干。两只喜鹊斜立石端，看石观花，逗人喜爱。那只转颈低头，在寻找什么的喜鹊，尤为生动微妙。画柱石笔势强劲，施淡墨色，留较大空白，梅枝也以中淡墨勾画，而把重墨留给喜鹊，把它们的乌黑的羽色和身体上的黑白对比突现出来。

东坡玩砚图

约20世纪40年代初期
103厘米×34厘米
纸本水墨设色
镜片

自题

东坡先生玩砚图。
平生君最轻余子，余子何尝不薄君。
若以才华作公论，此翁随处合孤行。
旧题东坡图句，白石老人。

钤印

木人（朱文）、白石翁（朱文）、悔乌堂（朱文）、梦想芙蓉路八千（朱文）

黄梅题

元亮嗜黄菊，羲之爱白鹅。
独奇居士癖，捧出砚婆娑。
敬观云樵兄所藏东坡玩砚图，题此志念。
丙戌五月，益阳黄梅。

钤印

黄梅（朱文）

沈尹默题

余子薄东坡，白石发高论。
东坡自有真，遁世而无闷。
石友砚即足，齐翁可作证。
一九六一年十月，艺丐携示张希白君所藏此帧索题句，尹默。

钤印

沈尹默印（白文）

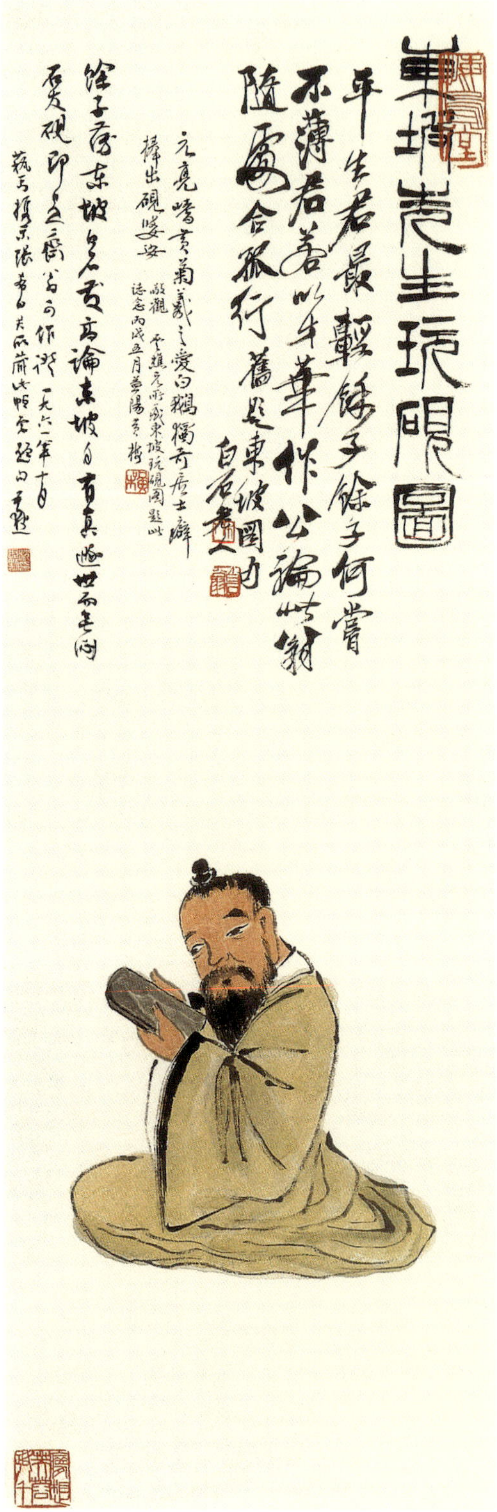

东坡玩砚图　约20世纪40年代初期

关于大诗人、词家、书画家苏东坡，后人演绎了许多有趣的故事。东坡玩砚即其一，历来是画家们喜欢的画题，这正如人们喜欢画“米芾拜石”的故事，是一样的。齐白石喜画米芾拜石，也爱画东坡玩砚。不过，齐白石画《东坡玩砚图》，其意主要不在东坡的“玩”，而在“平生君最轻余子”的骨气和性格。“余子”这里指那些多嫉而无能的小人。《后汉书·祢衡传》：“常称曰，大儿孔文举（融），小儿杨德祖（修），余子碌碌，莫足数也。”说名士祢衡除了看得起孔融和杨修，别的碌碌之士都看不上。苏东坡性情真率，刚直不阿，屡屡受贬，一生九迁，最后被发配海南蛮荒之地。但他始终保持直书敢谏、嬉笑怒骂，“一肚皮不合时宜”的态度，始终蔑视那些得势一时的“余子”，也始终热爱生活，能在逆境中自我解脱，在创作大量诗词的同时，也勤农、作画、写字、纵游、谈禅、访古、玩砚等。白石诗“平生君最轻余子，余子何尝不薄君。若以才华作公论，此翁随处合孤行”，在称赞东坡的同时，也内含与东坡“轻余子”共鸣之调。黄梅说东坡玩砚是“独奇居士癖”，不免泛泛，沈尹默说“余子薄东坡，白石发高论。东坡自有真，遁世而无闷”，对东坡有所理解，但他不理解白石为何与东坡相共鸣。

此图大部分画面留给了题跋，题字多且大，以突出画家的寄寓。东坡黑髯，无冠，着长袍，席地而坐，头微侧，双手抚摸一小砚，其专心玩赏砚石之意，尽在这神态中。画家对东坡手姿、眼神及砚石形色的刻画，简洁而真实，大写意要寓精于粗，诚证苏子所言“始知真放本精微”。

东坡玩砚图　1936年

米芾拜石图　1936年

冰庵刻印图

约20世纪40年代初期
101厘米×51厘米
纸本水墨设色
轴

题款
冰庵刻印图。
冰厂弟请予卅年以来不作之作，白石。

钤印
齐大（朱文）、牵牛肖形印（白文）、流俗之所轻也（白文）

藏印
云海阁珍藏印（朱文）

冰庵刻印图　约20世纪40年代初期

临沈周岱庙图　1926年

岱庙图　1932年

以自己的师长、朋友、弟子为题进行创作，是齐白石山水人物画的一大特点。所见有《龙山七子图》——作于1894年，描绘包括白石在内的“龙山诗社”成员纵游龙山的情景；《蔬香老圃图》——作于1894年，描绘好友罗醒吾的父亲罗晋卿的家居生活；《乌巢图》——作于1899年，描绘好友罗真吾、罗醒吾兄弟服丧守护的庐墓；《秋馆论诗图》——作于1917年，描绘友人杨潜庵在北京法源寺与陈师会、姚华、凌直支、萧龙友、夏寿田、郭人漳以及白石本人等，雅集谈诗之事；《紫丁香馆图》——约作于20世纪20年代前期，描绘友人胡南湖的宅第，白石继室胡宝珠曾在这里侍奉胡南湖的母亲；《西城三怪图》——作于1926年，描绘白石自己和雪庵、冯臼三人与众不同，自称“西城三怪”的故事；《梅花草堂图》——作于1936年，描绘千里神交友朱屺瞻的“梅花草堂”；以及《莲池书院图》《葛园耕隐图》《江堂侍学图》《江山万里楼图》《补裂图》《忆母图》《写剧图》《沁园忆旧图》《岑楼课子图》等。

《冰庵刻印图》描绘弟子刘冰庵用功刻印之事。题款说“冰厂弟请予卅年以来不作之作”，当然是夸张之词，他画山水较少，但绝非“不作”。画面描绘山间古松下，有一座院子，一间敞开的瓦屋。屋里一个留八字胡的人，正伏案篆刻。人物虽小，却很生动，一望而知是在刻印。刘冰庵是齐白石比较欣赏的一个弟子，曾执教于中央美术学院国画系，1957年被错划为右派分子，与艺术界联系很少，至今也很难见他行世的作品。

此作的一个突出特点，是其构图乃由齐白石《岱庙图》变化而来。白石一生画了不少大同小异的《岱庙图》。他自言该图最初仿自沈周，每画大抵都是古松、院落、房屋和圆形的远山，但没有人物。《岱庙图》都画一个庙门和墙院，此图把庙门改成了敞开的瓦屋，墙院依然。《岱庙图》笔墨相对粗放，此图几乎全以细笔勾画，然后染色，风格相对清俊。但二者以花青泼画远山，又几无二致。

其乐何如

约20世纪40年代初期
134厘米×34厘米
纸本水墨
轴

题款
其乐何如。
借山吟馆主者齐白石，久客京华思乡时也。

钤印
湘潭人也（白文）、借山翁（朱文）、人长寿（朱文）

藏印
张宗宪曾经拥有（朱文）

其乐何如　约20世纪40年代初期

渔家乐
约20世纪40年代初期

天真图 1940年

在“望白云家山难舍”一章，我们曾谈了齐白石的乡土情结，指出怀念家乡是他晚年创作的主要内在动机。他 57 岁被兵匪之乱逼到北京，不是很情愿地改变了他已习惯的农村生活。但北京有发展艺术和卖画的更好条件，又娶了如夫人，生了孩子，他清楚自己不能回去了。他全力投向艺术，而他描绘的对象，仍是他熟悉的农村生活和家乡的一切。这就形成了身在北京而心在家乡的身心二元状态。在 20 世纪上半叶，中国还没有现代的大众媒体，齐白石休闲时，多半是到戏院听听戏，或半躺在藤椅上小憩。无论是创作构思，还是闲暇回忆，他的思绪总会飘向遥远而熟悉的过去，飘向幼年、少年和青年时代。家乡的风物和一切，无论风雨云雪、虫鸣鸟飞、林木庄稼、河塘山色，都进入他的脑际，成为他的内心生活。而当这些回忆经过情感的过滤，化为绘画或诗歌形象时，就诗意化了。

这幅《其乐何如》，就是一例。

画面描绘了一条木板凳，一根钓竿，一个竹篮，篮中有两条小鱼。钓竿上缠绕着细细的丝线。这画面，一下子把我们带到了乡间。画家以“其乐何如”为题，还特别说是“久客京华思乡时”。这又把观者的想象与画家的动机连接起来，使人走进他的画境和情感深处，体验他乐在何处。作此画时，齐白石已年过八十，八旬老人怀念儿时钓鱼，觉得那快乐无可比拟。这是历尽沧桑才得到的体验——人生最快乐的时刻在童年，认识到这一点的时候，童年已成为逝去的梦。

白石曾有一首《为门人于非闇题画钓虾图》：“衰老耻知煤米价，儿时乐事可重夸。钓鱼怜汝曾编记，何若先生旧钓虾。余小时尝以棉花为饵钓大虾，虾足钳其饵，钓丝起，虾随钓丝出水，钳犹不解。忘其登彼岸矣。”

这诗和跋，可以为《其乐何如》做注脚。“衰老耻知煤米价，儿时乐事可重夸。”“煤米价”关乎物质生活，“儿时乐事”关乎精神生活，对白石老人的艺术而言，后者更重要，因为那意味着进入了审美境界，是在以审美的态度观照自己曾有过的生活。儿童世界是艺术的世界。成人重温儿童时代，可使自己艺术化。但这需要自发于内心，也需要表达才能和技巧。

池塘青草蛙声

约1940年
68厘米×34.5厘米
纸本水墨
镜片

题款

池塘青草蛙声。
寄萍堂上老人作并篆六字。

钤印

齐大（朱文）

池塘青草蛙声　约1940年

齐白石的水族画，在画史上是空前的——他的鱼、虾、蟹、蛙，不仅高度形似，高度传神，还有高超的笔墨表现。齐白石画蛙，比画虾、蟹少，但成熟略早。辽宁省博物馆藏白石《菖蒲蟾蜍》（1912），是迄今所见最早的画蛙作品，但此图是对“李复堂小册画本”的摹作，连题诗也是李复堂的。其画法，是以细笔勾画蟾蜍的外轮廓，再点出它身上的疥层，与他后来画蛙完全不同。北京画院藏的齐白石画稿中，有两幅画蛙，其中一幅有白石批语，但其口气，是教别人作画，画稿可能是子孙后人的手笔。即便如此，我们至少也知道了他熟悉画蛙。整个衰年变法期间，白石很少留下画蛙作品。唯见1926年之《蛙戏图》，刻画三蛙面对二蛙，好像在“商量”什么，大写意画法，十数笔就呈现出蛙的神形结构，笔墨精练，高度程序化，后来画蛙大体循此法。在此画之前，他必定还有一个从不成熟到成熟的探索过程。胡佩衡说：“白石老人原来很少画蛙，多画虾、蟹、鱼，但旧社会的习惯总喜四条屏，必然要再有一种水中小动物相配，于是画蛙的作品就较多了。”但迄今未见过白石画有蛙的水族四条屏。

此图自题“池塘青草蛙声”，与画家另一画蛙题句“四月池塘草色青”颇近，很有诗意。全画仅画三只蛙，一只从水中游来，两只在水草边观看，近处水里还有三只蝌蚪游玩。三只蛙的动作各不同：纵游、欲跳未跳和蹲伏。蛙身用简得不能再简的笔法画出，笔简而形似，生动表现了蛙的外形、动势、力量感。白石老人曾说：“画粗笔写意画，能表达物象的精神，是极难的工作。”“蟹是有壳的，蛤蟆是无壳的，若画蛤蟆的身子和腿同螃蟹一样，那算什么艺术呢！”[1]然而做到以不同笔法刻画不同对象，且高度程式化，谈何容易！他的弟子李可染说：

> 白石老师晚年作画，喜欢题“白石老人一挥”几个字。……实际上，老师在任何时候作画都是很认真、很慎重，并且是很慢的，从来就没有如一些人所想象的那样信手一挥过。他写字也是一样，比如有人请他随便写几个字，他总是把纸叠了又叠，前后打量斟酌，有时字写了一半，还要抽出笔筒里的竹尺在纸上横量竖量，使我在旁按纸的人都有点着急，甚至感到老师做事有点笨拙，可是等这些字画悬挂了起来，马上又会使你惊叹，你会在那厚实拙重之中，感到最大的智慧和神奇。[2]

青蛙蝌蚪

蛙戏图　1926年

画蛙小稿

〔1〕胡佩衡、胡橐：《齐白石画法与欣赏》，人民美术出版社，1959年，第63页。

〔2〕李可染：《谈齐白石老师和他的画》，见力群：《齐白石研究》，上海人民美术出版社，1959年，第85页。

长年大寿

约1940年
28厘米×45厘米
纸本水墨
镜片

题款
长年大寿（篆）。
白石老人。

钤印
齐大（白文）

陈半丁题
苍龟生中山，墨笔尤可宝：仁者获此物，千载长不老。
此老下笔力能扛鼎，画虫鱼粗写细钩，历历如生，可谓超绝古今。
非近人所可梦见。诚之仁兄宜宝之。年题。

钤印
山阴道上人（朱文）、天风阁（白文）、陈年（白文）

又题
渴墨水，大点子，谁能领此意？
余少时遇苍石，一快；
老来见白石，又一快，阅之醒目醒目。
半丁又记。

钤印
我亦半个汉（白文）
（萧谦中、张伯英题跋略）

长年大寿　约1940年

此作无年款。萧谦中、张伯英二人的题跋均为“庚辰冬”（1940）。陈半丁的两次跋，从所题位置看，应晚于萧、张。从白石篆书“长年大寿”和行书名款的风格判断，应是同一年或略早些时之作。陈半丁说：“余少时遇苍石，一快；老来见白石，又一快。”可作为参证——半丁生于1876年，1940年65岁，他称“老来见白石”，按常理应指60岁后。

以龟为灵物，象征吉利，或以“龟龄”喻长寿，是很古的传统。而以形体细长的鲇鱼谐音“长年”，则是一种民间传统。齐白石多画鲇鱼，也总是题“大年”二字。但把龟与鲇鱼画在一起，并题“长年大寿”四字，还是首次得见。其意是寿上加寿，吉上加吉。

此图用渴笔、重墨刻画踽踽独行的龟（即半丁所题之“渴墨水，大点子”），用湿笔中淡墨画鲇鱼（如半丁所题之“历历如生”“超绝古今”），在形态与笔墨上形成一长一圆、一枯一润、一重一轻、一缓一快的对比。鲇鱼刻画尤其传神。于非闇曾谈到齐白石画鲇鱼：

> 我最佩服他用淡墨画的那一条俯冲前窜的大鲇鱼，除去眼睛和两条须之外，连头带鳃，通身到尾只有五笔，就把条二斤来重、油光水滑又肥又圆的大鲇鱼塑造出来了，而且表现出鲇鱼摇尾前进的习性。白石老人曾在河边用棉花球钓过大虾，和我谈过钓鱼捕鱼和以鲇鱼做菜的故事。因为他仔细观察了这些动物的神态，熟悉它们，所以画出的鲇鱼，把它在水里的力量也充分地画出来了。[1]

长年图
约20世纪30年代初期

长年　1935年

〔1〕于非闇：《白石老人的画》，见力群：《齐白石研究》，人民美术出版社，1959年，第60页。

秋瓜

1940年
168厘米×43厘米
纸本水墨设色
轴

题款
秋瓜。
寄萍堂上老人四百八十二甲子时，
画于京华春雪不寒时候。

钤印
白石（朱文）

收藏
中国美术馆

秋瓜　1940年

倭瓜
约20世纪20年代中期

倭瓜

画上的“秋瓜”，实为南瓜，俗名倭瓜。明李时珍说南瓜原产南方，后移植北方，春种秋收，大叶，藤蔓很长，或爬于架上，或爬于地上。齐白石多画有藤架的南瓜，只是常把藤架省略掉。南瓜是菜，可以当粮充饥，又可以久存，是农家生活中的重要食品。齐白石题画瓜曰：“桑阴有瓜，萍翁有家，未白头时总可夸。”又有《题画瓜——种瓜复忆星塘老屋》诗：

青天任意发春风，吹白人头顷刻工。瓜土桑阴俱似旧，无人唤我作儿童。

种瓜、吃瓜，总能唤起他对家乡和儿时生活的回忆，联想到自己的农民出身，发出“朱门绝少，茅舍秋早”一类的感叹。这和他题画大白菜的意思是一样的。

此图作于1940年，老人80岁，其艺术正处于巅峰期。画中的瓜叶用泼墨法，淋漓酣畅而有浓淡变化，时隔60余年，仍感觉是充满水分的。画面上部的两组叶子，淡墨飞白略似纹理，但绝不同于当代人的“造肌理”。瓜蔓用硬毫渴笔快速画出，看去半干不湿，苍老坚韧。画瓜先墨勾，再染赭红，间点藤黄。整个画法，属“红花墨叶”体制，不过是“红瓜墨叶”罢了。

花卉草虫册（四开）

1940年
35.3厘米×29厘米
纸本水墨设色
册页

蛾　1924年

此册仅4开，似非原数。原为王方宇收藏。王方宇研究八大、齐白石，与友人合著《看齐白石画》一书，曾在台湾出版。笔者曾在纽约看过方宇先生的收藏。他逝世后，所藏齐白石画，多归美国博物馆和收藏家。

是册作于1940年。画《万年青飞蛾》《柳枝鸣蝉》《雁来红螳螂》和《莲蓬蜻蜓》，是典型的工虫花卉——工笔虫、写意花卉，描绘出色，代表盛期齐白石艺术的水准。

前面谈过，齐白石晚年画工笔草虫，曾有子如代笔之说。但此册之工虫绝非代笔。白石老人的工笔草虫形神兼具，高度相似，又有活力，在画法上该虚处虚，该实处实，有质量感，有微妙的细节刻画，与环境相和谐。此图中的草虫位置得宜，经过精心的构思，没有生硬拼合的痕迹。

以“居高声远”题画鸣蝉，曾见于1924年齐白石为曹锟所画瓷青纸描金册，是以树上蝉鸣的自然现象隐喻像曹锟这样居高位的人。“居高声远”四字近于无价值判断的客观形容。

《万年青飞蛾》把蛾画在万年青旁边，题“草间结子如红焰，有识飞蛾不敢前”。对蛾与花的关系做了拟人化的描绘。

（一）万年青飞蛾

题款
草间结子如红焰，
有识飞蛾不敢前。
三百石印富翁题旧。

钤印
齐大（白文）

藏印
方（朱文）、宇（朱文）

（二）柳枝鸣蝉

题款
居高声远。
白石老人。

钤印
齐白石（白文）

藏印
方（朱文）、宇（朱文）

（三）雁来红螳螂

题款

杏子坞老民白石。

钤印

白石老人（白文）

藏印

方（朱文）、宇（朱文）

（四）莲蓬蜻蜓

题款
寄萍老人，
四百八十二甲子作。

钤印
木人（朱文）

藏印
方（朱文）、宇（朱文）

菊花蟋蟀

1941年
36厘米×22厘米
纸本水墨设色
镜片

自题
借山老人。

钤印
齐大（朱文）

又题
作为先生正之，九九翁白石重题。

钤印
阿芝（朱文）

这是一幅小画，近距离刻画一株菊花，花下跳出一双蟋蟀。这使人想到齐白石的《题菊花蟋蟀》诗：

> 少年乐事怕追寻，一刻秋光值万金。
> 记得那人同看菊，一双蟋蟀出花阴。

所题并非此画，却与此画之意相同。白石喜欢画菊，也多有题画菊诗。但这么近距离的大写意画菊，不多见。册页小品，最宜即兴挥写，不拘一格，出入于常规之外。此图花枝从右面入画，从左面出画，画面只有两朵花，一红一白，配草草数点叶。形象突出，可以远观。两只蟋蟀正准备向画外跳去，其生动之状，似乎可用手去捉。

蟋蟀豆角　约1920年

菊花蟋蟀　1941年

四喜图

1941年
135厘米×34厘米
纸本水墨
轴

题款
大森先生之属。
此幅余白甚多，俟白石山妻患大痊，再行添写感谢话。
辛巳春二月白石暂记。

钤印
齐大（朱文）

收藏
中国美术馆

四喜图　1941年

菊花蟋蟀 约1933年

前面介绍过齐白石的《红梅双喜》，并谈到齐白石画鹊的经历。此幅作于1941年，所画更精致。前一幅画鹊还有粗疏处，笔墨不够浑厚，此幅中的四只喜鹊神形各异，它们翘尾跳跃、鸣叫呼应的姿态，活灵活现，是所见白石画鹊之最精彩者。画家以淡墨渴笔画柱石，从形状和墨色两方面对喜鹊起到了衬托作用。

白石夫人胡宝珠体弱多病。此图是赠给一位医生的。白石特地在题跋中说明画上留有“余白”，“俟白石山妻患大痊，再行添写感谢话”。画中喜鹊，有企盼妻子恢复健康、全家喜悦之意。但宝珠毕竟还在病中，所以只画水墨，不点色。齐白石家人患病，大抵请私人医生，除了付医疗费，也常以画像酬谢。如1933年，给医师凤荪老人送《菊花蟋蟀》，并题赞曰：“癸酉冬姬人病作，延名医四五人，愈医治其病愈危。余以为无法可救矣。门人杨我之介绍凤荪老人举二方，吞药水二钟得效，渐渐今已愈矣。赠此并记之。”这些题跋，最能反映白石老人的日常生活和情感。

大福

1943年
67.5厘米×33.5厘米
纸本水墨设色
镜片

题款
大福。
三百石印富翁。

铃印
老手齐白石（白文）、
行年八十三矣（白文）

大福　1943年

清平福来　约1946年

这系人物小品，画一秃顶老者，双袖背后，喜悦地望着迎面飞来的红色蝙蝠。蝠谐音“福”，这个老者将享大福矣。但作此画的1943年，齐白石并没有“大福”。他在《自传》中说：“自从卢沟桥事变至今，已过了六个年头，天天提心吊胆，在忧闷中过着苦难日子。虽还没有大祸临身，但小小的骚扰，三天两头总是不免。最难应付的，就是假借买画的名义，常来捣乱。我这八十开外的老翁，哪有许多精力，同他们去作无谓周旋。万不得已，从癸未年起，我在大门上，贴了四个大字：停止卖画。”这一年12月，白石夫人胡宝珠因难产病逝，年仅43岁。老人说：“不料她方中年，竟先衰翁而去，怎不叫我洒尽老泪！”在困境中画“大福”，是为企望“大福”来临。人总要有所期盼，白石常写“已卜余年享太平”，亦是此意。

画中老人神貌洒脱，衣纹流畅，一改常见的恣纵拙重，这种变化，与白石趋于平正而内含画意的行书有相当关系。把画与题款书法做一比较，就能体察到两者用笔的一致。

红梅

1943年
124.5厘米×42厘米
纸本水墨设色
轴

题款
铸铁为骨，炼丹为颜。
癸未春三月，八十三岁齐白石。

钤印
木人（朱文）、齐白石（白文）

红梅　1943年

齐白石画梅，早期学金冬心、尹和伯，衰年变法期间，转从吴昌硕借鉴，笔墨变为浑厚，色彩转向热烈。上面介绍过的《红梅双喜》，约作于20世纪30年代前期，此图作于1943年，艺术上更为成熟。其特点是：用笔由先前的奔放粗犷转向平正精整，但又内含纵意；枝干有浓淡层次，花瓣圆润饱满，花蕊勾得清劲细秀，花朵很多，但布置疏朗。吴昌硕画梅有力量与气势，齐白石画梅形神兼备。这种区别，稍加留心就能看出来的。

齐白石写过不少画梅诗，除了忆及早年生活，也借画梅寓意寄情，所涉很广，常能把他的思想、心情抒发出来。如：

> 雪冷冰残肌骨凉，金农罗聘逊金阳。竹篱茅舍心如铁，百里无名可断肠。
>
> ——《友有重逢呈画梅》

这是说金农、罗聘两位画梅名家不如湘潭画家尹和伯，尹氏画“竹篱茅舍”的野梅，可惜画名不出百里，令人惋惜。像这样的评画诗，在齐白石的诗作中不多见。他还在画梅题跋中为尹和伯鸣不平，但这又是无可奈何的事。

> 疏影黄昏月色殊，老年清福羡林逋。此时正是梅开际，老屋檐前花有无。
>
> ——《看梅忆星塘老屋》

“疏影黄昏”暗指林逋咏梅名句“疏影横斜水清浅，暗香浮动月黄昏”，第二句直说他羡慕在孤山隐居的林逋。但笔锋一转，就从孤山回到了家乡老屋，他真正惦念和向往的，还是家山的梅花。齐白石毕竟与士夫隐士不同。他的另一首画梅诗，有“齿摇不识孤山月，每对梅花汗满颜”句，对这种不同做了更直率地表达。

> 赤板红泥乍离时，常折花枝寄远思。春又不寒宵又永，一双蛱蝶梦魂知。
>
> ——《折枝花》

画梅远寄家乡，以慰他想念的人。这是一首爱情的诗，词句含蓄而美。齐白石作画写诗，能体现一个“真”字，真意真情，最能感人。

瓶梅
约20世纪30年代中期

绿梅
约20世纪30年代中期

贝叶工虫

1944年
102厘米×34厘米
纸本水墨设色
轴

题款
三百石印富翁齐白石八十四岁时老眼。

钤印
齐大（朱文）、白石翁（朱文）、痴思长绳系日（白文）

收藏
中国美术馆

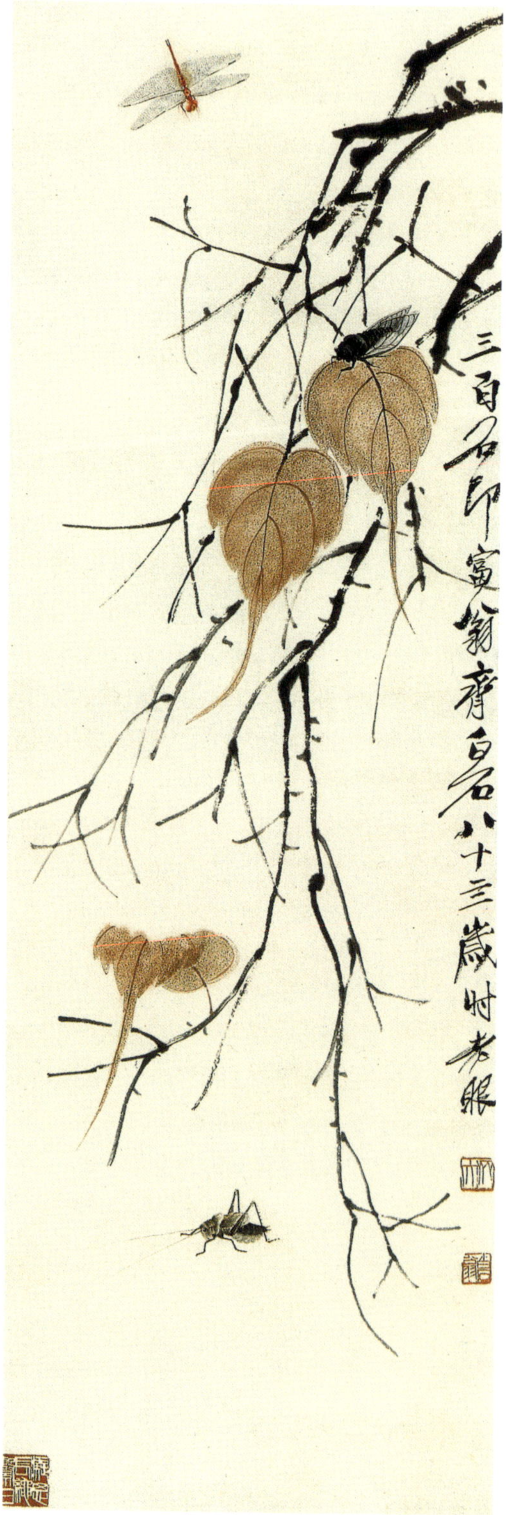

贝叶工虫　1944年

贝叶工虫是齐白石的代表性画题之一。画贝叶和草虫用工笔，画树枝用写意，合为一特殊体制，既不同于工虫与大写意花卉的结合，也不同于粗虫与大写意花卉的结合。

贝叶即菩提树叶。“菩提”乃梵语“正觉”的意译，是觉悟真理的意思。菩提树，常绿乔木，原产自印度，晋唐时传入中国。相传释迦牟尼于此树下得证菩提果而成佛，故以名之。《大唐西域记》：“金刚座上菩提树者，即毕钵罗之树也。昔佛在世，高数百尺，屡经残伐，犹高四五丈。佛坐其下成等正觉。因而谓之菩提树焉。茎干黄白，枝叶青翠，冬夏不凋，光鲜无变。”《广东新语》说菩提树“叶似柔桑，二月凋落，五月而生。僧人采而沤之，惟余细筋如丝”。齐白石游广东时曾采菩提树叶，他在一幅《贝叶蝉》题跋中说：“僧家用贝叶写经，冬心翁用以画佛像，余曾游广州，得贝叶甚多，带来京失去。”有人说白石画贝叶草虫“是六十岁以后的事”，[1]似不确。今所见作于46—47岁间的《工笔草虫册》，就有一幅《贝叶蟋蟀》[2]。

胡佩衡记述说，白石画工笔贝叶用“极细的笔，先把叶的主筋画出。然后再添网状纹，最后再薄施淡彩。叶画完后，再添上几只细笔草虫”。又说：“老人所画工笔贝叶，也是用写意笔法，笔笔见力。有一天老人用大笔画菩提叶，用大笔勾叶筋，更觉生动可爱。……但是，因为一般人没有见过真贝叶，又喜欢欣赏工细作品，所以老人画大笔贝叶极少。”

这幅《贝叶工虫》，作于1944年。84岁的老人，还能画如此精工细致之作，表明他的眼神精力仍很好。画中的工虫，显系白石老人所画，而不是代笔——代笔之作没这样的功力。作画过程，是先工虫，再贝叶，最后画树枝，胡佩衡说“先画叶再添虫”，看来只是老人画贝叶工虫的一种方法。而且，要把工虫画在叶上，一定是先画虫、后画叶。此画也有一种特殊可能，即工虫系前几年所画，这一年才添作菩提枝叶。画中的枝干，墨中含色，笔力苍劲至极。这是那些伪作所达不到的。

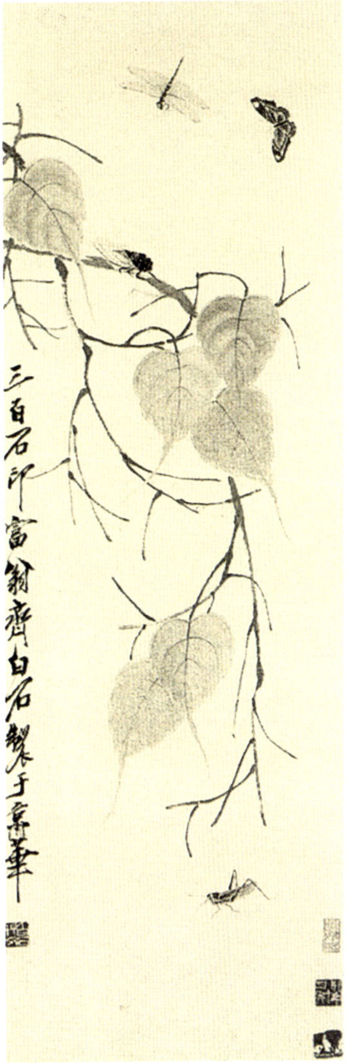

贝叶草虫

贝叶蟋蟀　约1908—1909年

〔1〕胡佩衡、胡橐：《齐白石画法与欣赏》，人民美术出版社，1959年，第84页。

〔2〕郎绍君：《齐白石全集》第1卷，湖南美术出版社，1996年。

铁拐李

1944年
88.5厘米×47.5厘米
纸本水墨设色
轴

题款
甲申中秋前三日。
八十四岁白石齐璜。

钤印
白石翁（朱文）、借山翁（朱文）、牵牛肖形印（白文）、人长寿（朱文）

收藏
中国美术馆

铁拐李　1944年

齐白石画铁拐李的历史，我们多次谈过了。总的看，他一生画了不少李铁拐，而以1927年创稿最多，并形成样式，后来有重复，也有变化出新者。此幅作于1944年，大体从1927年的造稿演变而来，人物精气十足，是个壮汉，没有丝毫乞丐相，笔墨也强悍而严整，从某种程度说，这也反映着白石老人的精神状态，以及这一时期老人作品的基本风貌。

3年后的1947年，齐白石又画过两幅几乎完全一样的李铁拐，只是题诗不同。其中一幅题曰：

> 予老年眼之所见，耳之所闻，总觉人非。故尝作（画）问之。今画此幅，问曰："先生，此葫芦内是卖何药也？"

这与同年所画《洗耳图》题跋十分相似。抗战胜利后，老人以为太平时日到了，没想到内战又起，物价飞涨，政治腐败，百姓怨声载道。老人虽不介入世事，也不免偶发感慨。

李铁拐　1947年

九秋图

1944年
30.3厘米×170厘米
纸本水墨设色
手卷

引首
九秋风物。
八十四岁白石又题，其时甲申。
白石（朱文）、悔乌堂（朱文）

题款
白石老人齐璜昏眼。

钤印
木人（朱文）、齐大（白文）

收藏
北京荣宝斋

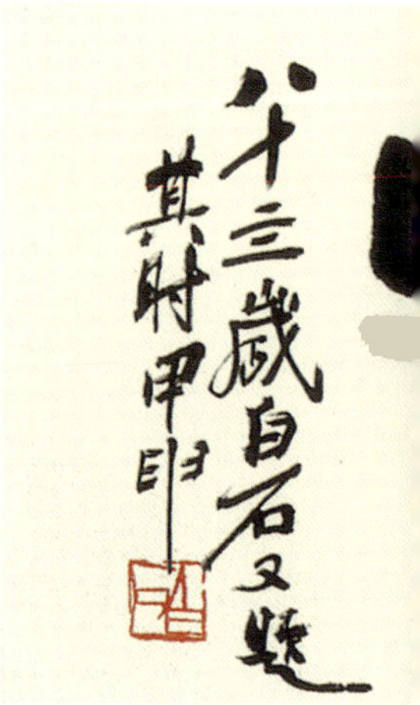

九秋图　1944年

“九秋”与秋天同义，因秋季共90天而得名。90天合3个月，所以又称“三秋”。曹子建《七启》曰：“九秋之夕，为欢未央。”《九秋图》就是描绘秋天的景色。这是花鸟画家常画的题目。齐白石此幅作于84岁。描绘了秋天的枫叶、老少年（雁来红）、秋海棠、菊花、桂花、豆荚及秋草等。另外，在景物中又刻画了蝉、蝉蜕、蝈蝈、蝼蛄、秋蛾、蚂蚱、螳螂、蜻蜓、蝴蝶等草虫。在实际景物中，这些花草树木未必长在一起，把它们拼起来，完全出于画家的自由安排，源自一种象征性要求和形式需要。人们也不会责问画家，枫树叶怎么那么低，桂花树枝是从哪里长出来的。这是中国画表现自然、情感与观念的独特方式。

齐白石喜欢画立轴，不大画横幅。此画的特点，一是融工笔（草虫）、小写意（桂花、菊花等）、大写意（枫叶）为一。二是色彩唱主角，红、黄、绿对比，十分强烈，但空白多，能形成高调和谐，并不显得刺眼。在齐白石的绘画作品中，秋天总是明媚、鲜艳、浓郁的，即便画残枝败叶，也洋溢着明媚和欢欣。这源于他的经历、心理意识结构，而与多悲秋情怀的士大夫文人有所不同。他题画秋花秋叶秋虫的诗，这一特色更为突出。如：

三秋图　约20世纪40年代初期

七月西风十指凉，卷帘斜日射银墙。山翁把笔忙何苦，争得秋光上海棠。

——《画秋海棠》

自笑看山足力微，出门三步便思归。扶筇怕吓藤间鸟，鸟起能惊霜叶飞。

——《秋藤》

秋瓜五月已生迟，六月南方不雨时。且喜垂垂见瓜日，秋风又向小园吹。

——《丝瓜》

愁风苦雨香还溢，冷露严霜色更佳。一角短墙人迹绝，有时犹惹蝶蜂来。

——《老来少兼菊花》

品味这些诗，可以感到与《九秋图》相似的明快情绪。

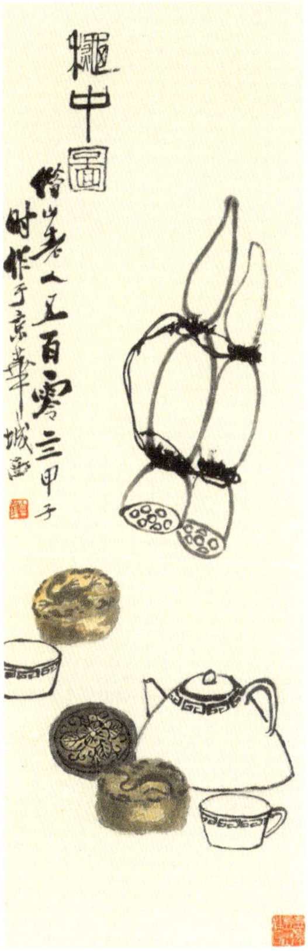

秋中图　1944年

筠篮新笋

1945年
136厘米×33.5厘米
纸本水墨设色
轴

题款

筠篮沾露挑新笋，炉火和烟煮苦茶。
肯共主人风味薄，诸君小住看黎（梨）花。
此予小园客至诗七言律后四句，书以题此画。
白石老人八十五岁。

钤印

白石翁（朱文）、齐璜老手（白文）、浮名过实（朱文）

收藏

中国美术馆

筠篮新笋　1945年

20世纪40年代中期，齐白石创造了许多高质量的作品，虽已80多岁，但身体强健，思维敏捷，笔墨炉火纯青。这幅《筠篮新笋》，即一佳构。

画面绘一篮，一锄，数株新笋。新笋装在篮中，也有两株置于锄边。这样处理，既显得自然，也是构图需要。如果都把笋画在篮中，锄头就很难安排。竹篮大致为圆形，锄一头重一头轻，成拐角形，锄旁的两株笋，就使物象的方圆直曲取得了平衡，彼此有了呼应。竹篮有一小部分延出画外，避免了一个完全的圆形入画，画外有画，看上去很舒服。篮平放，锄侧置，物象、笔线之间就有了变化。整个作品的笔墨色彩处理也很巧妙：篮、锄全以焦墨粗笔勾画，新笋则以淡墨勾出外形，再略染淡黄，从而形成老与嫩、重与轻、力与美的对比。最后在笋、锄上点画些许深赭——这是湿润的红泥土，在齐白石家乡，到处有这样的红泥土。

画上所题《小园客至》诗，写的是白石中年的乡居生活。“筠篮沾露挑新笋”的诗意与画面描绘的形象相得益彰，令人顿生乡思。题字反映出白石行书风格的变化：结体增加了平正，行笔注入了随意，笔画忽粗忽细，墨色忽浓忽淡，有了更多的画意。

大写意不是“大笔一挥”，不是没有经营的纵笔所之，正如白石所说“粗中有细，细里有写”“该仔细处应当特别仔细，该放胆的地方也应当特别放胆”。观看齐白石的画感到很轻松，殊不知画家要费多少心思和工夫！

点花出叶太艰难，白白朱朱尺幅宽。罢笔为花三太息，狂风不折亦春残。

——《题画芍药》

乱石流泉草一溪，画中格局算新奇。拈毫亦用心思苦，知者人谁似老齐。

——《题方伯雾画鸡》

雕虫误我剑雌雄，一辈经营苦画中。死后定评谁晓得，九原万国不相通。

——《次韵答同邑菊影六绝句之一》

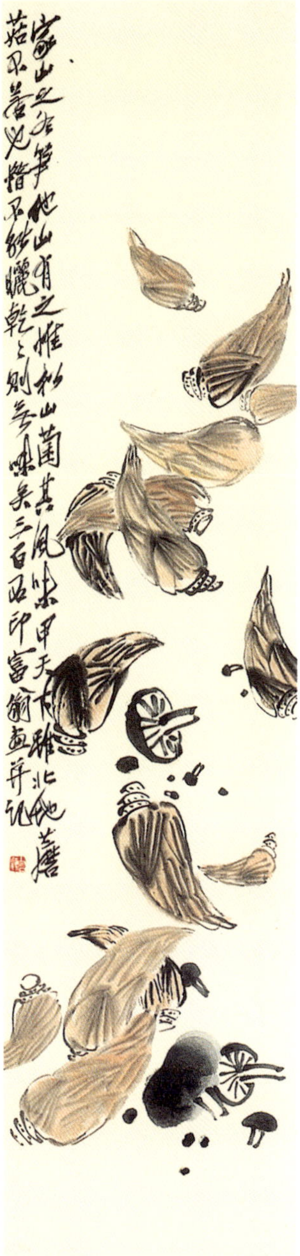

冬笋松菌图

冬笋册

牡丹蜜蜂

1945年
61厘米×32厘米
纸本水墨设色
轴

题款
借山老人八十五岁时，乙酉画。

钤印
齐大（朱文）

收藏
中国美术馆

牡丹蜜蜂　1945年

牡丹雍容华贵，富丽大方，多姿多彩，自古以来就被称作花中之王。河南洛阳、山东菏泽等盛产牡丹之地，每年在花季，都吸引成千上万的观赏客人。齐白石定居北京后，每年都要到公园去看牡丹。他早年画牡丹多清瘦，晚年画牡丹多浓艳。不过，在他对家乡的记忆中，几乎没有牡丹的影子，比较起来，他更喜欢"穷檐女儿"之花。

此幅牡丹，墨叶红花，浓丽而肃穆，与一般牡丹不同。其特点在浑厚，用没骨法画花朵，着色深浅不同，似有光照，花瓣丰厚润泽，艳如朝阳。花叶先用淡墨，在欲干未干之际以重墨勾筋，墨色似晕非晕，水分饱满，深重静穆，好像刚刚下过一场春雨。在花朵左上方的空白处，有一只小蜜蜂飞来，给画面带来轻快活泼之感。

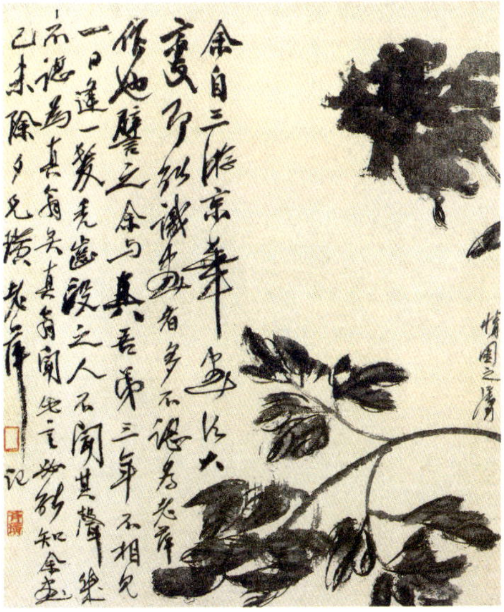

牡丹　1948年

墨牡丹　1920年

花卉鱼虫册（十五开）

1945年
25厘米×34厘米
纸本水墨
册页

收藏
中国美术馆

本书综论多次谈到，齐白石在40岁至60岁间，对八大作品最用力，并借助于八大向传统文人写意靠拢。居北京后，陈师曾劝他改变画法，他转以金石笔法作花鸟山水人物，大胆创造，走出了一条自己的道路。但齐白石一生喜爱八大。此册作于1945年，85岁，是齐白石临摹自己1920年的册页，该册页是学八大的。册中题跋有原来的，有新加的。1948年，收藏者请无畏居士、周肇祥、徐石雪、汪慎生、吴镜汀等作题，并裱为一册。其中周肇祥所题最多，但都是借题自说自话，与白石的绘画无关。唯徐石雪、吴镜汀等人论及白石画作。徐题云：

> 意足不求颜色似，梅庵妙论古今同。画工惨淡经营处，欲脱纵横犷浪风。

此言甚当，当时齐白石学八大，确实“欲脱纵横犷浪风”。徐石雪与齐白石虽交往不多，但同为北京画家，对白石绘画的演变是了解的。

吴镜汀题：

> 白石山翁老画师，挥将大笔写枯枝。掀髯笑对藤花冷，懒听蚍蜉撼树诗。

这是说白石当年的画受人嘲笑，但白石很自信，对那些“蚍蜉撼树”的嘲讽能“掀髯”笑对。

齐白石自己的题跋，一说他后悔不该放弃八大，所谓“今见此册，悔之”。二说“自临自家本，觉不如从前”。白石真的后悔衰年变法，并以为自己不如从前画得好吗?恐怕非是。事实上，虽临摹自家本，笔墨却全然不同了——没有了八大的冷逸、孤怪，而变得厚重、苍润、自如，更具白石自己的风味了。

扁豆　1920年

（一）白石自题笺

题款

衰年泥爪。八十五岁白石老人。

钤印

借山翁（朱文）、悔乌堂（朱文）、齐璜老手（白文）

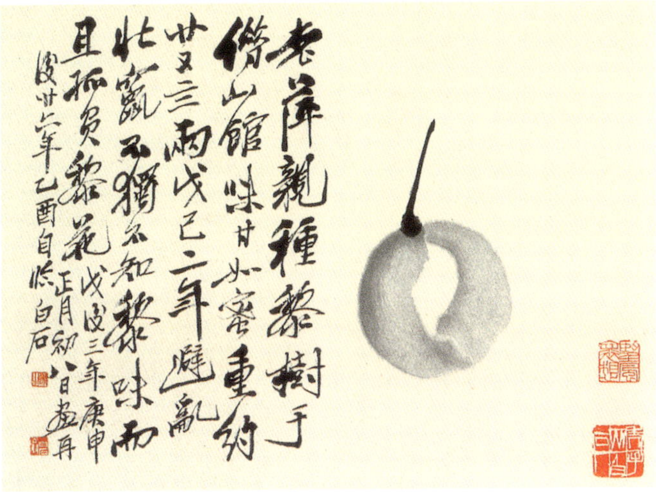

（二）梨

题款

老萍亲种黎（梨）树于借山馆，味甘如蜜，重约廿又四两。戊己二年避乱北窜，不独不知黎（梨）味，而且孤（辜）负黎（梨）花，戊后三年庚申正月初八日画，再后廿六年乙酉自临。白石。

钤印

濒生（朱文）、白石翁（白文）、望风怀想（朱文）、老手齐白石（白文）

（三）秋葵

题款

庚申三月画，乙酉七月临。白石。

钤印

白石老人（白文）、湘上老农（朱文）、指纹印

（四）梅花

题款

余画梅学杨（补）之，由尹和伯处钓摹数本，陈师曾以为工整劳人，八大山水亦不必学，劝余改变，予今见此册，悔之。白石。

钤印

白石翁（白文）、借山翁（白文）、杏子坞民（白文）

（五）萝卜

题款

齐大。

钤印

白石老人（白文）、最怜君想入非非（白文）、八十岁应门者（朱文）

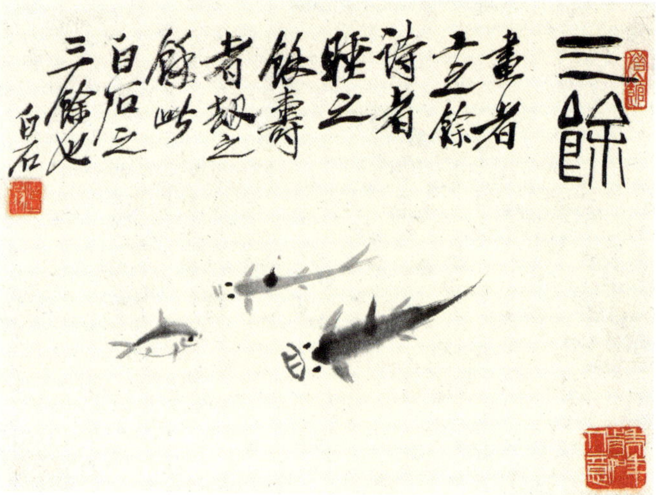

（六）三余

题款

三余（篆）。画者工之余，诗者睡之余，寿者劫之余，此白石之三余也。白石。

钤印

借山翁（白文）、借山馆（朱文）、老年肯如人意（白文）

（七）枇杷

题款
老萍。

钤印
齐大（白文）、白石草衣（白文）、一襟幽事砌蛩能说（朱文）

（八）莲蓬翠鸟

题款
借山老人。

钤印
木人（朱文）、甑屋（朱文）、老夫也在皮毛类（白文）

（九）松枝

题款
阿芝。

钤印
白石老人（白文）、湘潭人也（白文）、浮名过实（朱文）

（十）杯花

题款

八大有此画法。白石。

钤印

老齐（朱文）、何要浮名（朱文）、麓山红叶相思（白文）

（十一）蟋蟀

题款

白石老人。

钤印

苹翁（白文）、穷后能诗（朱文）、倦也欲眠君且去（白文）

（十二）竹笋

题款

阿芝。

钤印

老白（白文）、白石翁（朱文）、吾家衡岳山下（朱文）

（十三）藤萝

题款

萍翁。

钤印

齐白石（白文）、望风怀想（朱文）、流俗之所轻也（白文）

（十四）菊花

题款

朱雪个有此花，叶无此简少。白石。

钤印

阿芝（朱文）、年高身健不愿作神仙（朱文）

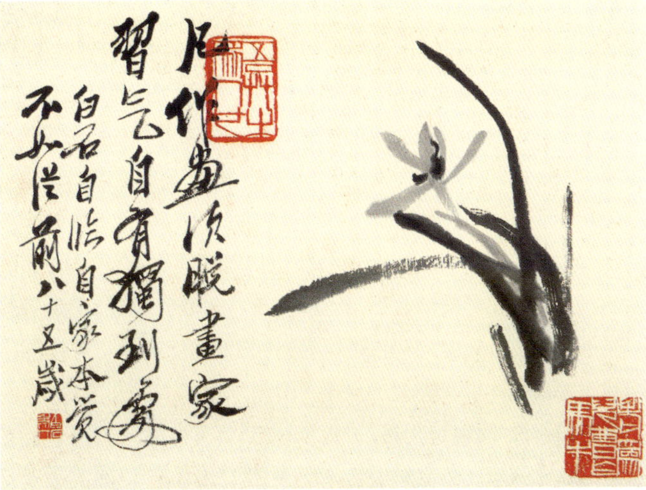

（十五）兰花

题款

凡作画须脱画家习气，自有独到处。白石自临自家本，觉不如从前。八十五岁。

钤印

白石老人（白文）、吾草木为人也（朱文）、老为儿曹作马牛（白文）

花卉草虫册页（八开）

1945年
25厘米×34厘米
纸本水墨设色
册页

收藏
中国美术馆

齐白石的工虫花卉，至20世纪40年代中期达到一个新的高峰。此册作于1945年，其特点是：第一，极工又极写。其画工虫之工，在此作中堪谓极致，如灯蛾，其头、翅、身、尾不仅质感很强，且有厚厚的体积感以及光的反射。其他如蚂蚱、蝈蝈、秋蝉也如是。花卉（及灯具）之写意，亦可谓极致。30年代的工虫花卉也有大写意，但都不如此册简略、更讲究笔墨，色彩更单纯浓艳。油灯、海棠、莲蓬、枫叶、葫芦、雁来红等，形象之准确，笔墨之微妙无以复加，同时又很有自由书写性，有轻松写来之感。正如于非闇所说的，每笔皆为形体，均表现质量感，而勾、泼、点、画、染一气呵成，包括题款的位置与书法，都恰到好处，完美无缺。艺术创作的巅峰状态，指身体、精神、技巧、素养，都达到最高的成熟，作画时最自由又最集中，感性表达与理性控制高度平衡。对齐白石而言，这种巅峰状态突出地体现在类似工虫花卉的创作中。

齐白石说“漏泄造化秘，夺取鬼神工”。又有诗云：“自夸足迹画图工，南北东西尺幅通。却怪笔端泄造化，被人题作夺山翁。”他确实进入了这样的境界。

（之一）灯蛾

题款

剔开红焰救飞蛾，昔人句也，白石借用。八十五岁。

钤印

年八十五矣（白文）

（之二）海棠蚂蚱

题款

白石。

钤印

齐大（白文）

（之三）莲蓬蜻蜓

题款

寄萍老人。

钤印

木人（朱文）

（之四）红叶秋蝉

题款
白石。

钤印
木人（朱文）

（之五）丝瓜蝈蝈

题款
借山翁。

钤印
白石山翁（朱文）

（之六）葫芦天牛

题款
白石。

钤印
齐大（朱文）

（之七）稻穗螳螂

题款
杏子坞老农。

钤印
齐大（朱文）

（之八）老来红蝴蝶

题款
濒生。

钤印
齐大（朱文）

老当益壮

1945年
96.3厘米×40.5厘米
纸本水墨设色
轴

题款
老当益壮。
八十五岁白石老人。

钤印
白石（朱文）、悔乌堂（朱文）、
故里山花此时开也（白文）

老当益壮　1945年

前面介绍的12开《人物册》(约1930年),包括一幅《老当益壮》。白石在该册《也应歇歇》一画上题“此图并老当益壮用朱雪个本”,朱雪个即八大山人。八大是否有这样的作品,齐白石所依之“本”是什么样子,不清楚。但我们由此知道此图并非白石所创。不过,从所见不同的《老当益壮图》(包括草稿),我们也知道齐白石对原稿做了修改,如长衣服改为短衣服等。就此图言,无论人物神态、大写意画法和笔墨风格,都明显透着白石老人的艺术个性。这与《岱庙图》源出沈周却已转换为齐白石画风的情况十分相似。白石画钟馗、仕女,也有出自他人画本,经他一画再画而改了模样的。还有一个例子是《大涤子作画图》(亦题《石涛作画图》),原为弟子雪厂创稿,他觉得不错,就临了一幅,后来不断修改,以至面目皆非,完全成了他自己的面貌。这件《老当益壮》,大约也是如此。

“老当益壮”本是一个成语,《后汉书·马援传》:“丈夫为志,穷当益坚,老当益壮。”唐王勃《滕王阁诗序》:“老当益壮,宁知白首之心;穷且益坚,不坠青云之志。”齐白石反复画此,应有自励自喻之意。但我们感兴趣的,不是这句人们熟知的成语,而是齐白石所创造的有点天真的“老顽童”形象。生活中的齐白石寡言少语,投射到作品中的齐白石,却透露出他的另一面,我们不只在此幅,也在《歇歇》《却饮》《西城三怪》等作品中看到了这一面。这真是一个有意思的问题。

笔者所见多幅《老当益壮》,以此幅为最佳。用粗笔大写意但有所控制,分寸把握得颇好,如勾画老人上衣多用重墨渴笔,勾画裤子则用中墨湿笔,裤子不着色,鞋子全涂黑,形成对比。老人面带微笑,为“英雄状”增加了儿童般的稚气;肉色染赭,与钤印的红色相呼应。大写意要粗中有细,才会耐看。此幅看似简单,其实是精心经营、粗中有细的。

老当益壮　约1937年

老当益壮存稿　1946年

柏寿

1945年
104.1厘米×34.3厘米
纸本水墨设色
轴

题款
柏寿。白石篆二字，以补余白。

钤印
年八十五矣（白文）、白石翁（朱文）、悔乌堂（朱文）、人长寿（朱文）

柏寿　1945年

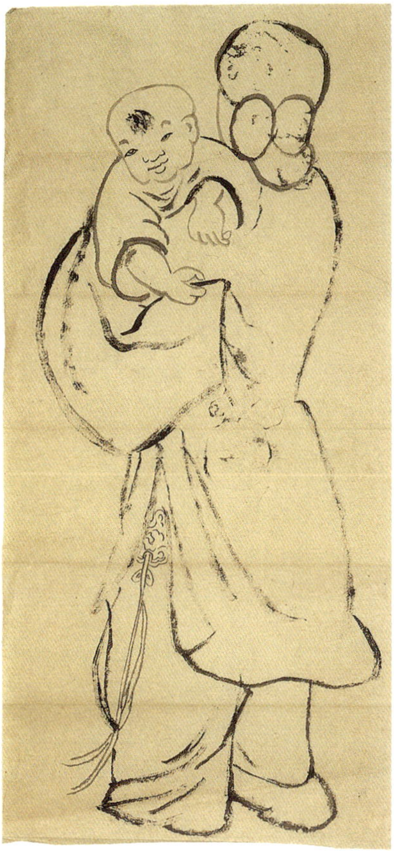

百寿画稿

百寿　1946年

“柏寿”有时题作“百寿”或“抱儿妇”。凡题“百寿”“柏寿”者，画中小儿都手持一柏树枝，象征“长命百岁”。过去的中国农村，生活和医疗条件差，儿童死亡率很高，人们为乞吉祥，常常给儿童佩一“长命百岁”的金属锁。白石曾在1946年所画的一幅《百寿》中说，他最早在黎薇荪家看过“此本”，这就是说，此画最初是有所本的。

北京市文物公司所藏《百寿》，似为20世纪30年代作品，人物取大半身，未画脚，笔画粗壮。题：“画抱儿妇难得田家风度，美人风度人之心意中应有，反寻常也。”意思是他要追求表现“田家风度”。

此幅作于1945年，画全身，小儿持柏枝。用笔较为细润，比上述《抱儿妇》精致，但妇女体态粗壮，确像一农村中年女子，与白石早年所画程式性的仕女如《黛玉葬花》之类相比，显然更生活化，用笔也更粗拙了。1946年，白石在南京也画过《百寿》，并题：“八十六岁老人一日兴至，连画数幅。时客金陵。”其所画，与此幅出自同一画稿，只是笔势更加率意。

立马

1945年
68.5厘米×33厘米
纸本水墨
镜片

题款

邹岳楼将军为关君蔚山往日在兴安区屯垦时之长官，兹值八载抗战凯旋归来，因索予画为赠，以纪其事。
乙酉重九，八十五岁白石齐璜客燕。

钤印

木人（朱文）、牵牛肖形印（白文）、肖形印

立马　1945年

齐白石一生画马不多。所见大致有两类，一是画人骑马，一是单纯画马。前者如20世纪20年代的关云长骑马像，后者如此图。此图作于1945年日本投降后不久，为赠一位抗日战将——在中国人的思想中，马始终与征战相关，是骁勇和胜利的象征。白石画马，与徐悲鸿画马大异，徐氏重其形似，白石重其意气，徐氏以墨当色，笔墨服从于造型，白石全出之以勾勒，写其大意而已。此画之马，在解剖上也许有些毛病，也不够神骏，但其回颈转睛之意，别有一种稚拙的意态。齐白石77岁画十二生肖，写意勾画立马，着淡色；80岁作十二生肖，白描画奔马，稚气更足。

奔马画稿

奔马　约1940年

荔枝

约20世纪40年代中期
134厘米×66厘米
纸本水墨设色
轴

题款
寄萍老人齐白石自钦州归后始画荔枝。

钤印
齐大（朱文）

收藏
中国美术馆

荔枝　约20世纪40年代中期

荔枝

荔枝 1919年

齐白石的家乡没有荔枝，他对荔枝的印象，始自第5次远游广东钦州。《齐白石自传》记1907年事说："回到钦州，正值荔枝上市，沿路我看了田里的荔枝树，结着累累的荔枝，倒也非常好看，从此我把荔枝也入了我的画了。……还有一位歌女，我捧过她的场，她常常剥了荔枝肉给我吃。我做了一首纪事诗：'客里钦州旧梦痴，南门河上雨丝丝，此生再过应无分，纤手教侬剥荔枝。'"

所见较早的一幅《荔枝》作于1919年，画一棵荔枝树，下半部是粗大的树干，上半部是相互掩映的荔枝叶与荔枝果。树干用粗笔刻画，不着色，风格犷悍；荔枝叶勾勒染色，荔枝果纯用胭脂和嫩绿，以没骨法点画。整幅作品为工笔与粗笔的结合，追求真实饱满，粗者近犷，细者近拥塞，两种画法结合得也有些粗糙。但在没有前人模式做参照的情况下，凭着观察印象构思描绘，其创造性意义也不可低估。

整个20世纪20年代，白石画荔枝不多，至30年代多了起来，多取折枝法，或将荔枝置于篮中，突出鲜艳的果实。此图约作于40年代中期，折枝与果篮相结合，枝上荔枝垂垂欲滴，摘入篮中者亦鲜嫩无比，淡墨勾、汁绿染的叶子，浓淡墨画出的竹篮，衬着洋红点画的荔枝果。这是三四十年代白石画荔枝的典型样式。在画史上，独创画荔枝样式又臻此精美程度者，似唯齐白石一人。

笔砚茶具

约20世纪40年代中期
92厘米×25.5厘米
纸本水墨设色
轴

题款
杏子坞老民齐白石画砚茶具。

钤印
齐大（朱文）

收藏
中国美术馆

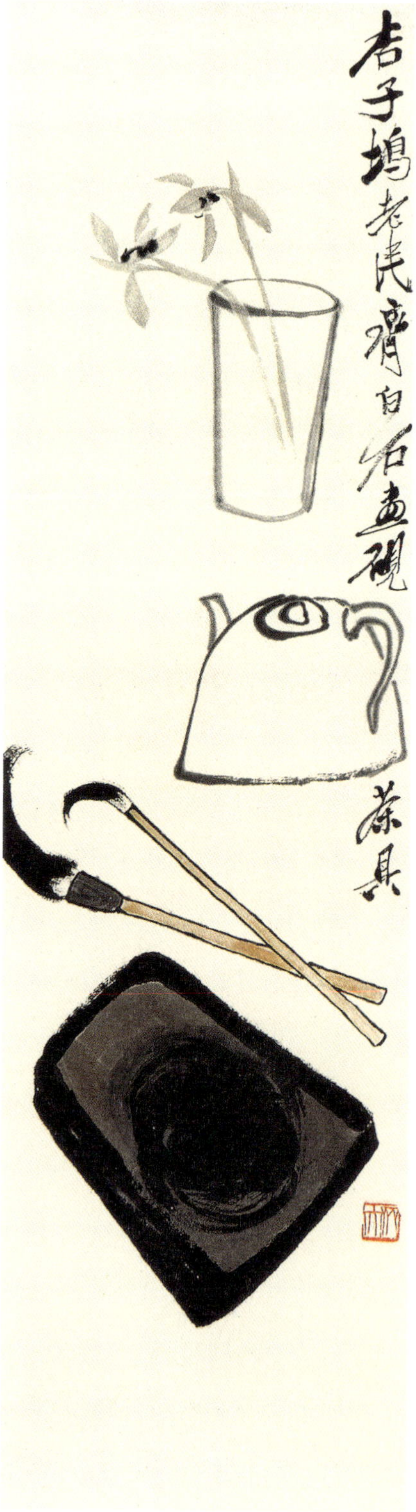

笔砚茶具　约20世纪40年代中期

中国没有西方式的静物画，但并非不画室内的静态之物。西式“静物画”多对物写生，描绘静物的形质、光色、环境、空间关系，力图再现视像的真实感。中国画描绘室内物则不必对物写生，不理会光色、环境与空间关系，默写其形就可以了。中国画不以“再现”为旨归，而以借物抒怀为鹄的，画面上的“物”，其位置、形色、画法，可随意安排，强调其所欲强调者，弱化其所欲弱化者；可以工细，可以粗放，可以兼具工细与粗放……这是两种对待“物”的方式，两种不同的观察方法与描绘观念，也是两种不同的艺术传统与观赏习惯。

白石老人这幅《笔砚茶具》，画一方砚台，两支毛笔，一个茶壶，一个玻璃杯（杯中盛的不是水，是两朵对开的兰花。没有对室内环境窗子、桌子、墙面、光的照射等的任何描写），四种“静物”就摆在洁白的宣纸上，在看惯了静物画的西方人眼里，这些“静物”也许是被置放在空气里——但画中也没有画空气，因为“空气感”要靠对光的刻画来表现，人们看到的只是白纸上的物，空间是虚拟的，就像中国戏曲舞台上虚拟的城池、宫殿、厅堂、战场、波水一样。画家把想象留给了观众。

画上题写的是“杏子坞老民齐白石画砚茶具”，钤一方“齐大”印。为什么用“杏子坞老民”和“齐大”这两个别号？我想，是因为白石老人把这四件“物”看作他的生活内容，这种生活是他在杏子坞当农民和木匠的继续。作画写字，饮茶观花，这正是齐白石定居北京后基本的生活内容。他的诗“铁栅三间屋，笔如农器忙。砚田牛未歇，落日照东厢”“今年八十一，砚田自食力。犁耙不下肩，如牛健似昔”，就是对这种生活的最好形容。画面上那方石砚刻画的精彩至极，墨尚未干，还有研墨的痕印。而那两支笔，似还没来得及洗呢！茶壶和水杯兰花用白描和淡墨没骨画，虚处理，朦胧而淡远，也许象征着休息和享受。它们衬托出笔砚的凝重，也给画面带来一股清香，给画家的生活以空灵和诗意。

齐白石写过一些有趣的铭文，有助于我们理解这件作品：

> 诗书寂寞友，草莽患难友，笔砚生死友。
>
> ——《平生三友》
>
> 破笔成冢，于世何补？笔兮笔兮，吾将甘与汝终古。
>
> ——《笔铭》
>
> 汝润吾乐，汝破吾饥，汝顽吾噫。
>
> ——《石砚铭》

灯蟹图　1945年

寒夜客来茶当酒　约1932年

洗耳图

1946年

99.8厘米×33.2厘米

纸本水墨设色

轴

题款

吾侪生于离乱，目之所见、耳之所听皆浊。

目中之浊随泪而出，耳中之浊亦当取去，如巢父临流洗也。

今亚尘画友倩画此意也。八十六岁白石，丙戌。

钤印

借山翁（白文）、白石（朱文）、牵牛肖形印（白文）

藏印

庞耐珍藏（朱文）、安思远珍藏记（朱文）

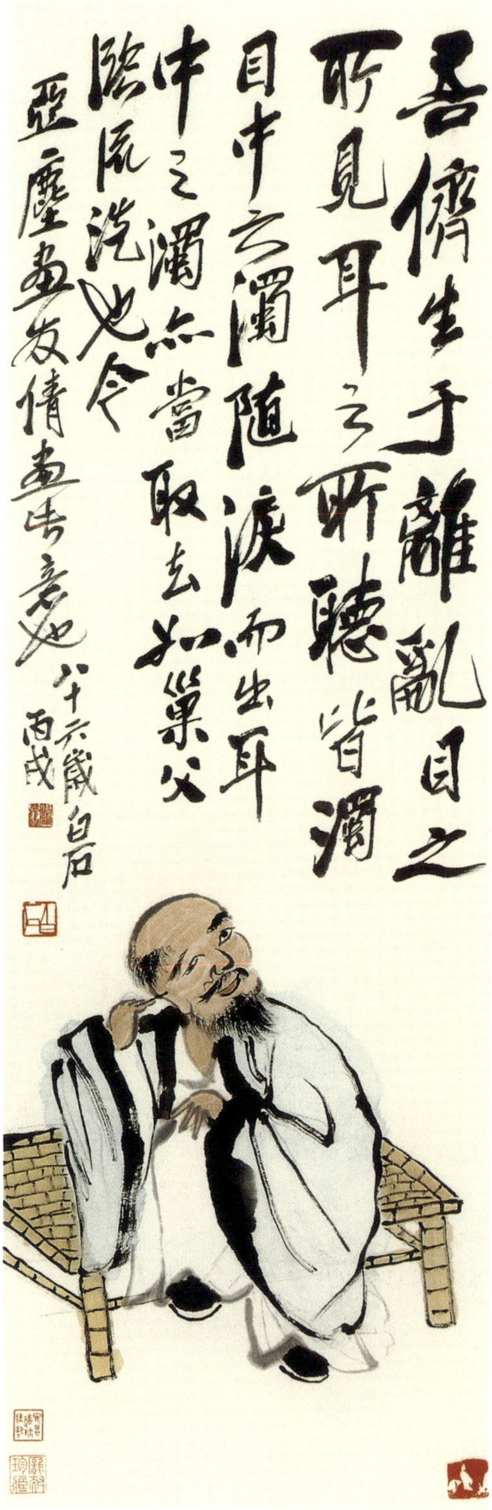

洗耳图　1946年

“洗耳”的故事，源自古代传说。晋皇甫谧《高士传·许由》记：尧让天下于许由，“由于是遁耕于中岳颍水之阳，箕山之下，终身无经天下色。尧又召为九州长，由不欲闻之，洗耳于颍水滨”。此传说中还有一个巢父，皇甫谧谓许由、巢父为二人，三国谯周谓巢父即许由。后人常“巢由”连称。齐白石这里说巢父临流洗耳，系把许、巢视为一人。“洗耳”二字，后世用以形容不愿闻问世事的行为，或者对“乐道守志”之人的赞词。齐白石画过多幅《洗耳图》（又题作《掏耳图》），有的无题跋，有的加题跋，图像大同小异，都刻画一老者掏耳。其创作动机，此图跋文说得最明白：“吾侪生于离乱，目之所见、耳之所听皆浊”，不愿看不愿听，并不是像巢由那样要当隐士，而是因为世事混浊黑暗。但有目就要看，有耳不免听，所以须洗目洗耳，以免被“浊”所污。画家在这里所表现的，并不是超然的清高，胜而是近于愤世嫉俗的讥讽，在讥讽背后，则透露出画家不愿闻问世事的思想个性。作此画前不久，齐白石就作一《洗耳图》，所题略有不同：“此翁恶浊声。久之，声气化为尘垢于耳底。如不取去，必生痛痒。能自取者，亦如巢父洗耳临流。”未直说“目之所见、耳之所听皆浊”，较为委婉，但基本意思是一样的。

《洗耳图》的特点，是拙朴而诙谐。画中人物并无孤傲高洁之状，不过是一个衣着平凡、不修边幅、动作粗笨的秃顶老头。他歪着头专心掏耳，好像愈掏愈痒，愈痒愈掏，给人的感觉不是愤世，只是闲适无聊，掏耳解痒而已。画家的着力点在人物情状和生活气息，画中那张描绘具体的竹床，尤强化了环境的世俗性。整个作品的格趣，与历代文人颂美的避世高隐、乐志守道的精神颇不相谐，而具有一种民间艺术粗朴夸张的喜剧性。这不是偶然出现的，应与齐白石的出身经历、思想个性有深刻渊源。

此幅1946年为汪亚尘画。汪亚尘（1894—1983），字云隐，浙江杭州人，早年留学日本，后执教于上海美专，1927年赴欧考察美术，归国后曾任新华艺专教务长，倾其家产致力于美术教育。他兼能西洋画与中国画，力图在中国画的基础上融合西法，长于花鸟鱼虫，尤以画金鱼为世所重。汪亚尘1947年旅居美国，1980年落叶归根，返回上海。1946年10月，汪亚尘与到上海开画展的齐白石相识，汪氏喜白石画，购买很多。展览中的《掏耳图》卖出，他又点名索求。亚尘赴美时带走所购白石画作，后来分别为美国博物馆或藏家收藏（王方宇的部分收藏即得之于汪氏）。此幅曾为美国收藏家庞耐所得。

洗耳图　1945年

掏耳图　1945年

枫叶秋蝉

1947年
70厘米×32厘米
纸本水墨设色
轴

题款
霜叶丹红花不如。八十七岁白石。

钤印
木人（朱文）

收藏
中国美术馆

枫叶秋蝉　1947年

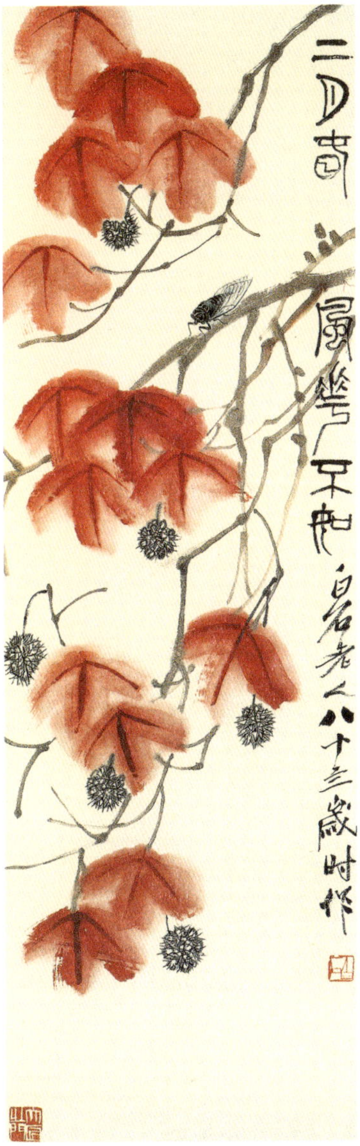

二月春风花不知　1944年

齐白石最初在什么时候、缘何因由开始画枫叶秋蝉(寒蝉),尚不清楚。他的家乡有枫树,他有一方印曰“麓山红叶相思”,表明枫叶与他的乡思是有关的。但其所画,又常常超越乡思,表现一种深意。笔者在谈齐白石艺术的生命意识时,曾有这样的读画感:枫叶将落,其色愈艳;秋蝉将逝,其鸣愈烈。画家以最饱和的色彩,最精致的描绘,写出生的飘零(蝉),死的灿烂(红叶),相依的短暂(虫与叶),相离的久远(叶落了,虫何所依),这是不是有些禅意,有些接近了生命的奥秘?这样的感受未必合于画家的原意,但源自他的作品,是千真万确的。

请看这件《枫叶秋蝉》,秋叶是那么透亮,那么纯净,那么浓艳!伏在枝上的秋蝉,是那么清晰地呈现在我们面前。这秋色胜过春色,不含一丝愁绪,如白石老人题的“霜叶丹红花不如”。透过这诗画,我们感受到对生命的态度,健康、明朗、安详、热烈,正如这秋色。

此图在艺术上高度单纯。除了浓淡墨,就是洋红。枫树简化,色彩简化,笔法也简化。世界纷纭复杂,唯精神与美的力量能让它呈现出单纯的本质。

枫叶寒蝉　约20世纪40年代晚期

玉米草虫

1947年

136厘米×60厘米

纸本水墨设色

轴

题款

借山老人齐白石，八十七岁画于京华城西铁屋。

钤印

白石（朱文）、雕虫小技家声（朱文）

收藏

中国美术馆

玉米草虫　1947年

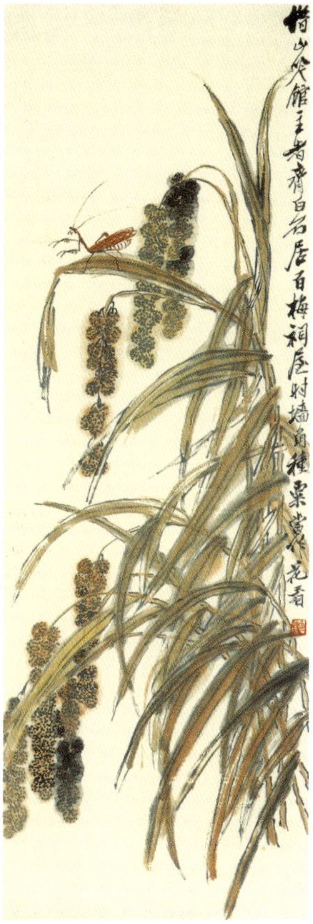

粟谷螳螂
约20世纪40年代初期

丰年 1948年

齐白石画蔬果多，画庄稼不多，但玉米、稻穗、稻草是常画的。多数情况下，都画折枝，很少画整棵庄稼。此幅却画两整棵，从根到花穗到玉米棒，一应俱全。先画玉米，后添加牵牛花，让它们爬到玉米秆上，开放鲜艳的花朵，而玉米已经熟了，棒子皮绽开着。画家用赭色画玉米枝叶，用灰绿色画牵牛蔓和叶，从形状上突出玉米棒，从花色上突出牵牛花。画面色调，有对比有主次。除了玉米棒和蜻蜓，都施没骨法。这是精心考虑的，如果用笔线画多而杂的枝叶花蔓，画面必将乱得不可收拾。爬在玉米叶上的螳螂、飞着的蜻蜓，为画面带来了生命的活跃，增加了农村大自然的交响。在近代画史上，能真而有诗意地刻画农家风物，又画得如此地轻松自如，唯白石而已。

抗战胜利后，齐白石满心高兴，以为太平日子要到了。他重新在琉璃厂挂出了笔单，接受画件。作品也多了起来。但政治腐败，通货膨胀，钱不值钱，1946 年的南京、上海之行，卖画 200 余幅，竟连 10 袋面粉都买不到！此前一年，他 19 岁的女儿又不幸病逝，正悲痛不已。有的朋友劝他到南方去。他思来想去，觉得这么大年纪，孩子又多，迁居谈何容易！他用一句旧诗"北房南屋少安居，何处清平着老夫" 来回答劝他南行的朋友。这一年夏，他的长子子贞、三子子如，女儿阿梅和孙子佛来，都来到北京。在不安的时局中，老人努力自安其心，自得其乐，仍不停地作画。但作品精旺之气渐弱，苍拙之意益浓。这幅《玉米草虫》，也可以看到这种变化。

宰相归田

约1947年
96厘米×36厘米
纸本水墨设色
轴

题款

宰相归田，囊底无钱。
宁肯为盗，不肯伤廉。
白石每画此老，必题此数字。

钤印

白石翁（朱文）、吾家衡岳山下（朱文）

宰相归田　约1947年

毕卓盗酒 1947年

毕卓盗酒 约20世纪40年代中期

齐白石一再画毕卓盗酒，表明他对清廉官吏的渴望。不只齐白石如此，颂美清官，在许许多多艺术作品中都见过。这是中国人根深蒂固的观念。尽管对国家和百姓来说，制度的优劣比官僚之清贪更重要。

此图无年款，画和书法属于20世纪40年代末的风格。中国展览交流中心藏1947年款同名作品，画中构图、人物形象、墨色、题款逼似此幅，可能是在一两天内先后画出的。此图的笔画更沉静而精微。

在这幅盗酒图中，白石画大写人物曾有过的奇纵气、豪放气、怪拙气都没有了，只留下平心静气，行笔如打太极，舒缓自如，含蓄内在，质朴无华。毕卓的睡态酣且真，连衣纹、墨色似乎也生出了睡意。歪斜的酒瓮和酒勺均用白描画出，亦有醉倒朦胧之感。古人曰：“灿烂之极，归乎平淡。”这件《盗酒图》大略近之。

菖蒲青蛙

1948年
104厘米×34.5厘米
纸本水墨
轴

题款

吾乡有铁芦塘，塘尾多菖蒲，可雅观。八十八岁白石。

钤印

白石翁（朱文）、吾年八十八（朱文）、三千门客赵吴无（白文）

收藏

中国美术馆

菖蒲青蛙　1948年

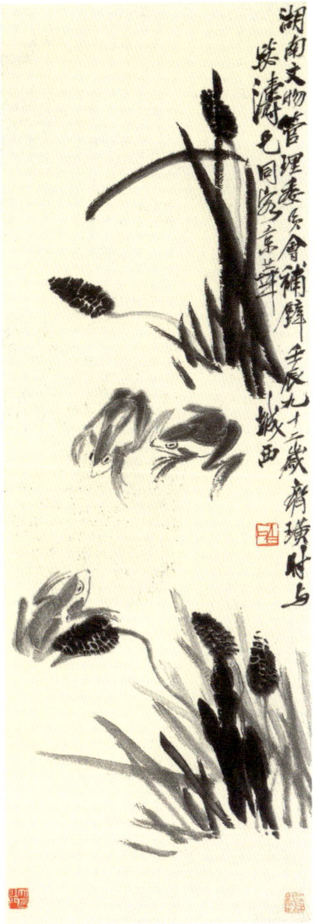

菖蒲青蛙 1952年

青蛙蝌蚪 1952年

齐白石有一首《追忆铁芦塘》诗：

少小心多记事珠，老年一事未模糊。
铁席塘尾菖蒲草，五十三年尚有无？

这里说的“五十三年”，是一个象征数字，即远离家乡多年的意思。在北京的四合院里忆旧，偶然想起家乡的铁芦塘。他在那里钓过虾，水边生长着有香味、根可入药的菖蒲草。岁月匆匆过去，那草还有吗？思绪是片断的，早年的事情，会突然闪现于脑海。白石老人的许多画题，就是在这样的思绪中浮现出来的。约90岁前后，他画了很多菖蒲青蛙，此幅题“吾乡有铁芦塘，塘尾多菖蒲，可雅观”，“雅观”即可入画。

画家纯用水墨画两丛结了果实的菖蒲，一丛用淡墨，一丛用焦墨。草间有三只蛙，又飞来一只蜻蜓。不画土，不画水，也不管前后空间是否恰当，只把想画的画出来。这是老人90岁以后作品的一大特点。此图的题跋把上下分散的草和蛙连成一体，给画面以完整感。观这类作品，重要的是看意态和笔墨。画家的情感、个性、创造力，尽在其中。

荷花翠鸟

1948年
137厘米×34厘米
纸本水墨设色
轴

题款
居仁先生属。八十八岁白石。

钤印
白石翁（朱文）、曾经灞桥风雪（白文）

荷花翠鸟　约20世纪40年代中期

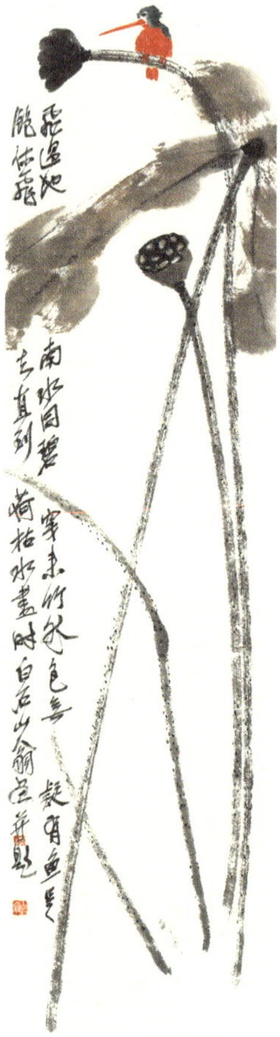
荷花翠鸟　约1932年

此图作于1948年，88岁。类似构图的荷花很多，如荷花鸳鸯、荷花双鸭、荷花游鱼等。大凡这样的构图，都多画秋荷，破败的残叶与艳丽的花朵对比，浓密的花叶与清朗的水面对比。除了画禽鸟，也画草虫。此幅画得十分率意，从荷梗到荷叶，无一笔不率意为之。浓淡墨枯渴，笔锋秃散，笔笔有飞白，好像砚中墨无多，笔洗也没水了，即使红色的荷花，也不那么滋润。只有翠鸟不同——它翠衣红肚，鲜亮无比，俯身对着水中的两条小鱼。不知是要捕猎，还是在欣赏。

齐白石画荷，大多很经意，画得墨彩浓丽。此作是个例外，它是另一类美——略带游戏笔墨的、若不经意的美。心态放松，自由随意。

齐白石有《题画翡翠鸟兼枯荷》诗：

> 飞过池南水同碧，穿来竹外色无疑。
> 有鱼足饱不飞去，直到荷枯水尽时。

荷花翠鸟　1948年

东方朔

1948年
104厘米×34.2厘米
纸本水墨设色
轴

题款

索米讽至尊，臣朔自言贫。
砍肉遗细君，臣朔自仁言（言仁）。
猾稽侍金殿，游戏披逆鳞。
星精固难信，人间无其人。
曼倩像赞。味实吾友清论。
戊子八十八岁白石。

钤印

指纹印、齐璜（白文）、吾年八十八（朱文）、牵牛肖形印（白文）、人长寿（朱文）

收藏

北京荣宝斋

东方朔　1936年

东方朔　约1932年

在谈荣宝斋藏人物册时，我们介绍过，东方朔是汉武帝时人，擅滑稽，能于诙谐中寄寓讽谏，后世演绎出许多他的传说故事。白石作“曼倩像赞”，介绍东方朔以“猾稽侍金殿”，敢于“讽至尊”。但他不相信东方朔是“星精”的传说，认为“人间无其人”。东方朔当然不是“星精”下凡，但历史确有其人。司马迁《史记》有《滑稽列传》，专门介绍古代的滑稽人物，这些人物除了俳优之外，还有行为近于俳优的士人，如著名的淳于髡。余英时《中国知识分子的古代传统——兼论“俳优”与“修身”》一文认为，东方朔和淳于髡“是同一型的人物”，都近于俳优，“和俳优的共同之点便是‘言谈微中，亦可以解纷’。他们都能寓严肃的批评于嬉笑怒骂之中”。齐白石一再画东方朔，表示了对这类人物的欣赏。

画中的东方朔，都是一白髯老翁做偷桃状：有时捧桃，有时将桃送向袖筒。此幅画双手捧桃，回头上视，面带微笑，一副谐趣的神态。看上去完全是个聪明的老头，没丝毫神仙精灵的样子。

东方朔　1948年

茨菰群虾

1949年
136.8厘米×41.4厘米
纸本水墨点色
轴

题款
八十九岁白石老人。

钤印
年八十九（白文）、借山翁（朱文）

收藏
中国美术馆

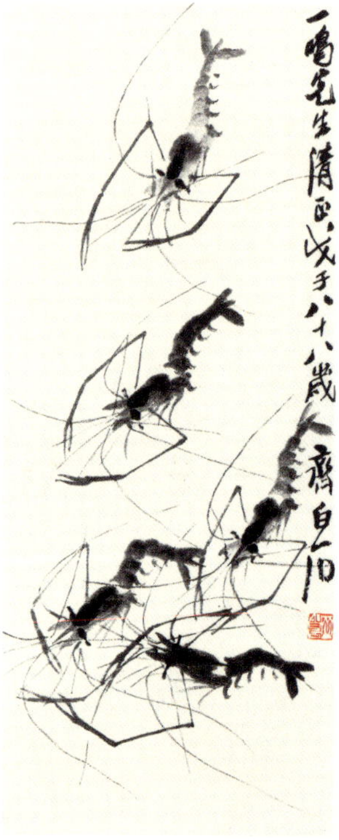

虾　1948年

游虾剪刀草　1948年

白石画虾，也已介绍过。此图作于1949年。虾的真实、生动，笔墨的精美、完满，都体现着白石艺术的巅峰状态。

如前述，齐白石画虾高度形似，又有高度的笔墨表现，这在画史上是个奇迹。能如此，靠了几方面的条件，一是精于审物，有很强的造型能力，否则不可能把虾画得如此之像。二是有高超的笔墨技巧，经过千锤百炼，不仅能用笔墨刻画生动的形象，也能充分表现笔墨本身的意趣和美。把高度形似与笔墨表现统一起来的关键，在于笔墨的程式化——程式即方法，只要掌握得好，最能刻画形象特征又最能发挥笔墨特性。齐白石创造画虾的笔墨程式，历经十年的探索，后来又进一步把它完善。

任何程式一旦创造出来，人们就可以模仿。依照白石的程式去画，可以很快画出像其画虾的作品。白石后人、学生大都能画虾，乍一看都像齐白石作品，概源乎此。作伪者亦大沾此光。创造程式难，模仿程式易，自古皆然。当程式被无数次重复，它也就俗化、大众化，无复新鲜感了。但这并不影响创造者的功绩。但所有摹作、伪作，远不能和白石画虾相比，这是因为，第一，所有的摹作者都未下白石那样的审物之功，心中没有活虾；二是笔墨功夫不够，达不到那样恰当的力度、韵味、微妙处。熟悉齐白石的笔墨，就容易辨识伪作。

茨菰群虾　1949年

萝卜蚂蚱

1949年
68厘米×33.5厘米
纸本水墨设色
轴

题款
白石老人行年八十九岁矣。

钤印
齐大（朱文）

收藏
中国美术馆

萝卜菌子　1954年

萝卜草虫　1942年

两个红萝卜，一只蚱蜢，除了题款，余无一物。萝卜刚从地里拔出来，皮是鲜的，还留有黄绿色的缨子。但蚱蜢已成深色，是一只老草虫了。

用科学透视的眼光看，画中的两个萝卜既没长在土里，也没放在地上，它们在空中飘着呢！但我们并不依循这种科学眼光看画。怎么看画，看画中的什么，连接着视觉文化传统。在透视学上不合理的东西，在心理学、艺术学上可能是合理的，在西方人看来不舒服、不合理的东西，在东方人的眼里可能很舒服，合情又合理。当然，东西方文化又是相通的，是可以也应该交流的，交流就能把某种民族文化传统变成全人类的财富。中国传统绘画很独特，有待世界的了解，也有待我们对世界介绍。

萝卜蚂蚱 1949年

梅花八哥

约20世纪50年代初期
133厘米×33厘米
纸本水墨设色
轴

题款
白石老人齐璜。

钤印
白石（朱文）、齐璜之印（白文）

老松八哥　1955年

黄梅八哥　1953年

梅花八哥是齐白石的老画题，但画法与风貌变化很多，重复题材，不重风格和意趣。吴昌硕画了很多梅花，虚谷画了很多金鱼，齐白石画同一题材的作品就更多了。懂画的人并不觉得这是无意义的重复，因为他们不仅看画什么，更看如何画，画得怎样。对写意画来说，题材往往只是一种载体，人们更关注题材背后的情感、思想，以及与题材共生的形式语言，特别是笔墨语言——笔墨是水墨画独一无二的形式语言，不同的笔墨渗透着不同的人性、人情、人格，以及不同的感觉、趣味和文化背景。品味笔墨可以得到视觉与精神的双重满足。这好比听音乐，听的不只是声音、节奏、旋律，还有数字般排列的形式结构，色彩变幻，以及心灵的颤动。当然，看画要有欣赏画的眼睛，正如听音乐要有懂音乐的耳朵。

这幅《梅花八哥》，约作于白石老人90岁前后，他已不如前些年精力充沛，对花鸟草虫的描绘不那么惟妙惟肖了，但视力、心力和手力尚未衰颓，对形象笔墨的把握还相当有力，总的说，他渐渐弱于对外在世界的细致刻画，但增强了对内在世界的省思回味，笔墨由精熟而复归生拙。

梅花八哥　约20世纪50年代初期

虾

约20世纪50年代初期
102厘米×34.5厘米
纸本水墨
轴

题款
三日不挥毫，手无狂态。
白石。

钤印
白石（朱文）、大匠之门（白文）

虾　约20世纪50年代初期

虾（局部）

齐白石以画虾的名声为最大。1938年，他《题画虾》说："予年七十八矣，人谓只能画虾，冤哉！"但他画虾形神兼备，前无古人，却是不错的。对此，他自己也很自豪，曾对弟子胡橐说："吾画虾几十年始得其神。"又在一首诗中谈画虾经验说："苦把流光换画禅，工夫深处渐天然。"他画虾确实下了艰苦的功夫。

齐白石从什么时候开始学画虾，未见记载。所见最早画虾之作，是湖南省博物馆藏《水仙游虾图》（收入《齐白石全集》第一卷）。无年款，从题款风格判断，约作于1911年前后。虾形略似，但通身一色，无动态，不如同时期画鱼生动。1920年所作《水草·虾》（收入《齐白石全集》第二卷），略有进步，自己也很满意，说"即朱雪个画虾，不见有此古拙"。"古拙"含有不求形似的意思，这时期齐白石追求文人格调，还不重视形神兼似，至少此时画虾之作，从画法到形象还没有脱出古人窠臼。但古之画虾者寥寥，模仿者焉能很高？

据弟子胡橐记述，白石62岁开始在案头养虾，终日观看，从观察中寻求新画法。初则外形相似，但虾身不透明，"头胸还分不出浓淡，腹部少姿态，长臂钳也欠挺而有力"。大约四五年后，虾身的质感、蠕动感能画出来了，也有了透明感，他很高兴。在1928年画虾时题道："余之画虾已经数变，初只略似，一变毕（逼）真，再变色分深淡，此三变也。"大约到70岁，他已创造一套画虾程式，以后就是进一步提炼笔墨了。这个过程告诉我们，齐白石画虾，经过了模仿古人与写生创造两大阶段，而写生创造从不成熟到成熟，历时10年。这很能说明齐白石和中国绘画处理自然与创造关系的特点，即师古人又师造化，而以师造化为第一位，没有后者，就没有胆敢独造的中国画大师齐白石，就没有中国画的创造。但这种师造化，又绝非像西画家那样对物写生，而主要采取目识心记的方法。在这个过程之前，还必须有掌握材料工具、进行笔墨训练的过程。采用毛笔宣纸作画，只有高度精练的程式化笔墨，才能塑造出对象的形质与神采。这与媒介技术有关，与近千年的传统也有关。不理解这一点，就很难理解中国画艺术。胡橐谈到齐白石画虾时说："经过辛勤劳动千锤百炼，才能充分利用纸、笔、墨的性能，掌握水墨在宣纸上的自然渗化，表现虾有阴、阳、向、背、轻、重、厚、薄、软、硬的感觉。而且，由墨色浓淡鲜明，又稍有晕开，永远好像没有干的样子，因此，把虾画在纸上就和在水里游泳一样，气韵非常生动。"[1]

此幅虾，约作于20世纪50年代初，老人对笔墨的控制能力还很强，手不抖，只需看看那些又细又长、似有若无的虾须就会明白。

〔1〕胡橐：《谈白石老人画虾》，见力群：《齐白石研究》，上海人民美术出版社，1959年，第227页。

虾　1929年

群虾图　1927年

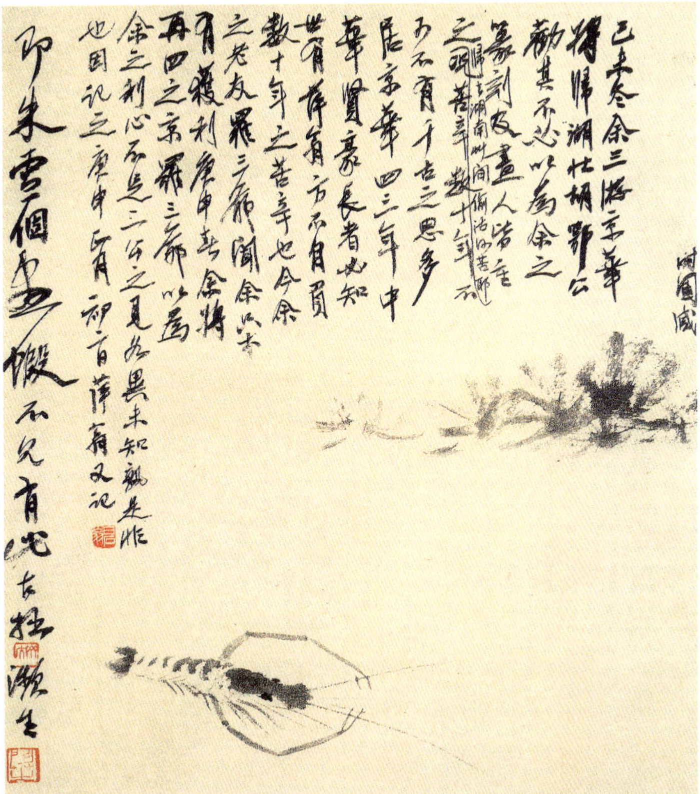

水草、虾　1920年

君寿千年

1950年
138厘米×34厘米
纸本水墨设色
轴

题款
君寿千年。
九十老人白石制。

钤印
白石（朱文）、借山翁（朱文）、寄萍堂（白文）

收藏
中国美术馆

鹤是中国画的传统题材，唐代就有以画鹤名世的薛稷，后画鹤者代不乏人。

齐白石画鹤，大体继承前人画法，独创的因素不像画水族那么突出。但他画鹤仍有自己的风格，画法也有独特之处。这就是：气宇轩昂，挺拔有力，笔墨苍健。我们介绍过他给金松岑画的红鹤——那是他画鹤的特例，其常规是以墨笔画鹤全身，只以红色点丹顶。

白石画鹤，大抵都是祝寿之作，形象多直立，凸显其修长、雄健和高贵。此幅长喙用淡墨，余皆以焦墨勾画，笔力苍劲而润泽不足。曾见有伪作画鹤，略貌似，但笔力孱弱。鉴别这类伪作的方法就是看它的用笔——作伪者可能有一定造型能力，但不可能具有齐白石这样的笔墨功夫。

松鹤图
约20世纪30年代晚期

松鹤图　1953年

君寿千年　1950年

画鼠册（八开）

1950年
29.7厘米×33厘米
纸本水墨设色
册页

画鼠册　1948年

前面介绍《鼠子啮书图》时，谈及齐白石有时把鼠作为象征寓意之物，有时把鼠看作有害于人的动物，有时又将其看作与人类关系密切的小生命。后者齐白石以中性的甚至爱怜的态度描绘它们，把它们拟人化，借以表现人的某种生活情境。此套画鼠册，大抵取后一种态度，刻画小鼠的偷食、窃望、爬寻、玩耍，它们偷、玩的对象，则是蔬果、油灯和人的生活用具；或言之，它们的天地即人的环境。这样，画鼠也间接表现了人与生存环境的关系。在齐白石笔下，鼠这个“质量不良”的小动物，也有生命需求和活力，有时也像孩童一样顽皮。那个攀爬到秤钩上的小鼠，“本意”当然不是要过秤，而是画家觉得它有人的意识，将其视为一个模仿大人的孩子。这近于儿童把万物“灵化”的思维，源自白石老人的那颗“童心”。在作品里，万物变得无关权力，无关效益，无关利害，而只有审美的愉悦和精神超越。

此册作于1950年。两年前，齐白石曾为徐悲鸿作画鼠册12开，不久，又为一个朋友依本重画。后者有5开现藏湖南省博物馆（收入《齐白石全集》第六卷）。本册8开，其中5开与湖南省博物馆所藏出自同一稿本。这两套画鼠册，构图、形象大体相同，湖南藏本在水墨韵味、色的鲜艳等方面较胜，本册对小鼠形象的刻画更深入。两者均为真品，这种区别主要是纸质不同造成的。本册之纸，古旧而性熟（从墨色透显折缝和笔晕可知），与白石老人常用的生宣很不同。老人把生纸大写意笔法挪于熟纸，就显不出笔墨渗晕的味道，题款书法也有些扁平，无法力透纸背。这并非真伪或功夫问题，是因不习惯纸性，纸质对色、墨不够敏感的缘故。生纸能迅速反映大写意笔墨的力感、韵味与饱和度，熟纸缺乏渗透性，难以有所反映。熟纸画鼠之所以出效果，是因为白石画鼠采用了不尽相同的方法——墨色饱满而厚重，行笔慢，多有复笔，是“画”出来而非“写”出来的（湖南册是“写”出来而非“画”出来的）。虽然小鼠身上的墨色也缺乏生宣的渗透感，却结构清晰，动态微妙，刻画深入。易言之，这种纸质对凸显水晕墨章有所不足，却能充分展示白石老人塑造形象的高超能力。

（一）鼠子花生

题款

九十岁白石。

钤印

木人（朱文）

（二）鼠子倭瓜

题款

星塘老屋后人白石。

钤印

白石翁（朱文）

（三）鼠子油灯

题款

白石。

钤印

白石（朱文）

（四）鼠子自称

题款

自称。白石老人。

钤印

齐大（朱文）

（五）鼠子苹果

题款
大平青吉。
九十岁白石。

钤印
白石（朱文）

（六）鼠子冬笋

题款
白石老人。

钤印
齐大（朱文）

（七）鼠子萝卜

题款

白石老人画于京华。

铃印

白石翁（朱文）

（八）鼠子豇豆

题款

庚寅九十岁白石为谷平先生画鼠八页。

铃印

白石（朱文）

又题

白石老人。

铃印

借山翁（白文）

牵牛花

1950年
138.2厘米×34.8厘米
纸本水墨设色
轴

题款
九十岁白石。

钤印
白石（朱文）

收藏
北京荣宝斋

牵牛花 1948年

牵牛雏鸡 1948年

上面介绍过齐白石1920年、1921年画的《牵牛花》：满纸细藤蔓、小花叶与大花朵，花朵都画成正面，圆而扁平，看不出喇叭形和深度，叶子形状雷同，没有向背和角度的变化，构图、造型和笔墨都还幼稚粗糙。但正像齐白石画荔枝、画虾一样，这粗糙幼稚是向创造迈出的第一步。这幅《牵牛花》作于30年后，两相比较，具有天壤之别。前者是写生（非对景写生），后者是创造；前者无程式，后者有程式；前者繁复杂乱，后者简约单纯；前者略得形似，后者神形兼备；前者笔墨零碎无章法，后者有笔有墨有法度；前者画得费力，后者画得轻松。还有一点特别的不同，即后者画叶不如前者形似，这不似集中体现着大泼墨的特点，正是不似之似的神似。

一些画家作画数十年，除了技术上愈加熟练，没有别的变化。齐白石的不同处在于，他十年大变其法，继而一步步成长为大师。除了天资，他的最重要的经验，就是能从写生观察和探索中创造新的笔墨程式，并用这程式创造新的形象，表现新的意境。画虾蟹蛙如是，画小鸡如是，画荔枝樱桃如是，画牵牛花亦如是。喇叭形的牵牛花只画六七笔，从喇叭口到喇叭筒有个次序，花朵之大小、色彩、角度可变，基本程式不变。有了程式就有了笔法，有了笔法就能讲究笔法，同时也就脱离了摹拟形似和无章法的杂乱。这是中国画尤其写意花鸟画的特色。优秀的中国画家，一定是程式的创造者和灵活运用者，而不是程式的模仿者和奴隶。

牵牛花　1950年

大年

1950年
149.2厘米×42.7厘米
纸本水墨
轴

题款
大年。
白石老人齐璜居京华第卅又四年。

钤印
白石（朱文）、归梦看池鱼（朱文）

藏印
庞耐（朱文）

双鱼寄远　1934年

齐白石画鲇鱼，在谈《长年大寿》一画时已略谈及。这一幅《大年》，作于《长年大寿》10年之后。画家虽年逾九旬，仍精气充沛，笔力挺拔，寥寥数笔，就把大鲇鱼生动刻画出来了。此鱼头朝下，正冲着观者游来。它乌亮光润，摆动有力，确实够得上“大年”！白石画鱼，经常用题诗或标题暗示出相关的内容。在画法上，则和画虾蟹一样，也已程式化、规范化。这种程式规范是在实践中总结出来的，对大写意绝对必要——既是为了传达形神，也是为了充分发挥材料工具特性，赋予笔墨以充分的表现力。当然，新程式规范的产生绝非易事。出色的画家发展和创造程式，一般的画家模仿和重复程式。白石在一幅《长年图》上曾题道：

> 作画欲求工细生动故难。不谓聊聊（寥寥）几笔、形神毕见亦不易也。余日来画此鱼数纸，仅能删除做作。大写之难可见矣。

这难，就难在又要形似，又讲笔墨，既程式化，又有充分自由。齐白石画鱼（以及虾、蟹、蛙）追求这样的目标，所以总感到难。传统写意画讲不似之似、离形得似，对造型的真实感要求不很严格，以给笔墨相对自由的余地。齐白石虽说“妙在似与不似之间”，但和传统写意画家相比，还是很重视形似、很讲究造型的。他画的鱼虾高度形似又十分讲究笔墨，达到了两者的完美统一，这在中国画史上是少见的。做到这种程度，需要长期的笔墨训练。近百年，由于移植西方美术教育体制，画家都学素描，提高了写实能力，但缺乏临摹研究传统绘画的训练，对笔墨的理解和把握大多不尽人意，他们可以和齐白石的造型能力比美，却没有齐白石那样的笔墨功夫。

大年　1950年

樱桃

1951年
103厘米×34厘米
纸本水墨设色
轴

题款
佳人常在口头香。
辛卯四月画于京华铁屋。白石老人。

钤印
齐白石（白文）、借山翁（朱文）、大匠之门（白文）

收藏
中国美术馆

樱桃　1951年

樱桃　约20世纪40年代中期

齐白石画樱桃，亦堪称妙绝。这红色小果子在他的画面上变化多端，置于盘中，乱洒桌面，单独画，与其他水果一起画等。画面题词，他喜欢“佳人常在口头香”，或者“若教点佳人口，言事言情总断魂”。古人以“樱桃小口”形容佳人的美，这两句诗也内含其意，但委婉曲折得多，内涵也丰富了。这样的诗画相配，总是好看、耐看的。

画樱桃用上好的洋红，才能画出鲜艳欲滴的感觉。我们讲过诗人艾青在伦池斋看到白石一幅樱桃册页，因为价高，便去请老人画，但因没了好洋红，艾青又跑回伦池斋高价把册页买回的故事，可见色彩对画樱桃的重要性。齐白石很熟悉与讲究用色，在谈及胭脂、洋红时说：

> 昔时之胭脂，作画薄施，其色娇嫩；厚施，色厚且静。惜属草产，年久色易消灭。外邦颜色有西洋红，其色夺胭脂，余最宝之。曾于友人处见吴缶庐所画红梅，古艳绝伦，越岁复见之，变为黄土色，始知洋红非正产，未足贵也。[1]

这幅樱桃，91岁时作，画圆木架上放一花青大盘，盛满樱桃。大约是太满了，被人碰了一下，洒落地上不少——不待说，这是画家有意所为，以表现盘中的饱满丰盛，地下的自然灵透，呈现相互呼应的两种美。整个画面的色彩，是红（樱桃）与黑（木架）的对比，即洋红与墨色的对比，苍拙用笔与娇艳点色的对比。或者说，精致没骨画法与大笔挥写画法，力与美的对比与统一。

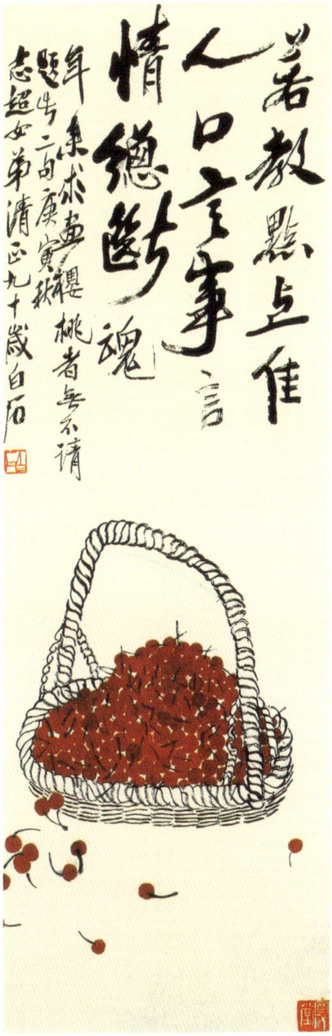

樱桃　1950年

〔1〕郎绍君：《齐白石全集》第10卷“白石文抄”，湖南美术出版社，1996年，第86页。

青蛙

1951年
103.5厘米×34厘米
纸本水墨
轴

题款
辛卯九十一岁白石。

钤印
白石（朱文）、大匠之门（白文）

收藏
中国美术馆

芋叶青蛙　约1927年

蛙戏图　1948年

这件画蛙，作于91岁。比前介绍的《池塘、青草、蛙声》大约晚10年。画蛙的基本方法没变，但造型更简，用笔更拙，画起来更自由，蛙的形象更加生动有趣。一只蛙的脚爪被水草缠住了，挣不脱，急着呼唤同伴。3个同伴顾不上玩，蹲下来看着这个倒霉鬼，却束手无策。是蛙不小心自缚了水草，还是哪个淘气的孩子在恶作剧？

91岁的老人，用诙谐的微笑态度描绘这小动物，他熟悉它们的声音和动作语言，能跟它们交流。换言之，他把小青蛙当作孩子，青蛙嬉戏即儿童嬉戏。老画家回忆起儿时的玩耍，也许有过把蛙脚拴起来的经历！

什么叫艺术的“炉火纯青”？这幅画蛙也许就是答案。每一笔都轻松自如，都是自然生出来的，没一丝描头画尾的迟疑。落到纸上的笔线点画，都变成活的生命。“炉火纯青”就是大自由——历经修炼获得的自由，历经攀登达到的高峰。

青蛙　1951年

小鱼都来

1951年
141厘米×40厘米
纸本水墨
轴

题款
小鱼都来。
九十一岁老人齐白石戏。

钤印
白石（朱文）、甑屋（朱文）

收藏
中国美术馆

两根竹竿，一垂钓丝，围来几条小鱼。题曰："小鱼都来。九十一岁老人齐白石戏。"此画此题，让我们再一次感受到白石老人的童心，又令人想起他的两首题画诗：

五十年前作小娃，棉花为饵钓芦虾。
今朝画此头全白，记得菖蒲是此花。

——《儿时钓虾图》

客来索画语难通，目既朦胧耳又聋。
一瞬未终年七十，种瓜犹作是儿童。

——《题画瓜》

《儿时钓虾图》未见，想必和这幅《小鱼都来》异曲同工。《题画瓜》说一个客人索画，他画瓜相赠，忽觉儿时种瓜犹如昨日，"一瞬未终"，已经70岁了。这就是齐白石：童心未泯，但已是老人；感慨时光太快，却没有"人生如梦"的悲哀。老年人喜欢回忆童年，行为有时也有些"儿童化"：心理学家把这称作"第二童年期"。由于生理机能的衰退，老年人把握外部世界的能力减弱，情感、心理即内省因素反而强烈了。如果能把这种内省力转化为艺术，用智慧和爱的光辉照亮那些焕发过生命意义的东西，老年人有可能创造出不朽的艺术，大器晚成。齐白石就是一个典型的例子。

《小鱼都来》简洁、空灵，用笔细秀，整幅画不过几条细线而已，简单的画面，有点稚拙的款书与"小鱼都来"的标题配在一起，有些像儿童"画"配儿童"话"。若把钓竿画得苍劲有力，把字写得拙重奇肆，也许就没有这种感觉了。

蝌蚪　约20世纪30年代中期

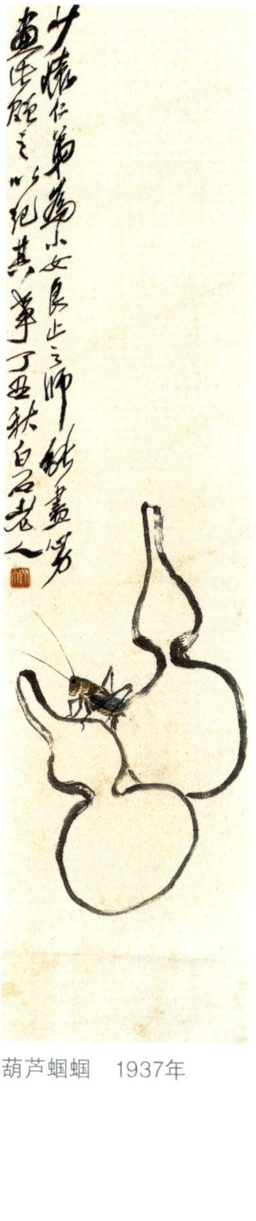

葫芦蝈蝈　1937年

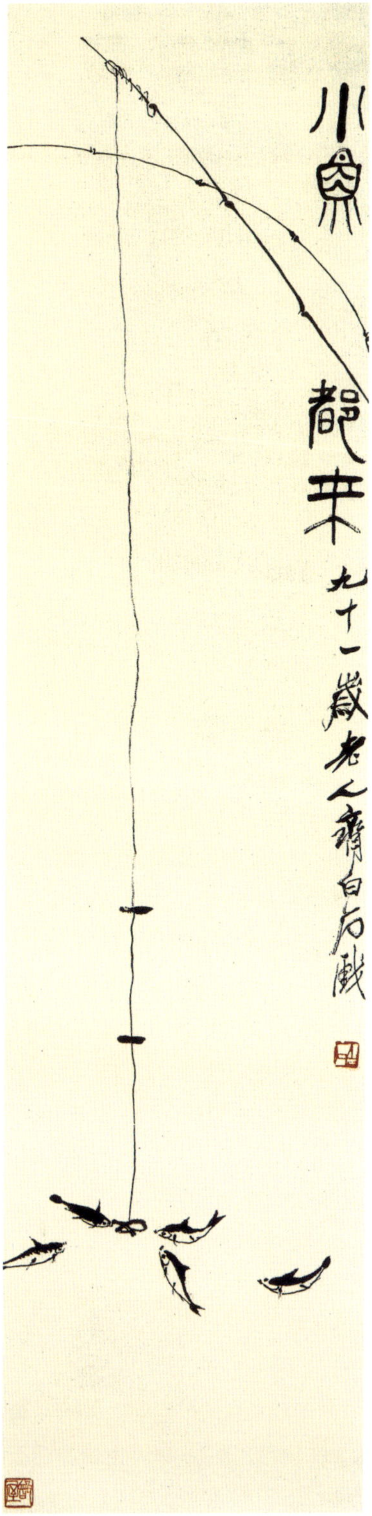

小鱼都来　1951年

朱砂梅

1951年
137厘米×42厘米
纸本设色
轴

题款
九十一岁白石老人。
辛卯年。

钤印
白石（朱文）、大匠之门（白文）

收藏
北京荣宝斋

眉寿　1951年

这幅《朱砂梅》是白石老人 91 岁时所作，全用朱砂画成，除题款外，不着一笔墨。画史有此传统，苏轼就画过朱竹。既能画墨梅朱竹，也就能画朱梅及一切非本色之色。写意画，取其意而已。此外，颜色总是被赋予某种文化内涵，中国人把喜庆、欢快、热烈一类的情感与红色联系起来，所以结婚要穿红、披红、戴红，过节要贴红对联，挂红灯笼，蒸馒头也要加上红点。“梅”谐音“眉”，于是画“梅枝喜鹊”就谐喻“喜上眉梢”，象征了吉利喜悦。用朱砂画梅，可理解为喜上加喜，也可理解为作画不拘一格。

齐白石喜画红梅，也作过不少题咏红梅的诗，如：

> 冰颜却厌雪同色，绿萼犹嫌玉有瑕。
> 著尽胭脂铁骨在，诸君莫认是桃花。

单色画竹易，画梅难。竹枝与竹叶形状单纯，质感接近，梅枝与梅花质感不同：一枯硬一柔嫩。朱砂为矿物色，透明性差，不像墨那么通透多变。齐白石凭着深厚的笔墨功夫，仍然画得形质像似而生动。但朱砂梅毕竟很有局限，难以深入表现梅花的性格和笔墨的微妙。

红梅　1956年

朱砂梅 1951年

荷花鸳鸯

1952年
181厘米×56.7厘米
纸本水墨设色
轴

题款
九十二岁白石。

钤印
白石（朱文）、大匠之门（朱文）

收藏
北京荣宝斋

这是一幅五尺多高的大轴，对92岁的老人来说，画这样的尺幅已有些吃力。整个构图上实下虚，是齐白石画荷花禽鸟的一般模式，但每幅又有细微的区别。此幅画荷叶，笔势已不是很壮，对墨色的控制也不那么得心应手了。但是，老人画荷花还相当严谨，深红花朵与墨叶形成的对比，浓艳而沉厚。荷梗略显细弱，两只鸳鸯多用枯笔，笔画精湛老到，墨色一重一轻，在白色水面的衬托下，显得分外清晰。

齐白石晚年画《荷花鸳鸯》很多。从1948年到1953年，所见不下10幅。其中有赠李宗仁、郭德洁夫妇的，有送学生的，有自留的；有立轴，有横幅；有以墨为主的，有以色彩为主的。本书曾一再引用他的短句："老年心肠，不厌荷香。最怕牛羊，最喜鸳鸯。"阐释他何以"最喜鸳鸯"，也许要求助于精神分析学家。但至少我们知道，白石老人喜欢鸳鸯，是因为它们象征了美和恩爱。这正是他一生所追求的。

荷花鸳鸯　1947年

荷花鸳鸯　1954年

荷花鸳鸯 1952年

和平鸽

1952年
103厘米×34.5厘米
纸本水墨设色
轴

题款
和平鸽。
啸天老弟清教，壬辰秋，兄璜画。

钤印
白石（朱文）、人长寿（朱文）

齐白石早年不画鸽。胡橐记述说：“老人最初创作的和平鸽，是1950年给《人民画报》画的一张。是凭过去写生的印象创作的。老人创作几张鸽子以后，感到还缺乏对鸽子的仔细观察，所以，特意到他的学生家去看养鸽，后来，自己也养了几只。经过仔细观察后又有新的体会。老人90岁的高龄，仍然要对鸽写生并在小稿上注明“白”“白黑”“黑”“大翅不要太尖且直”“尾宜稍长”等。一天，我又请老人画鸽，他画了荷花、花瓶和一只灰鸽。这只鸽的确与以前画的不同，更觉丰满，并且在嘴的上部加一笔小肉冠。老人认为“小肉冠和鸽的特征有关，不能省略”。“有一次我拿了法国画家毕加索画的飞鸽复制品，请老人参考创作《和平来临》。老人就画了这只黑色飞鸽”，并说：“他（毕加索）画鸽子飞时要画出翅膀的振动，我画鸽子飞时画翅膀不振动，但要在不振动里看出振动来。”

此图作于1952年，画一灰一黑两鸽，面面相对，昂头翘尾，相似而生动。除眼睛外，全以没骨法画，能恰到好处地描绘出鸽身羽毛的挺硬，绒毛的柔软，腿爪的劲利。鸽旁花瓶，插一枝盛开的荷花，谐音“和平”。红花、白瓶、黑灰色鸽子，色调有层次又很和谐。高瓶、矮鸽，斜出的荷花，上加题款，下押“人长寿”朱文大印，看上去真是完美无缺。

和平　1952年

和平鸽　1952年

和平鸽　1952年

雨耕图

1952年
69厘米×52厘米
纸本水墨设色
轴

题款
齐白石九十二岁尚客京华白石铁屋。

钤印
齐大（白文）、木人（朱文）

收藏
中国美术馆

一犁春雨　约1932年

1952年，齐白石画过两幅《雨耕图》，尺幅、构图基本一样，笔墨略有区别。其中一幅送作家老舍，上题款“老舍仁弟法教，壬辰九十二岁璜，其时同客京华”。诗堂题旧诗二首：

> 逢人耻听说荆关，宗派夸能却汗颜。
> 自有心胸甲天下，老夫看惯桂林山。
>
> 为松扶杖过前滩，二月春风雪已残。
> 我是昔人叶公子，水边常怯作龙看。

齐白石与老舍相识于20世纪50年代初。老舍夫人胡絜青为白石弟子，故二人很快相熟。那时，老舍任北京市文联主席，二人有诗画往来。曾见某作，有“赠老舍弟”上款，但所题赠画时间却是40年代初。那时二人还不相识，老人不会以“弟”相称。不了解历史的作伪，不免露出马脚。

此图无上款，与送老舍的那幅相比，用笔稍纵放。春天，细雨蒙蒙，水田里有人耙地。扶耙者身披蓑衣，逆微风，拉低了草帽，赶着那头老水牛劳作着。远处有丘陵和小桥，弥漫着迷人的春色。耕者以细长的柳枝代鞭，更为画面增添了诗意，这类细节，极能体现画家的匠心。白石老人50年代极少画山水，此为例外之作，非常难得。

雨耕图　1952年

雨耕图　1952年

滕王阁

1952年
105.1厘米×49.5厘米
纸本水墨设色
轴

题款

落霞与孤鹜齐飞，秋水共长天一色。
琪翔部长、秀仪女弟同玩。
九十二岁白石。

钤印

白石（朱文）

借山图册之滕王阁　约1902年

滕王阁在江西南昌，旧址在江西新建县西章江门上，初建于唐代显庆年间，咸亨二年重阳节，诗人王勃过南昌，作著名的《滕王阁序》。滕王阁在明代、清代多次重建。

1904年春，齐白石随王湘绮赴南昌，游庐山、滕王阁、百花洲诸名胜，历时半年，是齐白石远游的“二出二归”。七夕那天，王湘绮曾召诸弟子联句。1910年齐白石创作《借山图册》，内有一幅《滕王阁图》，此后又多次重画。《白石诗草》二集有《滕王阁》一首，是怀念王湘绮的：

挥笔难忘旧梦踪，滕王阁上坐春风。西山南浦今无恙，不见联诗白发翁。

这幅《滕王阁》是赠黄琪翔、郭秀仪夫妇的。黄琪翔（1898—1970），广东梅县人，1919年毕业于保定陆军军官学校，后留欧学习军事。归国后历任国民革命军第四军军长，国民政府军事委员会政治部副部长，第二十六集团军司令，预备集团军总司令等职。1948年与南京国民党政府脱离关系。新中国成立后，黄琪翔任中南军政委员会委员、中南司法部长、国家体育委员会主任等。郭秀仪，1911年生于上海，黄琪翔夫人，1950年从白石学画，每周同老舍夫人胡絜青到齐家，师生关系颇好。黄琪翔喜爱书画，著名的《山水十二屏》（1925），曾是他的珍藏之物，是20世纪50年代从北京琉璃厂购得的。[1] 那时候，北京卖画困难，黄琪翔夫妇曾介绍友人购买白石老人作品。1951年，白石有寄郭秀仪信。曰：

秀仪夫人女弟子鉴：

老身无恙，勿劳悬悬。得汝函，知琪翔弟吉祥。汝来函两三次未答，甚歉。……汝五月一日与函收到，为卖画之事，日间汝来京时带来奉上云云，甚感。老人旧有少年时所作工笔虫子册页，及大小诸幅。多数幅颇精，亦候汝来京时交赠吾女弟也。并有画赠琪翔弟。承汝代裱画十三幅，裱钱不用琪翔弟管理，老人自宜。谢谢，劳神足矣。老人一家穷，忌言多钱，愿弟慎之慎之。

此幅《滕王阁》，只在画面右下角画阁楼及附近洲渚，楼身红墙墨瓦，造型古朴，十分显眼。画面绝大部分画水面，波浪层叠，浩渺无垠，愈远愈淡，直变成一片茫茫白色，远接几抹余霞。细看，可见霞色中有一只独飞的水鸟。最后题《滕王阁序》的名句：“落霞与孤鹜齐飞，秋水共长天一色。”真可谓形简意足。齐白石九十岁后极少画山水，像这样的精彩之作，真是少中之少。

〔1〕笔者曾于1995年访问过84岁的郭秀仪女士，她曾谈及20世纪50年代与白石老人的交往。

滕王阁 1952年

延年

1953年
139厘米×68厘米
纸本水墨设色
轴

题款

延年。
九十三岁白石。

钤印

白石（朱文）、人长寿（朱文）

收藏

中国美术馆

菊酒延年
约20世纪30年代晚期

菊酒延年　1948年

画菊和酒，题“延年”“菊酒延年”，是另一种对长寿的寓意。菊花在万物萧疏的秋天开放，喻年高而体健。酒与贺岁、祝寿相关，即所谓“寿酒”。齐白石有时还常把菊花、肥蟹与酒篓画在一起，题“菊花开也蟹初肥”。有菊可赏，有蟹可餐，再约三二友人同饮，是人生一大乐事。

作此画的1953年，齐白石身体很好，且多高兴事，作画很多。年初，在他93寿辰那天，中国美术家协会、中央美术学院为他举办了盛大的庆祝会，文化艺术界有200余人出席。毛泽东派人赠送了生日礼物，周恩来参加了祝寿晚宴。同年9月，他被选为中国美术家协会主席。

这幅《延年》，无上款。灿如朝霞的红菊半围着未开封的酒篓，令人迷醉。其画法，是先用重洋红勾菊瓣，再以淡红色罩染，令花朵浑然一片。菊叶用墨重勾淡染，但笔画纵逸，与勾花瓣的笔法大不同。酒篓全以淡赭石没骨法出之，留大片空白，再勾其束绳。整个作品，画菊不厌其烦，画酒篓不厌其简。

延年 1953年

不倒翁

1953年
119厘米×41厘米
纸本水墨设色
轴

题款

能供儿戏此翁乖，打倒休扶快起来。
头上齐眉纱帽黑，虽无肝胆有官阶。
白石四十岁后句，实为无聊。
九十三岁白石。

钤印

齐白石（白文）、甑屋（朱文）

收藏

中国美术馆

我们介绍过齐白石1925年所作《不倒翁》。他后来画不倒翁，有时重复旧画旧题，有时又加以变化创造，如天津杨柳青画社藏的《不倒翁》图，正面，不倒翁的两只小三角眼刚能从歪戴的官帽下露出来，斜向上视。题诗相当诙谐："村老不知城市物，初看此汉认为神。置之堂上加香供，忙杀邻家求福人。"把小丑当神供的现象，在生活中是不鲜见的。这一幅《不倒翁》作于1953年，背侧面，其构图、角度与形象，与1922年所画《不倒翁》基本一样，即出自同一母稿。但此幅墨色乌黑，与前幅有墨色浓淡的刻画略异。题诗不同，但仍属旧作。值得注意的是题诗书法，笔纵而意澹，最能代表齐白石20世纪50年代的行书。他称题诗"四十岁后句"，该诗实作于六十岁时，"实为无聊"四字，大约是怕引起不必要的误会。

不倒翁　1953年

不倒翁　1953年

荷花凫鸭图

1954年
106厘米×53厘米
纸本水墨设色
轴

题款
九十四岁白石。

钤印
齐白石（白文）

藏印
张宗宪藏（朱文）

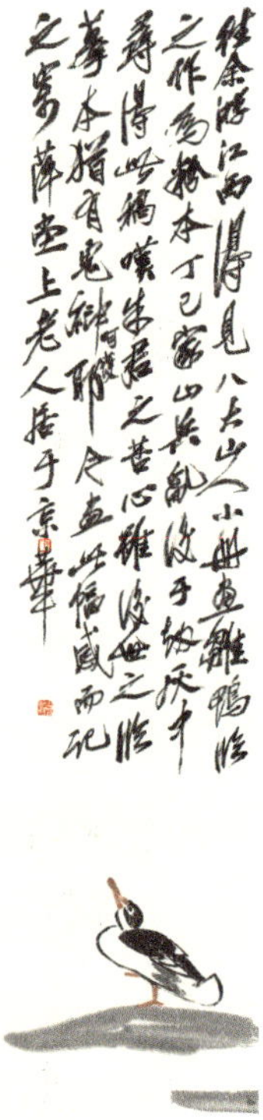
仿八大画鸭
约1928年

荷花双鸭　1951年

齐白石90多岁作画，由于身体原因，有时控笔很好，稳而有力；有时控制失常，笔画歪斜，款字也走形。不过，两类作品各有各的妙处。这幅《荷花凫鸭图》属于控制较好的，整体风格粗朴厚重，笔力雄健。类似构图的荷花还有，只是构图安排与荷花形象不同。水中有时画鸭，有时画鸳鸯。此幅画形体很大的鸭子，边游边做回头状。鸭子全以焦墨画出，强悍而有渴润变化，能表现身体的结构与质感。几乎占据了三分之二画面的荷叶，以泼勾结合的方法画，墨色有深浅，笔线有变化。两朵红荷被遮挤在边角和荷叶缝隙中，别具情趣。整个画面上实下虚，堪称密不透风、疏可走马。

齐白石画鸭，深受八大山人影响。所见有1904年临八大画雏鸭小稿，20世纪20年代对这一小稿的摹作（藏北京画院），后者题："往余游江西，得见八大山人小册画雏鸭，临之作为粉本。丁巳家山兵乱，后于劫灰中寻得此稿，叹朱君之苦心，虽后世之临摹本，犹有鬼神呵护耶？今画此幅，感而记之。寄萍堂上老人居于京华。"1935年，白石发现小稿丢失了，又背临一幅，并再次跋记其事。对一幅临摹小稿如此珍视，可见白石对八大艺术钟情之深。事实上，白石画鸭对八大画鸭的造型也多有汲取。这幅《荷花凫鸭图》，虽然其用笔拙大厚重的风格与八大迥异，但其造型奇崛的特点，仍可见出八大画鸭的端倪。

荷花凫鸭图　1954年

芦花双蟹

1955年
64.5厘米×35厘米
纸本水墨
轴

题款

九十五岁白石老人。

钤印

白石（朱文）

齐白石95岁后，身体衰像迭出。控制笔的能力一旦减弱，作品就自然而然地向简单粗拙变化。精力的好坏，对画作影响很大，同月同日的作品，也会有很大差异。某些要求精确度的形象如虾、蟹、禽鸟等，容易走形，有时会像儿童涂鸦：心有余而力不足的状态，在形象笔画中袒露无遗。

此幅《芦花双蟹》，小尺幅，刻画下垂的一枝芦花，数片芦叶，叶下横行着两只蟹。蟹的基本形状未走样，但墨色浓淡的把握已不如前，尤其后面一只，墨多水大，落笔过重，几乎黑成一团。蟹足的细微变化也看不到了。但其横行之势，仍栩栩如生。整个作品粗放率意，尤其画芦花，尖笔散点，自然萧散，似花非花，别具意趣。

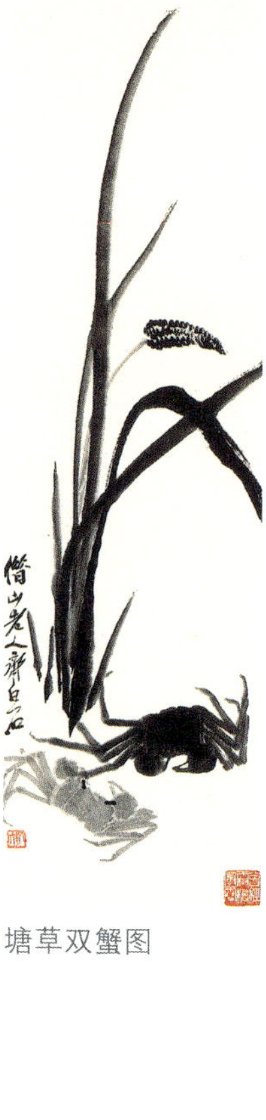

塘草双蟹图

蟹　1951年

双蟹　1956年

芦花双蟹　1955年

茶花

1956年
100厘米×33厘米
纸本水墨设色
轴

题款

九十六岁白石老人。

钤印

白石（朱文）、寄萍堂（白文）

藏印

黄胄珍藏（朱文）

收藏

中国美术馆

1955年冬，政府安排齐白石至雨儿胡同新居，那里环境安静，房屋宽敞，有专人管理。但90多岁的老人身边没家人相伴，心中疑惑不安，加速了精神的衰颓。次年夏，老人又搬回跨车胡同家中，精神状态略好，但语言与作画能力更不如前了。

这是1956年的作品。画茶花（即山茶花），花枝从右侧进入画面，一枝顶花直立，数枝自然弯垂。枝叶用一色的重墨，而无论画枝画叶，笔都处于欲控难控状态。笔画的技巧含量低了，重新回到生拙——如前面所说，近于儿童涂鸦。形象趋于不似，结构自由松散，其妙在返璞归真。

茶花　约20世纪40年代中期

茶花　约20世纪30年代初期

茶花 1956年

牡丹

1957年
68厘米×34厘米
纸本水墨设色
轴

题款

九十七岁白石。

钤印

木人（朱文）

收藏

中国美术馆

牡丹　1956年

牡丹　1957年

这件《牡丹》也作于1957年，据白石五子齐良已记述，这一年画牡丹最多。

他逝世前最后一张画，作于春夏之交。良已说："这一天，父亲情绪很好，兴致极高，用墨用色，信手拈来。斗大的花朵比真花大有夸张，笔尖用极重的洋红，笔根水分又饱满欲滴，画得淋漓尽致。颜色美艳绝伦，花叶由下到上是墨绿至老黄，有墨有色，色墨交替，真是随心所欲。色未干时用苍劲的笔法勾的叶筋，时隐时现，又笔笔见功，使得茁壮茂盛的叶子能分出阴阳向背和前后的层次来。"此幅是不是这最后一张呢?不得而知，但所见同年画牡丹，以这一幅为最出色，与齐良已的介绍也最为接近。看上去有精神有气力，控制得住形和笔墨，但又极为纵意。画家已把握不住花叶的具体形似，但能把握整体印象，笔力仍很好，大气磅礴，凝重浓艳，似有风动，堪称杰作——在我看来，在齐白石一生所画牡丹中，它也是最出色的。写意画牡丹，过似难以免俗，而且，求似就要相对求工，求工就束缚笔墨，难以尽兴尽意。但不似就不是牡丹，也无所谓画牡丹的优劣了。这是一种两难，能超越这两难的画家很少见。齐白石画牡丹，绝大多数也没超越，只有晚年的个别作品例外，这一幅则是例外中的例外。

牡丹 1957年

萝卜豆荚

1957年
68厘米×33厘米
纸本水墨设色
轴

题款
九十七岁白石。

钤印
白石（朱文）、借山翁（朱文）

收藏
中国美术馆

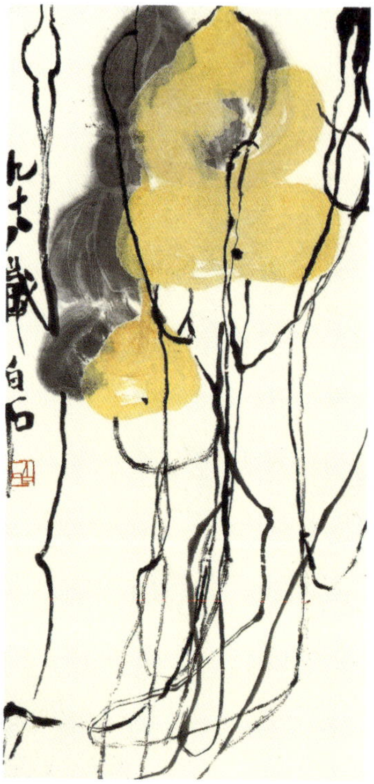

葫芦　1957年

1956、1957两年，齐白石身体与精神明显不如以前。但只要精力允许，他仍然把笔不停。只是所画题材已经不那么广泛了。画牡丹较多，也画一些蔬果。这幅《萝卜豆荚》即其中之一。画中的萝卜，北京人称作“小红萝卜”或“小水萝卜”，而与大小、形状相接近的胡萝卜不同。胡萝卜成熟于夏秋之交，小水萝卜成熟于春天，前者里外都是橘红色或紫红色，后者红皮白瓤，生吃又嫩又脆。北方人家常吃的“小萝卜蘸酱”，即此种萝卜。久居北京的齐白石，对它们是很熟悉的。

此图的特点是纵笔所之，但萝卜、豆荚的形态并没走样，只是行笔时有迟涩和停顿，不那么灵动自如了。画萝卜的洋红，有的多次用笔才送到想送的位置。笔与纸接触时有时失控，如居中的那个横放的萝卜，其尾部笔锋变向，有些心手不相应了，但看起来又别具粗服乱头的味道。在萝卜叶上点色时，也出现了类似情况，意到了，笔不到，不是有意不到，是手不大听指挥。构图上也如此：完全凭着感觉、惯性、经验安排，理性经营隐退，不那么守规矩或守不住规矩了，但随意抛洒，显得更自然任意。总的看，作品像回到了儿童涂鸦，但儿童涂雅是稚嫩的，含有一种内在的单纯和流畅；老人的涂鸦有点像跌跌撞撞的走路，透着内在的劳累、艰涩和沧桑。

白菜萝卜　1957年

萝卜豆荚　1957年

仿爨宝子书

约1905年
66.7厘米×33.5厘米
纸本
轴

题款
仙谱九弟世大人正。兄璜。

钤印
臣璜之印（白文）、白石山人（白文）

收藏
北京荣宝斋

齐白石1903年第一次游北京，认识了清道人的弟弟李瑞荃（筠庵），李瑞荃懂书画古董，他教白石写魏碑，临《爨龙颜》。约稍晚，白石又学金冬心楷书、李北海行书。方正工整的《爨龙颜》不宜题画，写起来费力，其临作极少流传。这幅仿爨宝子书轴，是赠给好友胡仙谱的。白石与胡仙谱的交往，在35岁到45岁之间。他写《爨碑》，以41岁到43岁（1903—1905）较多。书轴所用“臣璜之印”“白石山人”二小印，均学浙派丁敬、黄易风格，尚无赵之谦篆刻痕迹，而白石学习赵之谦《二金蝶堂印谱》，约始于1910年。因此，这件作品不大可能晚于1910年，而以1905年前后的可能性最大。

可以看出，白石写二爨认真得近于刻板，似乎是描出来的。这或许与碑书的精神有些距离，但我们也看到了齐白石一丝不苟的学习态度。

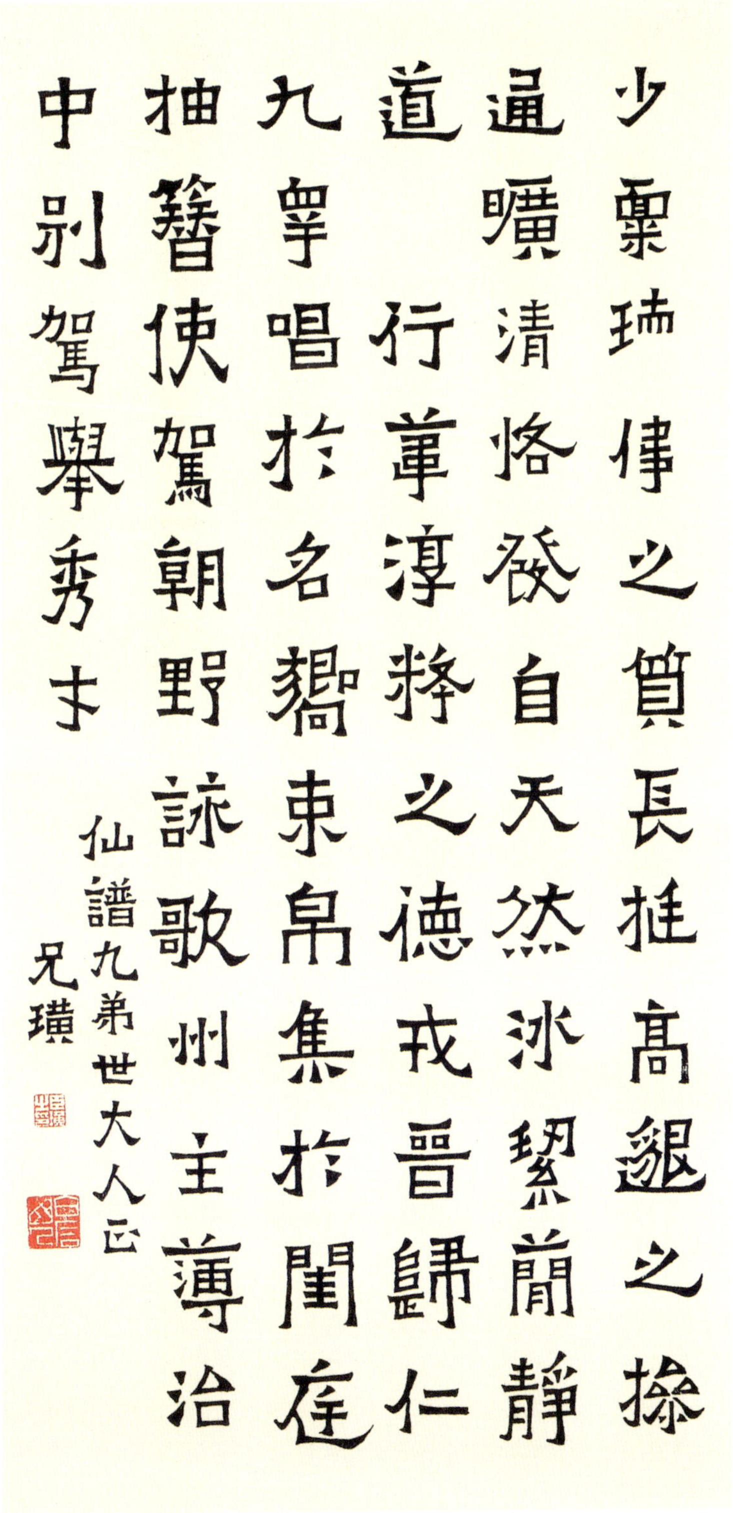

仿爨宝子书　约1905年

篆书联

1936年
130厘米×31.5厘米
纸本水墨
镜片

释文
胸中富丘壑；腕底有鬼神。

题款
冷庵吾友法家之属。
丙子二月齐璜将游蜀。

钤印
木人（朱文）

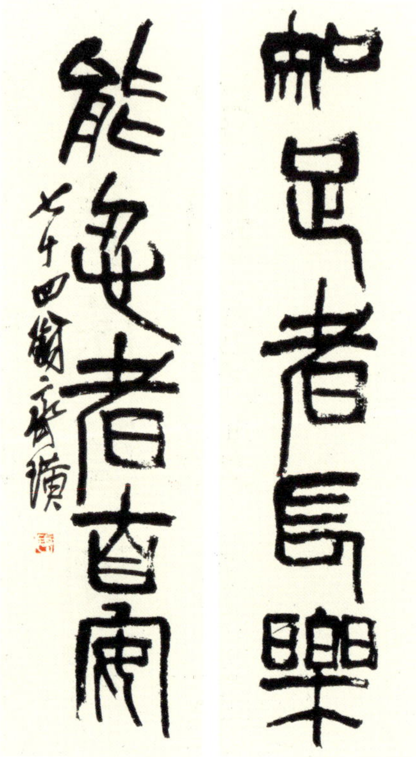

篆书联　1936年

齐白石的篆书，约1928年以前与其篆刻关系密切，即学篆为了刻印，所学主要是《天发神谶碑》，所写篆书与其篆刻颇有相近处。1928年得《祀三公山碑》，开始改变篆法，并直接影响到写篆书。其篆书大致沿着两条路前行，一条从《天发神谶碑》发端，再融入赵之谦篆刻神意，特点是篆中含隶，运笔率直，笔画多方而粗细变化不大，无回锋与藏锋，风格偏于流利爽劲；另一条沿《祀三公山碑》变化，结体古拙，笔画粗细不一，字的大小与疏密排列多有不同，风格偏于沉厚奇拙。此联作于1936年2月，风格近于前者，而又略含后者的因素。

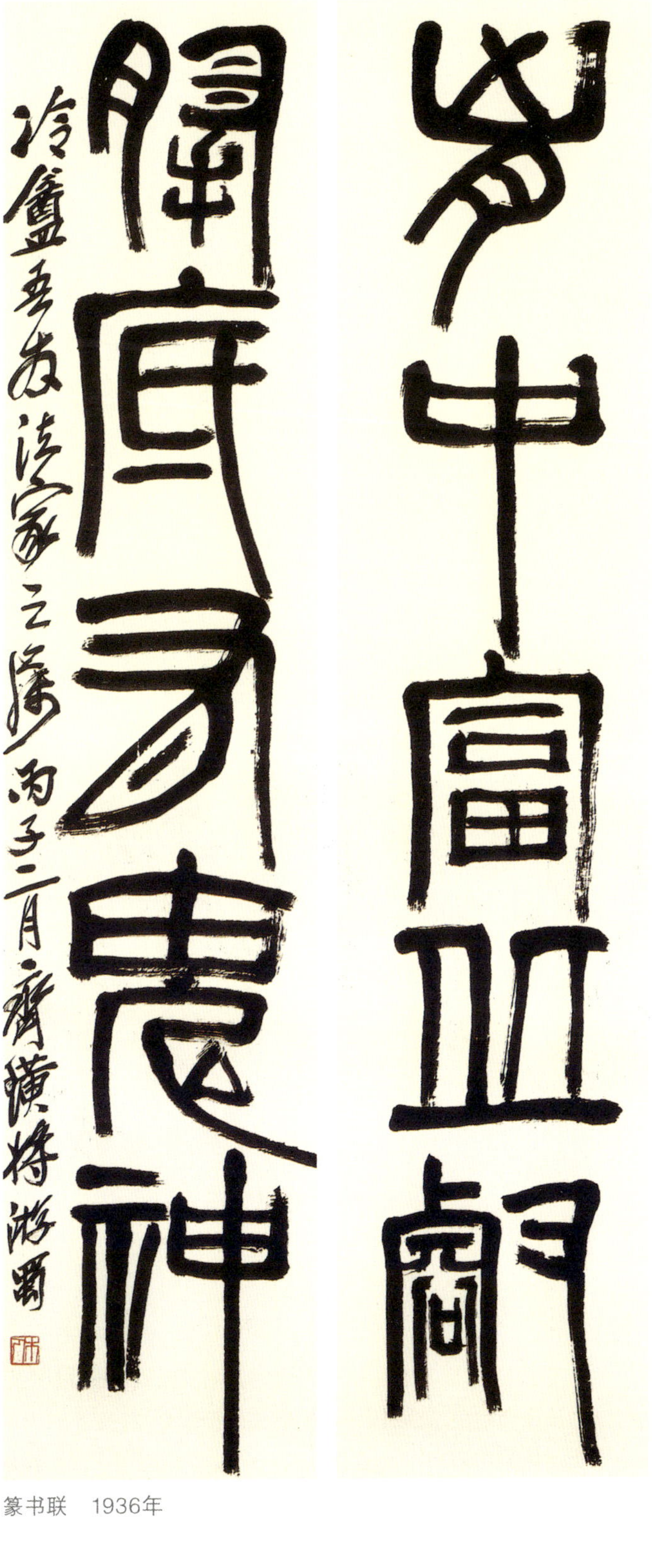

篆书联　1936年

行书联

1939年
82.5厘米×16.5厘米
纸本水墨
轴

释文
何苦也如此；喜多者必贪。

题款
己卯春正月。白石齐璜。

钤印
齐大（朱文）

行书扇面　1939年

此联作于1939年。白石书大字联，以篆书为多，而较少写行书。他的行书，以题画、信札一类小字为最好。此联以小笔写大字，笔画瘦而扁平，间架阔而空疏，其清刚活泼之意，反近于他20世纪20年代的画风。无上款，联语不知有无出处，好像自警式的自言自语。“何苦也如此”与“喜多者必贪”不对仗，上联仅为感叹，下联只是回答，似不相关而又相关。这种不囿于规矩的联句，很能体现齐白石的个性和创造性。

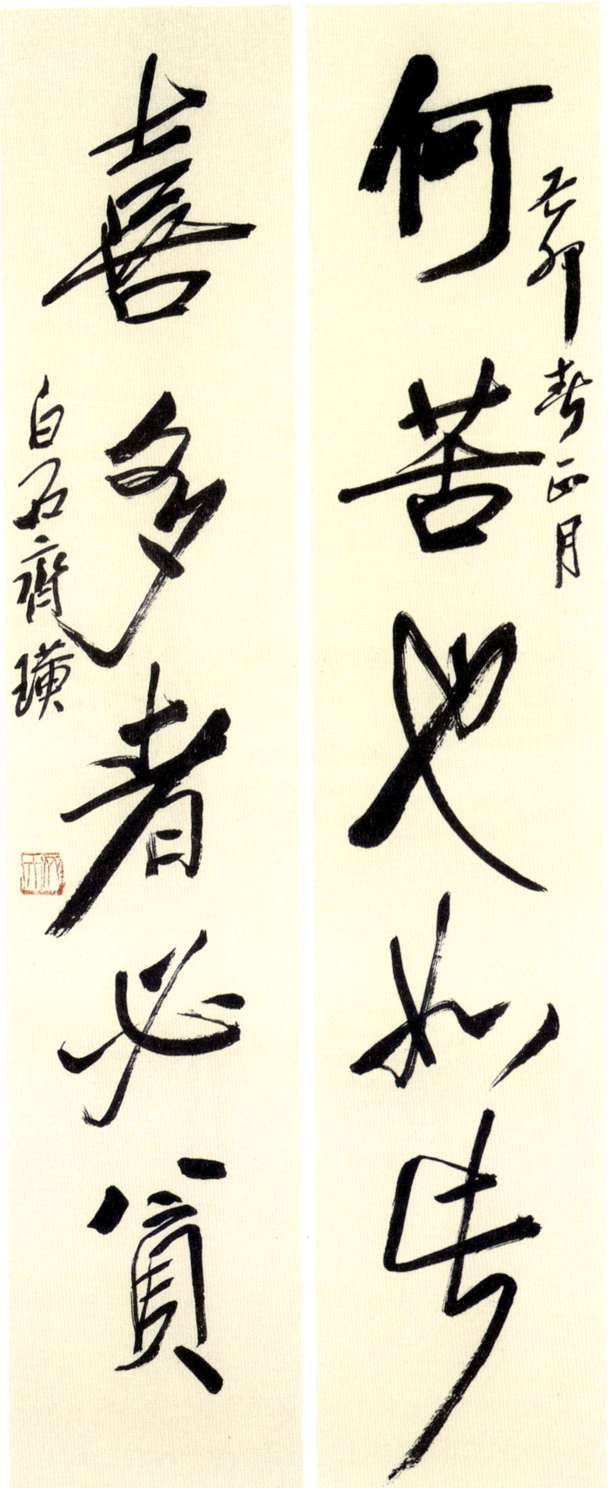

行书联　1939年

篆书横批

约20世纪30年代晚期
32厘米×93.8厘米
纸本水墨
镜片

释文

鬯春修禊。

题款

白石老人。

钤印

白石（朱文）、悔乌堂（朱文）

篆书横批　1939年

篆书横批　1939年

此联无年款，约作于 20 世纪 30 年代晚期。“鬯”通“畅”，草木茂盛之意，故亦可写作“畅春修禊”。此四字率意雄强，部分笔画有回锋，但常不是回收无痕，而是侧出或聚为团块；另一部分笔画不回锋，终笔时戛然硬断。追求结体、排列与笔画的错落变化，意与《祀三公山碑》相近。总的看，恣纵有余而严谨不足。

篆书横批　约20世纪30年代晚期

篆书四言联

1946年
168.9厘米×41.9厘米
纸本水墨
轴

释文

持山作寿；与鹤同侪。

题款

丙戌十月之初，予因真夫乡兄先生之召，来金陵居月余，将还北平，无以为别，画丈纸之长松，松上立鹰，篆四字云“高立千年”。越明日又篆此大联，先生喜联语中有山寿二字，倩予款识记之，予亦喜山字高，寿字长，即欣然一挥。八十六岁乡愚弟齐璜。

钤印

白石（朱文）、齐璜之印（白文）、悔乌堂（朱文）

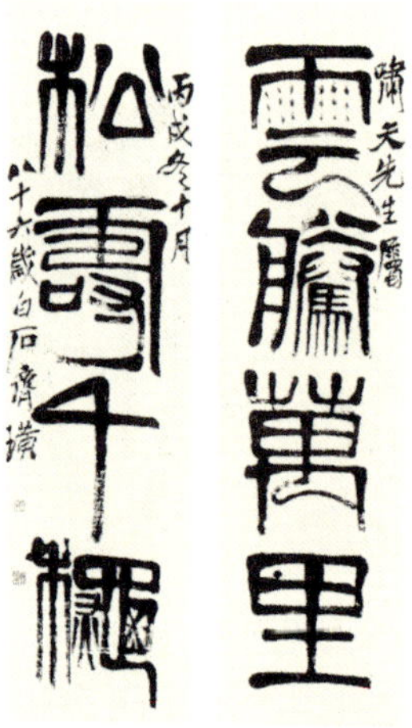

篆书联　1946年

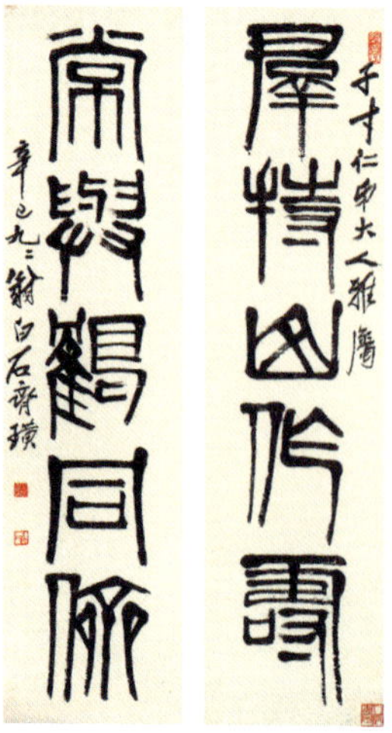

篆书联　1941年

齐白石晚年，很喜欢以“持山作寿；与鹤同侪”8字作篆书联。有时也变化为“群持山作寿；常与鹤同侪”“持山作寿；与佛同宠”，或者“仁者长寿；君子让人”“仁者长寿；老矣加餐”等。20世纪40年代后，类似书联尤多。寿如高山，类同仙鹤，这样的吉祥祝福，老年人都喜欢。齐白石晚年常用的两方印“人长寿”“年高身健不愿作神仙”，也是这个意思。

齐白石的篆书，约70岁前受《天发神谶碑》影响，但大抵用于篆刻，70岁后取法《祀三公山碑》。不过，作于40年代的篆书联，并不严格仿碑，而是相当随意。有时《天发神谶碑》的因素明显些，有时《祀三公山碑》的意味多一些，有时把两者加以结合，以己意为之，字形或长或扁，笔画或圆或方，排列或整齐或错落。作此联的40年代中期，齐白石的行书、篆书都高度成熟，精气充足，笔力雄健，气象奇纵。

与前几年同一内容的作品相比，此联的特点有三：其一，结体趋向圆势，不像以前那么方硬了；其二，笔画有粗有细，行笔更慢，增加了厚重感，不像以前笔画那么匀停、瘦劲了；其三，字形的大小、笔画的长短、墨色的枯润，有了更多变化。总的风格，与同年为齐佛来所写“兴家必勤俭；高寿宜子孙”相近。当然，这种前后比较是相对的，白石同一时期也写不同风格的作品。比较的目的不是论风格的高下，只是寻找相对的特色而已。但作品的精神、气象、结构、笔法等等都是可以比较的。所见40年代同一内容的篆书联，以此作最精彩。

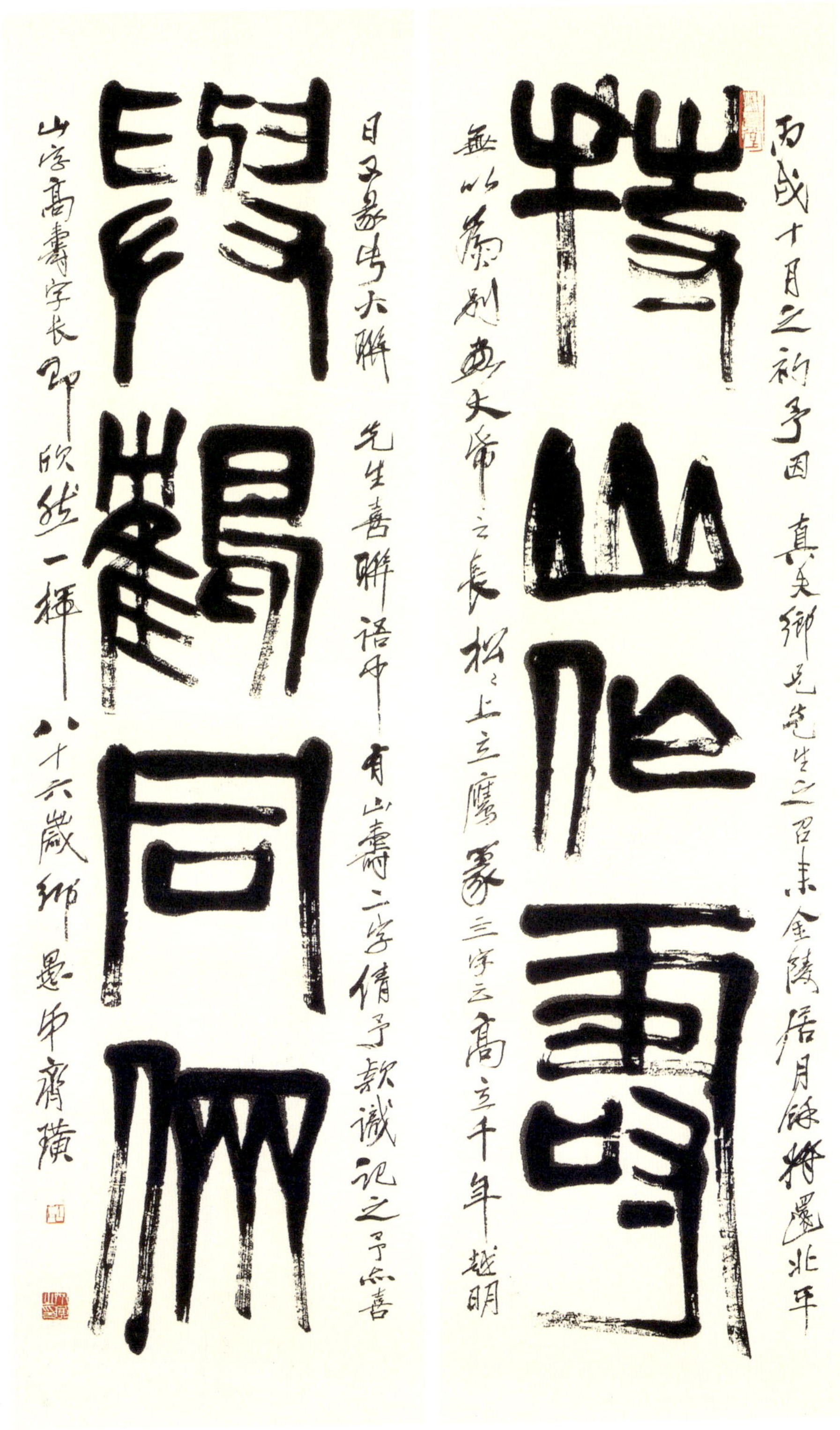

篆书四言联 1946年

篆书联

1949年
131厘米×32厘米
纸本水墨
轴

释文

海为龙世界；云是鹤家乡。

题款

佩珠女弟清属，八十九岁白石老人。

钤印

年八十九（白文）、齐璜老手（白文）、白石（朱文）、君子之量容人（朱文）

齐白石1937年曾作“海为龙世界；云是鹤家乡”篆书联，1950年加上款赠送毛泽东。此幅是1949年为邹佩珠所写，邹为李可染的夫人，雕塑家。1947年后，邹佩珠常同李可染一起去看望白石老人。此联与赠毛泽东的那件相差12年，风格有所不同。前者篆法相对规范，后者隶意较多或篆隶相间；前者笔画圆劲，起笔多藏锋，近圆，收笔渐细，能看出《天发神谶碑》笔意的影响，后者起收笔皆不藏锋，笔画方直，起笔收笔粗细一致；前者笔势富于张力，风格刚健流畅，后者笔势轻松多书写意味，风格平朴而拙稚。

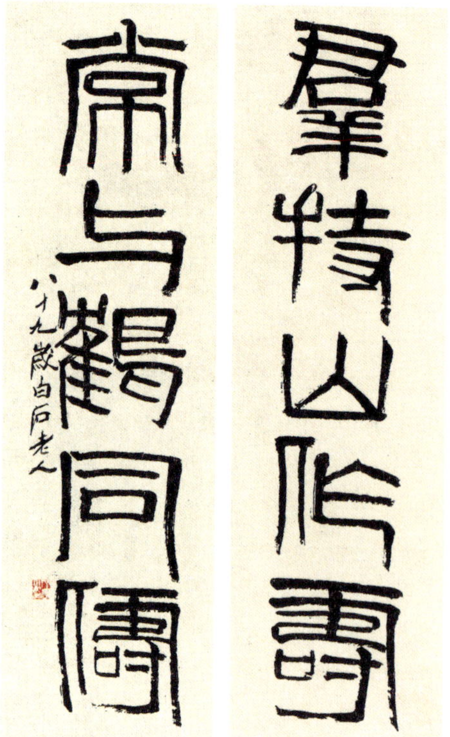

篆书联　1949年

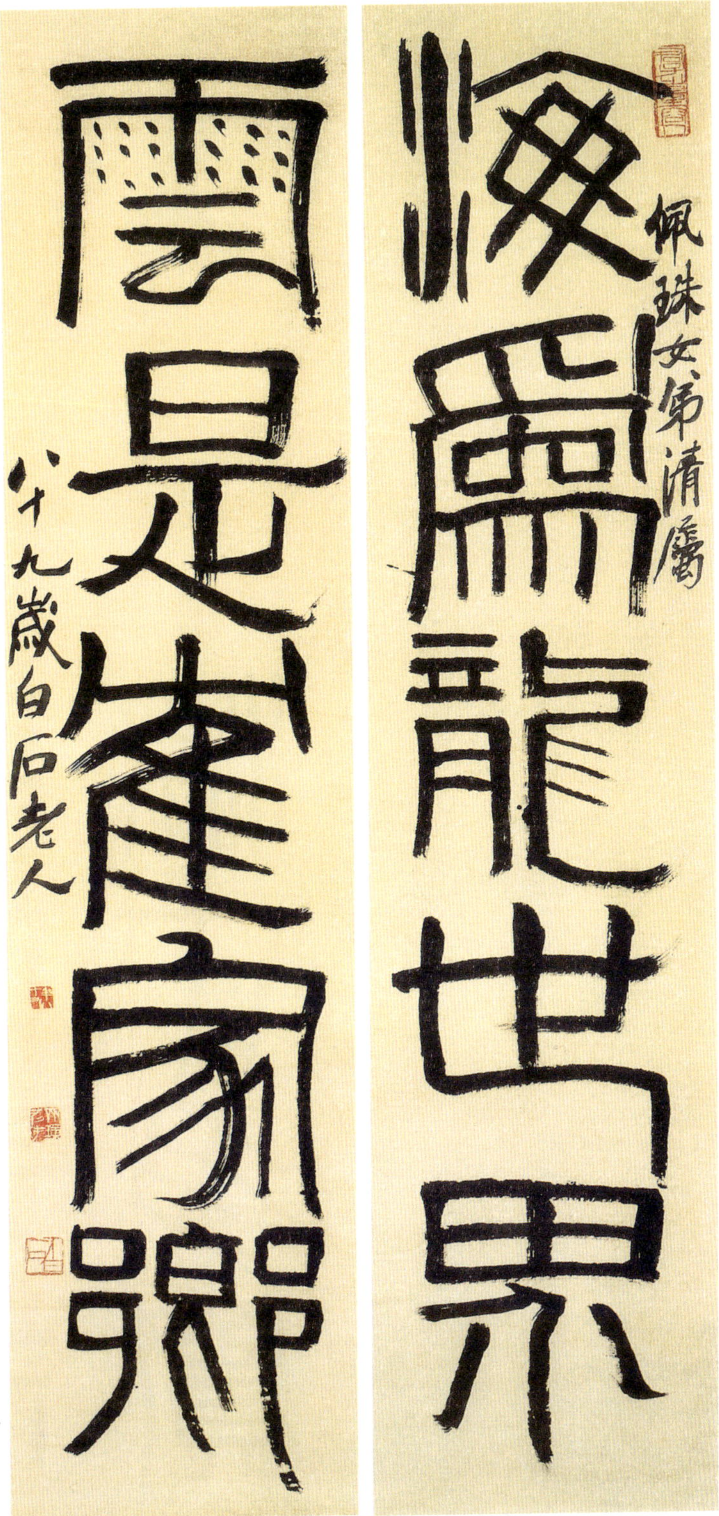

篆书联　1949年

篆书

1951年
73厘米×34厘米
纸本
轴

释文

语华。

题款

辛卯秋月。
九十一岁白石。

钤印

齐白石（白文）

收藏

北京荣宝斋

“语华”或作“语花”，是最简洁而有诗意的短语。作于1951年，缪篆而含楷意。秃毫焦墨，全出之以平直笔法，无回锋，少顿挫，笔慢意松，质朴中略见沧桑，大有绚烂之极，归于平淡之意。

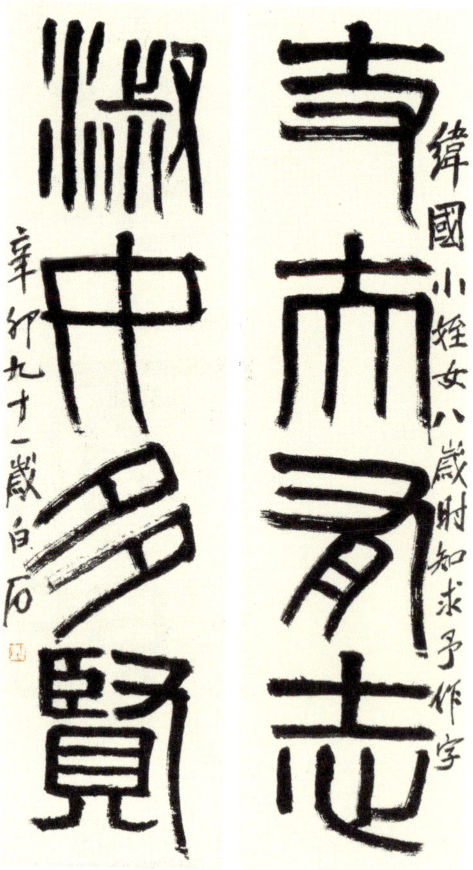

篆书联　1951年

篆书　1951年

齐白石年表

1864年

甲子，清同治三年，2 岁。

1 月 1 日（农历癸亥年十一月二十二日），齐白石生于湖南湘潭县杏子坞星斗塘的一个农民家庭。按旧历算，至甲子年为两岁。白石为家中长子，取名纯芝，小名阿芝，字渭清，又字兰亭。

1866年

丙寅，同治五年，4 岁。祖父始教他识字。

1870年

庚午，同治九年，8 岁。

始从外祖父周雨若读蒙馆。所读为《四言杂字》《三字经》《百家姓》《千家诗》等。是年秋，因贫穷辍学。

1874年

甲戌，同治十三年，12 岁。

是年 3 月（农历一月二十一日），由父母做主娶童养媳陈氏春君。春君生于 1863 年 2 月（同治元年，壬戌十二月二十六日），长白石 1 岁。

1877年

丁丑，光绪三年，15 岁。白石体弱不胜农活，先后拜齐仙佑、齐长龄学粗木作。

1878年

戊寅，光绪四年，16 岁。

始拜著名雕花木匠周之美为师，学细木作。周之美擅以平刀法雕刻人物，他把手艺尽传给白石。

1881年

辛巳，光绪七年，19岁。

是年出师并与春君圆房，仍随周之美出去做活，人称“芝木匠”。

1882年

壬午，光绪八年，20岁。

从一主顾家借得《芥子园画传》，勾影为画稿，是为绘画之入门。

1887年

丁亥，光绪十三年，25岁。

在乡里渐有画名。多画神像功对，内容为玉皇大帝、财神、灶君、龙王、四大金刚之类。

1888年

戊子，光绪十四年，26岁。

拜湘潭名肖像画家萧芗陔（传鑫）为师；又得另一位肖像画家文少可指授。

1889年

己丑，光绪十五年，27岁。

拜湘潭名士胡沁园为师，学习工笔花鸟；又从陈少蕃学习诗文。胡沁园鼓励他“卖画养家”，此后渐成乡间画师。

1892年

壬辰，光绪十八年，30岁。

这几年，白石以画像为主，兼画山水、人物和花鸟草虫。其间向萧芗陔学会了裱画。又应主顾之求，画了许多美女，如西施、洛神、花木兰、蔡文姬等，乡里人玩笑地称他“齐美人”。

1894年

甲午，光绪二十年，32岁。

春，友人王训发起组织“龙山诗社”，白石年长，被推为社长。

1896年

丙申，光绪二十二年，34岁。

于此年学篆刻，初从浙派丁龙泓、黄小松二家入门。

1897年

丁酉，光绪二十三年，35岁。

进县城为人画像，结识郭葆生、夏寿田。

1899年

己亥，光绪二十五年，37岁。

拜著名学者、诗人王湘绮为师。

1900年

庚子，光绪二十六年，38岁。

为一江西盐商画《南岳图》12幅，得银320两，白石用这笔钱典租梅公祠居住。

1902年

壬寅，光绪二十八年，40岁。

11月（农历十月初），应夏午诒、郭葆生之约赴西安，教夏午诒如夫人姚无双学画。年底识陕西臬台、著名诗人樊增祥。

1903年

癸卯，光绪二十九年，41岁。

4月（农历三月初），随夏午诒到北京。樊增祥意欲推荐白石进宫，为慈禧代笔，白石婉言拒绝。夏午诒想为他捐一县丞，亦被谢绝。7月（农历六月底）返乡。是为一出一归。

1904年

甲辰，光绪三十年，42 岁。

春，陪王湘绮游南昌。王为《白石印草》作序，又为《借山吟馆图》题词。其间，白石得见八大山人作品，临摹再三。秋返乡，是为二出二归。

1905年

乙巳，光绪三十一年，43 岁。

8 月（农历七月），应广西提学使汪颂年之约，游桂林、阳朔，识蔡锷，结交黄兴，居桂林半年之久。

1906年

丙午，光绪三十二年，44 岁。

年初，取道梧州赴广州、钦州，晤郭葆生并为其代笔，教其姬人学画。秋返湘，是为三出三归。冬，买茹家冲房屋和二十亩水田。将旧屋翻盖一新，取名“寄萍堂”。

1907年

丁未，光绪三十三年，45 岁。

春，应郭葆生之约，取道梧州至钦州，游肇庆、鼎湖、端溪，再至东兴，过北仑河，领略越南风光。冬还家，是为四出四归。

1908年

戊申，光绪三十四年，46 岁。

3 月（农历二月），应罗醒吾约赴广州。秋返湘，是为五出五归。

1909年

己酉，宣统元年，47 岁。

农历正月，再赴钦州，途经汉口、上海，乘船至香港，再至钦州。郭葆生有意委白石以官职，被谢绝。农历九月返回家中，是为六出六归。

1910年

庚戌，宣统二年，48 岁。

居家苦读古文诗词。将远游画稿整理重画，编为《借山图册》。又应胡廉石之请画《石门二十四景》。秋冬，往长沙，住胡石庵家，常与黎薇荪、张仲扬等相聚，谈诗论画。在谭组安家始见赵之谦《二金蝶堂印谱》。

1911年

辛亥，宣统三年，49 岁。

3 月（农历二月），赴长沙，拜会王湘绮，为谭组安先人及其四弟画遗像。从黎薇荪处转借谭组安《二金蝶堂印谱》，勾摹成册。

1913年

癸丑，民国二年，51 岁。

11 月初，次子良芾（子仁）病逝，作《祭次男子仁文》。

1914年

甲寅，民国三年，52 岁。

5 月，胡沁园逝世，白石画 20 多幅胡沁园生前喜欢的画，裱好在灵前焚化；又作悼诗、祭文、挽联，隆重祭奠。

1917年

丁巳，民国六年，55 岁。

农历五月，避兵乱到北京，先后住郭葆生家和法源寺僧舍，识陈师曾。农历六月，樊增祥删定《借山吟馆诗草》并为之作序。在京期间，识诗人罗瘿公，画家汪霭士、王梦白、陈半丁，医生兼诗人萧龙友等。秋返乡。

1918年

戊午，民国七年，56 岁。

春，家乡兵乱更甚，避居紫荆山下，农历七月始归，历尽艰辛。

1919年

己未,民国八年,57 岁。

正月辞家,正式定居北京。九月,纳胡宝珠为副室。冬返乡。

1920年

庚申,民国九年,58 岁。

农历春二月,携三子良琨、长孙秉灵来京就学。识林纾、陈散原、朱悟园、贺履之、梅兰芳、张次溪。农历十月,经保定返湘探亲。

1921年

辛酉,民国十年,59 岁。

农历二月返京。五月应夏午诒约赴保定,并为曹锟画工笔草虫册等。农历十二月二十日,胡宝珠生良迟,是为白石四子。

1922年

壬戌,民国十一年,60 岁。

陈师曾、金城等赴日参加"中日联合绘画展览会",所携白石画大受欢迎,一幅售百金。白石画名大振。

1923年

癸亥,民国十二年,61 岁。

始作日记,取名《三百石印斋纪事》。9 月 17 日(农历八月七日),好友陈师曾病逝于南京。12 月 18 日(农历十一月十一日),五子良已生,小名迟迟。

1925年

乙丑,民国十四年,63 岁。

梅兰芳正式拜白石为师学画草虫。

1926年

丙寅，民国十五年，64岁。

春，回湘探亲，至长沙遇战事，转汉口再由水路至南京，乘火车经天津返京。是年，白石母亲、父亲相继病逝。冬，搬入新居跨车胡同十五号。

1927年

丁卯，民国十六年，65岁。

应北平艺专校长林风眠之请，在该校执教中国画。

1928年

戊辰，民国十七年，66岁。

北伐胜利，国民政府定都南京，改北京为北平。农历九月，《借山吟馆诗草》印行；十月，《白石印草》印行。冬，与徐悲鸿相识。

1931年

辛未，民国二十年，69岁。

3月9日（农历一月二十一日），好友樊增祥在北平病逝。夏，到同门张篁溪之张园避暑。

1932年

壬申，民国二十一年，70岁。

农历正月，门人瑞光逝世。七月，中华书局印行《齐白石画册》，樊增祥题签，徐悲鸿作序。

1933年

癸酉，民国二十二年，71岁。

元宵节，《白石诗草》八卷印行。农历八月，将四年来自刻印集拓为印谱。

1934年

甲戌，民国二十三年，72岁。

是年，刻完自藏三百石印。

1935年

乙亥,民国二十四年,73岁。

4月1日(农历二月二十八日),携宝珠还湘潭,14日返回北平,刻"悔乌堂"印。

1936年

丙子,民国二十五年,74岁。

4月27日(农历闰三月初七),应王瓒绪之邀,携宝珠、良止、良年游蜀。先至宝珠家乡酆都为其先人扫墓。后经重庆赴成都,住王瓒绪家中。9月初经重庆、武汉返京。

1937年

丁丑,民国二十六年,75岁。

春,听信长沙算命先生舒之鎏之卜,为避凶求吉自长两岁,称77岁。7月7日(农历五月二十九日),卢沟桥事变,日军相继侵占北平、天津。白石辞去艺专教职,闭门家居。

1938年

戊寅,民国二十七年,78岁。

6月23日(农历五月二十六日),七子良末生。冬,六子良年病逝,仅5岁。《三百石印斋纪事》停笔。

1939年

己卯,民国二十八年,79岁。

白石闭门拒客,贴"白石老人心病复作,停止见客"告白。

1940年

庚辰,民国二十九年,80岁。

2月21日(农历正月十四日),发妻陈春君在家乡病逝,享年79岁,白石撰《祭陈夫人文》。

1941年

辛巳,民国三十年,81岁。

农历五月，白石请在京亲友 29 人为证，将胡宝珠扶为继室，把财产分给湘潭和北平的子女，并写入《齐氏五修族谱》。

1942年

壬午，民国三十一年，82 岁。

在陶然亭觅墓地，农历正月十三日携眷往观，归来作《西江月 · 重上陶然亭看西山》词。

1943年

癸未，民国三十二年，83 岁。

在门口贴出“停止卖画”告白。农历十二月十二日，继室胡宝珠病逝，年 42 岁。

1944年

甲申，民国三十三年，84 岁。

是年，朱屺瞻作《六十白石印轩图》。农历九月，夏文珠女士任看护，照顾白石起居。

1945年

乙酉，民国三十四年，85 岁。

8 月 15 日，侵华日军投降。抗战胜利，白石兴奋，彻夜未眠。

1946年

丙戌，民国三十五年，86 岁。

八月，徐悲鸿任北平艺专校长，聘白石为名誉教授。农历十月，中华全国美术会邀齐白石、溥儒到南京举办画展。其间，蒋介石接见白石，白石以《松鹰》和篆刻蒋氏名章相赠。张道藩拜齐白石为师并大肆宣传。农历十一月初，画展移至上海。汪亚尘代表海上画界到南京迎接。展览期间，会梅兰芳、符铁年、朱屺瞻等。岁暮返北平。

1947年

丁亥，民国三十六年，87 岁。

李可染拜齐白石为师。

1949年

己丑,89 岁。

3 月, 胡适、黎锦熙、邓广铭合编的《齐白石年谱》由商务印书馆出版。9 月, 白石赠毛泽东两方寿山石印章。同月, 出席周恩来招待文艺界著名人士的宴会。10 月 1 日, 中华人民共和国成立。徐悲鸿任中央美术学院院长,白石继聘为名誉教授。

1950年

庚寅,90 岁。

4 月,毛泽东接白石到中南海做客,后白石以端砚、歙砚、画和印相赠。

1952年

壬辰,92 岁。

被选为中国文联主席团委员。

1953年

癸巳,93 岁。

1 月 7 日(农历壬辰十一月二十二日)为白石 93 岁生日, 北京文艺界召开祝寿会。文化部授予齐白石“人民艺术家”荣誉状。10 月, 齐白石当选为中国美术家协会第一任理事会主席、北京中国画研究会主席。

1954年

甲午,94 岁。

4 月 28 日, 中国美术家协会主办的“齐白石绘画展览会”在故宫博物院开幕, 展出作品 121 件。

1955年

乙未,95 岁。

秋, 中国美术家协会通过文化部拨款, 为白石购买雨儿胡同甲五号住宅, 年底, 白石迁入新居。

1956年

丙申，96岁。

3月16日，迁回跨车胡同居住。4月，在斯德哥尔摩召开的世界和平理事会国际和平奖评议委员会决定把1955年度国际和平奖授予齐白石。9月1日，在北京举行了授奖仪式。黎锦熙、齐良已合编的《齐白石作品选集》出版，白石作序。

1957年

丁酉，97岁。

5月，北京画院成立，白石任名誉院长。约6月，白石坐轮椅车游陶然亭。9月15日卧病，16日病情加剧，下午四时送北京医院抢救，六时四十分逝世。9月17日入殓，9月21日上午公祭，国家领导人周恩来、陈毅、林伯渠、董必武、陈叔通、李维汉及白石生前友好、学生、国际友人四百余人，参加了公祭仪式。而后，将白石葬于西郊湖南公墓。

1963年

齐白石被选为该年度世界十大文化名人之一。

后 记

此书写于2001年。为配合2002年在台北举办的“齐白石大展”而作。大展是由台湾时报集团、羲之堂文化出版公司主办的张大千、齐白石、李可染、傅抱石四家系列展之一。主办方先后约请台湾大学傅申教授、香港大学万青力教授、南京叶宗镐教授和我，分别编著张、齐、李、傅四书，并挑选作品，主持展览的学术活动。首展之《张大千的世界》，由傅申撰写，设为“综论”“作品赏析”两部分，“综论”为画家研究，“作品赏析”解读展品。各书皆循此例。

我此前出版过《二十世纪中国画家研究丛书·齐白石》一书（1997年第一版，1999年获文化部文化艺术科学优秀成果一等奖），2014年再版更名为《齐白石研究》，主编过《齐白石全集》（1997年获第三届国家图书奖）。《大匠之门：齐白石的世界》在《齐白石研究》和编写《齐白石全集》的基础上，依照新体例增删而成。我在该书的自序中曾说明：“综论中各节，参照了《齐白石研究》一书，但纲目、标题都重新构思设定。内容有改写、重写、新写的部分，其中，关于齐白石的亲子情、卖画、交友以及草虫、花鸟、山水、人物、书法、诗歌等内容，都是第一次作为专题而写的。我不可能完全在《齐白石研究》一书之外另写一部全面论述齐白石的书。但为了适应新的体例要求，也因为我对《齐白石研究》一书有诸多不满意之处，所以我还是很愿意写作这本书，并且在体例允许的范围内，做了最大的努力。”“综论”的24篇内容，涉及了齐白石其人和艺术的方方面面，涵容了30年考察齐白石艺术的认知体会。“作品赏析”收入的130件参展作品（复数册页皆算一件），绝大部分由中国美术馆和北京荣宝斋提供，少数选自海内外私人藏家。图文依创作年代排列，可以清晰观察齐白石的艺术历程。赏析文字，力求通脱简约，介绍必要的创作背景与心理背景，相关的诗文书画，与白石交往的重要藏家，并作扼要的艺术阐释，以求图文互证之效。

郎绍君

2015年8月25日

图书在版编目（CIP）数据

大匠之门：齐白石的世界 / 郎绍君著. -- 杭州：浙江人民美术出版社, 2019.9
ISBN 978-7-5340-7584-1

Ⅰ. ①齐… Ⅱ. ①郎… Ⅲ. ①齐白石(1863-1957)—人物研究 Ⅳ. ①K825.72

中国版本图书馆CIP数据核字（2019）第194246号

策划编辑：屈笃仕
责任编辑：王雄伟
美术编辑：傅笛扬
责任校对：余雅汝
责任印制：陈柏荣

大匠之门：齐白石的世界

郎绍君 著

出版发行：浙江人民美术出版社
地　　址：杭州市体育场路347号（邮编：310006）
网　　址：http://mss.zjcb.com
经　　销：全国各地新华书店
制　　版：浙江新华图文制作有限公司
印　　刷：浙江海虹彩色印务有限公司
版　　次：2019年9月第1版　2019年9月第1次印刷
开　　本：787mm × 1092mm　1/16
印　　张：36.75
字　　数：650千字
书　　号：ISBN 978-7-5340-7584-1
定　　价：230.00元